高等职业教育
数智化财经
— 系列教材 —

智能财务会计实务

竟玉梅　谈先球　主编
赵思思　李忆凡　崔　奇　副主编

清华大学出版社
北 京

内 容 简 介

本书是职业教育国家在线精品课程财务会计配套教材,同步建设的在线开放课程在"学银在线""智慧职教"双平台运行,并已对接国家智慧教育公共服务平台。本书立足会计学科体系,对标会计工作标准、会计岗位能力需要,将会计理论与实践紧密结合,框架设计合理,内容系统实用。本书紧扣企业会计常见业务处理要求,贴近学生会计考证需求,既满足课堂教学与实训需要,又对接职业院校会计技能大赛,是一本"岗课赛证"融通的创新教材。本书打破传统财务会计教材边界,根据会计实务操作需要,结合各章节内容特点,较好地融入了财务云、RPA机器人等数智化新技术、新手段,为"产教融合、科教融汇"提供了探索路径。

本书配有微课、视频、动画、职业素养解读、拓展训练等数字化资源,可微信扫码视听;同时提供教学PPT、习题答案等教学资源,方便教师教学与学生自学。

图书在版编目(CIP)数据

智能财务会计实务 / 竟玉梅,谈先球主编. -- 北京:
清华大学出版社,2024.7. --(高等职业教育数智化财
经系列教材). -- ISBN 978-7-302-66760-5

Ⅰ. F234.4-39

中国国家版本馆 CIP 数据核字第 202471BK68 号

责任编辑:左卫霞
封面设计:傅瑞学
责任校对:袁 芳
责任印制:宋 林

出版发行:清华大学出版社
   网 址:https://www.tup.com.cn,https://www.wqxuetang.com
   地 址:北京清华大学学研大厦 A 座   邮 编:100084
   社 总 机:010-83470000   邮 购:010-62786544
   投稿与读者服务:010-62776969,c-service@tup.tsinghua.edu.cn
   质量反馈:010-62772015,zhiliang@tup.tsinghua.edu.cn
   课件下载:https://www.tup.com.cn,010-83470410
印 装 者:三河市天利华印刷装订有限公司
经 销:全国新华书店
开 本:185mm×260mm 印 张:21.5 字 数:546 千字
版 次:2024 年 8 月第 1 版 印 次:2024 年 8 月第 1 次印刷
定 价:59.80 元

产品编号:104802-01

前　言

党的二十大报告提出"推进职普融通、产教融合、科教融汇",明确了职业教育的发展方向。《会计改革与发展"十四五"规划纲要》提出,要运用新技术推动业财融合和会计工作数字化转型。当前,在大数据、人工智能、移动互联及云计算等新技术迅猛发展的背景下,会计工作方式发生巨大变革,会计职能不断延展,迫切需要精通财务、洞察业务、懂数据管理、会智能核算的复合型会计人才。本书全面贯彻党的二十大精神,落实立德树人根本任务,以培养会财务、懂业务、能管理的会计复合型人才为目标,落实"三教"改革,运用财务云平台、RPA 财务机器人等新技术,推进"岗课赛证"融通,强化实践技能,校际联合、校企合作,产、教、研融合。

本书主要具有以下特点。

1. 注重课程思政融入

教材是立德树人的重要载体。本书结合会计专业特点,找准课程思政融合点和切入点,专设"职业素养"栏目,把培养学生的职业道德、职业素养和创新创业能力融入教材,通过全局设计、过程贯通、细节安排,提升课程思政的高度、深度和广度,将专业教学与思政教育融合,引领学生健康成长与未来发展,引导学生"有大局""立大志""成良才""成优才"。

2. 服务"岗课赛证"融通

本书坚持"理实一体,学做合一"的职业教育教学理念,以会计岗位典型工作任务为载体,围绕六大会计要素的确认、计量和报告,科学设计教学内容,满足会计职业教育的人才培养目标。本书不仅立足课堂教学,还对接全国职业院校技能大赛会计实务赛项及初级会计资格考试,部分例题根据国家级、省级技能大赛真题改编,并专设"初级同步"栏目,课后"做中学"和"拓展训练"题目也主要选自初级会计资格考试和技能大赛真题,深化"岗课赛证"融通。

3. 配套职业教育国家在线精品课程

本书是 2022 年职业教育国家在线精品课程财务会计配套教材,在线开放课程在"学银在线""智慧职教"双平台同步运行,扫描下页下方二维码即可在线学习该课程,内含微课、视频、动画、图片、测试等丰富的数字化教学资源,实现优质资源共享,为学生拓展学习和学习交流提供了平台。

4. 重视智能技术运用

本书尝试全面融入财务云、RPA 机器人等数智化新技术、新手段,把收款业务、采购业务、付款业务、销售业务等会计典型工作任务通过财务云平台进行记账建模,实现智能化核算,针对网银自动付款、银企对账、企业所得税计算、股价信息查询、利润计算等程序化操作的会计业务梳理流程开发财务机器人,这些内容均具有一定的前瞻性和探索性,是财务会计智能化的创新方案。

本书不仅可作为高职院校大数据与财务管理、大数据与会计、大数据与审计、财税大数据应用等智能财经相关专业的教学用书、职业院校技能大赛辅导用书,也可作为财务、审计工作者学习财务会计知识、提高财务能力的参考用书。

本书由河南经贸职业学院竟玉梅、南京铁道职业技术学院谈先球担任主编,由河南经贸职业学院赵思思、洛阳职业技术学院李忆凡、河南经贸职业学院崔奇担任副主编,河南联合会计师事务所朱虎平参编。竟玉梅负责框架结构设计、样章编写和书稿统纂,谈先球承担书稿审改工作。本书具体编写分工如下:崔奇编写项目一,竟玉梅编写项目二的任务一至任务三、项目三、项目四,谈先球编写项目五的任务一至任务四,赵思思编写项目二的任务四至任务七、项目五的任务五和任务六、项目六的任务四和任务五,李忆凡编写项目六的任务一至任务三、项目七,朱虎平为本书提供典型工作案例。本书使用了国家在线精品课程中河南经贸职业学院张俊清、沈中霞、张小兰、孙涵、阎佳星、贺千芊、郭彦琳等老师部分讲课视频,厦门网中网软件有限公司为本书智能核算模块提供财务云平台和技术支持指导,在此一并表示感谢。本书由河南经贸职业学院会计学院院长侯小坤教授审稿。

由于编者水平和经验有限,书中难免存在疏漏之处,敬请专家、同行和广大读者批评、指正。

编　者

2024 年 2 月

职业教育国家在线精品课程
财务会计(学银在线)

职业教育国家在线精品课程
财务会计(智慧职教)

目　录

总　论

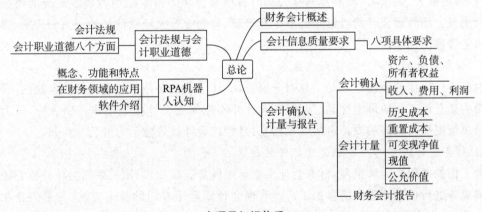

知识目标

掌握会计信息质量要求、会计六要素确认、会计计量属性、会计职业道德内容等；熟悉财务会计目标、RPA财务机器人基础知识等；了解财务会计的概念与特征、会计法规、会计职业道德的概念等。

技能目标

能判断会计信息是否符合相关质量要求；能根据经济事项对会计要素做出准确确认；能对违反会计法律、法规和会计职业道德的行为做出基本判断。

素养目标

对会计职业有认同感，树立会计思维，领悟会计之美；树立遵纪守法、恪守准则的合规意识，形成良好的会计职业道德；树立大数据思维。

本项目知识体系

经济越发展，会计越重要。会计是国际通用的商业语言，是一个经济单位与外部经济单位交流的主要载体。在经济社会高质量发展的背景下，会计在保护财产安全、落实经管责任、有效配置经济资源、合理分配经济利益等方面发挥着越来越重要的作用。本项目主要介绍会计的概念和特征、会计信息质量要求、会计计量属性、会计要素及其确认与计量，有关会计工作质量保障的会计法规和会计职业道德，以及RPA机器人的应用场景、相关软件等。

任务一 财务会计概述

一、财务会计的概念和特征

(一)财务会计的概念

现代企业会计可以划分为财务会计与管理会计两大分支。

财务会计是传统企业会计的发展,为企业实现其经营管理目标而服务,积极参与经营管理决策,并提高企业的经济效益。财务会计是为了满足企业外部会计信息使用者的需要,在企业会计准则的规范下,通过确认、计量、记录和报告等专门程序和方法,提供有关企业财务状况、经营成果、现金流量等会计信息的对外报告会计。

管理会计又称分析报告会计,主要针对企业管理部门编制计划、作出决策、控制经济活动的需要,记录和分析经济业务、"捕捉"和呈报管理信息,并直接参与决策、控制过程。管理会计的目标是在向资源提供者反映资源受托管理情况的基础上,实现资源的优化配置,进而提高企业的生产效率和经济效益。

(二)财务会计的特征

财务会计与管理会计相比,具有以下特征。

1. 财务会计侧重提供会计信息

财务会计的主要目标是向企业的投资者、债权人、政府及其有关部门和社会公众提供会计信息,以使投资人、债权人、政府及其有关部门和社会公众等信息使用者理解企业的财务状况和经营成果。而管理会计的目标则侧重企业管理、对企业重大经营活动的预测和决策,以及对公司风险管控的加强。

2. 财务会计的最终产品是财务报告

财务会计工作的最终任务是出具财务报告,会计信息最终是通过财务报告反映的。因此,财务报告是会计工作的最终产品。而管理会计并不把编制会计报表当作主要目标,只为企业的经营决策提供有选择的或特定的管理信息,且管理会计报告也不对外公开披露。

3. 财务会计侧重对经济业务进行会计核算

为了提供通用的会计报表,财务会计主要运用借贷记账法,采用一系列会计核算方法对企业经济业务进行数据处理和信息加工。而管理会计则运用专门的技术方法,着重为企业提供最优决策,以改善经营管理,提高经济效益。

4. 财务会计以企业会计准则为指导

企业会计准则是会计人员从事会计工作必须遵循的基本原则,是组织会计活动、处理会计业务的规范。企业会计准则由基本会计准则和具体会计准则组成,是我国财务会计必须遵循的规范。为促进企业加强管理会计工作,提升内部管理水平,促进经济转型升级,财政部制定了《管理会计基本指引》,企业应参照该指引开展管理会计工作。

二、财务会计目标

财务会计目标又称财务报告目标,是财务会计工作应该达到的要求和目的。财务会计目标可分为基本目标和具体目标,其基本目标是提供反映企业经济活动的信息,以满足有关方面的信息需求。关于财务会计的具体目标,会计学界通常有两种观点,即受托责任观和决策有用观。在受托责任观下,财务会计的具体目标是反映企业管理层受托责任的履行情况,会计信息更多地强调可靠性,会计计量主要采用历史成本;在决策有用观下,财务会计的具体目标是为经济决策提供有用的信息,会计信息更多地强调相关性,如果其他计量属性能够提供更加相关的信息,会较多地采用除历史成本之外的其他计量属性。

我国企业财务报告的目标是向财务报告使用者提供与企业财务状况、经营成果和现金流量等有关的会计信息,反映企业管理层受托责任履行情况,帮助财务报告使用者作出经济决策。

财务报告外部使用者主要包括投资人、债权人、政府及其有关部门和社会公众等。满足投资者的信息需要是企业财务报告编制的首要出发点。将投资者作为企业财务报告的首要使用者,凸显了投资者的地位,体现了保护投资者利益的要求,是市场经济发展的必然。根据投资者决策有用目标,财务报告所提供的信息应当如实反映企业所拥有或者控制的经济资源、对经济资源的要求权,以及经济资源及其要求权的变化情况;如实反映企业的各项收入、费用、利润和损失的金额及其变动情况;如实反映企业各项经营活动、投资活动和筹资活动等所形成的现金流入和现金流出情况等,从而有助于现在的或者潜在的投资者正确、合理地评价企业的资产质量、偿债能力、盈利能力和营运效率等;有助于投资者根据相关会计信息作出理性的投资决策;有助于投资者评估与投资有关的未来现金流量的金额、时间和风险等。除投资者外,企业财务报告的外部使用者还有债权人、政府及其有关部门、社会公众等。由于投资者是企业资本的主要提供者,通常情况下,如果财务报告能够满足这一群体的会计信息需求,也可以满足其他使用者的大部分信息需求。

做中学

1. (单选题)会计信息更多地强调相关性,会计计量在坚持历史成本之外,也会较多地采用其他计量属性。该财务报告目标定位于( )。

A. 受托责任观　　　B. 资产负债观　　　C. 决策有用观　　　D. 收入费用观

2. (多选题)下列各项中属于我国财务报告目标的有( )。

A. 向财务报告使用者提供有用的决策信息

B. 反映企业管理层受托责任的履行情况

C. 与同行业信息做比较

D. 客观地反映企业的财务和经营状况

3. (多选题)下列各项对财务会计的特征表述正确的是( )。

A. 侧重提供会计信息

B. 最终产品是财务报告

C. 侧重对经济业务进行会计核算

D. 以企业会计准则为指导

4. (判断题)财务会计的目标侧重规划未来、对企业的重大经营活动进行预测和决策,以及加强事中控制。 ( )

任务二 会计信息质量要求

一、会计信息

（一）会计信息的作用

会计信息是企业和外部利益相关者进行交流的较为直接、比较重要的信息来源和载体。会计信息能降低企业和外部利益相关者之间的信息不对称；有效约束公司管理层的行为，提高公司治理的效率；帮助投资者甄别其投资的优劣进而作出投资决策；有利于债权人作出授信决策；提高经济和资本市场的运作效率；等等。

（二）会计信息质量

会计所提供的信息，应当满足投资者、债权人、政府及其有关部门和社会公众的需求，为此，会计信息必须保证质量。会计信息质量是指会计信息符合会计法律、会计准则等规定要求的程度，是满足企业利益相关者需要的能力和程度。

二、我国会计信息质量要求

会计信息质量要求是对企业财务报告所提供会计信息质量的基本要求，是使财务报告所提供会计信息对投资者等信息使用者决策有用应具备的基本特征。我国会计准则规定，会计信息应具有可靠性、相关性、可理解性、可比性、实质重于形式、重要性、谨慎性和及时性。

微课：会计信息
质量要求

（一）可靠性

可靠性又称真实性，是指企业应当以实际发生的交易或者事项为依据进行会计确认、计量和报告，如实反映符合确认和计量要求的各项会计要素及其他相关信息，保证会计信息真实可靠，内容完整。可靠性是高质量会计信息的重要基础和关键所在，要求企业不得根据虚构的或尚未发生的交易或事项进行确认、计量、记录和报告，也不得随意遗漏或者减少应予以披露的信息。对于企业提供的会计信息，应做到客观中立、不偏不倚，会计职业判断和会计政策选择应保持无偏向性立场，不得为了达到某种事先设定的结果或效果，通过选择或列示有关会计信息以影响决策和判断。

【自主探究】某公司于2023年年末发现公司销售萎缩，无法实现年初确定的销售收入目标，但考虑到2024年春节前后，公司销售可能会出现较大幅度的增长，公司为此提前预计库存商品销售，在2023年年末做了若干存货出库凭证，并确认销售收入实现。公司这种处理方法是否正确？为什么？

（二）相关性

相关性是指企业提供的会计信息应当与财务会计报告使用者的经济决策需要相关，有助于财务会计报告使用者对企业过去、现在或者未来的情况作出评价或者预测。

会计信息有无价值，关键是看其与会计信息使用者的决策需要是否相关，是否有助于决策或提高决策水平。相关的会计信息应当具有反馈价值和预测价值。反馈价值是指会计信息应当有助于使用者评价企业过去的决策，证实或者修正过去的有关预测；预测价值是指会计信息应当有助于使用者根据财务报告所提供的信息预测企业未来的财务状况、经营成果和现金流量。例如,对某些资产采用公允价值计量,可以提高会计信息的预测价值,进而提升会计信息的相关性;在财务会计报告中区分收入和利得、费用和损失,有助于财务会计报告使用者评价企业实际的盈利能力,同时还有助于预测企业未来的盈利能力。

(三) 可理解性

可理解性是指企业提供的会计信息应当清晰明了,便于财务会计报告使用者理解和使用。会计信息使用者有很多,不同使用者对会计信息的理解力不同。这就需要企业提供的会计信息应通俗易懂、清晰明了,以便使用者理解和利用,达到向使用者提供决策有用信息的会计目标。对于交易或事项本身较为复杂或者会计处理较为复杂的信息,与使用者的经济决策相关的,企业应当在财务会计报告中予以充分披露。例如,对于财务会计报表中计提减值准备的资产项目,在财务会计报表的正表中采用净额列示的,应在附注中说明相应已计提减值准备的金额;财务会计报表中汇总合计列报的项目,如资产负债表中货币资金、存货等项目,应在附注中逐项列示说明明细核算信息。

(四) 可比性

可比性是指企业提供的会计信息应具有可比性,包括横向可比和纵向可比。

横向可比是指不同企业发生的相同或者相似的交易或者事项,应当采用规定的会计政策,确保会计信息口径一致,保持不同企业相同时期会计信息的可比性。这样有助于会计信息使用者了解不同企业的财务状况、经营成果和现金流量及其差异,比较分析不同企业相同时期的会计信息产生差异的原因,全面、客观地评价不同企业的优劣,作出相应决策。

纵向可比是指同一企业不同时期发生的相同或相似的交易或事项,应当采用一致的会计政策,不得随意变更。需要说明的是,满足可比性要求,并非表明企业不得变更会计政策,如果按照规定或在会计政策变更后可以提供更可靠、更相关的会计信息,就可以变更会计政策。有关会计政策变更的情况,应当在附注中予以说明。

【初级同步 1-1】(单选题)在不同会计期间发生的相同或相似的交易或事项,应当采用一致的会计政策,不得随意变更。这是会计信息质量要求中的(　　)要求。

A. 谨慎性　　　　　B. 重要性　　　　　C. 可比性　　　　　D. 可理解性

(五) 实质重于形式

实质重于形式要求企业按照交易或者事项的经济实质进行会计确认、计量、记录和报告,不应仅以交易或者事项的法律形式为依据。

企业发生的交易或事项在多数情况下,其经济实质和法律形式是一致的。但有时也会出现不一致。例如销售回购,企业按照销售合同销售商品,但又签订了售后回购协议,虽然从法律形式上企业实现了收入,但实际上属于企业的融资行为,不应当确认销售收入。

(六) 重要性

重要性是指企业提供的会计信息应当反映与企业财务状况、经营成果和现金流量等有关的所有重要交易或者事项。重要信息或数据,应当在财务报告中单独列示;次要信息或数据,可以适当简化处理或在报表中合并列示,如企业的包装物、低值易耗品就是在财务报表中的"周转材料"项目下合并列示的。

在实务中,如果某项会计信息的省略或者错报会影响投资者等财务报告使用者据此作出决策,该信息就具有重要性。判断某一会计事项是否重要,主要依赖于会计人员的职业判断。

也就是说,同一事项在某一企业具有重要性,在另一企业则不一定。一般地,企业应当根据其所处环境和实际情况,从项目的功能、性质和金额等方面加以判断。例如,企业购买的办公用品(如打印机、纸、文具等),对企业生产经营影响不大,购买金额也相对较小。因此,此项购买金额在办公用品买来时就可直接确认为期间费用。

(七)谨慎性

谨慎性是指企业对交易或者事项进行会计确认、计量和报告时应当保持应有的谨慎,既不应高估资产或者收益,也不能低估负债或者费用。在市场经济环境下,企业的生产经营活动面临着许多风险和不确定性,会计信息质量的谨慎性要求企业在面临不确定性因素作出职业判断时,保持应有的谨慎,对存在的风险加以合理估计。例如,企业对可能发生的资产减值损失计提资产减值准备、企业采用加速折旧法对固定资产计提折旧、企业对售出商品很可能发生的保修义务确认预计负债等,都体现了谨慎性要求。

当然,谨慎性原则并不意味着企业可以设置秘密准备,如果企业故意低估资产或者收益,或者故意高估负债或者费用,这不符合会计可靠性和相关性要求,损害会计信息质量,扭曲企业实际的财务状况和经营成果,从而对财务会计报告使用者的决策产生误导,这是会计准则不允许的。

(八)及时性

及时性是指企业对于已经发生的交易或者事项,应当及时进行会计确认、计量、记录和报告,不得提前或者延后。会计信息的价值在于帮助所有者或其他方作出经济决策,具有时效性。即使是可靠的、相关的会计信息,如果不及时提供,也会失去时效性。所以,及时性是会计信息相关性和可靠性的制约因素。在会计确认、计量、记录和报告过程中要贯彻及时性要求。一是要求及时收集会计信息,即在经济业务发生后,应及时取得有关原始单据或凭证。二是要求及时处理会计信息,即按照会计准则的规定,及时对交易或事项进行确认和计量,并编制财务报告。三是要求及时传递会计信息,即按照国家规定的有关时限,及时将编制的财务报告传递给财务报告使用者,便于其及时使用和决策。例如,上市公司年度财务报告应于次年4月30日之前对外公布。

【初级同步 1-2】(单选题)企业将融资租入固定资产按自有固定资产的折旧方法计提折旧,遵循的是( )要求。

A. 谨慎性   B. 实质重于形式   C. 可比性   D. 重要性

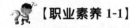【职业素养 1-1】

财务造假遭退市

2017年年底,龙力生物爆发债务危机,公司亏损34.86亿元;因涉嫌信息违规披露,2018年被证监会依法立案调查;2019年亏损8.12亿元;龙力生物股票于2020年6月1日进入退市整理期。根据2021年1月13日中国证监会出具的《行政处罚决定书》《市场禁入决定书》,龙力生物主要存在以下违法事实:一是定期报告中银行及对外借款存在虚假记载。龙力生物公司通过删除借款类、往来类、票据类科目中与借款相关的记账凭证,虚减短期借款负债;通过删除与借款相关的利息费用、服务费等记账凭证的方式,虚减财务费用、管理费用。二是未履行披露担保的义务。三是未经过股东大会决议,擅自改变IPO(首

文档:职业素养 "财务造假遭退市"解读

次公开募股)募集资金用途,一些年度披露的募集资金专户余额存在虚假记载。

资料来源:沈倍羽.上市公司财务舞弊动因分析与对策探析——以龙力生物为例[J].全国流通经济,2023(15):104-107.

思考:分析龙力生物公司违背了哪些会计信息质量要求,并探究其原因。

做中学

一、单选题

1. (2021年)下列各项中,企业以实际发生的经济业务为依据,如实进行会计确认、计量和报告,体现的会计信息质量要求是( )。

    A. 重要性   B. 可靠性   C. 可比性   D. 及时性

2. 企业将很可能承担的环保责任确认为预计负债,体现的会计信息质量要求是( )。

    A. 可理解性   B. 及时性

    C. 实质重于形式   D. 谨慎性

3. 下列说法中,能够保证同一企业会计信息前后各期可比的是( )。

    A. 为了提高会计信息质量,要求企业所提供的会计信息能够在同一会计期间不同企业之间进行相互比较

    B. 存货计价方法一经确定,不得随意改变,如需变更,应在财务报告中说明

    C. 对于已经发生的交易或事项,应当及时进行会计确认、计量和报告

    D. 对于已经发生的交易或事项进行会计确认、计量和报告时,不应高估资产或者收益、低估负债或者费用

4. 企业提供的会计信息应有助于财务会计报告使用者对企业过去、现在或者未来的情况作出评价或者预测,这体现了会计信息质量要求中的( )要求。

    A. 相关性   B. 可靠性   C. 可理解性   D. 可比性

5. 企业将租入的固定资产按自有固定资产的折旧方法计提折旧,遵循的是( )要求。

    A. 谨慎性   B. 实质重于形式

    C. 可比性   D. 重要性

6. 甲企业2024年3月购入了一批原材料,会计人员在7月才入账,该事项违背的是会计信息质量要求中的( )要求。

    A. 相关性   B. 客观性   C. 及时性   D. 明晰性

7. 企业提供的会计信息应当清晰明了,便于财务会计报告使用者理解和使用。这体现的是( )要求。

    A. 相关性   B. 可靠性   C. 及时性   D. 可理解性

二、多选题

1. 下列各项中,反映谨慎性会计信息质量要求的有( )。

    A. 固定资产采用加速折旧法计提折旧

    B. 对应收账款计提坏账准备

    C. 对使用寿命有限的无形资产采用直线法摊销

    D. 对很可能承担的环保责任确认预计负债

2. 下列各项中,对可比性会计信息质量要求的表述,正确的有( )。

    A. 不同企业发生的相同或相似的交易采用规定会计政策

  B. 同一企业相同时期可比

  C. 不同企业不同时期可比

  D. 同一企业不同时期发生的相同或相似的交易采用一致的会计政策

3. 下列各项中,符合会计信息质量谨慎性要求的有(　　)。

  A. 应收账款计提坏账准备

  B. 对使用寿命有限的无形资产采用直线法摊销

  C. 对很可能承担的环保责任确认预计负债

  D. 同一企业不同时期发生的相同交易采用一致的会计政策

4. 下列各项关于可比性要求的说法中,正确的有(　　)。

  A. 企业对于已经发生的交易或者事项,应当及时进行会计确认、计量和报告,不得提
前或者延后

  B. 同一企业不同时期发生的相同或者相似的交易或者事项,应当采用一致的会计政
策,不得随意变更

  C. 不同企业发生的相同或者相似的交易或者事项,应当采用规定的会计政策,确保会
计信息口径一致、相互可比

  D. 企业提供的会计信息应当清晰明了,便于财务报告使用者理解和使用

5. 下列各项中,体现会计核算的谨慎性要求的有(　　)。

  A. 对应收账款计提坏账准备

  B. 采用双倍余额递减法对固定资产计提折旧

  C. 对固定资产计提减值准备

  D. 对交易性金融资产期末采用公允价值计量

6. (2022年)下列各项中,体现谨慎性会计信息质量要求的有(　　)。

  A. 固定资产按直线法计提折旧

  B. 低值易耗品金额较小的,在领用时一次性计入成本费用

  C. 对售出商品很可能发生的保修义务确认预计负债

  D. 当存货成本高于可变现净值时,计提存货跌价准备

三、判断题

1. 判断一项会计事项是否具有重要性,主要取决于会计制度的规定,而不是取决于会计人
员的职业判断。所以,同一事项在某一企业具有重要性,在另一企业则也具有重要性。 (　　)

2. 企业本期净资产的增加额一定是企业当期实现的净利润金额。 (　　)

3. 谨慎性要求企业尽可能低估资产、少计收入。 (　　)

4. 某一财产物资要成为企业的资产,其所有权必须是属于企业的。 (　　)

5. 企业发生的各项利得或损失,均应计入当期损益。 (　　)

6. 如果某项资产不能再为企业带来经济利益,即使是由企业拥有或者控
制的,也不能作为企业的资产在资产负债表中列示。 (　　)

7. 甲公司存货发出计价采用月末一次加权平均法,因管理需要将其改为
移动加权平均法违背可比性原则。 (　　)

8. 企业为应对市场经济环境下生产经营活动面临的风险和不确定性,应
高估负债和费用,低估资产和收益。 (　　)

文档:任务二
拓展训练

任务三 会计确认、计量与报告

按照我国企业会计准则的要求,企业应当以权责发生制为基础对其本身发生的交易或者事项进行会计确认、计量和报告。

一、会计确认

会计确认是指会计数据进入会计系统时确定如何进行记录的过程,即将某一会计事项作为资产、负债、所有者权益、收入、费用和利润等会计要素正式加以记录和列入报表的过程。资产、负债、所有者权益三个要素是资金运动的静态反映,反映企业某一特定日期的财务状况,是资产负债表的编制依据和主要构成内容。收入、费用、利润三个要素是资金运动的动态反映,反映企业在一定时期的经营活动及其成果,是利润表的编制依据和主要构成内容。

(一) 资产

1. 资产的含义与特征

资产是指由企业过去的交易或者事项形成的,由企业拥有或者控制的,预期会给企业带来经济利益的资源。根据资产的定义,资产具有以下三方面特征。

(1) 资产是由过去的交易或事项产生的。资产应当由企业过去的交易或者事项形成,过去的交易或者事项包括购买、生产、建造行为或其他交易或者事项。企业预期未来发生的交易或事项可能产生的结果,不属于现在的资产。例如,A 企业在 2024 年 11 月与某企业签订一项购买原材料合同,合同规定 2025 年 2 月付款购料。那么 A 企业在 2024 年 11 月签订购买合同时,就不能把该批原材料确认为本企业的资产,只有到 2025 年 2 月履行合同付款购料时才能把该批原材料确认为本企业的资产。

(2) 资产是企业拥有或控制的资源。所谓拥有是指企业享有该项资源的法定所有权;而控制是指企业对某项资源虽然没有法定所有权,但有使用权,并且该项资源所带来的经济利益和相应风险都由本企业承担。例如,对于企业融资租入的固定资产视同本企业资产管理,这也是会计信息质量要求实质重于形式的具体表现。

(3) 资产预期会给企业带来经济利益。预期会给企业带来经济利益,是指直接或间接导致现金或现金等价物流入企业的潜在能力。这种潜力可以来自企业日常的生产经营活动,也可以来自非日常活动;带来的经济利益可以是现金或者现金等价物,可以转化为现金或者现金等价物的形式,或可以减少现金或者现金等价物流出的形式。例如,企业的原材料经过生产加工成产品,产品对外销售后收回货款,货款即为企业所得到的经济利益。如果某一项目预期不能给企业带来经济效益,那么就不能将其确认为企业的资产。前期已经确认为资产的项目,如果不能再为企业带来经济利益,也不能再确认为企业的资产。

2. 资产的确认条件

企业要生产经营,就需要有相应的机器设备、厂房和原材料等生产资料,而这些生产资料并不都是企业的资产。要将一项资源确认为资产,则该资源不但要符合资产的定义,还应同时满足以下条件。

(1) 与该资源有关的经济利益很可能流入企业。从资产的定义可以看出,能为企业带来经济利益是资产的一个本质特征,但在现实生活中,由于经济环境瞬息万变,与该资源有关的经济利益能否流入企业或者能够流入多少,实际上带有不确定性。因此,资产的确认还应与经济利益流入企业的可能性程度的判断结合起来。

【注意】基本确认:95%<可能性≤100%;很可能:50%<可能性≤95%;可能:5%<可能性≤50%;极小可能:0%<可能性≤5%。

(2)该资源的成本或者价值能够可靠计量。可计量性是所有会计要素确认的重要前提,资产也不例外。只有当有关资源的成本或者价值能够可靠计量时,资产才能予以确认。在实务中,企业取得的许多资产都需要付出成本,如企业购买或者生产的商品、企业购置的厂房或者设备等。只有该资源实际发生的成本或者生产成本能够可靠计量,才符合资产确认的可计量性条件。

3. 资产的分类

企业资产按其流动性,分为流动资产和非流动资产。

(1)流动资产是指预计在一个会计年度内或一个正常营业周期中变现、出售或耗用的资产和现金及现金等价物,主要包括货币资金、交易性金融资产、应收及预付款项、存货、合同资产、一年内到期的非流动资产、其他流动资产等。

(2)非流动资产是指流动资产以外的资产,主要包括债权投资、其他债权投资、长期应收款、长期股权投资、投资性房地产、固定资产、无形资产、在建工程、递延所得税资产、其他非流动资产等。

【初级同步 1-3】(单选题)下列各项不会引起企业资产总额发生变化的是( )。

A. 购入原材料一批,款项尚未支付 B. 接受新投资者货币资金投资

C. 销售商品一批,款项尚未收到 D. 从银行提取备用金

(二)负债

1. 负债的含义与特征

负债是指由过去的交易或事项形成的,预期会导致经济利益流出企业的现时义务。根据负债的定义,负债具有以下三方面特征。

(1)负债是由过去的交易或事项形成的。只有过去的交易或事项才能形成负债,企业发生的承诺、签订的购买合同等交易事项,不形成负债。

(2)负债会导致企业经济利益流出。只有在履行义务时会导致经济利益流出企业的,才符合负债的定义。企业在履行现时义务清偿负债时,导致经济利益流出的形式多种多样,如用现金或银行存款偿还、以实物偿还、以提供劳务形式偿还、将负债转化为资本等。

(3)负债是企业承担的现时义务。负债必须是企业承担的现时义务。现时义务是指企业在现行条件下已承担的义务。未来发生的交易或者事项形成的义务,不属于现时义务,不应当确认为负债。

2. 负债的确认条件

要将一项现时义务确认为负债,则该义务需要符合负债的定义,还需要同时满足以下两个条件。

(1)与该义务有关的经济利益很可能流出企业。从负债的定义可以看出,预期会导致经济利益流出企业是负债的一个本质特征。在实务中,企业履行义务所需流出的经济利益带有不确定性,尤其是与推定义务相关的经济利益通常需要依赖大量的估计。因此,负债的确认应当与经济利益流出企业的不确定性程度的判断结合起来。

(2)未来流出经济利益的金额能够可靠计量。要确认一项负债,在考虑经济利益流出企

业的同时,其未来流出的经济利益的金额应当能够可靠计量。对于与法定义务有关的经济利益流出金额,通常可以根据合同或者法律规定的金额予以确定,考虑到经济利益流出的金额通常在未来期间,有时未来期间较长,有关金额的计量需要考虑货币时间价值等因素的影响。对于与推定义务有关的经济利益流出金额,企业应当根据履行相关义务所需支出的最佳估计数等进行估计,并综合考虑有关货币时间价值、风险等因素的影响。

3. 负债的分类

企业的负债按其流动性,一般分为流动负债和非流动负债。

(1) 流动负债是指预计在一年或超过一年的一个正常营业周期内偿还的负债,主要包括短期借款、应付与预收账款、合同负债、应付职工薪酬、应交税费、其他应付款、持有待售负债、一年内到期的非流动负债、其他流动负债等。

(2) 非流动负债是指流动负债以外的负债,主要包括长期借款、应付债券、长期应付款、租赁负债、预计负债、递延收益、递延所得税负债、其他非流动负债等。

【初级同步 1-4】(单选题)企业以银行存款偿还到期的短期借款,关于该项经济业务,下列说法正确的是(   )。

A. 导致负债内部增减变动,负债总额不变

B. 导致资产、负债同时减少

C. 导致资产、负债同时增加

D. 导致所有者权益、负债减少

(三) 所有者权益

1. 所有者权益的含义与特征

所有者权益是指企业资产扣除负债后由所有者享有的剩余权益。其实质是企业从投资者手中吸收的投入资本及其增值,同时也是企业进行经济活动的"本钱"。企业的所有者权益具有以下特征。

(1) 除非发生减资、清算,否则企业不用偿还所有者权益。所有者权益是企业对投资者所承担的经济责任,在一般情况下是不需要归还投资者的。这与负债不同,负债是企业对债权人所承担的经济责任,企业负有偿还义务。

(2) 在企业清算时,所有者权益的求偿权位于负债之后。企业只有在解散清算时,其破产财产在偿付了破产费用、债权人的债务后,如有剩余财产,才可能偿还投资者的投资。

(3) 所有者凭借其权益可以参与企业的利润分配和经营管理。所有者权益和债权人权益不同,所有者既可以参与企业的利润分配得到股息红利,也可以参与企业的经营管理;而债权人只享有按期收回利息和本金的权利,无权参与企业的利润分配和经营管理。

2. 所有者权益的确认条件

所有者权益体现的是所有者在企业中的剩余权益,因此所有者权益的确认和计量主要依赖资产和负债的确认和计量。例如,企业接受投资者投入的资产,在该资产符合资产确认条件时,就相应地符合所有者权益的确认条件;当该资产的价值能够可靠计量时,所有者权益的金额也就可以确定。

3. 所有者权益的来源构成

所有者权益的来源包括所有者投入的资本、直接计入所有者权益的利得和损失、留存收益等,通常由股本(或实收资本)、资本公积(含股本溢价或资本溢价、其他资本公积)、其他综合收益、盈余公积和未分配利润等构成。

（1）所有者投入的资本是指所有者投入企业的资本部分，它既包括构成企业的注册资本，即实收资本，也包括投入资本超过注册资本的部分，即资本溢价或股本溢价。按我国企业会计准则要求，投入资本的溢价作为资本公积反映。

（2）直接计入所有者权益的利得和损失是指不应计入当期损益、会导致所有者权益发生增减变动的、与所有者投入资本或向所有者分配利润无关的利得或者损失。直接计入所有者权益的利得和损失主要包括以公允价值计量且其变动计入其他综合收益的金融资产的公允价值变动额等。

（3）留存收益是指企业历年实现的净利润留存于企业的部分，包括盈余公积和未分配利润。

（四）收入

1. 收入的含义与特征

收入是指企业在日常活动中形成的、会导致所有者权益增加的、与所有者投入资本无关的经济利益的总流入。根据收入的定义，收入具有以下三方面特征。

（1）收入从企业的日常活动中产生，而不从偶发的交易或事项中产生。日常活动是指企业为完成其经营目标所从事的经常性活动及与之相关的活动。但是，有些交易或事项虽然也为企业带来经济利益，但不属于企业的日常活动，则其流入的经济利益不能确认为收入，而应确认为利得，如取得的罚款收入。

（2）收入可能表现为企业资产的增加或企业负债的减少，或二者兼有。收入的取得必然会导致经济利益的流入。它可能表现为资产增加，如增加银行存款、应收账款等；也可能表现为负债的减少，如减少预收账款等；还可能是两者兼而有之，如商品销售的货款中一部分抵偿债务，另一部分收取现金。

（3）收入必然导致企业所有者权益增加。与收入相关的经济利益流入应当会导致所有者权益的增加，不会导致所有者权益增加的经济利益流入不符合收入的定义，不应确认为收入。例如，向银行借入款项，尽管也导致经济利益的流入，但该流入并没有导致所有者权益的增加，反而使企业承担了一项现时义务，因此对于由借款导致的经济利益的流入，就不能确认为收入，而应确认为负债。

【注意】收入只包括本企业的经济利益的总流入。企业为第三方或者客户代收的款项，如增值税等，不属于本企业的经济利益，不能作为本企业的收入。

2. 收入的确认条件

企业收入的来源渠道多种多样，不同收入来源的特征虽然有所不同，但其收入确认条件是相同的。当企业与客户之间的合同同时满足下列条件时，企业应当在客户取得相关商品控制权时确认收入：①合同各方已批准该合同并承诺将履行各自义务；②该合同明确了合同各方与所转让商品或提供劳务相关的权利和义务；③该合同有明确的与所转让商品或提供劳务相关的支付条款；④该合同具有商业实质，即履行该合同将改变企业未来现金流量的风险、时间分布或金额；⑤企业因向客户转让商品或提供劳务而有权取得的对价很可能收回。

3. 收入的分类

企业的收入按其从事日常活动的性质可分为销售商品收入和提供劳务收入。收入按其日常活动在企业中所处的地位可分为主营业务收入和其他业务收入。主营业务收入是指企业为完成其经营目标而从事的日常活动中的主要项目的收入。其他业务收入是指主营业务以外的其他日常活动收入，如出售原材料取得的收入，出租固定资产、无形资产及包装物获得的收入等。收入按其确认时间可分为在某一时点确认的收入和在某一时段确认的收入。

（五）费用

1. 费用的含义与特征

费用是指企业在日常活动中发生的、会导致所有者权益减少的、与向所有者分配利润无关的经济利益的总流出。根据费用的定义,费用具有以下三方面特征。

（1）费用是企业日常活动中发生的经济利益的流出。费用是企业日常活动中发生的经济利益的流出,而不是偶发的交易或事项发生的经济利益流出。这些日常活动的界定与收入定义中涉及的日常活动的界定相一致。例如,企业因日常活动所发生的费用通常包括销售成本、职工薪酬、折旧费等。然而也有些交易或事项虽然也能使企业发生经济利益流出,但不属于企业的日常活动,其流出的经济利益不属于费用,而应计入损失,如企业出售固定资产发生的净损失就不属于费用。

（2）费用会导致所有者权益的减少。与费用相关的经济利益的流出应当会导致所有者权益的减少,不会导致所有者权益减少的经济利益的流出不符合费用的定义,不应确认为费用。但并不是导致所有者权益减少的经济利益总流出就是费用,如向投资者分配利润,一方面减少企业的所有者权益,另一方面减少企业的资产或增加企业的负债,因此不属于费用。

（3）费用可能表现为资产的减少,或负债的增加,或二者兼而有之。费用的发生形式多种多样,有的表现为资产的减少,如购买原材料支付现金、制造产品耗用存货;有的表现为负债的增加,如负担的长期借款利息;还有的两者兼有,如购买原材料支付部分现金,部分为承担的债务。

2. 费用的确认条件

费用的确认除了应当符合定义外,还至少应当符合以下条件：①与费用相关的经济利益很可能流出企业;②经济利益流出企业的结果会导致资产的减少或者负债的增加;③经济利益的流出额能够可靠计量。

3. 费用的构成

费用是为了实现收入而发生的支出,应与收入相配比来确认、计量、记录和报告。费用包括生产费用与期间费用。

（1）生产费用是指与企业日常生产经营活动有关的费用,按其经济用途可分为直接材料、直接人工和制造费用。生产费用应按实际发生情况计入产品的生产成本;对于生产几种产品共同发生的生产费用,应当按照受益原则,采用适当的方法和程序分配计入相关产品的生产成本。企业的产品销售以后,其生产成本就转化为销售当期的费用,成为产品的销售成本。

（2）期间费用是指企业本期发生的、不能直接或间接归入生产费用,而直接计入当期损益的各项费用,包括销售费用、管理费用和财务费用等。它是随着时间推移而发生的,与当期产品的管理和产品销售直接相关,而与产品的制造过程、产品的产量无直接关系,因而不能计入产品成本,应当计入当期损益。

（六）利润

1. 利润的含义

利润是指企业在一定会计期间的经营成果。利润反映收入减去费用、直接计入当期损益的利得减去损失后的净额。通常情况下,企业实现利润,表明企业所有者权益增加,业绩得到了提升。如果企业入不敷出,即亏损,则表明企业所有者权益减少。

2. 利润的确认条件

利润反映的是收入减去费用、利得减去损失后的净额。因此,利润的确认主要依赖收入和费用及利得和损失的确认,其金额的确定也主要取决于收入、费用、利得和损失金额的计量。

3. 利润的来源构成

利润包括收入减去费用后的净额、直接计入当期损益的利得和损失等。收入减去费用后的净额是反映企业日常活动的经营成果。直接计入当期损益的利得和损失是由反映企业非日常活动形成的,会导致所有者权益发生增减变动的、与所有者投入资本或者向所有者分配利润无关的利得或损失,如营业外收支,它与企业的生产经营活动无直接关系。企业应当严格区分收入和利得、费用和损失,以便全面反映企业的经营成果。

反映企业利润的指标主要有营业利润、利润总额和净利润。营业利润是指企业由经营取得的收益,包括生产经营所得和投资经营所得等。利润总额是在营业利润的基础上,加减营业外收支净额后的结果。净利润是利润总额扣除所得税后的净额。

二、会计计量

会计计量是为了将符合确认条件的会计要素运用特定的计量单位,选择合理的计量属性登记入账并列报于财务报表而确定其金额的过程。会计计量的关键是计量属性的选择。计量属性是指所计量的某一要素的特性。从财务会计角度来看,计量属性反映的是会计要素金额的确定基础,不同的计量属性会使相同的会计要素表现为不同的货币数量,从而使会计信息反映的财务状况和经营成果建立在不同的计量基础上。会计计量属性主要包括历史成本、重置成本、可变现净值、现值和公允价值。

微课:会计
计量属性

1. 历史成本

历史成本又称实际成本,是指取得或制造某项财产物资时所实际支付的现金或现金等价物。在历史成本计量下,资产按照其购置时支付的现金或现金等价物的金额,或者按照购置资产时所付出对价的公允价值进行计量;负债按照其因承担现时义务而实际收到的款项、资产金额或合同金额,或者按照日常活动中为偿还负债预期需要支付的现金或现金等价物的金额进行计量。

历史成本具有可靠性,并且具有丰富的实践经验和理论基础,是会计计量中最重要、最基本的计量属性。但是在物价变动明显时,其可比性和相关性下降,收入与费用的配比缺乏逻辑统一性,经营业绩和持有收益无法分清,非货币性资产和负债出现低估,难以真正揭示企业的财务状况。

2. 重置成本

重置成本又称现行成本,是指在当前市场条件下,重新取得同样一项资产所要支付的现金或现金等价物的金额。在重置成本计量下,资产按照现在购买相同或者相似资产所要支付的现金或现金等价物的金额进行计量。负债按照现在偿付该项债务所要支付的现金或现金等价物的金额进行计量。

3. 可变现净值

可变现净值是指在日常活动中,以预计售价减去进一步加工成本和预计销售费用及相关税费后的净值。在可变现净值计量下,资产按照其正常对外销售所能收到现金或者现金等价物的金额,扣减该资产至完工时估计将要发生的成本、估计的销售费用及相关税费后的金额进行计量。这种计量属性能反映预期变现能力,体现了稳健原则,但可变现净值计量仅适用于计划将来销售的资产。在会计实务中,可变现净值通常用于存货发生减值后的后续计量。

4. 现值

现值也称折现值、贴现值、资本化价值。现值是指对未来现金流量以恰当的折现率折现后的价值,是考虑货币时间价值因素的一种计量属性。在现值计量下,资产按照预计从其持续使用和最终处置中所产生的未来净现金流入量折现的金额进行计量,负债按照预计期限内需要偿还的未来净现金流出量折现的金额进行计量。在会计实务中,现值计量通常应用于非流动资产可回收金额和以摊余成本计量的金融资产价值的确定等。

5. 公允价值

公允价值也称公允市价、公允价格。在公允价值计量下,资产和负债按照市场参与者在计量日发生的有序交易中,出售资产所能收到或者转移负债所需支付的价格进行计量。在会计实务中,公允价值的应用主要体现在以公允价值计量的金融资产,以及以公允价值计量的投资性房地产等期末价值的确定上。

企业在对会计要素进行计量时,一般应当采用历史成本,在某些情况下,为了提高会计信息质量,实现财务报告目标,企业根据《企业会计准则——基本准则》采用重置成本、可变现净值、现值、公允价值计量的,应当保证所确定的会计要素金额能够取得并可靠计量。如果这些金额无法取得或者可靠计量,则不允许企业采用其他计量属性。

三、财务会计报告

财务会计报告是指企业对外提供的反映企业某一特定日期的财务状况和某一会计期间的经营成果、现金流量等会计信息的文件。财务会计报告包括财务报表及其附注和其他应当在财务会计报告中披露的相关信息和资料。

财务报表至少应当包括资产负债表、利润表、现金流量表等报表。小企业编制的会计报表可以不包括现金流量表。资产负债表是指反映企业在某一特定日期的财务状况的会计报表。利润表是指反映企业在一定会计期间的经营成果的会计报表。现金流量表是指反映企业在一定会计期间的现金和现金等价物流入和流出的会计报表。附注是指对在会计报表中列示项目所做的进一步说明,以及对未能在这些报表中列示项目的说明等。

做中学

一、单选题

1. 下列各项中,同时引起一项资产增加、另一项资产减少的业务是( )。

　　A. 销售商品预收货款　　　　　　　　B. 购买原材料签发商业承兑汇票

　　C. 预付材料采购款　　　　　　　　　D. 收到存入保证金

2. 下列各项中不会引起企业资产总额发生变化的是( )。

　　A. 购入原材料一批,款项尚未支付　　B. 接受新投资者货币资金投资

　　C. 销售商品一批,款项尚未收到　　　D. 从银行提取备用金

3. 资产按照预计从其持续使用和最终处置中所产生的未来净现金流入量的折现金额计量,体现的会计要素计量属性是( )。

　　A. 重置成本　　　B. 历史成本　　　C. 现值　　　D. 公允价值

4. 2024 年 11 月 30 日，某企业资产总额为 500 万元。12 月发生如下经济业务：收回应收账款 60 万元，以银行存款归还短期借款 40 万元，预收客户货款 20 万元。不考虑其他因素，2024 年 12 月 30 日该企业资产总额为（　　）万元。

  A. 480   B. 380   C. 440   D. 460

5. 企业在取得资产时，一般应按（　　）计量。

  A. 历史成本   B. 重置成本   C. 可变现净值   D. 公允价值

6. 下列各项中，属于负债类会计科目的是（　　）。

  A. 预付账款   B. 递延收益

  C. 其他综合收益   D. 资产处置损益

7. 下列各项中，不属于企业拥有或控制的经济资源的是（　　）。

  A. 预付甲公司的材料款   B. 经营租出的办公楼

  C. 受托加工的物资   D. 购买的但尚在运输途中的原材料

8. 某企业 4 月初的资产总额为 150 000 元，负债总额为 50 000 元。4 月份发生两笔业务，取得收入共计 60 000 元，发生费用共计 40 000 元，则 4 月底该企业的所有者权益为（　　）元。

  A. 120 000   B. 170 000   C. 160 000   D. 100 000

二、多选题

1. 下列各项中，影响企业资产负债表日存货的可变现净值的有（　　）。

  A. 存货的估计售价   B. 销售所必需的预计税金

  C. 存货的账面价值   D. 进一步加工成本

2. 下列项目中，属于所有者权益的有（　　）。

  A. 盈余公积   B. 商誉   C. 未分配利润   D. 实收资本

3. 下列项目中，属于资产范围的有（　　）。

  A. 应收账款   B. 预收账款   C. 土地使用权   D. 委托加工物资

三、判断题

1. 根据企业会计准则规定，只要能使所有者权益增加的均属于收入。（　　）

2. 公允价值是指取得或制造某项财产物资时所实际支付的现金或现金等价物。（　　）

3. 所有者权益是指企业所有者在企业资产中享有的经济利益，其全额为企业的资产总额。（　　）　文档：任务三拓展训练

任务四　会计法规与会计职业道德

  法律和道德作为上层建筑的组成部分，都是维护社会秩序、规范人们思想和行为的重要手段，它们相互联系、相互补充。会计行为的规范化不仅要以法律、法规作保证，还要依赖会计人员的道德信念、道德品质来实现。

一、会计法规

  会计法规是国家权力机关和行政机关制定的各种会计规范性文件的总称。按照会计法规制定机关和效力的不同，可分为会计法律、会计行政法规、部门会计规章和地方性会计法

规四个层次。

（一）会计法律

会计法律是指由全国人民代表大会及其常务委员会制定并颁布的各种会计规范文件。我国主要有《中华人民共和国会计法》（以下简称《会计法》）、《中华人民共和国注册会计师法》（以下简称《注册会计师法》）。

《会计法》是调整我国经济活动中会计关系的法律总规范，是会计法律规范体系的最高层次，是制定其他会计法规的基本依据，也是指导会计工作的最高准则。1985年1月21日，第六届全国人民代表大会常务委员会第九次会议通过《会计法》，后经1993年第一次修正，1999年修订，2017年、2024年第二次、第三次修正，现行的《会计法》自2000年7月1日开始施行，包括总则、会计核算、会计监督、会计机构和会计人员、法律责任、附则，共6章51条。

《注册会计师法》由1993年10月31日第八届全国人民代表大会常务委员会第四次会议通过，后经2014年修正，包括总则、考试和注册、业务范围和规则、会计师事务所、注册会计师协会、法律责任、附则，共7章46条。

（二）会计行政法规

会计行政法规是指国务院制定并颁布的会计规范性文件。我国的会计行政法规主要有《企业财务会计报告条例》《总会计师条例》。

《企业财务会计报告条例》由国务院于2000年6月21日颁布，自2001年1月1日起开始施行。它规范了财务报告的构成、编制、对外提供、法律责任等方面，是对《会计法》有关财务报告要求的具体化，对严格财务报告纪律、加强对财务报告编制工作的监督、杜绝财务报告中的造假行为，起到积极有力的支持作用。特别应该注意的是，它对会计要素重新作了定义，使之更符合会计要素的性质和内涵，更加准确。

《总会计师条例》由国务院1990年12月31日颁布并施行，于2011年1月8日进行了修订，其内容包括总则、总会计师的职责、总会计师的权限、任免与奖惩、附则，共5章23条。

（三）部门会计规章

1. 企业会计准则

部门会计规章主要是指财政部颁布的企业会计准则。企业会计准则体系包括基本会计准则、具体会计准则、会计准则应用指南和会计准则解释等。基本会计准则是纲，在整个准则体系中起统驭作用；具体会计准则是目，是依据基本准则的原则性要求对有关业务或报告作出的具体规定；会计准则应用指南是补充，是对具体会计准则的操作指导；会计准则解释是对企业会计准则作出的具体解释。它们的关系如图1-1所示。

在我国，企业会计准则是指国务院授权财政部门发布或财政部门颁布的有关会计核算的基本准则和具体准则。现行的企业会计准则包括1项基本会计准则、42项具体会计准则及相应的应用指南与13项企业会计准则解释等。

（1）《企业会计准则——基本准则》。我国的第一个基本会计准则于1992年11月30日经国务院批准，从1993年7月1日起施行。基本会计准则的颁布实施打破了传统的按行业和所有制分别制定会计制度的界限，并采用国际通用的会计方法和报表体系。2006年2月15日，财政部修订发布了《企业会计准则——基本准则》（以下简称《基本准则》），2007年1月1日开始施行。2014年7月，财政部又对其进行了修订。重修后的《基本准则》主要包括财务报告目标、会计基本假设、会计信息质量要求、会计要素及其确认、会计计量、财务会计报告的

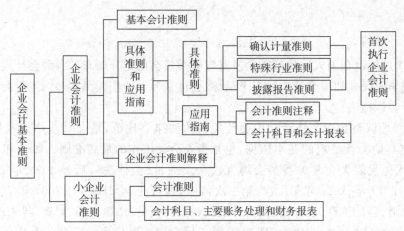

图 1-1 我国企业会计准则体系的框架结构

总体要求等。《基本准则》对各项具体会计准则的制定起统驭作用,属于准则体系中的最高层次。当出现新的业务且具体会计准则暂未涵盖时,按基本准则确定的原则进行会计处理。

(2)《企业会计准则——具体准则》。《企业会计准则——具体准则》是根据《基本准则》的要求,就会计核算的基本业务和特殊行业的会计核算工作作出的规定。2014 年,国家对原颁布的部分具体会计准则进行了修订,并颁布了第 39 号至第 41 号新的具体会计准则,重新修订和新颁布的会计准则自 2014 年 7 月 1 日起实施。2017—2019 年,国家又对原颁布的部分具体会计准则进行了修订,并颁布了第 42 号新的具体会计准则,重新修订和新颁布的具体会计准则分别自规定的时间起实施。

我国的《企业会计准则——具体准则》如表 1-1 所示。

表 1-1 《企业会计准则——具体准则》一览表

序号	名　　称	序号	名　　称	序号	名　　称
1	存货	15	建造合同	29	资产负债表日后事项
2	长期股权投资	16	政府补助	30	财务报表列报
3	投资性房地产	17	借款费用	31	现金流量表
4	固定资产	18	所得税	32	中期财务报告
5	生物资产	19	外币折算	33	合并财务报表
6	无形资产	20	企业合并	34	每股收益
7	非货币性资产交换	21	租赁	35	分部报告
8	资产减值	22	金融工具确认和计量	36	关联方披露
9	职工薪酬	23	金融资产转移	37	金融工具列报
10	企业年金基金	24	套期会计	38	首次执行企业会计准则
11	股利支付	25	原保险合同	39	公允价值计量
12	债务重组	26	再保险合同	40	合营安排
13	或有事项	27	石油天然气开采	41	在其他主体中权益的披露
14	收入	28	会计政策、会计估计变更和差错更正	42	持有待售的非流动资产、处置组和终止经营

(3)《企业会计准则——应用指南》。《企业会计准则——应用指南》是对具体会计准则中

的一些重点、难点问题作出的操作性规定。自 2006 年起,财政部已经陆续颁布了第 1 号至第 42 号具体会计准则的应用指南或讲解,并有附录规定了会计科目和主要账务处理。

(4)《企业会计准则解释》。《企业会计准则解释》是对具体会计准则实施过程中出现的问题、具体会计准则条款规定不清楚或者尚未规定的问题进行的补充说明。财政部自 2007 年始先后发布了 13 个企业会计准则解释。

(5)《小企业会计准则》。2011 年 10 月,财政部颁布《小企业会计准则》,要求符合条件的小企业自 2013 年 1 月 1 日起施行,并鼓励提前执行。《小企业会计准则》在《基本准则》的框架下,规范小企业会计确认、计量、记录和报告行为,为小企业常见交易或事项的会计处理提供具体而统一的标准。

2. 企业会计制度

会计制度是指财政部门制定并颁布的有关会计核算的制度规范。1999 年通过的《中共中央关于国有企业改革和发展若干重大问题的决定》和新修订的《会计法》均明确要求建立全国统一的会计制度。为此,自 2000 年起,财政部相继颁布了全国统一的《企业会计制度》《金融企业会计制度》《民间非营利组织会计制度》《个体工商户会计制度》。至此,基本上形成了全国统一的新的企业会计核算制度体系。

《企业会计制度》自 2001 年 1 月 1 日起施行。其内容包括总则、资产、负债、所有者权益、收入、成本和费用、利润及利润分配、非货币性交易、外币业务、会计调整、或有事项、关联方关系及交易、财务会计报告、附则,共 14 章 160 条。

3. 《会计基础工作规范》

《会计基础工作规范》由财政部 1996 年 6 月 17 日颁布并实施,于 2019 年 3 月重新修订,其内容包括总则、会计机构和会计人员、会计核算、会计监督、内部会计管理制度、附则,共 6 章 100 条。

《会计基础工作规范》在遵循《会计法》规定的基本原则和各项要求的基础上,对会计基础工作的管理、会计监督、单位内部管理制度建设等问题作出了全面、具体的规范,是《会计法》的重要配套法规之一,也是会计人员的工作指南。

4. 《会计档案管理办法》

新修订的《会计档案管理办法》由财政部和国家档案局于 2015 年 12 月颁布,并自 2016 年 1 月 1 日起施行,其内容包括 31 项条款和 2 个附表。

5. 内部控制规范

2008 年和 2010 年,财政部会同有关部门分别发布了《企业内部控制基本规范》和《企业内部控制配套指引》,并要求在规定的企业范围内执行。

(1)《企业内部控制基本规范》由财政部会同证监会、审计署、银监会、保监会于 2008 年 5 月 22 日联合发布,自 2009 年 7 月 1 日起在上市公司范围内施行,鼓励非上市的大中型企业执行。其主要内容包括总则、内部环境、风险评估、控制活动、信息与沟通、内部监督、附则。

(2)《企业内部控制配套指引》由财政部会同证监会、市计署、银监会、保监会于 2010 年 4 月 15 日联合发布,自 2011 年 1 月 1 日起在境内外上市的公司施行;自 2012 年 1 月 1 日起在上海证券交易所、深圳证券交易所主板上市的公司施行;在此基础上,择机在中小板和创业板上市公司施行,并鼓励非上市大中型企业提前执行。《企业内部控制配套指引》包括《企业内部控制应用指引》《企业内部控制评价指引》《企业内部控制审计指引》三个具体指引,每个具体指引又规定了多项企业内部控制内容。

《企业内部控制基本规范》和《企业内部控制配套指引》的发布,标志着适应我国企业实际情况,融合国际先进经验的中国企业内部控制规范体系基本建成。

6. 会计从业人员管理法规

我国现行的会计从业人员管理法规主要有《会计人员管理办法》(2018 年颁布)、《会计专业技术人员继续教育规定》(2018 年颁布)、《代理记账行业协会管理办法》(2018 年颁布)、《会计专业技术资格考试暂行规定》(1992 年颁布、2000 年修订),除此之外,还有行政法规《总会计师条例》。

（四）地方性会计法规

地方性会计法规是指由省、自治区、直辖市人民代表大会或常务委员会在同宪法、会计法律、行政法规和国家统一的会计准则制度不相抵触的前提下,根据本地区情况制定发布的关于会计核算、会计监督、会计机构和会计人员及会计工作管理的规范性文件,如 1996 年 7 月实施的《河南省会计工作管理条例》,2010 年 3 月起实施的《厦门市会计人员条例》等。

二、会计职业道德

（一）会计职业道德概述

1. 会计职业道德的概念

会计职业道德是指会计人员在会计工作中应当遵循的、体现会计职业特征的、调整会计职业关系的职业行为准则和规范。会计职业道德由特定的社会生产关系和经济社会发展水平所决定,属于社会意识形态范畴。会计职业道德由会计职业理想、会计职业责任、会计职业技能、会计工作态度、会计工作作风和会计职业纪律等构成。

会计职业道德的核心是诚信。诚信是诚实、守信、真实的总称,也就是实事求是、真实客观、不弄虚作假,它要求会计人员遵守统一的会计制度,以诚信为本,客观公正、不做假账。准确核算、如实反映、讲求诚信是决定会计工作成败和质量好坏的根本标准。区块链、云计算、大数据、人工智能等现代信息技术在会计工作中的广泛运用,对会计的诚信提出了更高的要求。

2. 会计职业道德与会计法律制度的联系与区别

（1）会计职业道德与会计法律制度的联系。会计职业道德与会计法律制度在内容上相互渗透、相互吸收;在作用上相互补充、相互协调。会计职业道德是会计法律制度的重要补充,会计法律制度是会计职业道德的最低要求,是会计职业道德的基本制度保障。

（2）会计职业道德与会计法律制度的区别。

① 性质不同。会计法律制度通过国家权力强制执行,具有很强的他律性;会计职业道德通过行业行政管理部门规范和会计从业人员自觉执行,具有内在的控制力,可以约束会计人员的内在心理活动,使其具有更高的职业目标,要求会计人员"应该做什么或者不应该做什么",具有很强的自律性。

② 作用范围不同。会计法律侧重调整会计人员的外在行为和结果的合法化,具有较强的客观性;会计职业道德不仅调整会计人员的外在行为,还调整会计人员内在的精神世界,作用范围更加广泛。

③ 表现形式不同。会计法律制度是通过一定的程序由国家立法部门或行政管理部门制定、颁布的,其表现形式是具体的、明确的、正式形成文字的成文规定;会计职业道德出自会计人员的职业生活和职业实践,其表现形式既有成文的规范,也有不成文的规范。

④ 实施保障机制不同。会计法律制度依靠国家强制力保证其贯彻执行;会计职业道德主要依靠行业行政管理部门监管执行,并通过职业道德教育、社会舆论、传统习惯和道德评价来实现。

⑤ 评价标准不同。会计法律制度以法律规定为评价标准;会计职业道德以行业行政管理规范和道德评价为标准。

【初级同步 1-5】(多选题)下列各项中,关于会计职业道德与会计法律制度的说法正确的有( )。

A. 会计法律制度具有很强的他律性,会计职业道德具有内在的控制力

B. 会计法律制度和会计职业道德均为成文规定或规范

C. 会计法律制度依靠国家强制力保证其执行,会计职业道德通过教育、评价等方式实现

D. 会计法律制度以法律规定为评价标准,会计职业道德以行业行政管理规范和道德评价为标准

(二) 会计职业道德的内容

会计职业道德的主要内容可概括为爱岗敬业、诚实守信、廉洁自律、客观公正、坚持准则、提高技能、参与管理、强化服务八个方面。

1. 爱岗敬业

会计人员在会计工作中应当遵守职业道德,树立良好的职业品质、严谨的工作作风,严守工作纪律,努力提高工作效率和工作质量。爱岗敬业的职业道德要求会计人员正确认知会计职业,树立职业荣誉感;热爱会计工作,敬重会计职业;安心会计工作和工作岗位,任劳任怨;严肃认真,一丝不苟;忠于职守,尽心尽力,尽职尽责。爱岗与敬业相辅相成、相互支持。

2. 诚实守信

会计人员应当保守本单位的商业秘密,除法律规定和单位领导同意外,不能私自向外界提供或者泄露单位的会计信息。诚实守信的职业道德要求会计人员做老实人、说老实话、办老实事,执业谨慎,不弄虚作假;不为利益所诱惑,保密守信,信誉至上。

3. 廉洁自律

廉洁自律的职业道德要求会计人员树立正确的人生观和价值观;公私分明,清正廉洁,不贪不占,保持清白;一身正气,遵纪守法;坚持职业标准,严格自我约束,自觉抵制不良欲望的侵袭和干扰。

4. 客观公正

会计人员办理会计事务应当实事求是、客观公正。客观公正的职业道德要求会计人员端正态度,以客观事实为依据,依法依规办事;实事求是,不偏不倚;公正处理企业利益相关者和社会公众的利益关系,保持应有的独立性。

5. 坚持准则

会计人员应当按照会计法律、法规和国家统一会计制度规定的程序和要求开展会计工作,保证所提供的会计信息合法、真实、准确、及时、完整。坚持准则的职业道德要求会计人员熟悉国家法律、法规和国家统一的会计制度,始终坚持按法律、法规和国家统一的会计制度要求进行会计核算,实施会计监督;坚持在会计准则与情感发生道德冲突时,以客观公正的原则和法律、法规及国家统一的会计制度的要求精神,作出合理公正的职业判断,以维护国家利益、社会公众利益和正常的经济秩序。

6. 提高技能

会计人员应当热爱本职工作,努力钻研业务,使自己的知识和技能适应所从事工作的要

求。提高技能的职业道德要求会计人员具有不断增强会计专业技能的意识和愿望,不断增强提高专业技能的自觉性和紧迫感;具有勤学苦练的精神和科学的学习方法,刻苦钻研,不断进取,提高业务技能水平。

7. 参与管理

参与管理的职业道德要求会计人员充分发挥会计在企业经营管理中的职能作用,努力钻研相关业务,全面熟悉本单位经营活动和业务流程,建立健全企业内部控制、促进完善企业规章制度和业务流程,保障企业生产经营活动合法合规;主动提出合理化建议,充分发挥决策支持的功能作用,积极参与管理,促进企业可持续、高质量健康发展。

8. 强化服务

会计人员应当熟悉本单位的生产经营和业务管理情况,运用掌握的会计信息和会计方法,为改善单位内部管理、提高企业经济效益服务。强化服务的职业道德要求会计人员树立服务意识,提高服务质量,努力维护和提升会计职业的良好社会形象。

【初级同步 1-6】(多选题)根据会计法律制度的规定,下列各项中,属于会计职业道德内容的有( )。

A. 提高技能　　　　B. 强化服务　　　　C. 廉洁自律　　　　D. 参与管理

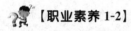 **【职业素养 1-2】**

中国现代会计之父——潘序伦

潘序伦(1893—1985 年),江苏宜兴人,著名的会计学家、教育家。他将现代会计的复式簿记方式及其理论引入中国,奠定了中国现代会计学的发展道路。他著作等身,出版专著、译著 30 多部,学术论文百余篇,逾千万字。其代表作包括《立信会计丛书》《高级商业簿记教科书》《公司理财》《基本会计学》等。他一生致力于会计事业革新与会计人才培养,先后创办了立信会计师事务所、立信会计专科学校和立信会计图书用品社,开创了"三位一体"的立信会计事业,也打响了一个闻名中国的会计品牌——立信。

文档:职业素养"中国现代会计之父——潘序伦"解读

1927 年 1 月,他在上海爱多亚路 39 号创办了"潘序伦会计师事务所",后借用《论语》中"民无信不立"之意,将其更名为"立信会计师事务所",并写下"信以立志,信以守身,信以处世,信以待人,毋忘立信,当必有成"的箴言。此条箴言后成为立信会计专科学校的校训,至今仍代代相传,成为永不褪色的"立信魂"。

资料来源:曹继军,颜维琦.中国现代会计之父——写在潘序伦诞辰 120 周年[N].光明日报,2013-09-12(13).

思考:根据上述资料,你认为会计人员应具备什么样的职业素养?

 做中学

一、单选题

下列关于会计职业道德与会计法律制度的联系,表述正确的是( )。

A. 会计职业道德是会计法律制度的最低要求

B. 会计法律制度是会计职业道德的基本制度保障

C. 会计职业道德与会计法律制度在作用上相互渗透、相互吸收

D. 会计职业道德与会计法律制度在内容上相互补充、相互协调

二、多选题

1. 下列各项中,属于会计职业特征的有( )。

    A. 技术性   B. 规范性   C. 经济性   D. 时代性

2. 下列关于会计职业道德与会计法律制度的区别,表述正确的有( )。

    A. 实施保障机制不同   B. 性质不同

    C. 表现形式不同   D. 评价标准不同

三、判断题

1. 在会计专业技术资格考试或会计职称评审、高端会计人才选拔等资格资质审查过程中,对严重失信会计人员实行"一票否决制"。( )

2. 会计职业道德的主要内容可概括为爱岗敬业、诚实守信、廉洁自律、客观公正、提高技能、参与管理、强化服务七个方面。( )

文档:任务四
拓展训练

任务五 RPA 机器人认知

    随着机器人科技手段的日渐成熟以及企业机构高效运营呼声的与日俱增,机器人流程自动化(robotic process automation,RPA)、认知科学等数字化技术不断融入工作。

一、RPA 的概念

    机器人流程自动化是一种用于自动化人工任务的流程自动化软件工具,它根据预先设定的程序和规划,通过模拟人类和计算机的交互过程,来完成大批量、重复性、有明确规则的操作,从而帮助人们提高工作效率和正确率。

    企业通过部署 RPA 数字工具,通过拖曳丰富的组件模拟大部分人工操作,如复制、粘贴、单击、输入等,完成程序和规则的预先设定,实现人工操作的流程自动化,协助企业员工处理大量基于规则的、重复性较高、附加值较低的工作流程任务,比如一般企业的业务会涉及证件票据验证、纸质文件录入、跨系统数据迁移、从电子邮件和文档中提取数据、企业 IT 应用自动操作等,企业通过基于 RPA 技术打造的软件机器人就可以快速、准确地完成这些工作。这样的好处在于一方面可以节约员工大量的宝贵时间,让他们有时间去解决更高价值、更有挑战性的工作;另一方面还可以减少人工错误,以保证企业业务实施过程中的零失误,从而提高企业运营效率、大幅度降低企业运营成本,真正帮助企业实现降本增效。

    【注意】RPA 并非机械性实物机器人,而是各种技术组合的虚拟概念,是在计算机上运行的软件机器人,是一种数字劳动力。

二、RPA 的功能和特点

    (一) RPA 的功能

    RPA 可以模拟人类在计算机系统执行有基本规则的操作,如 Excel 文件的处理、电子邮件的收发、网站的访问与信息抓取、应用系统的访问登录等。总体来说,RPA 可以实现以下五大功能。

    1. 数据检索与记录

    RPA 机器人可以通过访问服务器内部和外部站点检索数据,提取并存储信息;可以对跨系统的结构化数据进行采集、转移、迁移、测试和校对；可以结合人工智能技术将纸质、电子文件等数据信息输入应用系统。数据检索与记录功能的典型应用包括网银自动付款、打开电子邮件和附件、登录应用程序、移动文件和文件夹、从网页上采集数据。

2. 图像识别和处理

RPA 机器人依托光学字符识别（optical character recognition，OCR）技术对图像进行扫描识别，提取图片中的有用字段信息并输出为结构化数据，为后续工作提供数据信息。图像识别和处理功能的典型应用包括自动记账、查验增值税发票真伪。

3. 数据接收与输出

RPA 机器人按照预先设计的路径，登录内部、外部系统平台，进行数据的上传与下载，从而实现数据的接收与输出。数据接收与输出功能的典型应用包括自动收取邮件、销售发票开具、网银自动付款、将企业的标准化日记账自动发送至 ERP 系统。

4. 数据加工与分析

RPA 机器人可以对结构化数据进行查验、筛选、计算、整理，以及基于明确规则的校验和分析。数据加工与分析功能的典型应用包括银企自动对账、自动下载企业月度销售数据并基于规则计算佣金等。

【注意】结构化数据以行为单位，一行数据表示一个实体的信息，每一行数据的属性是相同的，存储在数据库中；图片上的文字、音频、视频不是结构化数据。

5. 信息监控与产出

RPA 可以模拟人类判断，实现工作流分配、标准报告出具、基于明确规则决策、自动信息通知等功能。信息监控与产出功能的典型应用为应收账款账龄分析。

（二）RPA 的特点

RPA 是计算机模拟人类行为操作，实质上是按照提前制定好的口令去执行既定标准之下的重复性的基础工作。总体而言，RPA 具有以下五个特点。

1. 软件机器人

RPA 机器人并非有实物形态的物理机器人，而是安装在计算机上控制其他应用系统的软件机器人。RPA 机器人可以通过用户界面或者脚本语言，实现机器人对重复人工任务的自动化处理，从而实现解放人力、降本增效、提高信息处理正确率的目的。

2. 模拟手工操作与交互

RPA 可以模拟用户与计算机系统的交互过程，执行用户的日常基本操作，如选择、输入、复制、粘贴等。相对于手工操作而言，RPA 具有使用起来更便捷、更灵活、成本更低、效率更高的优点。

3. 规则性强

RPA 能够基于明确操作规则替代人工完成大量重复性、标准性、机械性的工作，因此 RPA 机器人的开发逻辑就是先梳理人工操作流程，之后通过开发平台组建相应的数字化触发指令，从而完成机械性工作的自动化处理。

4. 非侵入式软件

RPA 遵循现有的安全和数据标准，可以配置在现有的系统和应用程序之外，以与人完全相同的方式访问网络，无须通过各个系统之间的应用程序编程接口，不会对访问系统进行任何破坏。因此 RPA 实质就是一个"外挂"程序，有助于降低传统 IT 部署中出现的风险和复杂性。

5. 应用范围广

RPA应用范围广,不受行业、企业和业务的限制,只要符合RPA大批量、重复性、有明确操作规则的应用场景特征,在遵循可行性和效益性原则的前提下,均可采用RPA机器人代替人工操作。

【注意】对于流程不清晰、规则不明确、依托系统更新频繁、需要根据人的主观经验做出逻辑判断及创造性强的业务不适合采用RPA机器人。

三、RPA在财务领域的应用

RPA机器人可以针对财务领域的业务内容和流程特点,以自动化处理替代财务手工操作,辅助财务人员完成业务量大、重复性高、规则明确的基础业务,从而优化财务处理流程,提高业务处理效率和正确率。

目前,RPA在财务领域的主要应用场景包括费用报销、采购到付款、销售到收款、票据开具、信用查询、银行对账、发票校验等业务处理。下面集中列举四类RPA在财务领域的应用场景及可以实现的自动化功能。

(一)费用报销业务处理

企业的费用业务繁杂,涉及的会计凭证量大,在常规费用报销业务处理过程中,费用报销发起人要填报各种单据信息并在报销系统上传影像资料,之后财务人员需要细心进行复核。由于费用凭证种类较多且检查点多,人工审核存在耗时耗力、错误率高的缺点,因此可以开发RPA费用报销机器人代替人工操作。费用报销机器人根据设定的审核逻辑,可以自动实现报销单据核对、费控规则匹配、报销异常事项提醒以及自动付款,大幅提高费用报销的工作效率。

(二)采购到付款业务处理

采购到付款业务包括企业提出采购申请、生成采购订单、货物入库、支付货款,以及供应商管理、对账等内容。在供应商数据管理方面,RPA可以自动将供应商提供的资料信息进行上传系统处理;在付款执行方面,RPA可以根据付款信息(付款账号、户名等),登录网银等资金付款系统进行实际付款操作。

(三)销售到收款业务处理

销售到收款业务包括签订销售订单、生成发货单、填制出库单、收取货款,以及客户管理、应收账款对账等环节。在自动开票方面,RPA机器人能够自动抓取销售订单数据并在开票系统完成自动开票动作;在应收账款对账与收款核销方面,RPA机器人能够根据账款应收和实收数据,按照账号、打款备注等信息进行自动对账,并对存在差异的数据进行单独列示,对无误的账务进行自动核销。

(四)总账到报表业务处理

总账到报表业务包括财务人员日常记账、对账、结账以及出具财务报表等内容,在自动记账方面,RPA财务机器人可以根据设定好的工作流程,从记账凭证中读取数据,并将其自动登记到明细账和总账的对应账户中;在自动出具财务报表方面,RPA财务机器人可以完成企业财务报表内容自动识别和录入系统、审计报表自动生成等工作。

RPA财务机器人的运用,改变了原有的财务工作方式和财务人员的观念,推动了财务组织架构变革,促进了财务人员的转型,对财务人员的素质和技能也提出了更高的要求。

四、RPA 软件介绍

近几年来,国内外 RPA 市场规模加速扩张,优秀的 RPA 软件产品不断涌现,如 UiPath RPA、Uibot RPA、华为 WeAutomate RPA、影刀 RPA、云账房 AutoWork RPA 等。

本书财务机器人开发模块采用的是基于 UiPath 平台的 RPA 工具,通过此工具进行常见财务机器人的设计、开发与应用,因此主要介绍 UiPath RPA 的功能、安装与使用规则。

(一) UiPath 公司简介

UiPath 公司成立于 2005 年,创始人是罗马尼亚企业家丹尼尔·迪恩斯(Daniel Dines)与其合作伙伴。2019 年,UiPath 公司客户有 5 000 多个,遍及全球。2021 年 4 月,UiPath 公司于纽约证券交易所上市。

(二) UiPath 产品简介

UiPath 产品是由 UiPath 公司开发的 RPA 软件,是一款机器人流程自动化工具。它通过拖拉拽组件方式搭建机器人流程,自动执行重复冗余的任务,无须人工干预。该工具提供了各种版本以支持不同类型的用户,其中社区版产品,可以提供给 RPA 学习者免费使用。

UiPath RPA 的功能主要包括 Excel 自动化、E-mail 自动化、Web 自动化、屏幕抓取自动化等模块。而一般在开发大型财务机器人时,则需要将以上功能组合应用综合开发,如可以使用 Excel 自动化和 Web 自动化功能综合开发网银自动付款机器人。

(三) UiPath 产品下载、安装与使用规则简介

1. UiPath RPA 产品下载

(1)通过 UiPath 官网进行社区版软件的免费下载。登录 UiPath 官网 https://www.uipath.com,单击"免费试用"或者"开始试用"按钮,进入申请页面,找到"社区版",单击"立即试用"按钮,按照提示填写相关信息。所有信息填写正确并提交成功后,登录所填写邮箱,查看"UiPath 社区版下载"邮件,完成下载工作。

文档:UiPath RPA 软件安装包

(2)扫描二维码下载 UiPath 安装包。为了方便大家学习使用 UiPath RPA 软件,本教材提供了可以直接安装使用的 UiPath RPA 软件安装包(2020.6.0 版本),扫描右侧二维码即可以获得。

2. UiPath RPA 软件安装

下载 UiPath RPA 软件后,按照以下步骤安装软件。

微课:UiPath 平台的安装及中文界面设置

第一步:解压下载的软件安装包,找到 UiPathStudioSetup 应用程序,双击此程序,等待软件自动安装。具体内容如图 1-2 所示。

名称	修改日期	类型	大小
Ui UiPathStudioSetup	2021/8/27 14:14	应用程序	294,997 KB

图 1-2 UiPathStudioSetup 应用程序

第二步:根据图 1-3～图 1-7 的提示,依次完成系统弹窗的内容勾选。

第三步:将显示界面从英文切换为中文。单击 Settings(设置)按钮,在 Language(语言)下面选择"中文(简体)"。之后,软件提示是否重新启动,单击 Restart(重启)按钮。软件重启之后,就会显示中文界面。具体操作如图 1-8～图 1-10 所示。

图 1-3　选择 Community License
（社区版许可）

图 1-4　选择 UiPath Studio Pro Community
（UiPath Studio Pro 社区）

图 1-5　选择 Preview（预览）

图 1-6　单击 Continue（继续）按钮

图 1-7　单击 Close（关闭）按钮

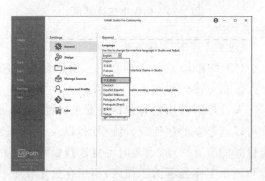

图 1-8　选择"中文（简体）"

图 1-9　单击 Restart（重启）按钮

图 1-10　中文界面

通过上述操作步骤,UiPath社区版产品便安装成功。

【注意】在安装、卸载和使用 UiPath 软件的过程中,需提前退出 360 安全卫士等杀毒软件,这样能够保障操作进程顺利进行。

3. UiPath RPA 软件使用规则简介

(1) UiPath 主页界面。在 UiPath 主页界面,左侧有一列菜单栏,包括"打开""关闭""开始""团队""工具""设置""帮助"七个选项卡。其中"打开"选项卡可以打开已开发的机器人项目;"关闭"选项卡可以关闭已打开的项目;"开始"选项卡显示内容分为左右两部分,左半部分可以实现打开已创建的机器人项目,右半部分可以实现创建新的机器人项目。具体如图 1-11 所示。

(2) 创建新项目的操作步骤。在 UiPath 主页界面,单击"开始"选项卡,单击"流程"按钮,可以创建新的机器人项目。在"新建空白流程"窗口,填写"项目名称",设置"保存位置",单击"创建"按钮,完成创建操作。具体如图 1-12 所示。

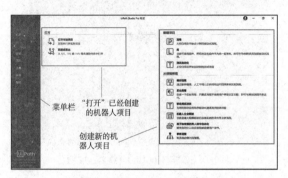

图 1-11　UiPath 主页界面

图 1-12　创建新的机器人项目

【注意】项目名称不能重复。

(3) UiPath 设计界面介绍。创建好新的项目以后,单击"打开主工作流"按钮,进入设计界面。具体操作如图 1-13 所示。

设计界面常用内容包括快捷工具栏、活动面板、设计面板和属性面板四个部分。快捷工具栏可以创建新的序列或者流程图,以及运行创建好的机器人项目;活动面板中囊括制作 RPA 流程时的所有活动,需要时可直接搜索活动名称,拖曳到工作区使用;设计面板是用于添加、修改和显示工作流程的工作区,用于存放工作流程中的活动;属性面板可以查看、编辑所选活动的属性。设计界面的具体内容如图 1-14 所示。

图 1-13　打开主工作流

图 1-14　UiPath 设计界面

除了以上四部分内容,设计界面还包括项目面板、变量面板、输出面板等内容,这些内容将在后续课程中学习。

做中学

1. 下载 UiPath 安装包并安装应用程序,将显示界面从英文切换为中文。
2. 新建项目"我的第一个机器人"。
3. 熟悉设计界面内容。

流动资产

知识目标

掌握货币资金核算的内容和相关管理规定；掌握应收和预付款项的确认、入账价值及核算；明确存货的概念和种类，掌握存货的价值构成、账户设置及相应核算内容；掌握存货清查和存货期末计量的核算。熟悉收款业务智能化处理流程；熟悉网银自动付款机器人、银企对账机器人的开发原理。

技能目标

能根据企业情况，制定切合企业实际情况的现金管理制度；能进行银行对账；能根据企业实际情况选择合适的存货计价方法；能及时、准确地完成货币资金、交易性金融资产、应收款项和存货的相关核算；能运用财务共享平台实现智能凭证的生成；能运用 UiPath 平台进行网银自动付款机器人、银企对账机器人的开发。

素养目标

树立职业理想，敬业爱岗，有家国情怀；遵守准则，养成良好的职业道德和廉洁自律的职业操守；有风险投资意识。

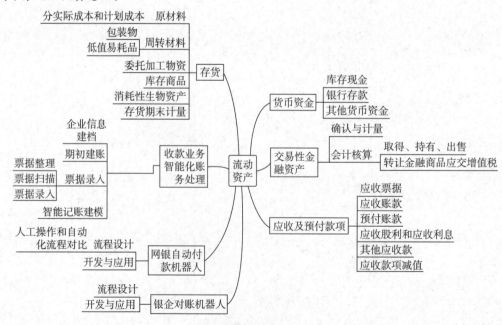

本项目知识体系

流动资产是指企业拥有或者控制的预计在一个正常营业周期(或一年内)中变现、出售或耗用的资产。本项目主要介绍货币资金、交易性金融资产、应收及预付款项、存货等流动资产的会计处理。

任务一 货币资金

货币资金是指企业生产经营过程中处于货币形态的资产,属于企业的一种金融资产。货币资金包括库存现金、银行存款和其他货币资金。

一、库存现金

库存现金是企业流动性最强的资产,主要指存放于企业财会部门、由出纳人员经管的货币资金。企业应当严格遵守国家和企业有关现金管理制度,正确进行现金收支的核算,监督现金使用的合法性与合理性。

(一) 库存现金管理

根据国务院发布的《现金管理暂行条例》的规定,企业现金管理制度主要包括以下内容。

1. 现金的使用范围

库存现金的使用范围是库存现金管理的一项重要内容。它规定了在企业中哪些经济业务可以用现金办理结算,哪些经济业务不能用现金办理结算。

(1) 库存现金的支付范围。按照《现金管理暂行条例》的规定,企业可用现金支付的款项有: ①职工工资、津贴; ②个人劳务报酬; ③根据国家规定颁发给个人的科学技术、文化艺术、体育等各种奖金; ④各种劳保、福利费用以及国家规定的对个人的其他支出; ⑤向个人收购农副产品和其他物资的价款; ⑥出差人员必须随身携带的差旅费; ⑦结算起点(1 000 元)以下的零星支出; ⑧中国人民银行确定需要支付现金的其他支出。

【初级同步 2-1】(单选题)按照现金管理相关规定,下列各项中,企业不能使用库存现金进行结算的经济业务是( )。

　　A. 按规定颁发给科技人员的创新奖金 4 000 元

　　B. 发放给职工的劳保福利 300 元,未超过现金使用限额

　　C. 向外单位支付的机器设备款 25 万元

　　D. 向个人收购农副产品的价款 400 元

(2) 库存现金的收入范围: ①单位或职工交回差旅费剩余款、赔偿款、备用金退回款; ②收取不能转账的单位或个人的销售收入; ③不足转账起点的小额收入等。

除现金使用范围以外的其他款项的结算,一律通过银行办理转账结算。

2. 库存现金的限额

库存现金的限额是指为了保证单位日常零星开支的需要,允许单位留存现金的最高数额。这一限额由开户银行根据单位的实际需要核定,一般按照单位 3～5 天日常零星开支所需确定。边远地区和交通不便地区的开户单位的库存现金限额,可按多于 5 天,但不得超过 15 天的日常零星开支的需要确定。经核定的库存现金限额,开户单位必须严格遵守,超过部分应于当日终了前送存银行。需要增加或者减少库存现金限额的,应当向开户银行提出申请,由开户银行核定。

【注意】库存现金限额不由企业核定,而由开户银行核定。

3. 现金日常收支管理

开户单位现金收支应当依照下列规定办理。

（1）收入送存银行。开户单位现金收入应当于当日送存开户银行，当日送存确有困难的，由开户银行确定送存时间。

（2）不得坐支。开户单位支付现金，可以从本单位库存现金限额中支付或从开户银行提取，不得从本单位的现金收入中直接支付，即不得"坐支"。因特殊情况需要坐支现金的，应当事先报经开户银行审查批准，由开户银行核定坐支范围和限额。坐支单位应当定期向开户银行报送坐支金额和使用情况。同时，单位收支的库存现金必须入账。

（3）按程序支付。开户单位从开户银行提取现金时，应当写明用途，由本单位财会部门负责人签字盖章，经开户银行审核后，予以支付。

（4）特殊需要申请。因采购地点不确定、交通不便、生产或市场急需、抢险救灾及其他特殊情况必须使用现金的，应向开户银行提出申请，由本单位财会部门负责人签字盖章，经开户银行审核后，予以支付现金。

（5）遵循"五不准"。不准用不符合国家规定的凭证顶替库存现金，即不得"白条抵库"；不准谎报用途套取库存现金；不准用银行账户代替其他单位和个人存入或支取现金；不准把企业收入的库存现金以个人名义存入储蓄；不准保留账外公款，即不得"公款私存"设置"小金库"等。银行对于违反上述规定的单位，将按照违规金额的一定比例予以处罚。

4. 库存现金的内部控制制度

（1）建立合理分工、各司其职的制度。企业内部实行钱账分离、相互制约的内部牵制制度，不允许单独一个人自始至终地操作和处理一笔业务，必须在独立部门之间有明确分工。出纳人员不得兼管收入、费用、债权、债务等账簿的登记，不得兼职会计稽核和会计档案工作。负责现金总账的会计人员，不得兼管现金。填写银行结算凭证的有关印鉴不能集中由出纳员保管，应实行印鉴分管制度。

（2）建立审核和签证制度。企业的每笔经济业务都必须根据相关原始凭证进行核算，如支票存根、借款条等，由会计主管或其他指定人员逐笔审核原始凭证的手续是否完备、数字是否正确，内容是否合理、合法，所有原始凭证只有经审核无误后，才能据以编制现金收付款记账凭证。出纳人员要在办理完现金收支业务的记账凭证和原始凭证上加盖"收讫"或"付讫"的戳记，表示款项已经收付。

（3）建立收据和发票的领用制度。领用的收据和发票必须登记数量和起止编号，由领用人签字。收回收据和发票的存根应由主管人员办理签收手续。对空白收据和发票应当定期检查，以防短缺。

（4）建立定期核对账目和盘点制度。每日终了，出纳员应将当日全部的经济业务记入日记账，并结出余额，与实存现金相核对。出纳和会计之间应定期核对账目，确保账账相符。内部审计人员应经常性、突击性盘点，以确保现金的账实相符。

【职业素养 2-1】

树立正确的价值观

1990 年出生的王某是北京市东城区某离退休干部休养所的出纳。上班仅一年多，王某就利用职务便利，侵吞、骗取公款 720 余万元，均用于个人奢侈消费。经查，在工作、生活和网络游戏中，王某结交了大量"出手阔绰"的朋友，养

文档：职业素养
"树立正确的
价值观"解读

成了及时行乐、恣意挥霍的不良消费观念,世界观、人生观和价值观严重扭曲。2019 年 3 月,王某因涉嫌贪污罪被北京市东城区监委留置,同年 9 月被开除公职。2019 年 12 月,王某被判处有期徒刑 12 年,并处罚金人民币 100 万元。王某所在单位的财务管理存在漏洞,日常监督管理严重缺失。本案涉及的分管领导、相关负责人等 6 人已被立案追责。

思考:结合本例谈一谈自己的心得体会。

（二）库存现金的日常核算

1. 库存现金的总分类核算

为了总括地反映企业库存现金的收入、支出和结存情况,企业应当设置"库存现金"总账,由非出纳人员负责登记。该账户借方登记库存现金增加,贷方登记库存现金减少,期末余额在借方,反映企业实际持有的库存现金金额。企业内部各部门周转使用的备用金,应在"其他应收款"或"备用金"账户核算。

企业现金收入的主要途径有从银行提取现金、收取转账结算金额起点以下的小额销售货款、职工出差报销时交回的剩余借款、对个人收取的款项等。

企业收到现金时,根据审核无误的原始凭证,作会计处理如下。

借:库存现金

  贷:银行存款/主营业务收入/其他应收款等

企业在允许使用现金的范围内支付现金时,根据审核无误的原始凭证,作会计处理如下。

借:管理费用等

  贷:库存现金

【工作任务 2-1】2024 年 1 月 23 日,南京公益食品公司发生与现金收支有关的业务如下。

（1）出纳员王艳开出现金支票,提取现金 4 000 元备用。

（2）总经理办公室赵国军出差回来（出差前已预借差旅费 5 000 元）,报销差旅费 4 700 元（其中增值税税额 266.04 元）,退回现金 300 元。

（3）出售材料,收到现金 791 元,其中增值税专用发票上注明税额 91 元。

（4）采购员李娜预支差旅费 4 000 元,出纳王艳以现金付讫。

（5）行政部王帅购买办公用品,支付现金 452 元,其中增值税专用发票上注明税额 52 元。

根据上述工作任务,南京公益食品公司应作会计处理如下。

（1）开出现金支票,提取现金。

借:库存现金   4 000

  贷:银行存款   4 000

（2）采购员报销差旅费,交回剩余现金。

借:管理费用——差旅费   4 433.96

    应交税费——应交增值税（进项税额）   266.04

    库存现金   300

  贷:其他应收款——赵国军   5 000

（3）出售材料,收到现金。

借:库存现金   791

  贷:其他业务收入   700

      应交税费——应交增值税（销项税额）   91

（4）以现金预支差旅费。

借：其他应收款——李娜   4 000

  贷：库存现金   4 000

（5）以现金购买办公用品。

借：管理费用——办公费   400

  应交税费——应交增值税（进项税额）   52

  贷：库存现金   452

2. 库存现金的明细分类核算

为了全面、系统、连续地反映有关库存现金的收支情况，了解和掌握企业每日库存现金的收支动态和余额，企业还应设置"库存现金日记账"进行序时核算。库存现金日记账由出纳人员根据审核无误的现金收付款凭证，按照业务发生顺序逐笔进行序时登记。每日终了，应当在"库存现金日记账"上计算出当日的现金收入合计额、现金支出合计额和结余额，并将账面结余额与实际库存现金金额相核对，保证账实相符；月度终了，"库存现金日记账"的余额应当与"库存现金"总账的余额核对，做到总账和日记账相符。

有外币现金的企业，还应当分别按人民币和外币进行明细核算。

【工作任务 2-2】2024 年 1 月 23 日，南京公益食品公司根据工作任务 2-1 已完成的任务，登记库存现金日记账，如表 2-1 所示。

表 2-1 库存现金日记账

单位：元

2024 年		凭证		对方账户	摘要	借方	贷方	余额
月	日	字	号					
1	23				承前页	9 250.00	5 230.00	4 020.00
	23	记	053	银行存款	提现	4 000.00		
	23	记	057	其他应收款	出差报销退款	300.00		
	23	记	065	其他业务收入	出售材料	791.00		
	23	记	067	其他应收款	预支差旅费		4 000.00	
	23	记	069	管理费用	购买办公用品		452.00	
	23				本日合计	5 091.00	4 452.00	4 659.00

（三）库存现金的清查

为了保证现金的安全完整，企业应当按规定对库存现金进行定期和不定期的清查，一般采用实地盘点法，对库存现金的实有数和账面余额进行核对，清查小组清查时，出纳人员必须在现场，对于清查的结果应当编制"库存现金盘点报告单"。

在现金清查中，如果有待查明原因的现金短缺或溢余，应通过"待处理财产损溢"账户核算。属于现金短缺的，应按实际短缺的金额，借记"待处理财产损溢"账户，贷记"库存现金"账户；属于现金溢余的，应按实际溢余的金额，借记"库存现金"账户，贷记"待处理财产损溢"账户。待查明原因后作以下处理。

（1）对于现金短缺，属于应由责任人赔偿的，借记"其他应收款"或"库存现金"等账户，贷记"待处理财产损溢"账户；属于应由保险公司赔偿的，借记"其他应收款"账户，贷记"待处理财产损溢"账户；属于无法查明原因的，根据管理权限，经批准后处理，借记"管理费用"账户，贷记"待处理财产损溢"账户。

（2）对于现金溢余，属于应支付给有关人员或单位的，借记"待处理财产损溢"账户，贷记"其他应付款"账户；属于无法查明原因的，经批准后，借记"待处理财产损溢"账户，贷记"营业外收入"账户。

【自主探究】对于无法查明原因的现金短缺和溢余为什么处理不同？

【工作任务 2-3】2024 年 1 月，南京公益食品公司有关现金清查业务如下。

（1）1 月 10 日，对库存现金清查，发现短缺 150 元。

（2）经查，上述库存现金短缺是出纳员王艳的责任，根据批复意见由其赔偿。

（3）1 月 20 日，对库存现金清查，发生长款 200 元。

（4）上述库存现金溢余原因不明，经批准转作营业外收入。

根据上述工作任务，南京公益食品公司应作会计处理如下。

借：待处理财产损溢——待处理流动资产损溢	150	
贷：库存现金		150
借：其他应收款——王艳	150	
贷：待处理财产损溢——待处理流动资产损溢		150
借：库存现金	200	
贷：待处理财产损溢——待处理流动资产损溢		200
借：待处理财产损溢——待处理流动资产损溢	200	
贷：营业外收入		200

二、银行存款

银行存款是企业存放在银行或其他金融机构的货币资金。

（一）银行结算账户的分类与管理

企业在银行办理存取款和结算业务，应先在银行开立银行结算账户，并遵守《银行账户管理办法》和《人民币银行结算账户管理办法》的相关规定。

1. 银行结算账户的分类

银行结算账户是指银行为存款人开立的办理资金收付结算的人民币活期存款账户。企业开立的银行结算账户按其用途分为基本存款账户、一般存款账户、专用存款账户和临时存款账户。

（1）基本存款账户是企业因办理日常转账结算和现金收付需要开立的银行结算账户，是企业的主办账户。企业日常经营的资金收付及工资、奖金和现金的支取，只能通过此账户办理。一个企业只能选择一家银行的一个营业机构开立一个基本存款账户。

（2）一般存款账户是企业因借款或其他需要，在基本存款账户以外的银行营业机构开立的银行结算账户。一般存款账户用于办理企业借款转存、借款归还和其他结算的资金收付。

【注意】此账户可以存入现金但不能支取现金。

（3）专用存款账户是企业按照国家法律、行政法规和规章，对其特定用途资金进行专项管理和使用而开立的银行结算账户。专用存款账户用于办理各项专用资金的收付。

（4）临时存款账户是企业因临时经营活动需要并在规定的期限内使用而开立的银行结算账户。临时存款账户用于办理临时机构以及企业临时经营活动发生的资金收付。临时存款账户的有效期最长不得超过 2 年。

企业除按照规定留存的库存现金外，所有货币资金都必须存入银行，企业与其他单位之间的一切收付款项,除规定可用现金支付的部分之外,都必须通过银行办理转账结算,也就是由银行按照事先规定的支付结算方式,将款项从付款单位的账户划出转入收款单位的账户。因此,企业不仅要在银行开立结算账户,而且其结算账户内必须有可供支付的存款。

2. 银行结算账户的管理

企业使用银行结算账户时应遵守法律、行政法规,不得有下列行为。

(1)违反管理办法规定将单位款项转入个人账户。

(2)违反管理办法规定支取现金。

(3)利用开立银行结算账户逃废银行债务。

(4)出租、出借银行结算账户。

(5)从基本存款账户之外的银行结算账户转款、将销货收入或现金存入单位信用卡账户。

(6)企业法人代表或主要负责人、地址以及其他开户资料的变更事项未在规定期限内通知银行。

3. 银行结算原则

银行结算原则是指银行、单位和个人在办理结算过程中所应遵循的准则,主要有以下内容。

(1)恪守信用,履约付款,即银行和企业单位在办理结算时须讲信用,按照经济合同或协议履约付款,按照各种结算方式规定的程序办理业务,不得延缓或拒绝付款。

(2)谁的钱进谁的账,由谁支配,即银行只是作为清算中介,接受收付款单位的委托,为企业办理结算服务,不具有退付扣款、扣收罚金、审批拒付、处理纠纷等行政监督职能。

(3)银行不予垫款,即银行在办理结算过程中,只负责将结算的款项从付款单位账户划转到收款单位账户,而不负担垫付款项的责任。其实质是防止企业在计划外占用银行信贷资金,以免打乱国家的资金和商品物资的分配计划。

(二)银行转账结算方式

银行转账结算,是指不使用现金,通过银行将款项从付款单位(或个人)的银行账户直接划转到收款单位(或个人)的银行账户的货币资金结算方式。根据中国人民银行《支付结算办法》的规定,目前企业发生的货币资金收付业务可以采用银行汇票、银行本票、商业汇票、支票、汇兑、托收承付、委托收款、信用卡、信用证等结算方式,通过银行办理转账结算。

企业选用不同的支付结算方式,需分别设置不同的账户核算,其中:银行汇票、银行本票、信用卡、信用证等支付结算方式通过"其他货币资金"账户核算;商业汇票支付结算方式通过"应付票据"或"应收票据"账户核算;支票、汇兑等支付结算方式通过"银行存款"账户核算;托收承付、委托收款等结算方式通过"应收账款"或"银行存款"账户核算。

1. 支票

(1)支票的概念和使用范围。支票是出票人签发的,委托办理支票存款业务的银行在见票时无条件支付确定金额给收款人或持票人的票据。单位和个人在全国的各种款项结算均可使用支票结算方式。

(2)支票的种类。《中华人民共和国票据法》按照支付票款的方式,将支票分为现金支票、转账支票、普通支票三种。支票上印有"现金"字样的为现金支票,现金支票只能提取现金;支票上印有"转账"字样的为转账支票,转账支票只能用于转账;支票上未印"现金"或"转账"字样的为普通支票,普通支票既可用于支取现金,也可用于转账。在普通支票左上角划两条平行线的为划线支票,划线支票只能用于转账,不得支取现金。

（3）使用支票应遵循的规定。支票的付款人为支票上记载的出票人的开户银行，单位和个人在同一票据交换区域的各种款项结算，均可以使用支票。支票的提示付款期限为自出票日起 10 天内；签发支票应使用碳素墨水或墨汁填写；出票人签发现金支票和用于支取现金的普通支票，必须符合国家现金管理的有关规定；出票人不得签发与其预留银行印鉴不符的支票；使用支付密码的，出票人不得签发支付密码错误的支票；禁止签发空头支票，即签发的支票金额超过付款时在付款人处实有的存款余额；领购支票，必须填写票据和结算凭证领用单并签章；支票的金额和收款人名称，可由出票人授权补记；转账支票允许在票据交换区域内背书转让。

【注意】背书是票据转让的一种重要方式。转账支票背书，是由持票人在转账支票背面签上自己的名字，并将转账支票交付给受让人的行为。持票人称为背书人，受让人称为被背书人。

（4）转账支票结算程序：①签发支票。付款单位根据商品交易、劳务供应或其他经济往来事项向收款单位签发转账支票。②足额存款。付款单位向其开户银行结算账户备存足额存款以备支付票款。③送存支票。收款单位收到支票后，填写进账单连同支票一并送交开户银行。④清算票款。收款单位开户银行向付款单位开户银行提出清算资金。⑤收妥票款。收款单位开户银行为收款单位收妥票款。转账支票结算程序如图 2-1 所示。

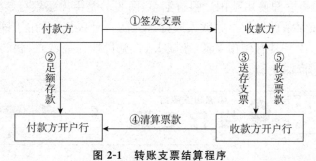

图 2-1　转账支票结算程序

（5）支票的核算。在会计核算中，收款方和付款方对于支票的核算均使用"银行存款"账户，即收款方收到支票收账通知时借记"银行存款"账户；付款方根据支票存根和银行进账单回单贷记"银行存款"账户。

2．银行本票

（1）银行本票的概念和种类。银行本票是银行签发的，承诺在见票时无条件支付确定的金额给收款人或持票人的票据。银行本票分为定额本票和不定额本票两种。定额本票是预印有固定面额的一种银行本票。定额本票面额为 1 000 元、5 000 元、10 000 元和 50 000 元。不定额本票金额栏是空白的，签发时根据实际需要填写金额（起点为 100 元），并用压数机压印金额。

（2）使用银行本票应遵循的规定：①银行本票由银行签发并保证兑付。②单位和个人在同一票据交换区域需要支付的各种款项，均可使用银行本票。③银行本票可以用于转账，注明"现金"字样的银行本票可以用于支取现金。申请人或收款人为单位的，银行不得为其签发现金银行本票。④银行本票的提示付款期限自出票日起最长不得超过 2 个月。在有效付款期内，银行见票付款。持票人超过提示付款期提示付款的，银行不予受理。⑤银行本票一律记名，在同一票据交换区域内可以背书转让，不予挂失。

（3）银行本票结算程序：①付款人填写银行本票申请书申请签发银行本票。②银行受理并签发银行本票。③付款人将银行本票交给收款人。④收款人在收到银行本票时，应在提示付款期内在本票背面"持票人向银行提示付款签章"处加盖预留银行印章,同时填写进账单,连同银行本票一并交开户银行转账。如果收款人是个人,凭注明"现金"字样的银行本票向出票银行支取现金。⑤银行之间传递本票。⑥划转款项。银行本票结算程序如图 2-2 所示。

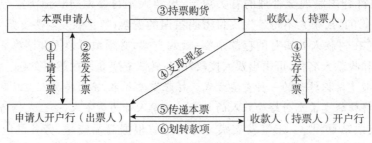

图 2-2 银行本票结算程序

有关银行本票结算的会计核算参照本任务"其他货币资金"部分。

3. 银行汇票

(1) 银行汇票的概念和使用范围。银行汇票(图 2-3)是由出票银行签发的,并由其在见票时按照实际结算金额无条件付款给收款人或持票人的一种票据,适用于同城和异地的单位和个人各种款项结算。因其具有使用灵活、票随人到、兑付性强等特点,银行汇票常用于先收款后发货或钱货两清的商品交易。

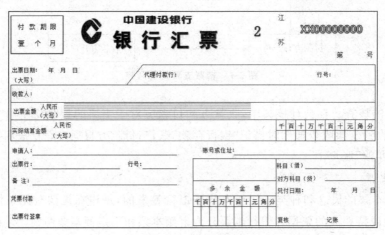

图 2-3 银行汇票

(2) 使用银行汇票应遵循的规定:①银行汇票一律记名,由出票银行签发。②银行汇票的出票银行为付款人。③银行汇票可以用于转账,填明"现金"字样的可以用于支取现金,不填明"现金"字样的允许背书转让。④银行汇票的提示付款期限为自出票日起 1 个月,持票人超过付款期提示付款的,银行将不予受理。持票人向银行提示付款时,必须同时提交银行汇票和解讫通知,缺少任何一联,银行不予受理。⑤票随人到,同城和异地均可使用。

(3) 银行汇票结算程序:①申请汇票。企业(申请人)申请办理银行汇票,应向出票银行填写"银行汇票申请书",填明申请人、收款人、汇票金额和申请日期等事项并签章。②签发汇票。出票银行受理银行汇票申请书,收妥票款后向申请人签发银行汇票,并用压数机压印出票金额,将银行汇票和解讫通知一并交给申请人。③持票结算。银行汇票申请人取得银行汇票后即可持银行汇票向汇票上记载的收款人办理结算,将银行汇票和解讫通知一并交给收款人。④提请进账。收款人在收到银行汇票时,应在银行汇票和解讫通知的有关栏内准确、清晰地填写实际结算金额、多余金额,根据实际结算金额填写进账单,连同银行汇票和解讫通知一并送交开户银行办理结算。⑤进账或付现。收款人开户银行审核银行汇票、解讫通知和进账单等内容无误后,将实际结算的票款转入收款人银行结算账户,符合现金支取条件的向收款人支付现金。⑥票款清算。收款人开户银行与付款人开户银行之间进行票款资金清算。⑦余款划回。银行汇票经实际支付结算后有多余金额的,由申请人开户银行主动划入申请人银行结算账户。银行汇票结算程序如图 2-4 所示。

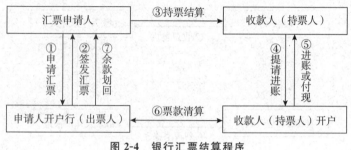

图 2-4 银行汇票结算程序

有关银行汇票结算的会计核算参照本任务"其他货币资金"部分。

【**自主探究**】银行本票结算与银行汇票结算有什么区别和联系?

4. **商业汇票**

(1) 商业汇票的概念和种类。商业汇票是出票人签发的,委托付款人在见票时或者在指定日期无条件支付确定的金额给收款人或者持票人的票据。商业汇票按照承兑人不同,分为商业承兑汇票和银行承兑汇票。商业汇票必须经过承兑,承兑是汇票付款人承诺在汇票到期日支付汇票金额的票据行为。商业承兑汇票由银行以外的付款人承兑,银行承兑汇票由银行承兑。商业汇票遵循"谁承兑,谁付款"的原则,其付款人为承兑人。商业汇票没有金额起点限制。无论是同城,还是异地,在银行开立账户的法人之间根据购销合同进行的商品交易,均可使用商业汇票结算方式。

(2) 使用商业汇票应遵循的规定:①银行开立存款账户的法人以及其他组织,必须具有真实的交易关系或债权债务关系,才能使用商业汇票。②商业汇票须经承兑人承兑。③商业汇票的付款期限由交易双方商定,但最长不得超过 6 个月。④商业汇票的提示付款期限为自汇票到期日起 10 日内。⑤商业汇票一律记名,允许背书转让,也可以办理贴现。⑥商业汇票到期一律通过银行办理转账结算,银行不支付现金。

(3) 商业承兑汇票。商业承兑汇票是指由收款人签发付款人承兑,或由付款人签发并承兑的票据。商业承兑汇票的承兑人是付款人,也是交易中的购货单位。承兑时,购货企业应在汇票正面记载"承兑"字样和承兑日期并签章。商业承兑汇票到期时,购货单位的开户银行将票款划给销货单位。如果付款人的存款不足支付票款或付款人存在合法抗辩事由拒绝支付,付款人开户银行应填制付款人未付票款通知书或取得付款人的拒绝付款证明,连同商业承兑汇票邮寄持票人开户银行转持票人,银行不负责付款,由购销双方自行处理。

商业承兑汇票结算程序(以付款人签发并承兑为例):①签交汇票。付款人填制并承兑商业承兑汇票后,交给收款人。②收票发货。收款人收到商业承兑汇票,审核无误后按合同发货。③委托收款。在汇票到期日凭汇票委托开户银行收款,即填制委托收款凭证,连同商业承兑汇票一并交开户银行办理托收手续。④传递凭证。收款人开户银行将委托收款凭证及商业承兑汇票寄交付款人开户银行,委托其代收货款。⑤备付票款。付款人在汇票到期日之前,必须将票款足额交存银行,以备到期支付。⑥划转票款。付款开户银行接到收款人开户银行转来的委托收款凭证及商业承兑汇票后,于汇票到期日,将票款从付款人账户内付出,划转给收款人开户银行。⑦通知已付款。付款人开户银行通知付款人票款已付。⑧收妥票款。收款人开户银行接到付款人开户银行划回的票款后,将委托收款凭证的收款通知联加盖"转讫"章交给收款人,通知收款人款项已收妥。商业承兑汇票结算程序如图 2-5 所示。

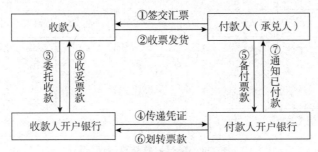

图 2-5　商业承兑汇票结算程序

(4) 银行承兑汇票。银行承兑汇票是指由在承兑银行开立存款账户的存款人(承兑申请人)签发,并由承兑申请人向开户银行申请,经银行审查同意承兑的票据(图 2-6)。银行承兑汇票的出票人是购货企业,承兑人和付款人是购货企业的开户银行,承兑银行应按票面金额向出票人收取万分之五的手续费。银行承兑汇票的出票人应于汇票到期前将票款足额交存其开户银行。

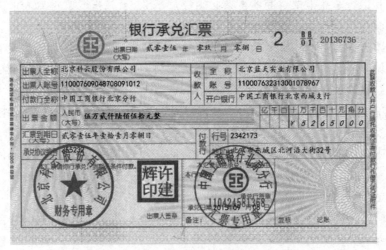

图 2-6　银行承兑汇票

承兑银行应在汇票到期日或到期日后的见票当日支付票款。如果出票人于汇票到期日未能足额交存票款,承兑银行除凭票向持票人无条件付款之外,对出票人尚未支付的汇票金额按照每天万分之五的利率计收罚息。

银行承兑汇票结算程序:①申请承兑。承兑申请人填制"银行承兑汇票申请书",持票向开户银行申请承兑。②银行承兑。银行接到汇票后,按规定进行审查无误后受理承兑,与承兑申请人签署"银行承兑协议"。银行在承兑汇票上盖章表示承兑。③交付汇票。承兑申请人将银行已承兑的汇票交付收款人(销货单位)。④收票发货。收款人收到承兑后的汇票,办理商品发运。⑤交存票款。承兑申请人应于银行承兑汇票到期前,将票款足额交存其开户银行。⑥到期付款。在汇票到期日,付款银行向承兑申请人发出支票通知。⑦委托收款。收款人在银行承兑汇票到期时,应填制进账单连同银行承兑汇票一并交开户银行收款。⑧收妥票款。收款人开户银行收到上述汇票审核无误后,即代替承兑人开户银行(承兑银行)将票款付给收款人,以进账单回单联通知收款人已收妥。⑨资金清算。收款人开户银行与承兑银行清算代付资金。银行承兑汇票结算程序如图 2-7 所示。

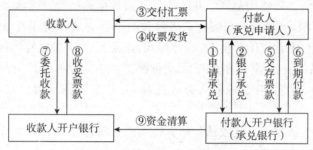

图 2-7 银行承兑汇票结算程序

采用银行承兑汇票支付结算,银行要承担一定的经济风险。若承兑申请人在银行汇票到期日,未能足额交存票款,银行负有向收款人无条件支付票款的责任。但银行应向购货单位执行扣款,作逾期贷款处理,按期计收贷款利息。

【自主探究】银行汇票结算与银行承兑汇票结算二者有什么区别?

以上两种承兑汇票,可由收款人和付款人协商选用。当收款人认为付款人的商业信用不强时,收款人通常要求付款人签发由银行承兑的汇票。

(5)商业汇票的核算。在会计核算中,商业汇票对债权人而言,使用"应收票据"账户;对债务人而言,使用"应付票据"账户。

5. 汇兑

(1)汇兑的概念。汇兑是汇款人委托银行将其款项支付给收款人的结算方式。汇兑分为信汇、电汇两种。信汇是汇款人委托银行通过邮寄方式将款项汇给收款人的结算方式,费用低,但在途时间长;电汇是汇款人委托银行通过电报或其他电信工具将款项划转给收款人的结算方式,在途时间短,但费用高。单位和个人的各种款项,均可使用汇兑支付结算。

(2)汇兑结算程序:①委托汇款。汇款单位汇出款项时,应填写银行印发的汇款凭证,列明收款单位名称、汇款金额及汇款用途等,送达开户银行(汇出银行),银行向汇款单位退回汇款回单。②划转款项。汇出银行受理汇款单位签发的汇兑凭证,经审查无误后,应及时向汇入银行办理汇款。③通知收款。对开立结算账户的收款单位,汇入银行应将汇入的款项直接转入收款单位账户,并向其发出收账通知。④办理取款。收款单位需支取现金的,应在汇款额度内支用款项。汇兑结算程序如图 2-8 所示。

(3)汇兑结算的核算。收款单位对于汇入的款项,应在收到银行的收账通知时,据以编制收款凭证;付款单位对于汇出的款项,应在向银行办理汇款后,根据汇款回单编制付款凭证,进行账务处理。

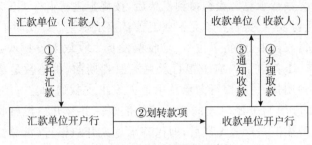

图 2-8 汇兑结算程序

6．托收承付

（1）托收承付的概念和使用范围。托收承付是指根据购销合同由收款人发货后委托银行向异地付款人收取款项，由付款人向银行承诺付款的结算方式。使用托收承付结算方式的收款单位和付款单位，必须是国有企业、供销合作社，以及经营管理较好，并经开户银行审查同意的城乡集体所有制工业企业。办理托收承付结算的款项，必须是商品交易，以及因商品交易而产生的劳务供应的款项。收款人办理托收，必须具有商品确已发运的证件及其他有效证件。

（2）托收承付的金额起点。托收承付结算每笔的金额起点为 10 000 元。新华书店系统每笔结算的金额起点为 1 000 元。

（3）托收承付结算程序如图 2-9 所示。

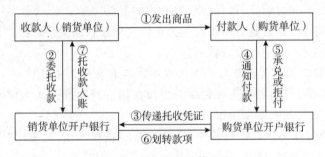

图 2-9 托收承付结算程序

7．委托收款

（1）委托收款的概念。委托收款是收款人向银行提供收款依据，委托银行向付款人收取款项的一种结算方式。委托收款在同城和异地均可使用，且不受金额起点限制。无论单位还是个人，都可凭已承兑商业汇票、债券、存单等付款人债务证明，采用该结算方式办理款项的结算；委托收款还适用于收取水电费、电话费等付款人众多、付款分散的公用事业等有关款项。

（2）委托收款结算程序：①委托银行收款。收款人委托银行收款时，应填写委托收款凭证并提供有关债务证明，经开户银行审查后，据以办理委托收款。②传递收款凭证。收款人开户银行向付款人开户银行传递委托收款单证。③通知付款。付款人开户银行接到收款人开户银行寄来的委托收款凭证，经审查后通知付款单位付款。④同意付款。付款人收到银行转来的相关单据，审查后付款。付款期为 3 天，从付款人收到付款通知的次日算起。付款人在付款期内未向银行提出异议，银行视作同意付款，并于付款期满的次日将款项划出。付款人在付款期满时，如无足够资金支付全部款项，视为无款支付。银行将付款人退回的有关凭证连同单据退给收款人。⑤划转款项。付款人开户银行向收款人开户银行划转款项。⑥托收款项入账。

收款人开户银行通知收款人款已收妥。委托收款结算程序如图 2-10 所示。

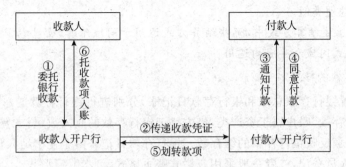

图 2-10 委托收款结算程序

8. 信用卡

（1）信用卡的概念。信用卡是指商业银行向个人和单位发行的,凭以向特约单位购物、消费和向银行存取现金,且具有消费信用的特制载体卡片。信用卡按照使用对象不同,分为单位卡和个人卡,单位卡的使用对象为单位,个人卡的使用对象为个人。

（2）使用信用卡应遵循的规定。凡在中国境内金融机构开立基本存款账户的单位均可申请单位卡,单位卡可申领多张,持卡人资格由申领单位法定代表人书面指定和注销;单位卡账户的资金一律从其基本存款账户转账存入,不得交存现金,不得将销售收入的款项存入信用卡;持卡人可持信用卡在特约单位购物、消费,单位卡不得用于 10 万元以上的商品交易、劳务供应款项的结算,不得支取现金;持卡人凭卡购物、消费时,需将信用卡和身份证件一并交给特约单位;持卡人不得出租或转借信用卡;信用卡在规定限额和期限内允许善意透支,透支期限最长为 60 天。

9. 信用证

信用证结算是国际结算的一种主要方式。经中国人民银行批准经营结算业务的商业银行总行,以及经商业银行总行批准开办信用证结算业务的分支机构,都可以办理国内企业之间商品交易的信用证结算业务。

采用信用证结算方式的,收款单位收到信用证后,即备货装运,签发有关发票账单,连同运输单据和信用证送交银行,根据退还的信用证等有关凭证编制收款凭证;付款单位在接到开证行的通知时,根据付款的有关单据编制付款凭证。

有关信用卡、信用证的会计核算参照本任务"其他货币资金"部分。

10. 电子支付

（1）电子支付的概念。所谓电子支付,是指从事电子商务交易的当事人,包括消费者、厂商和金融机构,通过信息网络,使用安全的信息传输手段,采用数字化方式进行的货币支付或资金流转。

（2）电子支付的种类。电子支付的业务类型按电子支付指令发起方式分为网上支付、电话支付、移动支付、销售点终端交易、自动柜员机交易及其他电子支付。随着计算机技术的发展,电子支付的工具越来越多,可以分为三大类:电子货币类,如电子现金、电子钱包等;电子信用卡类,包括智能卡、借记卡、电话卡等;电子支票类,如电子支票、电子汇款、电子划款等。这些方式各有特点和相应的运作模式,适用于不同的交易过程。

（3）电子支付的核算。会计核算时,可在"其他货币资金"账户下增设明细账户"电子货币"等,同时在涉及"应收账款""应付账款"等账户时也可增设明细账户"电子货币"等。这样,电子货币和现实生活中的货币就有必要相互转化,并且转化时企业进行的会计处理与使用信用卡结算的会计处理类似。

【自主探究】上述结算方式中,哪些结算方式适用于同城结算,哪些结算方式适用于异地结算,哪些结算方式同城和异地均适用?

（三）银行存款的核算

企业应当设置银行存款总账和银行存款日记账,分别进行银行存款的总分类核算和明细分类核算。"银行存款"账户属于资产类,借方登记银行存款的收入数,贷方登记银行存款的付出数,期末借方余额反映银行存款的结存数。银行存款日记账由企业出纳人员登记,银行存款总账由企业会计人员登记,二者一般采用三栏式账页格式、订本账簿形式。

1. 银行存款的总分类核算

企业应当设置"银行存款"账户,进行银行存款的总分类核算。

企业向银行或其他金融机构存入款项时,借记"银行存款"账户,贷记"库存现金""主营业务收入""应收账款"等账户;企业从银行提取或支出款项时,贷记"银行存款"账户,借记"库存现金""原材料""管理费用""应付账款"等账户。

【工作任务 2-4】2024 年 1 月 10 日,南京公益食品公司发生与银行存款有关的业务如下。

（1）开出现金支票一张,提取现金 3 000 元作为备用金。

（2）购进办公用品,买价 10 000 元,增值税进项税额 1 300 元,开出转账支票一张。

（3）销售给甲公司产品一批,售价 50 000 元,增值税 6 500 元,收到现金支票一张,存入银行。

（4）购买材料一批,增值税专用发票上注明价款 72 000 元,增值税税额 9 360 元,材料已经验收入库,价款以汇兑方式结算。

（5）向华利公司销售甲商品,开出增值税专用发票注明价款 300 000 元,增值税销项税额 39 000 元。客户已收到商品,根据销售发票等填制委托收款凭证向银行办理托收,银行审查同意后退回回单。

（6）收到银行通知,上述（5）中托收款项已收到。

根据以上工作任务,南京公益食品公司应作会计处理如下。

（1）开出现金支票,提取现金。

借:库存现金	3 000
贷:银行存款	3 000

（2）开出转账支票,支付办公用品费用。

借:管理费用——办公费	10 000
应交税费——应交增值税(进项税额)	1 300
贷:银行存款	11 300

（3）销售产品一批,收到现金支票。

借:银行存款	56 500
贷:主营业务收入	50 000
应交税费——应交增值税(销项税额)	6 500

（4）以汇兑结算方式购买材料。

借:原材料	72 000
应交税费——应交增值税(进项税额)	9 360

贷：银行存款   81 360

（5）根据销售发票等填制委托收款凭证向银行办理托收。

借：应收账款——华利公司   339 000

　　贷：主营业务收入——甲商品   300 000

　　　　应交税费——应交增值税（销项税额）   39 000

（6）收到银行通知，上述（5）中托收款项已收到。

借：银行存款   339 000

　　贷：应收账款——华利公司   339 000

2. 银行存款的明细分类核算

为了全面、系统、连续、及时地反映有关银行存款的收支情况，企业应设置"银行存款日记账"，由出纳人员根据审核无误的银行存款收、付款凭证，按照业务发生顺序逐笔进行序时登记；每日终了，应进行本日合计并结出余额。有外币存款的企业，还应分别按人民币和外币设置"银行存款日记账"进行明细核算。

（四）银行存款的清查

银行存款的清查是指企业银行存款日记账与银行对账单进行的核对。为了保证企业银行存款的账实相符，企业应当定期或不定期与银行进行核对，一般每月至少一次。双方余额不一致的原因分为两类：一类是企业或银行记账错误，另一类是存在未达账项，即企业与银行之间，由于结算凭证的传递和双方入账时间不一致，而发生的一方已经取得凭证登记入账，另一方由于未取得凭证尚未登记入账的款项。未达账项具体有以下四种情况。

微课：银行存款
的核对与调节

（1）企业已收款入账，银行尚未收款入账。例如，企业已将收到的外单位的转账支票填好进账单，并经银行受理盖章，即可登记入账记银行存款的增加，而银行则要办妥转账手续后才能入账。

（2）企业已付款入账，银行尚未付款入账。例如，企业签发转账支票并已根据存根记银行存款的减少，而持票人尚未到银行取款或转账。

（3）银行已收款入账，企业尚未收款入账。例如，委托银行收款，银行已经办妥收款手续后入账，而企业尚未收到收款通知。

（4）银行已付款入账，企业尚未付款记账。例如，银行代付水电费等，银行已经付出入账，而企业尚未收到付款通知。

企业在进行银行存款的清查中，无论是记录有误，还是存在未达账项，都要通过对企业的"银行存款日记账"与银行开出的"银行存款对账单"进行逐笔核对才能发现。具体做法是：企业出纳人员根据银行提供的"银行存款对账单"同自己的"银行存款日记账"进行核对。核对时，需要对凭证的种类、编号摘要、记账方向、金额、记账日期等内容进行逐项核对，凡是对账单和日记账记录内容相同的可用"√"在对账单和日记账上分别标示，以表明该笔业务核对一致。经过逐笔核对后，对账单和日记账上没有打"√"的记录内容视为"未达账项"。

对于未达账项应由出纳人员以外的会计人员编制"银行存款余额调节表"，如没有记账错误，调节后的企业银行存款日记账与银行存款对账单余额应相等。

【工作任务 2-5】 2024 年 1 月 31 日，南京公益食品公司银行存款日记账余额为 165 049 元，银行对账单余额为 180 917 元。经核对，发现以下未达账项。

（1）企业已收款入账，银行尚未入账：送存的旭升公司一张金额为 5 000 元的支票。

（2）企业已付款入账，银行尚未入账：支付四通公司 4 000 元货款的转账支票（号码 2121）。

（3）银行已收款入账，企业尚未入账：委托银行收取的 16 936 元货款（委托号码 45678）。

（4）银行已付款入账，企业尚未入账：结算手续费用 68 元。

根据上述资料编制银行存款余额调节表，如表 2-2 所示。

表 2-2　银行存款余额调节表

2024 年 1 月 31 日　　　　　　　　　　　　　　单位：元

项　目	金　额	项　目	金　额
银行存款日记账余额	165 049	银行对账单余额	180 917
加：银行已收，企业未收账款		加：企业已收银行未收款项	
（委托号码 45678）	16 936	旭升公司支票	5 000
减：银行已付，企业未付账款		减：企业已付银行未付款项	
结算手续费	68	转账支票（号码 2121）	4 000
调节后余额	181 917	调节后余额	181 917

经调节后二者余额相等，表示双方记账基本没有错误，调整后的余额就是企业目前银行存款的实有数。如果调整后余额仍不符，则表明企业或银行记账有错漏，应查明原因，进行错账更正。

【注意】银行存款余额调节表只起到对账的作用，不能作为调整账面余额的凭证。银行存款日记账的登记，只有等到有关原始凭证到达企业后，才可以进行账务处理。

【学中做 2-1】2024 年 1 月 31 日，A 公司银行存款日记账的余额为 540 000 元，银行转来的银行对账单的余额为 830 000 元。经逐笔核对，发现以下未达账项。

（1）东海公司支付本公司货款，送存转账支票 600 000 元，企业已登记银行存款日记账，但银行尚未记账。

（2）公司开出一张转账支票 380 000 元给南方公司，但南方公司尚未到银行办理转账。

（3）公司委托银行代收中华公司购货款 480 000 元，银行已收妥并登记入账，但公司尚未收到收款通知。

（4）银行代公司支付电话费 40 000 元，银行已登记公司银行存款减少，但公司未收到银行付款通知。

（5）公司签发银行支票一张给北方公司，面值 70 000 元，企业已经登记银行存款减少，银行尚未记账。

根据上述资料编制该企业的银行存款余额调节表。

三、其他货币资金

（一）其他货币资金的内容

其他货币资金是指企业除库存现金、银行存款以外的各种货币资金，主要包括以下内容。

（1）银行汇票存款是指由企业为取得银行汇票按规定存入银行的款项。

（2）银行本票存款是指由企业为取得银行本票按规定存入银行的款项。

（3）信用卡存款是指企业为取得信用卡而存入银行信用卡专户的款项。

（4）信用证保证金存款是指采用信用证结算方式的企业，为开具信用证而存入银行信用证保证金专户的款项。

（5）存出投资款是指企业已存入证券公司但尚未进行短期投资的款项。

（6）外埠存款是指企业到外地进行临时或零星采购时，汇往采购地银行开立采购专户的款项。企业将款项汇往外地时，应填写汇款委托书，委托开户银行办理汇款。汇入地银行以汇款单位名义开立临时采购账户，该账户的存款不计利息、只付不收、付完清户，除了采购人员可以从中提取少量现金外，一律采用转账结算。

（7）微信、支付宝存款是指企业存入第三方支付渠道中的款项。

【自主探究】其他货币资金与银行存款的最大区别是什么？

（二）其他货币资金的核算

为了反映和监督其他货币资金的收支和结存情况，企业应当设置"其他货币资金"账户，借方登记其他货币资金的增加数，贷方登记其他货币资金的减少数；期末余额在借方，反映企业实际持有的其他货币资金。该账户应按其他货币资金的种类设置明细账户。

1. 银行汇票存款

购货企业填写"银行汇票申请书"，并将款项交存银行时，作如下会计处理。

借：其他货币资金——银行汇票

　　贷：银行存款

企业持银行汇票购货、收到有关发票账单时，作如下会计处理。

借：在途物资/材料采购/原材料/库存商品等

　　应交税费——应交增值税（进项税额）

　　　　贷：其他货币资金——银行汇票

采购完毕收回剩余款项时，作如下会计处理。

借：银行存款

　　贷：其他货币资金——银行汇票

销货企业收到银行汇票、填制进账单到开户银行办理款项入账手续时，根据进账单及销货发票等，作如下会计处理。

借：银行存款

　　贷：主营业务收入

　　　　应交税费——应交增值税（销项税额）

【工作任务 2-6】2024 年 1 月，南京公益食品公司发生与银行汇票存款相关的业务如下。①企业申请办理银行汇票，将款项 40 000 元交存银行；②持银行汇票购原材料，收到销货单位发票等账单，采购原材料 34 000 元，增值税 4 420 元，价款共计 38 420 元，材料已验收入库；③收回多余款项退回通知，将余款 1 580 元收妥入账。

根据以上工作任务，南京公益食品公司应作会计处理如下。

（1）取得银行汇票，收到银行盖章退回的"银行汇票申请书"存根。

借：其他货币资金——银行汇票存款 40 000

　　贷：银行存款 40 000

（2）采购材料，收到收款单位发票等账单。

借：原材料 34 000

　　应交税费——应交增值税（进项税额） 4 420

　　　　贷：其他货币资金——银行汇票存款 38 420

（3）收回多余款项退回通知。

借:银行存款   1 580

 贷:其他货币资金——银行汇票存款   1 580

2.银行本票存款

银行本票结算实行全额结算,本票存款额与结算金额的差额一般采用支票或其他方式结清。逾期尚未办理结算的银行本票应及时转回,其账务处理与银行汇票存款基本相同。

【工作任务 2-7】2024 年 1 月,南京公益食品公司发生有关银行本票收付业务如下:①企业向银行提交"银行本票申请书"并将 28 250 元银行存款转作银行本票存款;②企业持有银行本票购入一台不需安装的机器,取得增值税专用发票上注明的价款为 25 000 元,增值税税额为 3 250 元,机器已交付生产车间。

根据以上工作任务,南京公益食品公司应作会计处理如下。

(1)取得银行本票后,银行盖章退回申请书存根。

借:其他货币资金——银行本票存款   28 250

 贷:银行存款   28 250

(2)购入不需安装的机器。

借:固定资产——机器   25 000

  应交税费——应交增值税(进项税额)   3 250

 贷:其他货币资金——银行本票存款   28 250

3.信用卡存款

企业申领信用卡应填制"信用卡申请表",连同支票和有关资料一并送存发卡银行,根据银行盖章退回的进账单第一联,作如下会计处理。

借:其他货币资金——信用卡存款

 贷:银行存款

企业用信用卡购物或支付有关费用,收到开户银行转来的信用卡存款的付款凭证及所附发票账单时,作如下会计处理。

借:管理费用

 贷:其他货币资金——信用卡存款

企业信用卡在使用过程中,需要向其账户续存资金的,作如下会计处理。

借:其他货币资金——信用卡存款

 贷:银行存款

企业的持卡人如不需要继续使用信用卡,应持信用卡主动到发卡银行办理销卡。销卡时,信用卡余额转入企业基本存款户,不得提取现金。

【学中做 2-2】甲公司于 2024 年 1 月 24 日向银行申领信用卡,向银行交存 80 000 元。2024 年 2 月 10 日,该公司用信用卡支付购书款 5 000 元,增值税专用发票上注明的增值税税额为 650 元。编制甲公司会计分录。

4.信用证保证金存款

企业向银行申请开立信用证,应按规定向银行提交开证申请书、信用证申请人承诺书和购销合同。

【工作任务 2-8】2024 年 1 月,南京公益食品公司发生如下业务:①5 日,向银行提交"信用证委托书"和保证金 30 000 元,申请向境外供货单位签发信用证;②15 日,企业收到供货单位的信用证结算凭证及发票账单共计款项 25 990 元,其中货款为 23 000 元,增值税税额为 2 990 元,经认证准予抵扣;③24日,收到未用完的信用证保证金存款余款。

根据以上工作任务,南京公益食品公司应作会计处理如下。

(1) 收到"信用证委托书"回单。

借:其他货币资金——信用证保证金   30 000

  贷:银行存款   30 000

(2) 收到供货单位的信用证结算凭证及发票账单。

借:在途物资   23 000

  应交税费——应交增值税(进项税额)   2 990

  贷:其他货币资金——信用证保证金   25 990

(3) 收到未用完的信用证保证金存款余款。

借:银行存款   4 010

  贷:其他货币资金——信用证保证金   4 010

5. 存出投资款

企业向证券公司划出资金时,应按实际划出的金额,作如下会计处理。

借:其他货币资金——存出投资款

  贷:银行存款

企业购买股票、债券、基金时,应根据交易单据作如下会计处理。

借:交易性金融资产

  贷:其他货币资金——存出投资款

6. 外埠存款

企业将款项委托当地银行汇往采购地开立专户时,作如下会计处理。

借:其他货币资金——外埠存款

  贷:银行存款

企业以外埠存款采购货物,并收到发票账单等报销凭证时,作如下会计处理。

借:材料采购(或原材料;在途物资)

  应交税费——应交增值税(进项税额)

  贷:其他货币资金——外埠存款

外地采购结束,企业将多余外埠存款转回当地银行结算户时,作如下会计处理。

借:银行存款

  贷:其他货币资金——外埠存款

【工作任务 2-9】 2024年1月,南京公益食品公司发生有关外埠存款收付业务如下:①企业在外地开立临时采购账户,委托银行将500 000元汇往采购地;②采购员以外埠存款购买材料,材料价款为400 000元,增值税为52 000元,货款共计452 000元,材料已验收入库;③外地采购结束,将外埠存款清户,收到银行转来收账通知,余款48 000元收妥入账。

根据以上工作任务,南京公益食品公司会计处理如下。

(1) 将款项汇往外地开立采购账户。

借:其他货币资金——外埠存款   500 000

  贷:银行存款   500 000

(2) 以外埠存款购买材料。

借:原材料   400 000

  应交税费——应交增值税(进项税额)   52 000

    贷:其他货币资金——外埠存款   452 000

(3)采购完毕收回剩余款项。

借:银行存款   48 000

    贷:其他货币资金——外埠存款   48 000

7. 微信、支付宝存款

企业以单位名义开通微信、支付宝后,发生收付款业务时,通过"其他货币资金"进行核算。

发生销售业务收入款项时,作如下会计处理。

借:其他货币资金——微信(或支付宝)

    贷:主营业务收入

        应交税费——应交增值税(销项税额)

发生购货业务支付款项时,作如下会计处理。

借:管理费用/原材料等

    应交税费——应交增值税(进项税额)

    贷:其他货币资金——微信(或支付宝)

从微信或支付宝提现时,作如下会计处理。

借:银行存款

    贷:其他货币资金——微信(或支付宝)

 做中学

一、单选题

1. 下列各项中,企业在现金清查中发现的无法查明原因的现金短缺,经批准后应记入的会计账户是(   )。

    A. 管理费用   B. 财务费用   C. 其他应收款   D. 营业外支出

2. 2023年3月31日,某企业银行存款日记账余额为150万元,与银行对账单余额不符,经核对发现,3月14日,企业收到货款10万元并入账,银行尚未入账;3月30日,银行代缴水电费2万元并入账,企业未收到银行付款通知。不考虑其他因素,调节后该企业的银行存款余额为(   )万元。

    A. 142   B. 148   C. 158   D. 162

3. 下列各项中,企业应通过"其他货币资金"核算的经济业务是(   )。

    A. 销售商品收到银行承兑汇票

    B. 委托银行代为支付电话费

    C. 开出转账支票支付办公设备款

    D. 为购买股票将资金存入投资款专户

二、多选题

1. 下列各项中,关于企业现金溢余的会计处理,表述正确的有(   )。

    A. 无法查明原因的现金溢余计入营业外收入

    B. 应支付给有关单位的现金溢余计入其他应付款

    C. 无法查明原因的现金溢余冲减管理费用

    D. 应支付给有关单位的现金溢余计入应付账款

2. 下列各项中,关于企业现金短缺的会计处理,表述正确的有(　　)。

A. 无法查明原因的现金短缺冲减管理费用

B. 是多付有关单位款项导致的现金短缺计入其他应收款

C. 无法查明原因的现金短缺计入营业外收入

D. 是多付有关单位款项导致的现金短缺计入应付账款

3. 下列各项中,应通过"其他货币资金"科目核算的有(　　)。

A. 申请信用卡而转存银行的款项

B. 赊购原材料出具的商业承兑汇票

C. 赊销商品取得的银行承兑汇票

D. 为取得银行本票而转存银行的款项

三、判断题

1. 企业月末签发转账支票一张,持票单位尚未到银行办理转账,会使银行存款日记账的余额大于银行对账单的余额。　　　　　　　　　　　　　　　　　　　　(　　)

2. 在企业现金清查中,无法查明原因的现金短缺,经批准后应计入管理费用。　　　　　　　　　　　　　　　　　　　　　　　　　　　　　　(　　)

文档:任务一拓展训练

3. 企业月末签发转账支票一张,持票单位尚未到银行办理转账,这会使银行存款日记账的余额大于银行对账单的余额。　　　　　　　　　　　　　　　　　(　　)

4. 企业收到退回的银行汇票款项,应记入"其他货币资金"科目的借方。　　　　　　　　　　　　　　　　　　　　　　　　　　　　　　(　　)

任务二　交易性金融资产

一、金融资产概述

(一) 金融资产的概念

金融资产是指企业持有的现金、其他方的权益工具,以及符合下列条件之一的资产。

(1) 从其他方收取现金或其他金融资产的合同权利,如企业的银行存款、应收账款、应收票据和贷款等均属于金融资产。但是,预付账款产生的未来经济利益是商品或服务,不是收取现金或其他金融资产的权利,不是金融资产。

(2) 在潜在有利条件下,与其他方交换金融资产或金融负债的合同权利。例如,企业持有的看涨期权或看跌期权等。

(3) 将来须用或可用企业自身权益工具进行结算的非衍生工具合同,且企业根据该合同将收到可变数量的自身权益工具,如企业的普通债券合同或普通股等。

(4) 将来须用或可用企业自身权益工具进行结算的衍生工具合同,但以固定数量的自身权益工具交换固定金额的现金或其他金融资产的衍生工具合同除外。其中,企业自身权益工具不包括应当按照《企业会计准则第 37 号——金融工具列报》分类为权益工具的可回售工具或发行方仅在清算时才有义务向另一方按比例交付其净资产的金融工具,也不包括本身就要求在未来收取或交付企业自身权益工具的合同。

企业的库存现金、银行存款、应收账款、应收票据、贷款、其他应收款、应收利息、债权投资、股权投资、基金投资及衍生金融资产等统称为金融资产。

（二）金融资产的分类

企业应当根据管理金融资产的业务模式和金融资产的合同现金流量特征，对金融资产进行合理分类。《企业会计准则第22号——金融工具确认和计量》(2017)将金融资产划分为以下三类：①以摊余成本计量的金融资产；②以公允价值计量且其变动计入其他综合收益的金融资产；③以公允价值计量且其变动计入当期损益的金融资产。

微课：金融
资产的分类

二、交易性金融资产概述

交易性金融资产是以公允价值计量且其变动计入当期损益的金融资产。它是企业为了近期内出售而持有的金融资产，如企业以赚取差价为目的从二级市场购入的股票、债券、基金等；或者在初始确认时属于集中管理的可辨认金融工具组合的一部分，且有客观证据表明近期实际存在短期获利模式的金融资产等，如企业管理的以公允价值进行行业业绩考核的某项投资组合。

交易性金融资产具有以下特点：①企业持有的目的是短期的，即在初次确认时其持有目的是短期获利，一般不超过一年（含一年），在资产负债表中作为流动资产列示；②该资产具有活跃市场，公允价值能够通过活跃市场获取；③交易性金融资产期末采用公允价值计量，持有期间不计提资产减值损失。

三、交易性金融资产核算的账户设置

为了反映和监督交易性金融资产的取得、收取现金股利或利息、出售等情况，企业应当设置"交易性金融资产""公允价值变动损益""投资收益"等账户进行核算。

（一）"交易性金融资产"账户

"交易性金融资产"是资产类账户，核算以公允价值计量且其变动计入当期损益的金融资产。其借方登记交易性金融资产的取得成本、资产负债表日其公允价值高于账面余额的差额，以及出售交易性金融资产时结转公允价值低于账面余额的变动金额；贷方登记资产负债表日其公允价值低于账面余额的差额，以及企业出售交易性金融资产时结转的成本和公允价值高于账面余额的变动金额。

企业应当按照交易性金融资产的类别和品种，分别设置"成本""公允价值变动"等明细账户进行核算。"成本"明细账户反映交易性金融资产取得时的初始入账金额。"公允价值变动"明细账户反映交易性金融资产在持有期间公允价值的变动金额，借方登记资产负债表日"交易性金融资产"公允价值高于账面余额的差额，贷方登记资产负债表日"交易性金融资产"公允价值低于账面余额的差额。

（二）"公允价值变动损益"账户

"公允价值变动损益"是损益类账户，用于核算企业交易性金融资产等在持有期间公允价值变动而形成的应计入当期损益的利得或损失。借方登记资产负债表日企业持有的交易性金融资产等公允价值低于账面余额的差额；贷方登记资产负债表日企业持有的交易性金融资产等公允价值高于账面余额的差额。期末，公允价值变动收益或损失结转至"本年利润"账户，结转后该账户无余额。

（三）"投资收益"账户

"投资收益"是损益类账户，用于核算企业持有交易性金融资产以及出售交易性金融资产等实现的投资收益或投资损失。借方登记企业取得交易性金融资产时支付的交易费用、出售交易性金融资产发生的损失；贷方登记企业持有交易性金融资产期间取得以及出售交易性金融资产实现的投资收益。"投资收益"账户按照投资项目设置明细账户进行核算。期末，投资净收益或净损失结转至"本年利润"账户，结转后该账户无余额。

交易性金融资产的核算科目对应关系如图 2-11 所示。

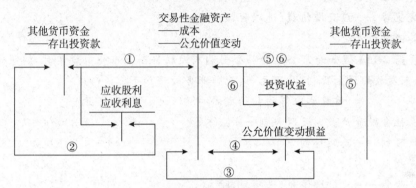

图 2-11　交易性金融资产的核算科目对应关系

注：①取得交易性金融资产（或含有已宣告但尚未发放股利或已到付息日但尚未领取的利息）；②收取应收股利或应收利息；③持有期间公允价值变动利得；④持有期间公允价值变动损失；⑤出售交易性金融资产取得投资收益；⑥出售交易性金融资产发生投资损失。

四、交易性金融资产的核算

（一）交易性金融资产的初始计量

1. 初始成本的确定

企业取得交易性金融资产时，应当按照取得时的公允价值作为初始入账金额。金融资产的公允价值，应当以市场交易价格为基础确定。

企业取得交易性金融资产所支付价款中包含的已宣告但尚未发放的现金股利或已到付息期但尚未领取的债券利息，应当单独确认为应收项目，不构成交易性金融资产的初始入账金额。

微课：交易性金融资产概述及初始计量

2. 账务处理

企业取得交易性金融资产所发生的相关交易费用应当计入当期损益，冲减"投资收益"，发生交易费用取得增值税专用发票的，进项税额经认证后可从当月销项税额中扣除。

企业取得交易性金融资产时，应当根据证券交易交割单和相关单据等，作如下会计处理。

借：交易性金融资产——成本　［取得时的公允价值］

　　应收股利/应收利息　［买价中包含的尚未领取的现金股利、利息］

　　投资收益　［交易费用］

　　应交税费——应交增值税（进项税额）　［交易费用产生的增值税］

　　贷：银行存款/其他货币资金——存出投资款

企业收到买价中包含的现金股利或利息时，作如下会计处理。

借:银行存款/其他货币资金——存出投资款

　　贷:应收利息/应收股利

【工作任务2-10】 2024年1月3日,南京公益食品公司购入天联科创上市公司股票100万股,分类为以公允价值计量且其变动计入当期损益的金融资产。购入价为8元/股,另支付交易费用2万元,取得的增值税专用发票上注明的增值税税额为0.12万元。不考虑其他因素,则应作账务处理如下。

借:交易性金融资产——天联科创——成本　　　　　　　　8 000 000

　　投资收益　　　　　　　　　　　　　　　　　　　　　20 000

　　应交税费——应交增值税(进项税额)　　　　　　　　　1 200

　　贷:其他货币资金　　　　　　　　　　　　　　　　　8 021 200

【工作任务2-11】 假如南京公益食品公司购入天联科创上市公司股票时,购买价款中包含已宣告但尚未发放的现金股利20万元,则应作账务处理如下。

该股票取得的初始成本＝800－20＝780(万元)

借:交易性金融资产——天联科创——成本　　　　　　　　7 800 000

　　应收股利——天联科创　　　　　　　　　　　　　　　200 000

　　投资收益　　　　　　　　　　　　　　　　　　　　　20 000

　　应交税费——应交增值税(进项税额)　　　　　　　　　1 200

　　贷:其他货币资金　　　　　　　　　　　　　　　　　8 021 200

(二) 交易性金融资产的后续计量

1. 持有期间现金股利(或利润)和债券利息的处理

企业持有交易性金融资产期间取得的股利、利息根据不同情况分别处理。

(1)买价中包含的现金股利或利润。在取得交易性金融资产时实际支付的价款中包含已宣告但尚未发放的现金股利,或已到付息期但尚未领取的债券利息,属于初始取得时的代垫款项,已在购买时确认为应收款项,在实际收到股利或利息时应冲减已记录的应收股利或应收利息,不确认为投资收益。

微课:交易性
金融资产的
后续计量

【工作任务2-12】 如果2024年1月20日,南京公益食品公司收到天联科创公司发放的现金股利200 000元。不考虑其他相关税费,则应作账务处理如下。

借:其他货币资金——存出投资款　　　　　　　　　　　200 000

　　贷:应收股利——天联科创　　　　　　　　　　　　　200 000

(2)交易性金融资产持有期间获得的现金股利、利息。交易性金融资产持有期间在被投资单位宣告发放现金股利,或在资产负债表日按分期付息、一次还本债券投资的票面利率计算利息时,借记"应收股利"或"应收利息"账户,贷记"投资收益"账户。收到现金股利或债券利息时,借记"其他货币资金"账户,贷记"应收股利"或"应收利息"账户。

【注意】 此处注意区分现金股利或利息是收到初始取得时的代垫款项,还是在持有期间新取得的现金股利或利息。前者应在实际收到时直接冲减应收股利或应收利息,后者应先确认为投资收益,实际收到时再冲减应收股利或利息。

【工作任务2-13】 接工作任务2-10的资料,2024年1月20日,天联科创公司宣告发放2023年现金股利,南京公益食品公司按其持有股份确定应分得现金股利100 000元。不考虑相关税费,应编制会计分录如下。

借：应收股利——天联科创　　　　　　　　　　　　　　　　100 000
　　贷：投资收益　　　　　　　　　　　　　　　　　　　　　　　　100 000

实际收到股利。

借：其他货币资金——存出投资款　　　　　　　　　　　　　　100 000
　　贷：应收股利——天联科创　　　　　　　　　　　　　　　　　100 000

2. 持有期间公允价值变动的处理

企业持有交易性金融资产期间,应在资产负债表日按照公允价值计量,公允价值与账面余额之间的差额计入当期损益。

当资产负债表日交易性金融资产公允价值高于其账面余额,按二者差额调增交易性金融资产的账面价值,即

借：交易性金融资产——公允价值变动
　　贷：公允价值变动损益

当资产负债表日交易性金融资产公允价值低于其账面余额,按二者差额调减交易性金融资产的账面价值,即

借：公允价值变动损益
　　贷：交易性金融资产——公允价值变动

【工作任务 2-14】接工作任务 2-10 的资料,2024 年 1 月 30 日,天联科创股票市价为 8.5 元/股。2024 年 2 月 28 日,天联科创股票市价为 8.3 元/股。不考虑相关税费和其他因素,南京公益食品公司应作账务处理如下。

2024 年 1 月 30 日,确认公允价值变动损益。

　　　　　　股票公允价值=100×8.5=850(万元)

　　　　　　股票账面余额=800 万元

　　　　　　股票公允价值变动损益=850-800=50(万元)

借：交易性金融资产——天联科创——公允价值变动　　　　　　500 000
　　贷：公允价值变动损益　　　　　　　　　　　　　　　　　　　500 000

2024 年 2 月 28 日,确认公允价值变动损益。

　　　　　　股票公允价值=100×8.3=830(万元)

　　　　　　股票账面余额=850 万元

　　　　　　股票公允价值变动损益=830-850=-20(万元)

借：公允价值变动损益　　　　　　　　　　　　　　　　　　　　200 000
　　贷：交易性金融资产——天联科创——公允价值变动　　　　　　200 000

【职业素养 2-2】

“双减”政策落地,多家公司股价应声大跌

中共中央办公厅、国务院办公厅近日发布《关于进一步减轻义务教育阶段学生作业负担和校外培训负担的意见》强调,全面压减作业总量和时长,减轻学生过重作业负担。同时,要求全面规范校外培训行为,各地不再审批新的面向义务教育阶段学生的学科类校外培训机构,现有学科类培训机构统一登记为非营利性机构,学科类培训机构一律不得上市融资,严禁资本化运作。

文档:职业素养
“'双减'政策落地,
多家公司股价
应声大跌”解读

受义务教育"双减"政策出台消息影响,教育板块上市公司面临巨大冲击,A股和港股教育板块双双大幅下挫。A股方面,多家教育类上市公司股价跌幅超10%。港股方面,新东方跌幅超47%,思考乐教育跌幅超45%,卓越教育集团跌幅超42%,新东方在线跌幅约33%,天立教育跌幅逾29%,宇华教育、希望教育、中教控股等跌幅超15%。

资料来源:人民资讯,2021年7月26日.

思考: 从该案例中,你受到什么启发?

(三)交易性金融资产的出售

企业出售某项交易性金融资产的关键问题是如何正确确认处置损益。交易性金融资产的处置损益应按处置时实际收到的价款与该金融资产账面余额的差额确认。其中,交易性金融资产的账面余额,是指交易性金融资产的初始入账金额加上或减去资产负债表日累计公允价值变动后的金额。如果尚有已确认的应收现金股利或债券利息仍未收回,则按扣除该应收现金股利或债券利息后的金额确认处置损益。

企业出售交易性金融资产时,应根据交割单等原始单据作如下会计处理。

借:其他货币资金——存出投资款　[实际收到的金额]
　　应交税费——应交增值税(进项税额)　[交易费用产生的增值税]
　　贷:交易性金融资产——成本　[初始成本]
　　　　　　　　　　　——公允价值变动　[累计公允价值变动净收益,若是净损失在借方]
　　　　应收股利/应收利息　[出售时包含的未收现金股利或利息]
　　　　投资收益　[差额,或借方]

如果部分出售某项交易性金融资产,则上述各相关项目均应按相应比例结转处理。

【工作任务2-15】 接工作任务2-10和工作任务2-14的资料,2024年3月15日,南京公益食品公司出售所持有的天联科创股票,每股售价8.7元,取得出售价款870万元,应作账务处理如下。

借:其他货币资金——存出投资款　　　　　　　　　8 700 000
　　贷:交易性金融资产——天联科创——成本　　　　　8 000 000
　　　　　　　　　　　　　　　　　——公允价值变动　 300 000
　　　　投资收益　　　　　　　　　　　　　　　　　 400 000

本工作任务中,2024年3月15日,南京公益食品公司在出售天联科创股票时,交易性金融资产账面余额为2024年2月28日的830万元,与出售收入870万元之间的差额为40万元,记入"投资收益"账户;同时结转"成本""公允价值变动"两个明细账户。

微课:交易性金融资产的终止确认

以上是以企业购买股票为例,如果债券被划分为以公允价值计量且其变动计入当期损益的金融资产,其核算与上述过程基本相同,不同的是债券利息记入"应收利息"账户。

(四)转让金融商品应交增值税

转让金融商品应交增值税,税法上采用差额征税的方式,即以按照卖出价扣除买入价(不需要扣除已宣告未发放现金股利和已到付息期未领取的利息)后的余额作为销售额计算增值税,也就是以转让金融商品按盈亏相抵后的余额为销售额。若相抵后出现负差,可结转下一纳税期与下期转让金融商品销售额互抵,但年末仍出现负差的,不得转入下一会计年度。

转让金融商品的增值税税率为 6%，小规模纳税人适用 3% 的征收率。金融商品的转让，不得开具增值税专用发票，只能开具普通发票。转让金融商品应交增值税的计算如下：

转让金融商品应交增值税＝(卖出价－买入价)÷(1＋税率)×税率

【注意】无论是金融商品的买入价还是卖出价，均包含已宣告未发放现金股利和已到付息期未领取的利息。

(1) 转让金融资产当月月末，如产生转让收益，则按应纳税额。

借：投资收益

　　贷：应交税费——转让金融商品应交增值税

下月缴纳税款时，则按实际所缴税款。

借：应交税费——转让金融商品应交增值税

　　贷：银行存款

(2) 如当月转让金融商品产生转让损失，则按可抵扣税额结转下月抵扣。

借：应交税费——转让金融商品应交增值税

　　贷：投资收益

(3) 年末，如果"应交税费——转让金融商品应交增值税"账户有借方余额，则说明本年度的金融商品转让损失无法弥补，且本年度的金融资产转让损失不可转入下年度继续抵减转让金融资产的收益，应将"应交税费——转让金融商品应交增值税"账户的借方余额转出，其会计处理如下。

借：投资收益

　　贷：应交税费——转让金融商品应交增值税

【工作任务 2-16】接工作任务 2-10 和工作任务 2-15 的资料，月末计算南京公益食品公司转让金融商品当月应交增值税，并编制会计分录。

当月月末转让金融商品应交增值税＝(8 700 000－8 000 000)÷(1＋6%)×6%
＝39 622.64(元)

其会计处理如下。

借：投资收益　　　　　　　　　　　　　　　　　　　　　　39 622.64

　　贷：应交税费——转让金融商品应交增值税　　　　　　　39 622.64

【工作任务 2-17】假如工作任务 2-16 中南京公益食品公司出售交易性金融商品的售价为 7 000 000 元，则其转让金融商品应交增值税的处理如下。

转让金融商品应交增值税＝(7 000 000－8 000 000)÷(1＋6%)×6%
＝－56 603.77(元)

按可抵扣税额结转下月。

借：应交税费——转让金融商品应交增值税　　　　　　　　　56 603.77

　　贷：投资收益　　　　　　　　　　　　　　　　　　　　56 603.77

【自主探究】根据所学内容，总结归纳"投资收益"账户应核算哪些内容。

【初级同步 2-2】(多选题)下列各项经济业务中，应通过"投资收益"账户核算交易性金融资产的有(　　)。

A. 持有期间被投资单位宣告分派的现金股利

B. 资产负债表日发生的公允价值变动

C. 取得时支付的交易费用

D. 出售时公允价值与其账面余额的差额

【学中做 2-3】2024 年 1 月 1 日,乙公司购入 B 公司发行的公司债券,支付价款 2 600 万元 (其中包含已到付息期但尚未领取的债券利息 50 万元),另支付交易费用 30 万元,取得的增值 税专用发票上注明的增值税税额为 1.8 万元。该笔 B 公司债券面值为 2 500 万元。乙公司将 其划分为交易性金融资产进行管理和核算。2024 年 1 月 10 日,乙公司收到该笔债券利息 50 万元。

【延伸 1】不考虑其他因素,假定 2024 年 6 月 30 日,甲公司持有 B 公司债券公允价值为 2 670 万元;2024 年 12 月 31 日,甲公司持有 B 公司债券的公允价值为 2 580 万元。

【延伸 2】不考虑其他因素,假定 2024 年 3 月 2 日,乙公司出售了所持有的全部 B 公司债 券,售价为 3 550 万元,增值税税率为 6%。

请根据以上任务,编制会计分录。

 做中学

一、单选题

1. 2023 年 12 月 10 日,甲公司以存出投资款购入乙公司股票 10 万股,将其划分为交易性 金融资产,购买日支付价款 249 万元,另支付交易费用 0.6 万元。2023 年 12 月 31 日,该股票 的公允价值为 258 万元。不考虑相关税费等其他因素,甲公司 2023 年度应确认的公允价值变 动损益金额为( )万元。

    A. 9   B. 9.6   C. 0.6   D. 8.4

2. 2023 年 6 月 1 日,甲公司通过存出投资款账户以每股 14 元的价格购入乙公司股票 10 万股,确认为交易性金融资产。2023 年 6 月 30 日,乙公司股票的市价为每股 15 元。不考 虑其他因素,甲公司 6 月 30 日所作会计处理结果正确的是( )万元。

    A. "交易性金融资产"借方增加 10   B. "投资收益"贷方增加 10

    C. "公允价值变动损益"借方增加 10   D. "资产减值损失"贷方增加 10

二、多选题

下列各项中,关于交易性金融资产会计处理表述正确的有( )。

A. 资产负债表日公允价值与账面余额之间的差额计入当期损益

B. 出售时公允价值与其账面余额的差额计入投资收益

C. 持有期间取得的现金股利计入投资收益

D. 转让时按照卖出价扣除买入价后的余额作为销售额计算增值税

三、判断题

1. 企业金融商品转让收益应交的增值税,冲减投资收益。   ( )

2. 企业取得交易性金融资产时,应按照取得时的公允价值加上相关交易 费用作为初始入账金额。   ( )

3. 交易性金融资产持有期间,投资单位收到投资前被投资单位已宣告但 尚未发放的现金股利时,应确认投资收益。   ( )

4. 企业持有交易性金融资产期间,对于被投资单位宣告发放的现金股利, 应借记"交易性金融资产"科目。   ( )

文档:任务二
拓展训练

任务三　应收及预付款项

应收及预付款项是指企业在日常生产经营过程中发生的各项债权,包括应收款项和预付款项。其中,应收款项包括应收票据、应收账款、应收股利、应收利息和其他应收款等;预付款项是指企业按照合同规定预付的款项,如预付账款等。

一、应收票据

应收票据是指企业因销售商品、提供服务等而收到的商业汇票。为了反映和监督应收票据取得、票款收回等情况,企业应当设置"应收票据"账户,借方登记取得的应收票据的面值及持有收益,贷方登记到期收回票款或到期前向银行贴现的应收票据的票面余额,期末余额在借方,反映企业持有的商业汇票的账面价值。"应收票据"账户可按照开出、承兑商业汇票的单位进行明细核算,并设置"应收票据备查簿",逐笔登记商业汇票的种类、出票日、票面金额等资料。企业申请使用银行承兑汇票时,应向其承兑银行缴纳手续费,企业应将支付的银行手续费记入"财务费用"账户。

微课:应收票据概述及账务处理

（一）应收票据取得和收回到期款

应收票据取得时按其票面金额入账,包括但不限于应确认的收入、增值税销项税额、代垫的各种款项等。应收票据取得的原因不同,其核算也有所区别。

（1）企业因销售商品、提供劳务等而收到商业汇票。

借:应收票据
　　贷:主营业务收入
　　　　应交税费——应交增值税(销项税额)

（2）企业因债务人抵偿前欠货款而取得商业汇票。

借:应收票据
　　贷:应收账款

（3）商业汇票到期,企业实际收到票据款项。

借:银行存款
　　贷:应收票据

（4）商业汇票到期时,因付款人无力付款,企业按照票面金额将应收票据转为应收账款。

借:应收账款
　　贷:应收票据

【工作任务 2-18】 2024 年 11 月 5 日,南京公益食品公司销售一批产品给甲企业,货已发出,开出的增值税专用发票上注明的价款为 100 000 元,增值税税额为 13 000 元。南京公益食品公司收到甲企业不带息 3 个月到期的商业承兑汇票,面额为 113 000 元。南京公益食品公司应作会计处理如下。

借:应收票据——甲企业　　　　　　　　　　　　　　　　　113 000
　　贷:主营业务收入　　　　　　　　　　　　　　　　　　　100 000
　　　　应交税费——应交增值税(销项税额)　　　　　　　　13 000

3 个月后,应收票据到期,收回款项。

借:银行存款 113 000

　贷:应收票据——甲企业 113 000

如果该票据到期,甲企业无力偿还票款,应将到期票据的票面金额转入"应收账款"账户。

借:应收账款——甲企业 113 000

　贷:应收票据——甲企业 113 000

(二)应收票据背书转让

实务中,企业可以将其持有的商业汇票背书转让。背书是指在票据背面或者粘单上记载有关事项并签章的票据行为。票据被拒绝承兑、拒绝付款或者超过付款提示期限的,不得背书转让。背书转让的,背书人应当承担票据责任。通常情况下,企业将持有的商业汇票背书转让以取得所需物资时,按应计入取得物资成本的金额,作会计处理如下。

借:在途物资/材料采购/原材料/库存商品等

　　应交税费——应交增值税(进项税额)

　贷:应收票据　[票面金额＋带息票据利息]

　　　银行存款　[差额,或借方]

【工作任务 2-19】接工作任务 2-18 的资料,2024 年 1 月 18 日,南京公益食品公司向乙公司采购材料,增值税专用发票上注明的价款为 500 000 元,增值税额为 65 000 元,材料已验收入库。南京公益食品公司将上述商业汇票背书后转让给乙公司,余款以支票支付。南京公益食品公司应作会计处理如下。

借:原材料 500 000

　　应交税费——应交增值税(进项税额) 65 000

　贷:应收票据 113 000

　　　银行存款 452 000

(三)应收票据贴现

应收票据贴现是指持票人因急需资金,将未到期的商业汇票背书后转让给银行,银行在受理后,扣除按银行的贴现率计算确定的贴现息,将余额付给贴现企业的业务活动。

不带息票据到期值等于票据面值。

带息票据的到期值等于票据面值加上利息,其计算方法如下:

微课:应收
票据贴现

$$票据到期值＝票据面值＋面值×票面利率×票据期限$$

$$贴现息＝票据到期值×贴现率×贴现期$$

$$贴现实收金额＝票据到期值－贴现息$$

式中,贴现期是指从贴现日到到期日的时间间隔。

应收票据到期日有三种计算方法:①如果票据上明确标明到期日,依照标明的日期。②如果票据期限按日表示,则票据到期日按实际天数计算,天数计算原则是"算头不算尾"或"算尾不算头"。③如果票据期限按月表示,则票据到期日按"日对日"原则计算,即票据的到期日为到期月份中与出票日相同的那一天,如果票据是在月末签发,则"月末对月末"。这在实务中存在以下两种特殊情况:一是出票日为某月 31 日,但到期的月份只有 30 日,则到期日为该月的 30 日;二是出票日为某月的 29 日、30 日、31 日,而到期月份正好是 2 月,则该票据的到期日为 2 月的最后一天。

企业持未到期的商业汇票向银行申请贴现时,按实际收到的金额,借记"银行存款"账户;按商业汇票的票面金额,贷记"应收票据"账户;按其差额,借记或贷记"财务费用"账户。

【工作任务 2-20】2024 年 2 月 11 日,南京公益食品公司将持有的承兑日为 2024 年 1 月 31 日、期限 90 天、面值 50 000 元、到期日为 5 月 1 日的商业承兑汇票(不附追索权)到银行申请贴现,银行规定的月贴现利率为 6‰。南京公益食品公司应作会计处理如下。

票据到期值＝50 000 元

贴现天数＝80 天

贴现利息＝50 000×6‰×80÷30＝800(元)

贴现实收金额＝50 000－800＝49 200(元)

借:银行存款　　　　　　　　　　　　　　　　　49 200

　　财务费用　　　　　　　　　　　　　　　　　　800

　　　贷:应收票据——商业承兑汇票　　　　　　　　　50 000

二、应收账款

应收账款是指企业因销售商品、提供服务等经营活动,应向购货单位或接受服务单位收取的款项,主要包括企业销售商品或提供服务等应向有关债务人收取的价款、增值税,以及代购货单位垫付的包装费、运杂费等。

微课:应收账款的概念

【注意】应收账款是指因销售或提供劳务等日常经营活动形成的债权,不包括其他应收款;应收账款是流动性质的债权,不包括长期的债权。

(一) 应收账款的确认和计量

企业在销售商品、提供劳务等取得应收账款时,通常按实际发生的交易价格作为入账金额(包括发票金额和代购货单位垫付的运费等),如果销售过程中存在商业折扣和现金折扣,应收账款的计量还应考虑商业折扣和现金折扣。

1. 商业折扣

商业折扣是指企业为促进销售而在商品标价上给予买方的价格折扣,通常用百分比表示,扣除商业折扣后的金额是实际的售价。例如,售价为 3 500 元的手机,商家为鼓励买主购买更多的商品而规定购买 10 件以上者给予 10% 的折扣,此时,每部手机的售价为 3 150 元[3 500×(1－10%)]。商业折扣在交易发生时即已确定,买卖双方一般按照扣除折扣后的价格成交结算。

微课:商业折扣

2. 现金折扣

现金折扣是卖方为了鼓励买方早日归还赊欠的货款,而允诺在一定的付款期限内给予的债务扣除,即买方在不同期限内付款可以享受不同比例的折扣。现金折扣一般用符号"折扣率/付款期限"表示。例如,现金折扣条件为"2/10,1/20,n/30",表示客户如在 10 天内付款,则可享受 2% 的折扣优惠;如果在 11~20 天内付款,则可享受 1% 的折扣优惠;超过 20 天,则应付全款。

(二) 应收账款的核算

为了反映和监督应收账款的增减变动及其结存情况,企业应设置"应收账款"账户,不单独设置"预收账款"账户的企业,预收的账款也应在"应收账

微课:应收账款概述及账务处理

款"账户核算。"应收账款"账户的借方登记应收账款的增加,贷方登记应收账款的收回及确认的坏账损失,期末余额一般在借方,反映企业尚未收回的应收账款;如果期末余额在贷方,一般为企业预收的账款。

1. 无商业折扣和现金折扣的核算

在没有商业折扣和现金折扣的情况下,企业发生应收账款时,按应收金额借记"应收账款"账户,按实现的营业收入,贷记"主营业务收入""其他业务收入"等账户,按增值税专用发票上注明的增值税税额,贷记"应交税费——应交增值税(销项税额)"账户;收回应收账款时,借记"银行存款"等账户,贷记"应收账款"账户。

微课:现金折扣

【工作任务2-21】2024年1月5日,南京公益食品公司赊销给甲公司产品一批,增值税专用发票上注明的价款为100 000元,增值税税额为13 000元,另开出现金支票代甲公司垫付运费1 000元,款项已通过银行办妥托收手续。南京公益食品公司应作会计处理如下。

借:应收账款——甲公司　　　　　　　　　　　　　　　　114 000
　　贷:主营业务收入　　　　　　　　　　　　　　　　　100 000
　　　　应交税费——应交增值税(销项税额)　　　　　　　　13 000
　　　　银行存款　　　　　　　　　　　　　　　　　　　　1 000

【工作任务2-22】接工作任务2-21的资料,2024年1月20日,南京公益食品公司收到甲公司交来转账支票一张,系支付1月5日货款,出纳填妥进账单后交给开户银行。根据进账单回单联,南京公益食品公司应作会计处理如下。

借:银行存款　　　　　　　　　　　　　　　　　　　　114 000
　　贷:应收账款——甲公司　　　　　　　　　　　　　　114 000

2. 有商业折扣和现金折扣的核算

商业折扣一般在交易发生时就已经确定,应收账款的入账金额按扣除商业折扣后的实际金额确定,不需要对商业折扣单独进行核算。

现金折扣是否发生、发生多少通常是在销售之后,视买方的付款时间而定。根据新会计准则规定,现金折扣作为可变对价处理,企业应该按照最可能发生金额确定可变对价的最佳估计数。例如,销售合同金额100万元,现金折扣条件是"2/10,1/20,n/30",预计客户10天内支付货款的概率为99%,20天内支付货款的概率为80%,30天内支付货款的概率为50%,那么销售方应该按照最可能发生金额确定可变对价的最佳估计数,可变对价折扣率为2%,即现金折扣额(可变对价)2万元不能确认为销售收入,销售收入金额应以98万元入账。

同时,对于在计算现金折扣时是否考虑增值税,不同的企业有不同的处理。如果不考虑增值税,现金折扣=销售价款×折扣率;如果考虑增值税,现金折扣=(销售价款+增值税税额)×折扣率。

【工作任务2-23】2024年1月1日,南京公益食品公司向甲公司销售环保商品5 000件并开具增值税专用发票,每件商品的标价为200元(不含增值税),A商品适用的增值税税率为13%。因成批销售,南京公益食品公司给予甲公司10%的商业折扣,并在销售合同中约定现金折扣条件为"2/20,n/30",且计算现金折扣时不考虑增值税,当日A商品发出,客户收到商品并验收入库。南京公益食品公司基于对客户的了解,预计客户20天内付款的概率为90%,20天后付款的概率为10%。2024年1月18日,收到客户支付的货款,南京公益食品公司应作会计处理如下。

应确认的销售收入=200×(1-10%)×5 000×(1-2%)=882 000(元)

增值税销项税额=200×(1-10%)×5 000×13% =117 000(元)

本任务按照最可能发生金额确定可变对价的最佳估计数,可变对价折扣率为2%,在商品所有权转移给甲公司时,对可变对价200×(1−10%)×5 000×2%＝18 000(元)不能确认收入,只能对固定对价882 000元确认收入。

南京公益食品公司编制会计分录如下。

(1) 1月1日,确认收入。

借:应收账款	999 000
贷:主营业务收入	882 000
应交税费——应交增值税(销项税额)	117 000

(2) 1月18日,收到货款。

| 借:银行存款 | 999 000 |
| 贷:应收账款 | 999 000 |

三、预付账款

预付账款是指企业按照合同规定预付的款项,如预付的材料、商品采购款、在建工程价款等。为了反映和监督预付账款的增减变动及其结存情况,企业应当设置"预付账款"账户。"预付账款"账户的借方登记预付的款项及补付的款项,贷方登记收到所购物资时根据有关发票账单记入"原材料"等账户的金额及

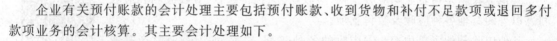

收回多付款项的金额。期末余额在借方,反映企业实际预付的款项;期末余额在贷方,则反映企业应付或应补付的款项。预付款项情况不多的企业,可以不设置"预付账款"账户,而将预付的款项通过"应付账款"账户核算。

企业有关预付账款的会计处理主要包括预付账款、收到货物和补付不足款项或退回多付款项业务的会计核算。其主要会计处理如下。

(1) 企业根据购货合同的规定向供应单位预付款项。

借:预付账款
　　贷:银行存款

(2) 企业收到所购物资及相关结算手续,并办理结算。

借:材料采购/原材料/库存商品等　　[购入物资成本的金额]
　　应交税费——应交增值税(进项税额)　　[可抵扣的增值税进项税额]
　　贷:预付账款

(3) 当预付价款小于采购货物所需支付的款项时,企业应将不足部分补付。

借:预付账款
　　贷:银行存款

(4) 当预付价款大于采购货物所需支付的款项时,企业应收回多余款项。

借:银行存款
　　贷:预付账款

四、应收股利和应收利息

(一) 应收股利的核算

应收股利是指企业应收取的现金股利或应收取其他单位分配的利润。为了反映和监督应收股利的增减变动及其结存情况,企业应设置"应收股利"账

户。"应收股利"账户的借方登记应收现金股利或利润的增加,贷方登记收到的现金股利或利润,期末余额一般在借方,反映企业尚未收到的现金股利或利润。"应收股利"账户应当按照被投资单位设置明细账户进行核算。

企业在持有以公允价值计量且其变动计入当期损益的金融资产(交易性金融资产)期间,被投资单位宣告发放现金股利,按应享有的份额,确认为当期投资收益,其账务处理如下。

借:应收股利
　　贷:投资收益
企业收到被投资单位分配的现金股利或利润。
借:其他货币资金——存出投资款 ［上市公司］
　　或银行存款 ［非上市公司］
　　贷:应收股利

（二）应收利息的核算

应收利息是指企业根据合同或协议规定应向债务人收取的利息。为了反映和监督应收利息的增减变动及其结存情况,企业应设置"应收利息"账户。"应收利息"账户的借方登记应收利息的增加,贷方登记收到的利息,期末余额一般在借方,反映企业尚未收到的利息。"应收利息"账户应当按照借款人或被投资单位设置明细账户进行核算。

五、其他应收款

1. 其他应收款的内容

其他应收款是指企业除应收票据、应收账款、预付账款、应收股利和应收利息以外的其他各种应收及暂付款项。

其他应收款的主要内容:①应收的各种赔款、罚款,如因企业财产等遭受意外损失而应向有关保险公司收取的赔款等;②应收的出租包装物租金;

微课:其他应收款

③应向职工收取的各种垫付款项,如为职工垫付的水电费、医药费、房租等;④存出保证金,如租入包装物支付的押金;⑤拨给企业内部各职能部门和职工个人的备用金;⑥其他各种应收、暂付款项。

2. 其他应收款的核算

为了反映和监督其他应收账款的增减变动及其结存情况,企业应设置"其他应收款"账户进行核算。"其他应收款"账户的借方登记其他应收款的增加,贷方登记其他应收款的收回,期末余额一般在借方,反映企业尚未收回的其他应收款项。"其他应收款"账户应当按照对方单位(或个人)进行明细核算。

（1）企业发生各种应收、暂付款项时,应作会计处理如下。
借:其他应收款
　　贷:库存现金 ［支付的押金、职工垫付款等］
　　　　待处理财产损溢 ［应收的赔偿、罚款］
　　　　银行存款 ［租入包装物支付的押金,或拨付备用金］
　　　　固定资产清理 ［处置固定资产时保险公司或责任人赔偿］
（2）企业收回、核销其他应收款项时,应作会计处理如下。
借:库存现金/银行存款/应付职工薪酬等
　　贷:其他应收款

【工作任务 2-24】2024 年 1 月,南京公益食品公司发生与其他应收款有关业务如下。

(1) 一台机器被暴雨冲毁,按保险合同的规定,保险公司应赔偿 30 000 元。

(2) 向丁公司租入包装物一批,以银行存款支付押金 1 000 元。

(3) 为职工垫付应由其个人负担的医疗费 15 000 元,拟从职工工资中扣除。

(4) 本月应收出租包装物的租金 4 000 元,增值税 520 元。

根据上述业务,南京公益食品公司应作会计处理如下。

(1) 确认应收的赔偿款。

借:其他应收款——××保险公司   30 000

 贷:待处理财产损溢——待处理流动资产损溢   30 000

(2) 支付包装物押金。

借:其他应收款   1 000

 贷:银行存款   1 000

(3) 垫付职工医药费。

借:其他应收款   15 000

 贷:银行存款   15 000

从职工工资中扣除。

借:应付职工薪酬   15 000

 贷:其他应收款   15 000

(4) 确认租金收入。

借:其他应收款   4 520

 贷:其他业务收入   4 000

  应交税费——应交增值税(销项税额)   520

六、应收款项减值

(一) 应收款项减值损失的确认

企业的各项应收款项(包括应收账款、其他应收款、预付账款和应收票据等)可能会因债务人拒付、破产、死亡等原因而部分或全部无法收回。这类无法收回的应收款项就是坏账。企业因坏账而遭受的损失称为坏账损失。

企业应在资产负债表日对应收款项的账面价值进行检查,如有客观证据表明应收款项发生减值的,应计提坏账准备。符合下列条件之一的,应确认为坏账:①债务人依法宣告破产、关闭、解散、被撤销,或者被依法注销、吊销营业执照,其清算财产不足清偿的;②债务人死亡,或者依法被宣告失踪、死亡,其财产或者遗产不足清偿的;③债务人逾期 3 年以上未清偿,且有确凿证据证明其已无力清偿债务的;④与债务人达成债务重组协议或法院批准破产重整计划后,无法追偿的;⑤因自然灾害、战争等不可抗力导致无法收回的;⑥国务院财政、税务主管部门规定的其他条件。

微课:应收
款项减值

对坏账损失的确认,既要注重证据又要注重实质,坏账损失的审批权为股东大会或董事会等类似机构。

(二) 应收款项减值的核算

应收款项减值有两种核算方法,即直接转销法和备抵法。我国《小企业会

微课:应收款项
减值的核算

计准则》规定,应收款项减值采用直接转销法;企业会计准则规定,应收款项减值的核算应采用备抵法。企业的应收款项发生减值损失多为预期信用损失,通过"信用减值损失"账户核算。

1. 直接转销法

采用直接转销法时,日常核算中应收款项可能发生的坏账损失不予考虑,只有在实际发生坏账时,才作为坏账损失计入当期损益。其会计处理如下。

借:银行存款等　［实际收回金额］
　　营业外支出——坏账损失　［差额,即未收到款项］
　　贷:应收账款　［账面余额］

直接转销法的优点是核算简单,将坏账损失在实际发生时确认为损失,符合其偶发性特征和小企业经营管理的特点;其缺点是不符合权责发生制会计基础,也与资产定义相冲突。在这种方法下,只有坏账实际发生时,才将其确认为当期损益,导致资产和各期损益不实。另外,在资产负债表上,应收账款是按账面余额而不是按账面价值反映,这在一定程度上高估了期末应收款项。

【工作任务 2-25】 某小企业 2022 年发生的一笔 10 000 元应收账款,因债务人财务状况长期未能收回,于 2024 年年末经催收收回 1 500 元,其余款项确实无法收回确认为坏账。该小企业在 2024 年年末应作会计处理如下。

借:银行存款　　　　　　　　　　　　　　　　　　　　　　1 500
　　营业外支出——坏账损失　　　　　　　　　　　　　　　　8 500
　　贷:应收账款　　　　　　　　　　　　　　　　　　　　　　　　10 000

2. 备抵法

备抵法是指采用一定的方法按期估计坏账损失,计入当期损益,形成坏账准备,待坏账实际发生时,再冲销已计提的坏账准备和相应的应收款项。备抵法将预计不能收回的应收款项作为坏账损失入账,避免了虚盈实亏。同时,备抵法便于了解企业应收款项的可变现净值,以真实反映企业的财务状况。另外,预计不能收回的应收款项已不符合资产的定义,计提坏账准备可以防止企业虚增资产。

在备抵法下,企业应当设置"坏账准备""信用减值损失"(损益类)账户。"坏账准备"账户核算应收款项的坏账准备计提、转销等事项,贷方登记当期计提的坏账准备、收回已转销的应收账款而恢复的坏账准备,借方登记实际发生的坏账损失金额和冲减多提的坏账准备金额,期末余额一般在贷方,反映企业已计提但尚未转销的坏账准备。坏账准备的计算公式如下:

$$\begin{matrix}\text{当期实际提取的}\\\text{坏账准备}\end{matrix}=\begin{matrix}\text{当期按应收款项计算}\\\text{应提的坏账准备金额}\end{matrix}-(\text{或}+)\begin{matrix}\text{"坏账准备"账户的}\\\text{贷方(或借方)余额}\end{matrix}$$

【注意】 "坏账准备"账户属于资产类的备抵账户,增加记贷方,减少记借方,期末余额一般在贷方。

在会计实务中,企业按期估计坏账损失的方法主要有应收账款余额百分比法、账龄分析法、销货百分比法和个别认定法四种。我国会计制度规定,计提坏账准备的方法及提取比例等均由企业自行确定。如果采用应收账款余额百分比法,提取比例一般掌握在 3%～5%。坏账准备提取方法一经确定,不得随意变更。如需变更,除应报经批准及备案以外,还应在会计报表附注中予以说明。

(1) 计提坏账准备。企业计提坏账准备时,按照应收款项减记的金额,作如下会计处理。

借:信用减值损失——计提坏账准备

贷:坏账准备

冲减多计提的坏账准备时,作如下相反的会计处理。

借:坏账准备

贷:信用减值损失——计提坏账准备

【工作任务 2-26】 2022 年 12 月 31 日,南京公益食品公司应收丙公司的账款余额为 100 万元,确定的坏账准备提取比例为 10%,应计提坏账准备的金额为 10 万元。南京公益食品公司应作会计处理如下。

借:信用减值损失——计提坏账准备　　　　　　　　　　100 000

　　贷:坏账准备　　　　　　　　　　　　　　　　　　　　100 000

(2) 发生坏账。企业确实无法收回的应收款项,应按管理权限报经批准后,转销该应收款项账面余额,并按相同金额转销坏账准备。企业按实际发生的坏账损失作会计处理如下。

借:坏账准备

贷:应收账款/其他应收款等

【工作任务 2-27】 接工作任务 2-26 的资料,2023 年 6 月 30 日,南京公益食品公司应收丙公司的销货款实际发生坏账损失 3 万元,确认坏账损失时,作会计处理如下。

借:坏账准备　　　　　　　　　　　　　　　　　　　　30 000

　　贷:应收账款　　　　　　　　　　　　　　　　　　　　30 000

【工作任务 2-28】 接工作任务 2-26 和工作任务 2-27 的资料,假定南京公益食品公司 2023 年 12 月 31 日应收丙公司的账款余额为 120 万元,年末应作会计处理如下。

"坏账准备"账户应保持的余额＝120×10%＝12(万元)

"坏账准备"账户的实际余额＝10－3＝7(万元)

2023 年末应计提的坏账准备金额＝12－7＝5(万元)

借:信用减值损失——计提坏账准备　　　　　　　　　　50 000

　　贷:坏账准备　　　　　　　　　　　　　　　　　　　　50 000

(3) 以前确认的坏账当期又收回。企业以前已作为坏账损失冲销的应收款项在当期又收回的,应当先恢复应收款项,按照实际收到的金额增加坏账准备的账面余额,即先冲减之前确认的坏账,再作收款处理,其会计处理如下。

第一笔会计分录,冲减之前确认的坏账。

借:应收账款/其他应收款等

贷:坏账准备

第二笔会计分录,收到客户支付的款项。

借:银行存款

贷:应收账款/其他应收款等

【工作任务 2-29】 接工作任务 2-26 至工作任务 2-28 的资料,2024 年 1 月 30 日,南京公益食品公司收回已转销的丙公司的坏账 2 万元,则应作会计处理如下。

借:应收账款　　　　　　　　　　　　　　　　　　　　20 000

　　贷:坏账准备　　　　　　　　　　　　　　　　　　　　20 000

借:银行存款　　　　　　　　　　　　　　　　　　　　20 000

　　贷:应收账款　　　　　　　　　　　　　　　　　　　　20 000

【自主探究】结合上述工作任务 2-26 至工作任务 2-29 的资料,到 2024 年 1 月 30 日为止,南京公益食品公司"坏账准备"账户有多少余额?

【初级同步 2-3】(单选题)某企业年初"坏账准备"账户的贷方余额为 20 万元,本年收回上年已确认为坏账的应收账款 5 万元,经评估确定"坏账准备"账户年末贷方余额应为 30 万元。不考虑其他因素,该企业年末应计提的坏账准备为( )万元。

A. 5   B. 10   C. 15   D. 30

坏账准备不会影响"应收账款"账面余额,但会影响"应收账款"的账面价值。坏账准备对应收账款账面价值的影响,详见表 2-3。

表 2-3 坏账准备对应收账款账面价值的影响

情 形	会计处理	对应收账款账面价值影响
(1)计提	借:信用减值损失 贷:坏账准备	贷方记坏账准备,坏账准备增加,应收账款的账面价值减少
(2)冲减多计提的坏账准备	借:坏账准备 贷:信用减值损失	借方登记坏账准备,坏账准备减少,应收账款的账面价值增加
(3)实际发生坏账损失	借:坏账准备 贷:应收账款	坏账准备与应收账款同时减少,不影响应收账款的账面价值
(4)前期已确认的坏账损失本期又重新收回	借:应收账款 贷:坏账准备 借:银行存款 贷:应收账款	第一笔分录借、贷方同时影响应收账款的账面价值,相互抵销后不影响应收账款账面价值;第二笔分录贷方记应收账款,使应收账款的账面价值减少

应收账款账面价值的计算方式如下:

应收账款账面价值＝应收账款账面余额－相应的坏账准备余额

【初级同步 2-4】(多选题)下列各项中,引起应收账款账面价值发生增减变化的有( )。

A. 计提应收账款坏账准备   B. 结转已到期未兑现的商业承兑汇票

C. 收回应收账款   D. 收回已作为坏账转销的应收账款

备抵法核算信用减值损失的优点有:符合权责发生制和会计谨慎性要求,在资产负债表中列示应收款项的净额,使用者能了解企业应收款项预期可收回的金额和谨慎的财务状况;在利润表中作为营业利润项目列示,有利于落实企业管理者的经管责任,有利于企业外部利益相关者如实评价企业的经营业绩,作出谨慎决策;缺点有:预期信用损失的估计需要考虑的因素众多,且带有一定主观性,对会计职业判断的要求较高,可能导致预期信用损失的确定不够准确、客观。

 做中学

一、单选题

1. 企业将持有的不带息商业汇票向银行申请贴现,支付给银行的贴现利息应记入的会计账户是( )。

A. 财务费用   B. 管理费用   C. 投资收益   D. 营业外支出

2. 下列各项中,会影响"其他应收款"账户金额的是( )。

A. 应付租入包装物的租金   B. 销售商品时应收取的包装物租金

C. 应付短期租入固定资产的租金   D. 无力支付到期的银行承兑汇票

3. 2024年年初,某企业"坏账准备"账户贷方余额为10万元,当期实际发生坏账损失为5万元。经减值测试,2024年年末"坏账准备"账户贷方余额为16万元。不考虑其他因素,2024年年末该企业应计提坏账准备为( )万元。

A. 11　　　　　　　　B. 6　　　　　　　　C. 16　　　　　　　　D. 1

二、多选题

1. 下列各项中,应记入"应收票据"账户借方的有( )。

A. 销售商品收到银行汇票
B. 销售原材料收到商业承兑汇票
C. 提供服务收到银行承兑汇票
D. 销售原材料收到转账支票

2. 下列各项中,企业应通过"其他应收款"账户核算的有( )。

A. 应向客户收取的出租包装物租金

B. 应向客户收取的赊销商品价款

C. 应向保险公司收取的财产意外损失赔款

D. 应向职工收取代垫的水电费

三、判断题

1. 企业为职工垫付的水电费应通过"其他应收款"账户核算。 （ ）

2. 预期信用损失,是指以发生违约的风险为权重的金融工具信用损失的算术平均值。 （ ）

3. 考虑到应收款项的流动性特征,实务中通常按照应收款项的账面余额和预计可收回金额的差额确定预计信用减值损失。 （ ）

4. 备抵法下,转销无法收回的应收账款,应冲减坏账准备和应收账款。 （ ）

5. 《小企业会计准则》规定,应收款项减值采用直接转销法。 （ ） 文档:任务三拓展训练

任务四 存 货

一、存货概述

存货是指企业在日常活动中持有以备出售的产品或商品、处在生产过程中的在产品、在生产过程或提供劳务过程中储备的材料或物料等。

（一）存货的特点

与其他资产相比,存货具有以下特点。

1. 企业持有存货的最终目的是销售

存货包括可供直接销售的商品和需要经过进一步加工后销售的原材料、在产品等,以及在生产经营管理过程中使用的包装物和低值易耗品等。存货的这一特征,使其与固定资产、工程物资等相区别。一项资产是否属于存货,取决于该项资产在生产经营过程中的用途或所起的作用。例如,机器设备对于销售企业来说是存货,对于使用该设备的企业来说是固定资产。

2. 存货是具有物质实体的有形资产

存货不同于金融资产、无形资产等没有实物形态的资产,它具有实物形态。

3. 存货是流动资产中流动性较慢的一项重要资产

存货通常在一年或一个营业周期内被耗用或者销售,因此存货经常处于不断销售、重置、

耗用之中。存货质量高低、周转快慢直接影响甚至决定企业的盈利能力、偿债能力和资金周转效率乃至企业经营的成败。在流动资产管理上，人们习惯将减去存货后的流动资产作为速动资产进行管理。

4. 存货具有管理难度大和发生潜在损失的可能性

存货品种繁多、品质各异、存放方式和地点多样、时效性强、占用资金多、管理难度大，长期不销售或耗用的存货，有可能变为积压物资或需降价销售，给企业造成损失。积极做好企业会计与管理的协调与配合，加强企业存货的核算和监督管理具有十分重要的作用和意义。

（二）存货的确认

存货必须在符合定义的前提下，同时具备以下两个条件，才能予以确认，并在资产负债表中反映。

1. 该存货包含的经济利益很可能流入企业

资产最重要的特征是预期能够给企业带来经济利益，判断是否属于存货关键是看该资产能否给企业带来经济利益或所包含的经济利益是否能够流入企业。通常，存货的所有权是存货包含的经济利益很可能流入企业的一个重要标志。凡是所有权属于企业，无论企业是否收到或持有该存货项目，均应作为企业的存货；相反，如果没有取得所有权，即使存放在企业，也不能作为本企业的存货。

2. 该存货的成本能够可靠计量

成本能够可靠计量是资产确认的一项基本条件。存货作为企业资产的组成部分，要予以确认，也必须能够对其成本进行可靠计量。存货的成本能够可靠计量必须以取得确凿、可靠的证据为依据，并且该证据具有可检验性，否则不能确认为存货。

（三）存货的种类

存货的种类很多，在不同的企业中，对各种存货的管理要求也不尽相同。制造业和商品流通企业按照存货性质、经济用途的不同，将存货分为以下几种。

1. 原材料

原材料是指企业在生产过程中经过加工改变其形态或性质并构成产品主要实体的各种原料，以及主要材料、辅助材料、外购半成品（外购件）、修理用备件（备品备件）、包装材料、燃料等。

2. 在产品

在产品是指企业正在制造尚未完工的生产物，包括正在各个生产工序加工的产品和已加工完毕但尚未检验或已检验但尚未办理入库手续的产品。

3. 半成品

半成品是指经过一定生产过程并已检验合格交付半成品仓库保管，但尚未制造完工，仍需进一步加工的中间产品。

4. 产成品

产成品是指企业已经完成全部生产过程并已验收入库，可以按照合同规定的条件送交订货单位，或者可以作为商品对外销售的产品。企业接受来料加工制造的代制品和为外单位加工修理的代修品，制造和修理完成验收入库后，应将其视同为企业的产成品。

5. 商品

商品是指商品流通企业外购或委托加工完成，经验收入库，并用于销售的各种商品。

6. 周转材料

周转材料是指企业能够多次使用、逐渐转移其价值但仍保持原有形态，并不符合固定资产定义的材料,包括包装物和低值易耗品。包装物是指为了包装本企业的商品而储备的各种包装容器,如桶、箱、瓶、坛、袋等。低值易耗品是指单位价值较低、不能作为固定资产核算的各种用具物品,如各种工具、管理用具、玻璃器皿、劳动保护用品,以及在经营过程中周转使用的容器等。

7. 委托代销商品

委托代销商品是指企业委托其他单位代销的商品。

二、存货的初始计量

按照我国《企业会计准则第1号——存货》规定,存货应当按照成本进行初始计量。存货成本包括采购成本、加工成本和其他成本以及自制存货成本等。

（一）存货的采购成本

企业的外购存货主要包括原材料和商品。存货的采购成本包括购买价款、相关税费、运输费、装卸费、保险费,以及其他可归属于存货采购成本的费用。

1. 存货的购买价款

存货的购买价款是指在企业购入的材料或商品的发票账单上列明的价款,但不包括按照规定可以抵扣的增值税进项税额。

2. 存货的相关税费

存货的相关税费是指企业购买存货发生的关税、消费税、资源税和不能抵扣的增值税进项税额,以及相应的教育费附加等应计入存货采购成本的税费。

3. 其他可归属于存货采购成本的费用

其他采购费用是指采购成本中除上述各项以外的可归属于存货采购的费用,如在存货采购过程中发生的仓储费、包装费、运输途中的合理损耗、入库前的挑选整理费(包括挑选整理中发生的工、费支出和挑选整理过程中所发生的数量损耗,并扣除回收的下脚废料价值)等。运输途中的合理损耗是指商品在运输过程中,因商品性质、自然条件及技术设备等因素,所发生的自然的、不可避免的损耗。例如,汽车在运输煤炭、化肥等的过程中自然散落以及易挥发产品在运输过程中的自然挥发等。

【注意】①如果是小规模纳税人,采购存货产生的增值税进项税额不得抵扣,需要计入存货采购成本;②存货运输途中的合理损耗,不影响存货总成本,但实际验收入库的存货数量减少,会使存货单位成本提高;③为取得存货发生的差旅费不构成外购存货成本,应计入管理费用。

【初级同步 2-5】(根据 2022 年单选题改编)某企业为增值税一般纳税人,2022 年 9 月购入一批原材料,增值税专用发票上注明的价款为 50 万元。增值税税额为 6.5 万元,款项已经支付。另以银行存款支付装卸费 0.3 万元(不考虑增值税)、入库时发生挑选整理费 0.2 万元、运输途中发生合理损耗 0.1 万元。不考虑其他因素,该批原材料的入账成本为(　　)万元。

A. 50　　　　　　B. 57　　　　　　C. 50.1　　　　　　D. 50.5

（二）存货的加工成本

存货的加工成本是指存货在加工过程中发生的追加费用,包括直接人工及分配的制造费用。企业委托外单位加工完成的存货,其成本包括实际耗用的原材料或者半成品、加工费、装卸费、保险费、委托加工的往返运输费等费用,以及按规定应计入存货成本的税费。

（三）存货的其他成本

存货的其他成本是指除采购成本、加工成本以外的,使存货达到目前场所和状态所发生的其他支出。例如,为特定客户设计产品所发生的、可直接认定的产品设计费用应计入存货的成本,但是企业设计产品发生的设计费用通常应计入当期损益。

(四)自制存货的成本

企业自制存货包括自制原材料、自制包装物、自制低值易耗品、自制半成品及库存商品等,其成本包括直接材料、直接人工和制造费用等的各项实际支出。

下列费用不应计入存货成本,而应在其发生时计入当期损益。

一是非正常消耗的直接材料、直接人工和制造费用。非正常消耗的直接材料、直接人工和制造费用应在发生时计入当期损益,不应计入存货成本。例如,由于自然灾害而发生的直接材料、直接人工和制造费用,无助于使该存货达到目前场所和状态,不应计入存货成本,而应确认为当期损益。

二是仓储费用。企业在存货采购入库后发生的储存费用,应在发生时计入当期损益。但是,在生产过程中为达到下一个生产阶段所必需的仓储费用应计入存货成本。例如,某种酒类产品生产企业为使生产的酒达到产品质量标准而必须发生的仓储费用,应计入酒的成本,而不应计入当期损益。

三是其他支出。不能归属于使存货达到目前场所和状态的其他支出,应在发生时计入当期损益,不得计入存货成本。

三、发出存货的计价方法

企业发出存货的计价方法直接影响发出存货成本、结存存货成本和经营成果的计算结果,选择并采用合理科学的计价方法是合理准确计算成本和经营成果的基础。对于性质和用途相同的存货,应当采用相同的成本计价方法确定发出存货的成本。

微课:存货发出计价的导入

实务中,企业发出的存货可以按实际成本核算,也可以按计划成本核算。如采用计划成本核算,会计期末应调整为实际成本。按现行会计准则规定,在实际成本核算方式下,主要有以下几种计价方法,企业可以根据实际情况选用。计价方法一经选用,不得随意变更。

微课:存货发出的计价方法

(一)个别计价法

个别计价法是按照各种存货,逐一辨认各批发出存货和期末存货所属的购进批别或生产批别,分别按其购入或生产时所确定的单位成本计算各批发出存货和期末存货成本的方法。在这种方法下,必须能够对发出和结存存货的批次进行具体辨认,以确认其所属的采购批次。

【工作任务2-30】2024年1月初,南京公益食品公司有A材料1 000件,单价1元,1月发生的A材料收发货如表2-4所示。

表2-4 南京公益食品公司A材料收发存一览表

2024年		摘要	收 入			发 出			结 存		
月	日		数量/件	单价/(元/件)	金额/元	数量/件	单价/(元/件)	金额/元	数量/件	单价/(元/件)	金额/元
1	1	期初							1 000	1.00	1 000
1	7	购入	5 000	1.06	5 300				6 000		

2024年		摘要	收　入			发　出			结　存		
月	日		数量/件	单价/(元/件)	金额/元	数量/件	单价/(元/件)	金额/元	数量/件	单价/(元/件)	金额/元
1	11	领用				4 000			2 000		
1	16	购入	6 000	1.25	7 500				8 000		
1	21	领用				7 000			1 000		
1	23	购入	4 000	1.50	6 000				5 000		
1	27	领用				2 000			3 000		

经过具体辨认,本期发出存货的单位成本如下:①1月11日领用的4 000件,全部是1月7日购进的存货;②1月21日领用的7 000件,其中有1 000件是1月7日购进的存货,有6 000件是1月16日购进的存货;③1月27日领用的2 000件,有1 000件是期初库存,有1 000件是1月23日购进的存货。

采用个别计价法计算南京公益食品公司2024年1月A材料收入、发出和结存的情况如表2-5所示。

表2-5　A材料明细分类账(个别计价法)

2024年		摘要	收　入			发　出			结　存		
月	日		数量/件	单价/(元/件)	金额/元	数量/件	单价/(元/件)	金额/元	数量/件	单价/(元/件)	金额/元
1	1	期初							1 000	1.00	1 000
1	7	购入	5 000	1.06	5 300				1 000 5 000	1.00 1.06	1 000 5 300
1	11	领用				4 000	1.06	4 240	1 000 1 000	1.00 1.06	1 000 1 060
1	16	购入	6 000	1.25	7 500				1 000 1 000 6 000	1.00 1.06 1.25	1 000 1 060 7 500
1	21	领用				1 000 6 000	1.06 1.25	1 060 7 500	1 000	1.00	1 000
1	23	购入	4 000	1.50	6 000				1 000 4 000	1.00 1.50	1 000 6 000
1	27	领用				1 000 1 000	1.00 1.50	1 000 1 500	3 000	1.50	4 500
1	31	本月合计	15 000		18 800	13 000	—	15 300	3 000	1.50	4 500

个别计价法的成本计算准确,但在存货收发频繁的情况下,其发出成本分辨的工作量较大。因此,该方法一般适用于容易辨别、存货品种数量不多、单位成本较高的存货的计价,如珠宝、名画等贵重物品。

（二）先进先出法

先进先出法是指以先购入的存货应先发出（销售或耗用）这样一种存货实物流动假设为前提，对发出存货进行计价的一种方法。采用这种方法，先购入的存货成本在后购入存货成本之前转出，据此确定发出存货和期末存货的成本。具体方法是：收入存货时，逐笔登记收入存货的数量、单价和金额；发出存货时，按照先进先出的原则逐笔登记存货的发出成本和结存金额。

【工作任务 2-31】依据表 2-4 资料，采用先进先出法，计算南京公益食品公司 2024 年 1 月发出和结存 A 材料的实际成本。

从表 2-4 可以看出存货成本的计价顺序，如 1 月 11 日发出的 4 000 件存货，按先进先出法的流转顺序，应先发出期初库存存货 1 000 元（1 000×1），然后发出 1 月 7 日购入的 3 000 件，即 3 180 元（3 000×1.06），其他以此类推，据此计算本月存货发出成本。

$$本月发出 A 材料的实际成本 = (1\ 000 \times 1 + 3\ 000 \times 1.06) + (2\ 000 \times 1.06 + 5\ 000 \times 1.25)$$
$$+ (1\ 000 \times 1.25 + 1\ 000 \times 1.50)$$
$$= 4\ 180 + 8\ 370 + 2\ 750 = 15\ 300（元）$$

月末结存 A 材料的实际成本 = 1 000 + 18 800 - 15 300 = 4 500（元）

或：

$$3\ 000 \times 1.50 = 4\ 500（元）$$

采用先进先出法计算南京公益食品公司 2024 年 1 月 A 材料收入、发出和结存的情况如表 2-6 所示。

表 2-6 A 材料明细分类账（先进先出法）

2024 年		摘要	收入			发出			结存		
月	日		数量/件	单价/（元/件）	金额/元	数量/件	单价/（元/件）	金额/元	数量/件	单价/（元/件）	金额/元
1	1	期初							1 000	1.00	1 000
1	7	购入	5 000	1.06	5 300				1 000 5 000	1.00 1.06	1 000 5 300
1	11	领用				1 000 3 000	1.00 1.06	1 000 3 180			
1	16	购入	6 000	1.25	7 500				2 000 6 000	1.06 1.25	2 120 7 500
1	21	领用				2 000 5 000	1.06 1.25	2 120 6 250	1 000	1.25	1 250
1	23	购入	4 000	1.50	6 000				1 000 4 000	1.25 1.50	1 250 6 000
1	27	领用				1 000 1 000	1.25 1.50	1 250 1 500	3 000	1.50	4 500
1	31	本月合计	15 000	—	18 800	13 000	—	15 300	3 000	1.50	4 500

先进先出法可以随时结转存货发出成本，但在存货收发业务较多，且存货单价不稳定时，计算工作量较大。采用先进先出法，期末存货成本比较接近现行市场价值，在物价持续上升时，发出存货按先入库较低的价格计价，会高估企业当期利润和库存存货价值；反之，会低估企业存货价值和当期利润。

（三）加权平均法

加权平均法又称月末一次加权平均法，是指以月初存货数量加本月进货存货数量作为权数，去除月初存货实际成本加本月购进存货实际成本，计算出存货的加权平均单位成本，以此为基础计算本月发出存货的实际成本和期末结存存货成本的一种方法。计算公式如下：

$$存货加权平均单位成本=\frac{月初结存存货实际成本+\sum\left(本月各批进货的实际单位成本\times本月各批进货的数量\right)}{月初结存存货数量+本月各批进货数量之和}$$

本月发出存货的成本＝发出存货的数量×加权平均单位成本

月末结存存货成本＝月末结存存货的数量×加权平均单位成本

或：

$$月末结存存货实际成本=月初结存存货实际成本+本月收入存货实际成本-本月发出存货实际成本$$

如果计算的加权平均单位成本不是整数，就要将小数点后数字四舍五入，为了保持账面数字之间的平衡关系，会计实务中采用倒挤成本的方法计算本月发出存货的成本，即

月末结存存货成本＝月末结存存货的数量×加权平均单位成本

本月发出存货成本＝月初结存存货成本＋本月收入存货成本－月末结存存货成本

【工作任务 2-32】依据表 2-4 资料，采用月末一次加权平均法计算南京公益食品公司 2024 年 1 月发出和结存 A 材料的实际成本，计算过程如下：

$$加权平均单位成本=[1\,000+(5\,000\times1.06+6\,000\times1.25+4\,000\times1.50)]\div(1\,000+15\,000)$$

$$=(1\,000+18\,800)\div(1\,000+15\,000)=1.237\,5(元)$$

本月发出 A 材料的实际成本＝13 000×1.237 5＝16 087.5（元）

月末结存 A 材料的实际成本＝3 000×1.237 5＝3 712.5（元）

或采用倒挤成本法：

本月发出材料的实际成本＝1 000＋18 800－3 712.5＝16 087.5（元）

采用月末一次加权平均法计算南京公益食品公司 2024 年 1 月 A 材料收入、发出和结存的情况如表 2-7 所示。

表 2-7　A 材料明细分类账（月末一次加权平均）

| 2024 年 | | 摘要 | 收　入 | | | 发　出 | | | 结　存 | | |
月	日		数量/件	单价/（元/件）	金额/元	数量/件	单价/（元/件）	金额/元	数量/件	单价/（元/件）	金额/元
1	1	期初							1 000	1.00	1 000
1	7	购入	5 000	1.06	5 300				6 000		
1	11	领用				4 000			2 000		
1	16	购入	6 000	1.25	7 500				8 000		
1	21	领用				7 000			1 000		
1	23	购入	4 000	1.50	6 000				5 000		
1	27	领用				2 000			3 000		
1	31	本月合计	15 000	—	18 800	13 000	1.237 5	16 087.5	3 000	1.237 5	3 712.5

由表 2-7 可以看出,采用月末一次加权平均法时,A 材料的平均单位成本从月初的 1 元变成了期末的 1.237 5 元;并且得出的本期发出存货成本和期末结存存货成本分别为 16 087.5 元和 3 712.5 元。

采用加权平均法,只在月末一次计算加权平均单位成本,比较简单,而且在市场价格上涨或下跌时所计算出来的单位成本平均化,对存货成本的分摊较为折中。但是,这种方法平时无法从账上计算发出和结存存货的单价和金额,不便于存货成本的日常管理与控制。因此,这种方法适用于存货品种较少而且收发比较频繁的企业。

【初级同步 2-6】(单选题)某企业采用月末一次加权平均法核算发出材料成本。2017 年 6 月 1 日,该企业结存乙材料 200 件,单位成本为 35 元;6 月 10 日购入乙材料 400 件,单位成本为 40 元;6 月 20 日购入乙材料 400 件,单位成本为 45 元。当月发出乙材料 600 件,不考虑其他因素,该企业 6 月发出乙材料的成本为(　　)元。

A. 24 600　　　　　B. 25 000　　　　　C. 26 000　　　　　D. 23 000

(四)移动加权平均法

移动加权平均法是指以每次进货的成本加上原有结存存货成本的合计额,除以每次进货数量加上原有结存存货的数量的合计数,据以计算加权平均单位成本,作为在下次进货前计算各次发出存货成本依据的一种方法。其计算公式如下:

$$移动加权平均单位成本 = \frac{原有结存存货实际成本 + 本次进货的实际成本}{原有结存存货数量 + 本次进货数量}$$

本次发出存货成本 = 本次发出存货数量 × 本次发货前存货的单位成本

本月月末结存存货成本 = 月末结存存货的数量 × 本月月末存货单位成本

或:

$$本月月末结存存货成本 = 月初结存存货成本 + 本月收入存货成本 - 本月发出存货成本$$

与月末一次加权平均法类似,采用移动加权平均法也应考虑计算加权平均单位成本带有小数的情况,因此也应采用倒挤法,将尾差计入发出存货成本。

【工作任务 2-33】依据表 2-4 资料,采用移动加权平均法计算南京公益食品公司 2024 年 1 月发出和结存 A 材料的实际成本,计算过程如下:

1 月 7 日入库材料后平均单位成本 =(1 000+5 300)÷(1 000+5 000)=1.05(元)

1 月 11 日发出存货成本 = 4 000×1.05 = 4 200(元)

1 月 11 日结存存货成本 = 2 000×1.05 = 2 100(元)

1 月 16 日入库后平均单位成本 =(2 100+7 500)÷(2 000+6 000)=1.20(元)

1 月 21 日发出存货成本 = 7 000×1.20 = 8 400(元)

1 月 21 日结存存货成本 = 1 000×1.20 = 1 200(元)

1 月 23 日入库后平均单位成本 =(1 200+6 000)÷(1 000+4 000)=1.44(元)

1 月 27 日发出存货成本 = 2 000×1.44 = 2 880(元)

1 月 27 日结存存货成本 = 3 000×1.44 = 4 320(元)

采用移动加权平均法计算南京公益食品公司 2024 年 1 月 A 材料收入、发出和结存的情况如表 2-8 所示。

表 2-8　A 材料明细分类账(移动加权平均法)

2024 年		摘要	收　入			发　出			结　存		
月	日		数量/件	单价/(元/件)	金额/元	数量/件	单价/(元/件)	金额/元	数量/件	单价/(元/件)	金额/元
1	1	期初							1 000	1.00	1 000
1	7	购入	5 000	1.06	5 300				6 000	1.05	6 300
1	11	领用				4 000	1.05	4 200	2 000	1.05	2 100
1	16	购入	6 000	1.25	7 500				8 000	1.20	9 600
1	21	领用				7 000	1.20	8 400	1 000	1.20	1 200
1	23	购入	4 000	1.50	6 000				5 000	1.44	7 200
1	27	领用				2 000	1.44	2 880	3 000	1.44	4 320
1	31	本月合计	15 000	—	18 800	13 000	—	15 480	3 000	1.44	4 320

由表 2-8 可以看出,采用移动加权平均法时,A 材料的平均单位成本从月初的 1 元变成了期中的 1.05 元、1.2 元,再到期末的 1.44 元;并且得出的本期发出存货成本和期末结存存货成本分别为 15 480 元和 4 320 元。

采用移动加权平均法能够使企业管理层及时了解存货的结存情况,计算的平均单位成本及发出和结存的存货成本比较客观。但由于每次收货都要计算一次平均单位成本,计算工作量较大,对收发货较频繁的企业不太适用。

从工作任务 2-30 至工作任务 2-33 的计算结果可以发现,采用不同发出存货的计价方法计算结果各不相同。个别计价法、先进先出法、月末一次加权平均法和移动加权平均法依次计算的发出存货成本分别为 15 300 元、15 300 元、16 087.5 元和 15 480 元。其中,受存货实际单价波动影响,月末一次加权平均法计算的发出存货成本最高,为 16 087.5 元,而个别计价法、先进先出法计算的发出存货成本为 15 300 元,最高和最低相差 787.5 元。不同存货计价方法的经济后果存在差异,这对准确评价企业盈利能力产生一定影响。企业应在国家统一会计制度规定范围内尽可能选择发出存货成本偏高的计价方法,以使企业利益相关者特别是股东作出谨慎的经济决策。

按照《小企业会计准则》规定,小企业应当采用先进先出法、月末一次加权平均法或者个别计价法确定发出存货的实际成本。

四、原材料

原材料的日常收入、发出及结存可以采用实际成本核算,也可以采用计划成本核算。采用实际成本核算,对于材料的收入、发出及结存,无论总分类核算还是明细分类核算,均按照实际成本计价,不存在成本差异的计算与结转等问题;但日常不能直接反映材料成本的节约或超支情况,不便于对材料及时实施监督管理,不便于反映和考核材料物资采购、储存及其耗用等业务对经营成果的影响。因此,这种方法通常适用于材料收发业务较少、监督管理要求不高的企业。在会计实务工作中,对于材料收发业务较多,监督管理复杂且要求较高,计划成本资料较为健全、准确的企业,一般可以采用计划成本进行材料收入、发出的核算。

（一）采用实际成本法核算

1. 账户设置

企业采用实际成本核算，应设置"原材料""在途物资""应付账款"等会计账户。

微课：实际成本法

（1）"原材料"账户。该账户核算企业库存各种材料的收入、发出与结存情况，借方登记入库材料的实际成本，贷方登记发出材料的实际成本，期末余额在借方，反映企业库存材料的实际成本。"原材料"账户应按照材料的保管地点（仓库）、材料的类别、品种和规格等设置明细账户进行明细核算。

（2）"在途物资"账户。该账户核算企业已购进但尚未到达或已到达但尚未验收入库的各种材料物资的实际成本。该账户借方登记企业购入的在途物资的实际成本，贷方登记验收入库的在途物资的实际成本，期末余额在借方，反映企业在途物资的采购成本。"在途物资"账户应按照供应单位和物资品种设置明细账户进行明细核算。

2. 原材料购进的核算

外购材料时，因采购地点和结算方式不同，材料验收入库和款项支付的时间也往往不一致，在实际工作中包括以下几种情况。

（1）单料同到。企业已根据结算凭证、发票账单、收料单等凭证支付了货款和运输费或者开出并承兑商业汇票，材料已验收入库，借记"原材料"账户，根据取得的增值税专用发票上注明的增值税进项税额（准予抵扣的），借记"应交税费——应交增值税（进项税额）"账户，根据实际支付的款项，贷记"银行存款""其他货币资金""应付票据"等账户。

【工作任务2-34】2024年1月6日，南京公益食品公司购入C材料一批，增值税专用发票上注明的价款为500 000元，增值税税额为65 000元，全部款项已用转账支票付讫，材料已验收入库。南京公益食品公司对C材料采用实际成本进行材料日常核算，则应作会计处理如下。

借：原材料——C材料　　　　　　　　　　　　　　　　　500 000

　　应交税费——应交增值税（进项税额）　　　　　　　　　65 000

　　贷：银行存款　　　　　　　　　　　　　　　　　　　　565 000

（2）单先到，料后到。企业收到结算凭证，货款已经支付或已开出、承兑商业汇票，但材料尚未到达或尚未验收入库。当企业从外地采购货物时，路途遥远、运输条件等原因会造成企业已经收到购货发票，货款已经支付，但货物尚在运输途中的情况。这种货物需要通过"在途物资"账户核算。企业在支付货款时，按发票账单等结算凭证确定的存货成本（实际成本）确认在途物资，作会计处理如下。

借：在途物资

　　应交税费——应交增值税（进项税额）

　　贷：银行存款

当存货到达企业并验收入库后，再根据收料单等验货凭证，作如下会计处理。

借：原材料

　　贷：在途物资

【工作任务2-35】南京公益食品公司对C材料采用实际成本进行材料日常核算。2024年1月10日，用汇兑结算方式购入一批C材料，发票及账单已收到，增值税专用发票上注明的价款为50 000元，增值税税额为6 500元，材料尚未到达。1月15日，收到C材料，并验收入库。

应作会计处理如下。

1 月 10 日,采购材料,材料尚未到达。

借:在途物资——C 材料　　　　　　　　　　　　　　　　　　50 000

　应交税费——应交增值税(进项税额)　　　　　　　　　　　6 500

　贷:银行存款　　　　　　　　　　　　　　　　　　　　　56 500

1 月 15 日收到材料,并验收入库。

借:原材料——C 材料　　　　　　　　　　　　　　　　　　50 000

　贷:在途物资　　　　　　　　　　　　　　　　　　　　　50 000

(3) 料先到,单后到。材料已到达并验收入库,但发票账单等结算凭证未到,货款尚未支付的采购业务,企业无法准确计算材料实际成本,可以暂不做账务处理,待发票等结算凭证到达后再处理。

但如果企业在先收到材料验收入库后,月末结算凭证仍没有收到,为了反映企业存货及负债的情况,应按材料的暂估价值,借记“原材料”账户,贷记“应付账款——暂估应付账款”账户;下月初用红字冲销原暂估入账金额,待收到结算凭证后再按单货到的情况进行会计处理。

【工作任务 2-36】2024 年 1 月 13 日,南京公益食品公司用托收承付结算方式从丁公司购入一批 D 材料,数量为 1 000 件,已验收入库,但发票等相关单据尚未收到,无法确定材料实际成本,货款也未付。D 材料日常核算采用实际成本法。1 月 30 日,发票账单仍未收到,按暂估价 35 000 元入账。南京公益食品公司应作会计处理如下。

① 月末,按材料暂估价值入账。

借:原材料——D 材料　　　　　　　　　　　　　　　　　　35 000

　贷:应付账款——暂估应付账款　　　　　　　　　　　　　35 000

② 下月初,用红字冲销原暂估价。

借:原材料——D 材料　　　　　　　　　　　　　　　　　　35 000

　贷:应付账款——暂估应付账款　　　　　　　　　　　　　35 000

③ 若 2 月 3 日收到发票等相关单据,发票注明的该批材料的买价为 36 000 元,增值税为 4 680 元,则应作会计处理如下。

借:原材料——D 材料　　　　　　　　　　　　　　　　　　36 000

　应交税费——应交增值税(进项税额)　　　　　　　　　　4 680

　贷:应付账款——丁公司　　　　　　　　　　　　　　　　40 680

【学中做 2-4】甲公司购入 K 材料,合同价格为 50 000 元。2024 年 1 月 9 日材料已验收入库,到月末时,发票尚未收到。2 月 5 日,企业收到发票,增值税专用发票上记载的货款为 49 000 元,增值税税额为 6 370 元;对方代垫运费 2 000 元,增值税税额 180 元,货款已付讫。请编制甲公司的会计分录。

(4) 采用预付款方式采购材料。企业采用预付货款购入材料的,可按合同规定在采购时预付一部分货款,待材料收到后再进行结算,多退少补。采用预付款方式采购材料的会计处理如下。

预付货款。

借:预付账款

　贷:银行存款

收到货物并验收入库。

借:原材料

应交税费——应交增值税(进项税额)

贷:预付账款

若之前预付的货款不足而补付货款。

借:预付账款

贷:银行存款

若之前预付的货款多而收到退回货款。

借:银行存款

贷:预付账款

【工作任务 2-37】2024 年 1 月 10 日,南京公益食品公司按照合同向丙厂预付 E 材料部分款项 300 000 元。1 月 20 日,南京公益食品公司收到发票账单,列明 E 材料价款为 600 000 元,增值税为 78 000 元。余款已经支付,E 材料已验收入库,发票已经税务机关认证。南京公益食品公司应作会计处理如下。

① 1 月 10 日,按照合同预付货款,收到付款凭证。

借:预付账款——丙厂   300 000

贷:银行存款   300 000

② 1 月 20 日,根据发票账单、入库单等凭证验收入库。

借:原材料——E 材料   600 000

应交税费——应交增值税(进项税额) 78 000

贷:预付账款——丙厂   678 000

③ 根据补付货款的付款凭证,补付货款。

借:预付账款——丙厂   378 000

贷:银行存款   378 000

(5) 外购材料发生短缺。企业在外购材料过程中,如果发生了材料短缺、毁损等情况,除按实际数量入账外,还应按照溢缺原因分别进行会计处理。

商品自身物理性能、化学性质等原因导致的数量减少,即使采取防范措施也不能完全杜绝,这些损耗只要在合理范围内,其合理损耗的金额就不得从原材料采购总成本中扣除,不用作会计处理。但由于入库数量减少,相应地也提高了入库材料的单位成本。

除此之外,其他原因的材料溢缺,在查明原因前,一般先记入“待处理财产损溢——待处理流动资产损溢”账户。查明原因后,分情况进行账务处理。

① 供货单位少发货。属于供货单位少发的,应要求补发货物或冲减采购。补发货物的,在收到货物时借记“原材料”账户,贷记“待处理财产损溢”账户;冲减采购的,编制红字采购分录,借记“在途物资”账户,贷记“待处理财产损溢”账户。

② 非正常损失。由于运输单位或个人在搬运、装卸过程中损坏货物,或因管理不善丢失,应按短缺货物的实际成本和应负担的进项税,由运输单位或过失人赔偿,记入“其他应收款”等账户,不能弥补的部分作为期间费用计入“管理费用”账户。按税法规定,这种非正常损失的进项税额不允许抵扣,所以短缺货物的进项税要转出,贷记“应交税费——应交增值税(进项税额转出)”账户。

③ 遭受自然灾害发生损失。凡是由不可预见的暴雨、台风、泥石流、地震等不可抗力因素

造成的货物短缺损失,将损失货物的成本扣除保险公司赔偿后,记入"营业外支出"账户。由于损失是不可抗力因素导致的,短缺货物进项税可正常抵扣。

【工作任务 2-38】2024 年 1 月 8 日,南京公益食品公司从丙厂购进 40 千克 E 材料,2024 年 1 月 10 日,取得的增值税专用发票上注明价款为 20 000 元,增值税税额为 2 600 元,货款已转账支付。2024 年 1 月 15 日,货到并验收入库时发现少 3 千克。假设该类原材料的定额损耗率为 10%,编制南京公益食品公司材料采购会计分录如下。

① 1 月 10 日,付款。

借:在途物资——E 材料　　　　　　　　　　　　　　　　　　20 000

　　应交税费——应交增值税(进项税额)　　　　　　　　　　　2 600

　　贷:银行存款　　　　　　　　　　　　　　　　　　　　　　　22 600

② 1 月 15 日,材料到货,按定额损耗率计算,3 千克短缺属于合理损耗。

借:原材料——E 材料　　　　　　　　　　　　　　　　　　　20 000

　　贷:在途物资——E 材料　　　　　　　　　　　　　　　　　20 000

入库材料总成本为 20 000 元,单位成本为 20 000÷37＝540.54(元/千克)。

【工作任务 2-39】接工作任务 2-38 的资料,如上述 3 千克短缺材料不属于合理损耗,并且短缺原因不明,则 1 月 15 日材料验收入库时,先将短缺材料的金额计入"待处理财产损溢"账户。

借:原材料——E 材料　　　　　　　　　　　　　　　　　　　18 500

　　待处理财产损溢——待处理流动资产损溢　　　　　　　　　1 500

　　贷:在途物资——E 材料　　　　　　　　　　　　　　　　　20 000

① 如果材料短缺是丙厂少发货造成的,对方同意补发货,1 月 20 日收到补发的 3 千克 E 材料,并验收入库。

借:原材料——E 材料　　　　　　　　　　　　　　　　　　　1 500

　　贷:待处理财产损溢——待处理流动资产损溢　　　　　　　　1 500

② 如果材料短缺是供货方少发货造成的,联系丙厂,对方同意退款,1 月 15 日,收到供货方开来的红字增值税发票,同时收到退货款。

借:在途物资——E 材料　　　　　　　　　　　　　　　　　　1 500

　　应交税费——应交增值税(进项税额)　　　　　　　　　　　195

　　贷:银行存款　　　　　　　　　　　　　　　　　　　　　　　1 695

同时,

借:待处理财产损溢——待处理流动资产损溢　　　　　　　　　1 500

　　贷:在途物资——E 材料　　　　　　　　　　　　　　　　　1 500

③ 若材料短缺是运输部门失职造成的,运输部门负责赔偿。

借:其他应收款——某运输公司　　　　　　　　　　　　　　　1 695

　　贷:待处理财产损溢——待处理流动资产损溢　　　　　　　　1 500

　　　应交税费——应交增值税(进项税额转出)　　　　　　　　195

④ 若材料短缺是南京公益食品公司为降低材料采购价格,要求供货方减少包装程序,致使运输途中包装损坏,导致材料损毁,所有损失由南京公益食品公司自己负责。

借:管理费用   1 695
  贷:待处理财产损溢——待处理流动资产损溢   1 500
    应交税费——应交增值税(进项税额转出)   195

3. 发出材料的核算

企业采用实际成本核算发出材料的成本,主要有以下几种情形。

(1) 生产、经营管理领用材料,企业按照领用材料的用途和实际成本,作会计处理如下。

借:生产成本/制造费用/销售费用/管理费用
  贷:原材料

(2) 出售材料结转成本,按出售材料的实际成本,作会计处理如下。

借:其他业务成本
  贷:原材料

(3) 发出委托外单位加工的材料,按发出材料的实际成本,作会计处理如下。

借:委托加工物资
  贷:原材料

企业各生产单位及有关部门领用的材料具有种类多、业务频繁等特点。为了简化核算,企业可以在月末根据"领料单"或"限额领料单"中有关领料的单位、部门等加以归类,编制"发出材料汇总表",据以编制记账凭证、登记入账。

【学中做 2-5】 甲公司库存材料采用实际成本法核算。该公司 2024 年 2 月 1 日结存 J 材料 3 000 千克,每千克实际成本为 10 元,2 月 5 日和 2 月 20 日分别购入该材料 9 000 千克和 6 000 千克,每千克实际成本分别为 11 元和 12 元,2 月 10 日和 2 月 25 日分别发出 J 材料 10 500 千克和 6 000 千克,全部用于生产车间生产产品。分别按先进先出法、月末一次加权平均法和移动加权平均法计算 J 材料发出成本和结存成本,并编制发出材料的会计分录。

(二) 采用计划成本法核算

1. 账户设置

采用计划成本核算材料,材料的收入、发出及结存,无论是总分类核算还是明细分类核算,均按照计划成本计价。材料实际成本与计划成本的差异,通过"材料成本差异"账户核算。月末,计算本月发出材料应负担的成本差异并进行分摊,根据领用材料的用途计入相关资产的成本或者当期损益,从而将发出材料的计划成本调整为实际成本。采用计划成本核算材料,企业应设置"原材料""材料采购""材料成本差异"等会计账户。

微课:计划成本法下取得原材料的核算

(1) "原材料"账户。该账户用于反映企业验收入库的各种材料的计划成本,其借方登记入库材料的计划成本,贷方登记发出材料的计划成本,期末余额在借方,反映企业库存材料的计划成本。

(2) "材料采购"账户。该账户用于总括反映企业购入各种材料的实际采购成本。其借方登记采购材料的实际成本,贷方登记入库材料的计划成本。实际成本大于计划成本形成超支差异,即本账户借方金额大于贷方金额,应从"材料采购"账户贷方转入"材料成本差异"账户的借方;实际成本小于计划成本形成节约差异,即本账户贷方金额大于借方金额表示节约,从"材料采购"账户借方转入"材料成本差异"账户的贷方。期末为借方余额,反映企业在途材料的实际采购成本。

(3) "材料成本差异"账户。该账户用于反映企业已入库的各种材料的实际成本与计划成本的差异,借方登记超支差异及发出材料应负担的节约差异,贷方登记节约差异及发出材料应负担的超支差异。期末如为借方余额,反映企业库存材料的实际成本大于计划成本的差异(超支差异);如为贷方余额,反映企业库存材料实际成本小于计划成本的差异(节约差异)。

小企业也可以在"原材料""周转材料"等账户下设置"成本差异"明细账户进行材料成本差异的核算。本节内容除非特别说明均以企业会计准则规定为准。

原材料按计划成本核算,设置的主要账户及对应关系如图 2-12 所示。

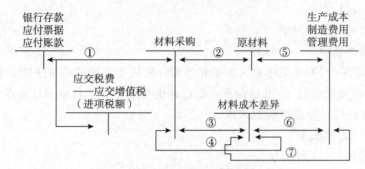

图 2-12 原材料按计划成本核算

注:①采购材料结算货款和增值税税额。②原材料按计划成本验收入库。③超支差异由"材料采购"账户贷方结转记入"材料成本差异"账户的借方。④节约差异由"材料采购"账户的借方结转记入"材料成本差异"账户的贷方。⑤按计划成本发出原材料。⑥结转发出原材料的超支差异,将生产成本等调整为实际成本。⑦结转发出原材料的节约差异,将生产成本等调整为实际成本。

2. 外购材料的核算

(1) 在计划成本核算下,企业外购材料,无论材料是否验收入库,都应根据发票、运单等凭证将外购材料先记入"材料采购"账户,以反映其实际成本。

借:材料采购　[实际成本]

　　应交税费——应交增值税(进项税额)

　　　贷:银行存款/应付账款等

(2) 在外购材料验收入库时,根据入库单(实收数量)及单位计划成本等,原材料按计划成本入库,并随时结转入库材料的材料成本差异。

借:原材料　[计划成本]

　　材料成本差异　[超支差异]

　　　贷:材料采购　[实际成本]

　　　　材料成本差异　[节约差异]

其中:　　　　　　　　材料成本差异=实际成本-计划成本

实际成本大于计划成本时,入库材料成本差异>0,则为超支差异,记在借方;

实际成本小于计划成本时,入库材料成本差异<0,则为节约差异,记在贷方。

【注意】"材料成本差异"账户结构,入库时可以用"超支为正,节约为负,借增贷减,出库相反"的口诀帮助记忆,即入库时超支差为正在借方,节约差为负在贷方,符合资产类账户借增贷减的记账规则。

【工作任务 2-40】2024 年 1 月 11 日,南京公益食品公司采用商业承兑汇票支付方式购入 L 材料一批,增值税专用发票上注明的价款为 300 万元,增值税税额为 39 万元,发票账单已收到,计划成本为 320 万元;1 月 19 日,收到材料,并验收入库。L 材料采用计划成本进行日常核算,南京公益食品公司应作会计处理如下。

1 月 11 日结算货款。

借:材料采购——L 材料　　　　　　　　　　　　　　　3 000 000

　　应交税费——应交增值税(进项税额)　　　　　　　390 000

　　贷:应付票据　　　　　　　　　　　　　　　　　　　3 390 000

1 月 19 日验收入库。

借:原材料——L 材料　　　　　　　　　　　　　　　　3 200 000

　　贷:材料采购——L 材料　　　　　　　　　　　　　　3 000 000

　　　　材料成本差异——L 材料　　　　　　　　　　　　200 000

(3) 在会计实务中,为了简化收入存货和结转存货成本差异的核算手续,"材料成本差异"的结转可在入库时逐笔结转,也可以在月末汇总时定期结转。其具体会计处理如下。

① 平时原材料按计划成本验收入库。

借:原材料　[计划成本]

　　贷:材料采购　[计划成本]

② 月末结转入库材料的材料成本差异。

入库材料为超支差异。

借:材料成本差异　[超支差]

　　贷:材料采购　[超支差]

月末材料成本差异结转后,"材料采购"账户贷方是计划成本与超支差异之和,即为材料的实际成本。入库材料为节约差异时,则编制相反的会计分录。

【工作任务 2-41】接工作任务 2-40 的资料,南京公益食品公司对 L 材料产生的入库差异在月末汇总时定期结转,则应作会计处理如下。

1 月 19 日验收入库。

借:原材料——L 材料　　　　　　　　　　　　　　　　3 200 000

　　贷:材料采购——L 材料　　　　　　　　　　　　　　3 200 000

1 月 31 日月末汇总定期结转材料差异。

借:材料采购——L 材料　　　　　　　　　　　　　　　200 000

　　贷:材料成本差异——L 材料　　　　　　　　　　　　200 000

月末结转材料成本差额后,"材料采购"账户的贷方调整为入库材料的实际成本 300 万元,与购入时借方的 300 万元相等,"材料采购"账户无余额。

【学中做 2-6】南京公益食品公司从丁公司购进 J 材料 100 件,2024 年 1 月 15 日,收到结算凭证,注明单价为 800 元/件,共计 80 000 元,增值税税额为 10 400 元,款项通过银行转账支付;1 月 19 日,材料验收入库,计划单价为 750 元/件。请编制计划成本核算下有关 J 材料采购的会计分录。

(4) 材料已验收入库,发票、结算凭证未到达。这种情况的核算与实际成本法下的核算类似,暂不进行账务处理。月末,企业对已验收入库但尚未收到发票单据的原材料,按照计划成本暂估入账。

借:原材料　[计划成本]

　　贷:应付账款——暂估应付账款　[计划成本]

下月月初,编制红字金额的记账凭证予以冲回,等收到发票单据后,再按上述步骤进行账务处理。

（5）外购材料发生短缺时的会计处理。企业在材料采购过程中，如果发生了材料短缺、毁损等情况，应按照实收数量乘计划单价记入"原材料"账户，并对短缺、毁损等情况及时查明原因，分情况进行会计处理：①属于运输途中的合理损耗，记入"材料成本差异"账户。②属于其他原因的，参照实际成本法下外购材料发生短缺、毁损的情况进行账务处理，不再赘述。

【工作任务2-42】 2024年1月15日，南京公益食品公司从丙厂购进E材料1 000千克，取得的增值税专用发票上注明单价800元/千克，总计800 000元，增值税税额为104 000元，该批材料的计划单价为790元/千克，价税款已付；1月17日材料验收入库时，发现短缺20千克，原因待查。南京公益食品公司应作会计处理如下。

① 1月15日，购入材料。

借：材料采购——E材料　　　　　　　　　　　　　　　800 000
　　应交税费——应交增值税（进项税额）　　　　　　　104 000
　　贷：银行存款　　　　　　　　　　　　　　　　　　904 000

② 1月17日，980千克E材料按计划成本验收入库。

借：原材料——E材料　　　　　　　　　　　　　　　774 200
　　贷：材料采购——E材料　　　　　　　　　　　　　774 200

③ 结转入库980千克材料的成本差异。

$$材料成本差异=980×（800-790）=9 800（元）$$

借：材料成本差异　　　　　　　　　　　　　　　　　9 800
　　贷：材料采购——E材料　　　　　　　　　　　　　9 800

④ 短缺20千克E材料按实际采购成本转入"待处理财产损溢"账户。

借：待处理财产损溢——待处理流动资产损溢　　　　　16 000
　　贷：材料采购——E材料　　　　　　　　　　　　　16 000

经查，上述材料短缺中的5千克属于运输途中合理损耗，另15千克为运输单位失职造成，与运输公司协商后，对方同意全额赔偿。其相关的会计处理如下。

① 属合理损耗短缺的5千克材料转入材料成本差异。

借：材料成本差异　　　　　　　　　　　　　4 000[5×800]
　　贷：待处理财产损溢——待处理流动资产损溢　　　4 000

② 属运输单位失职短缺的15千克材料，由保险公司赔偿。

借：其他应收款——运输公司　　　　　　　　13 560
　　贷：待处理财产损溢——待处理流动资产损溢　12 000[15×800]
　　　　应交税费——应交增值税（进项税额转出）　1 560

【初级同步2-7】（单选题）某工业企业为小规模纳税人，原材料采用计划成本核算，甲材料计划成本为每吨20元。该企业本期购进甲材料6 000吨，收到增值税专用发票上注明的价款为102 000元，增值税税额为13 260元；另发生运杂费用2 400元，途中保险费用559元；原材料运抵企业后验收入库原材料5 995吨，运输途中合理损耗5吨。购进甲材料发生的成本差异为（　　）元。

A. -1 781　　　　B. -1 681　　　　C. 16 141　　　　D. 16 241

3. 发出材料的核算

根据《企业会计准则第1号——存货》的规定，企业日常采用计划成本核算的，发出的材料成本应由计划成本调整为实际成本,通过"材料成本差异"账户进行结转,按照所发出材料的用途,分别记入"生产成本""制造费用""销售费用""管理费用""其他业务成本""委托加工物资"等账户。实务中,发出材料应负担的成本差异应当按期(月)分摊,但不得在季末或年末一次结转。年度终了,企业应对材料成本差异率进行核实调整。

微课:计划成本法下发出材料的核算

(1) 分摊材料成本差异的计算。分摊材料成本差异的计算步骤如下。

① 本月材料成本差异率=(月初结存材料的成本差异+本月入库材料的成本差异)
÷(月初结存材料的计划成本+本月入库材料的计划成本)
×100%

② 本月发出材料应负担的成本差异=本月发出材料的计划成本×本月材料成本差异率

③ 发出材料的实际成本=发出材料的计划成本+发出材料负担的成本差异
=发出材料的计划成本×(1+材料成本差异率)

④ 结存材料的实际成本=结存材料的计划成本+结存材料负担的成本差异
=结存材料的计划成本×(1+材料成本差异率)

【注意】材料成本差异率有正有负,节约差异率为负,超支差异率为正。

为简化计算,如果企业各期的材料成本差异率变动较小,也可以按期初材料成本差异率来分摊本期的材料成本差异。年度终了,应对材料成本差异率进行核实调整。其计算公式如下:

期初材料成本差异率=期初结存材料的成本差异÷期初结存材料的计划成本×100%

发出材料应负担的成本差异=发出材料的计划成本×期初材料成本差异率

【初级同步2-8】(单选题)某企业原材料采用计划成本核算,月初结存材料计划成本为30万元,材料成本差异为节约差2万元。当月购入材料的实际成本为110万元,计划成本为120万元,发出材料的计划成本为100万元。不考虑其他因素,该企业当月发出材料的实际成本为( )万元。

A. 98 B. 88 C. 100 D. 92

(2) 发出材料的核算。

① 采用计划成本对原材料进行日常核算,发出原材料时应先按计划成本计价,其会计处理如下。

借:生产成本 [生产产品耗用]
　　制造费用 [车间一般耗用]
　　销售费用 [管理部分耗用]
　　管理费用 [销售部门耗用]
　　其他业务成本 [销售原材料]
　　委托加工物资 [委托加工物资耗用]
　　在建工程 [工程领用]
　　贷:原材料

② 月末计算应分摊本月的材料成本差异额。

③月末结转发出材料成本差异。如果发出材料成本是超支差异,超支差异从贷方转出,则作会计处理如下。

借:生产成本等
　　贷:材料成本差异

如果发出材料成本是节约差异,节约差异从借方转出,则作会计处理如下。

借:材料成本差异

　　贷:生产成本等

【工作任务 2-43】南京公益食品公司对 B 材料采用计划成本法核算,月末一次结转材料成本差异。31 日,B 材料的相关数据如下。

期初:"原材料——B 材料"账户借方余额为 9 000 元,"材料成本差异——B 材料"借方余额为 200 元。

本月购入 B 材料:1 月 5 日购入材料计划成本 6 000 元,材料成本差异为节约 560 元;1 月 15 日购入材料计划成本 8 000 元,材料成本差异为节约 70 元;1 月 25 日购入材料计划成本 10 000 元,材料成本差异为超支 100 元。

本月按计划成本发出 B 材料:基本生产车间领用 2 500 元,辅助生产车间领用 2 000 元,车间一般性耗用 800 元,企业行政管理部门领用 700 元。

2024 年 1 月 31 日,南京公益食品公司计算发出 B 材料的实际成本,并进行相关会计处理如下。

① 根据发出材料汇总表,按计划成本发出原材料。

借:生产成本——基本生产成本　　　　　　　　　　　　　　2 500

　　　　　　——辅助生产成本　　　　　　　　　　　　　　2 000

　　制造费用　　　　　　　　　　　　　　　　　　　　　　800

　　管理费用　　　　　　　　　　　　　　　　　　　　　　700

　　贷:原材料——B 材料　　　　　　　　　　　　　　　　　　6 000

② 月末,计算并分摊材料成本差异。

材料成本差异率＝$(200-560-70+100)\div(9\,000+6\,000+8\,000+10\,000)\times100\%$

　　　　　　　　$=-1\%$

基本生产车间领用材料应分摊的成本差异＝$2\,500\times(-1\%)=-25$(元)

辅助生产车间领用材料应分摊的成本差异＝$2\,000\times(-1\%)=-20$(元)

车间管理部门领用材料应分摊的成本差异＝$800\times(-1\%)=-8$(元)

行政管理部门领用材料应分摊的成本差异＝$700\times(-1\%)=-7$(元)

南京公益食品公司根据发出材料计划成本与本月材料成本差异率计算本月发出材料成本差异,其计算结果如表 2-9 所示。

表 2-9　发出材料成本差异

编制单位:南京公益食品公司　　　　　　2024 年 1 月 31 日　　　　　　金额单位:元

账　户	明细账户	发出材料计划成本	材料成本差异率	发出材料分摊差异额
生产成本	基本生产成本	2 500		−25
生产成本	辅助生产成本	2 000		−20
制造费用		800	−1%	−8
管理费用		700		−7
合　计		6 000		−60

③ 月末,根据表 2-9 计算结果,结转发出材料成本差异。

借:材料成本差异——B 材料　　　　　　　　　　　　　　　60

贷：生产成本——基本生产成本	25
——辅助生产成本	20
制造费用	8
管理费用	7

【自主探究】实际成本法与计划成本法在进行原材料收发核算时各有什么优缺点？

五、周转材料

周转材料是指企业能够多次使用、不符合固定资产定义、逐渐转移其价值但仍保持原有形态的材料物品。企业的周转材料包括包装物和低值易耗品，以及小企业（建筑）的钢模板、木模板、脚手架等。

（一）包装物

1. 包装物的内容

包装物是指为了包装商品而储备的各种包装容器，如桶、箱、瓶、坛、袋等。具体包括：①生产过程中用于包装产品作为产品组成部分的包装物；②随同商品出售不单独计价的包装物；③随同商品出售单独计价的包装物；④出租或出借给购买单位使用的包装物。

【注意】按照《小企业会计准则》规定，小企业的各种包装材料，如纸、绳、铁丝、铁皮等，应计入原材料核算；用于储存、保管产品和材料而不对外出售的包装物，应按照价值大小和使用年限长短，分别计入固定资产或原材料核算。

2. 包装物的核算

为了反映和监督包装物的增减变动及其价值损耗、结存等情况，企业应当设置"周转材料——包装物"账户进行核算，借方登记包装物的增加，贷方登记包装物的减少，期末余额在借方，反映企业期末结存包装物的金额。

包装物采购、入库的核算，无论是采用实际成本法还是计划成本法，都与原材料的核算基本相同，具体的包装物采购、入库的核算可参照原材料的核算，不再赘述。下面主要介绍计划成本法下发出包装物的核算。

（1）生产领用包装物。企业生产领用包装物用来包装本企业产品，并构成产品的组成部分，应把领用包装物的实际成本或计划成本计入相关产品的生产成本。其会计处理如下。

借：生产成本 ［实际成本］

　材料成本差异 ［节约差异］

　贷：周转材料——包装物 ［计划成本］

　　材料成本差异 ［超支差异］

【工作任务 2-44】南京公益食品公司对包装物 N 采用计划成本核算，2024 年 1 月生产产品领用包装物 30 件，每件的计划成本为 100 元，包装物 N 的材料成本差异率为－3%。南京公益食品公司应作会计处理如下。

借：生产成本	2 910［30×100×（1－3%）］
材料成本差异	90［30×100×（－3%）］
贷：周转材料——包装物	3 000

（2）随同商品出售包装物。随同商品出售包装物具体包括两种情形，其核算不尽相同。

① 随同商品出售不单独计价的包装物，其目的主要是保证销售商品的质量或提供良好的销售服务。实务中，将这部分包装物的实际成本作为产品的促销费用，计入销售费用。如果是

采用计划成本核算,要同时分摊领用包装物应负担的材料成本差异。对于随同商品出售而不单独计价的包装物,企业应在包装物发出时作会计处理如下。

借:销售费用　　［实际成本］

　　材料成本差异　［节约差异］

　　贷:周转材料——包装物　［计划成本］

　　　　材料成本差异　［超支差异］

【工作任务 2-45】南京公益食品公司对包装物 S 采用计划成本核算,2 月销售商品领用不单独计价包装物 S 的计划成本为 5 000 元,材料成本差异率为 1%。南京公益食品公司应作会计处理如下。

借:销售费用　　　　　　　　　　　　　　5 050[5 000×(1+1%)]

　　贷:周转材料——S 包装物　　　　　　5 000

　　　　材料成本差异　　　　　　　　　　50[5000×1%]

② 随同商品出售单独计价的包装物,实际是在出售商品时同时出售了包装物,因此应把销售这部分包装物的所得计入其他业务收入,将其实际成本计入其他业务成本。其会计处理如下。

借:银行存款

　　贷:其他业务收入

　　　　应交税费——应交增值税(销项税额)

同时,结转所销售包装物的成本。

借:其他业务成本　［实际成本］

　　材料成本差异　［节约差异］

　　贷:周转材料——包装物　［计划成本］

　　　　材料成本差异　［超支差异］

【工作任务 2-46】南京公益食品公司对包装物 B 采用计划成本核算。2024 年 1 月销售商品领用单独计价包装物 B 的计划成本为 8 000 元,销售收入为 10 000 元,增值税税额为 1 300 元,款项已存入银行。该包装物的材料成本差异率为 -3%。南京公益食品公司应作会计处理如下。

① 出售单独计价包装物。

借:银行存款　　　　　　　　　　　　　　11 300

　　贷:其他业务收入　　　　　　　　　　10 000

　　　　应交税费——应交增值税(销项税额)　1 300

② 结转所售单独计价包装物的成本。

借:其他业务成本　　　　　　　　　　　　7 760

　　材料成本差异　　　　　　　　　　　　240

　　贷:周转材料——B 包装物　　　　　　8 000

(3) 出租或出借包装物。企业因销售产品,有时将包装物以出租或出借的形式,租给或借给客户暂时使用,并与客户约定在一定时间内收回包装物。出租包装物时,要求客户支付包装物的租金,应作为企业的其他业务收入;相应地,该包装的损耗、维修等支出应列入其他业务成本。出借包装物时,发生的包装物损耗、维修等支出应列入企业的销售费用。为了督促使用单位按时归还,无论出租还是出借包装物,一般都要收取押金。此外,出租包装物一般视其价值的大小,可一次转销其成本,也可分次转销其成本。

【工作任务 2-47】 2023 年 11 月 1 日,南京公益食品公司领用一批实际成本核算的包装物,账面价值为 5 000 元(一次摊销法),出借给客户使用,收取押金 6 000 元,使用三个月;2024 年 2 月 1 日收回 60%包装物,没收押金 2 400 元,同时,银行转账退回押金 3 600 元。此次出借包装物收回后报废,回收残料 100 元。南京公益食品公司作会计处理如下。

① 2023 年 11 月 1 日,领用包装物并摊销其账面价值。

借:销售费用   5 000

贷:周转材料——包装物   5 000

② 2023 年 11 月 1 日,收取包装物押金。

借:银行存款   6 000

贷:其他应付款   6 000

③ 2024 年 2 月 1 日,没收逾期未退包装物押金,并退还已收回包装物的押金。

增值税销项税额＝2 400÷(1+13%)×13%≈276.11(元)

借:其他应付款   6 000

贷:其他业务收入   2 123.89

应交税费——应交增值税(销项税额)   276.11

银行存款   3 600

【注意】 包装物押金属于价外费用,应按"逾期押金收入÷(1+税率)×增值税率"计算增值税。

④ 2024 年 2 月 1 日,回收残料。

借:原材料   100

贷:销售费用   100

(二) 低值易耗品

低值易耗品是指单位价值较低、使用年限较短、不能作为固定资产核算的劳动资料,主要包括一般工具、专用工具、管理用具、劳动保护用品和其他用具等。为了反映和监督低值易耗品的增减变动及其结存情况,企业应当设置"周转材料——低值易耗品"账户,借方登记低值易耗品的增加,贷方登记低值易耗品的减少,期末余额在借方,通常反映企业期末结存低值易耗品的金额。

1. 取得低值易耗品

低值易耗品取得、入库的核算,无论是采用实际成本法还是计划成本法,都与原材料核算类似,具体采购、入库核算参照原材料的会计核算。

2. 低值易耗品的领用与摊销

(1)一次转销法。一次转销法是指低值易耗品在领用时,就将其全部账面价值计入有关成本费用中的一种方法。该方法通常适用于价值较低或极易损坏的管理用具等。企业采用一次转销法摊销,领用低值易耗品时,应作会计处理如下。

借:制造费用   [车间一般耗用]

管理费用   [管理部门耗用]

其他业务成本   [出租或出售]

材料成本差异——周转材料(低值易耗品)   [节约差异]

贷:周转材料——低值易耗品

材料成本差异——周转材料(低值易耗品) 〔超支差异〕

(2)分次摊销法。采用分次摊销法摊销低值易耗品的,低值易耗品在领用时摊销其账面价值的单次平均摊销额。分次摊销法适用于可供多次反复使用的低值易耗品。在采用分次摊销法的情况下,需要在"周转材料——低值易耗品"账户下单独设置"在库""在用""摊销"等三级明细账户。其中,"周转材料——低值易耗品——摊销"明细账户为"周转材料——低值易耗品——在用"明细账户的备抵账户,核算使用中低值易耗品的累计摊销额。

企业采用分次摊销法,在领用和摊销时,应根据低值易耗品的用途作会计处理如下。

① 领用周转材料。

借:周转材料——低值易耗品——在用

贷:周转材料——低值易耗品——在库

② 分期摊销账面价值。

借:制造费用/管理费用/销售费用/其他业务成本等 〔实际成本〕

材料成本差异——低值易耗品 〔节约差异〕

贷:周转材料——低值易耗品——摊销 〔计划成本〕

材料成本差异——周转材料(低值易耗品) 〔超支差异〕

③ 周转材料报废时,将其剩余账面价值一次摊销完毕,会计分录同②。

④ 核销在用周转材料。

借:周转材料——低值易耗品——摊销

贷:周转材料——低值易耗品——在用

【工作任务 2-48】南京公益食品公司对低值易耗品采用计划成本核算,2024 年 1 月生产车间领用专用工具一批,实际成本为 8.1 万元,计划成本为 8 万元,不符合固定资产定义,采用五五摊销法进行摊销。该专用工具的估计使用次数为 2 次。该批专用工具的材料成本差异率为 1%。南京公益食品公司应作会计处理如下。

① 领用专用工具。

借:周转材料——低值易耗品——在用 80 000

贷:周转材料——低值易耗品——在库 80 000

② 第一次领用时摊销其价值的一半。

借:制造费用 40 400

贷:周转材料——低值易耗品——摊销 40 000

材料成本差异——周转材料(低值易耗品) 400

③ 第二次领用摊销其价值的一半。

借:制造费用 40 400

贷:周转材料——低值易耗品——摊销 40 000

材料成本差异——周转材料(低值易耗品) 400

④ 第二次领用时,同时核销在用低值易耗品,注销使用部门的经管责任。

借:周转材料——低值易耗品——摊销 80 000

贷:周转材料——低值易耗品——在用 80 000

【自主探究】在实际成本法下,工作任务 2-48 应该如何进行核算?

六、委托加工物资

委托加工物资是指企业委托外单位加工的各种材料、商品等物资。委托加工物资是将一种存货形态加工成另一种存货形态,因为有新的加工过程,所以存货成本会增加。委托加工物资的成本包括加工中实际耗用物资的成本、支付的加工费用,以及应负担的运杂费、支付的税费等。

微课:委托加工物资的核算

为了反映和监督委托加工物资增减变动及其结存情况,企业设置"委托加工物资"账户,借方登记委托加工物资的实际成本,贷方登记加工完成验收入库的物资的实际成本和退回剩余物资的实际成本,期末余额在借方,反映企业尚未完工的委托加工物资的实际成本等。本账户按照加工合同、受托加工单位的要求、加工物资的品种等进行明细核算。

委托加工物资核算内容主要包括拨付加工物资、支付加工费用和税金、收回加工物资和剩余物资等。

(一) 发出物资

企业拨付加工材料委托其他单位进行加工时,按发出材料的实际成本作会计处理如下。

借:委托加工物资
　　贷:原材料等

如果以计划成本法核算,在发出委托加工物资时,应同时结转发出材料应负担的材料成本差异。

(二) 支付加工费、运杂费等

企业向外单位发出加工物资时支付的运费,计入委托加工物资的成本;支付运费产生的可抵扣增值税进项税额,记入"应交税费——应交增值税(进项税额)"账户单独核算,不能抵扣的计入委托加工物资成本。

借:委托加工物资
　　应交税费——应交增值税(进项税额)
　　贷:银行存款

(三) 支付由受托方代收代缴的消费税

如果企业委托加工的商品是需要缴纳消费税的应税消费品,按照税法规定,应交的消费税由受托方在向委托方交货时代扣代缴税款。按委托方将委托加工的应税消费品收回后的用途不同,应缴消费税可分两种情况进行会计核算。

(1) 若收回后直接用于销售,其支付的消费税应计入委托加工物资成本。

借:委托加工物资
　　贷:银行存款

(2) 若收回后用于连续生产应税消费品,按规定不属于直接出售的,其支付的消费税以后予以抵扣。

借:应交税费——应交消费税
　　贷:银行存款

委托加工物资加工完成收回并验收入库,应按计算确定的委托加工物资的实际成本作会计分录如下。

借:原材料/周转材料/库存商品等
　　贷:委托加工物资

以计划成本法核算,委托加工物资收回入库时,应视同材料采购形成的材料成本差异。

【工作任务 2-49】 南京公益食品公司对加工物资 M 及所用 A 材料均采用实际成本法核算,2024 年 1 月委托丁厂加工一批物资,发生相关业务如下。

(1) 1 日发出加工物资 A 材料,成本为 80 万元。

(2) 15 日支付加工费用 10 万元,增值税为 1.3 万元。

(3) 20 日由受托方代收代缴消费税,消费税为 10 万元,若委托加工物资 M 收回后直接用于对外销售。

(4) 20 日由受托方代收代缴消费税,消费税为 10 万元,若委托加工物资 M 收回后,对 M 再加工成最终产品,然后再出售。最终产品出售时,确认消费税总额为 12 万元。

根据上述任务,南京公益食品公司应作会计处理如下。

(1) 1 日发出加工物资用料。

借:委托加工物资——M	800 000
贷:原材料——A 材料	800 000

(2) 15 日支付加工费用。

借:委托加工物资——M	100 000
应交税费——应交增值税(进项税额)	13 000
贷:银行存款	113 000

(3) 20 日受托方代收代缴消费税,委托加工物资收回后直接对外销售。

① 支付消费税。

借:委托加工物资——M	100 000
贷:银行存款	100 000

② 完工收回加工物资。

借:库存商品	1 000 000
贷:委托加工物资——M	1 000 000

(4) 收回委托加工物资 M 用于连续生产应税消费品,再次加工后出售。

① 支付消费税。

借:应交税费——应交消费税	100 000
贷:银行存款	100 000

② 完工收回加工物资。

借:原材料——M	900 000
贷:委托加工物资——M	900 000

③ 最终产品出售。

借:税金及附加	120 000
贷:应交税费——应交消费税	120 000

④ 补交消费税差额。

借:应交税费——应交消费税	20 000
贷:银行存款	20 000

【初级同步 2-9】(单选题)某企业为增值税一般纳税人,委托外单位加工一批材料,发出材料的实际成本为 200 万元,支付加工费为 10 万元,取得的增值税专用发票上注明的增值税税额为 1.3 万元,受托方代收代缴的可抵扣消费税为 30 万元。企业收回这批材料后用于继续加工应税消费品。该批材料加工收回后的入账价值为( )万元。

A. 210   B. 241.3   C. 211.3   D. 240

七、库存商品

(一) 库存商品的内容

库存商品是指企业完成全部生产过程并已验收入库、合乎标准规格和技术条件,可以按照合同规定的条件送交订货单位,或可以作为商品对外销售的产品,以及外购或委托加工完成验收入库用于销售的各种商品。

库存商品具体包括库存产成品、外购商品、存放在门市部准备出售的商品、发出展览的商品、寄存在外的商品、接受来料加工制造的代制品和为外单位加工修理的代修品等。已完成销售手续但购买单位在月末未提取的产品,不应作为企业的库存商品,而应作为代管商品处理,单独设置"代管商品"备查簿进行登记。

为了反映和监督库存商品的增减变动及其结存情况,企业应当设置"库存商品"账户,借方登记验收入库的库存商品成本,贷方登记发出的库存商品成本,期末余额在借方,反映各种库存商品的实际成本。"库存商品"账户应按库存商品的种类、品种和规格设置明细账户进行核算。

(二) 库存商品的核算

1. 工业企业库存商品的核算

(1) 验收入库商品。对于库存商品采用实际成本核算的企业,当产品完成生产并验收入库时,应按实际成本,作会计处理如下。

借:库存商品
    贷:生产成本——基本生产成本

(2) 发出商品。对于以销售、投资等方式发出的库存商品,企业可采用个别计价法、先进先出法、月末一次加权平均、移动加权平均法等方法确定实际成本。若计提了存货跌价准备,还需转出存货跌价准备。其会计处理如下。

借:主营业务成本
    存货跌价准备
    贷:库存商品

如果库存商品采用计划成本法进行核算,上述业务还需要转出产品成本差异,借记或贷记"产品成本差异"账户。

2. 商品流通企业库存商品的核算

从事商业批发零售业务的企业(如百货公司、超市等),商品品种繁多、规格等级庞杂,一般采用毛利率法和售价金额核算法进行日常会计核算。

(1) 毛利率法是指根据本期销售净额乘上期实际(或本期计划)毛利率匡算本期销售毛利,并据以计算发出存货和期末存货成本的一种方法。毛利率法是商品流通企业,尤其是商业批发企业常用的计算本期商品销售成本和期末库存商品成本的方法。其计算方法如下：

$$毛利率＝销售毛利÷销售净额×100\%$$

$$销售净额＝商品销售收入－销售退回与折让$$

$$销售毛利＝销售净额×毛利率$$

$$本期销售存货成本＝销售净额－销售毛利＝销售净额×（1－毛利率）$$

$$期末存货成本＝期初存货成本＋本期购货成本－本期销售成本$$

【初级同步 2-10】（单选题）某企业采用毛利率法核算库存商品，月初商品成本为 600 万元，购进商品成本为 1 400 万元，本月销售收入为 1 600 万元，该商品上期毛利率为 15%，本期毛利率保持不变，则月末结存商品成本为（　　）万元。

　　A. 700　　　　　　　　B. 1 360　　　　　　　　C. 400　　　　　　　　D. 640

（2）售价金额核算法是指平时商品的购入、加工收回、销售均按售价记账，售价与进价的差额通过"商品进销差价"账户核算，期末计算进销差价率和本期已销售商品应分摊的进销差价，并据以调整本期销售成本的一种方法。

$$商品进销差价率＝（期初库存商品进销差价＋本期购入商品进销差价）$$
$$÷（期初库存商品售价＋本期购入商品售价）×100\%$$

$$本期销售商品应分摊的商品进销差价＝本期商品销售收入×商品进销差价率$$

$$本期销售商品的成本＝本期商品销售收入－本期销售商品应分摊的商品进销差价$$
$$＝本期商品销售收入×（1－商品进销差价率）$$

$$\frac{期末结存}{商品的成本}＝\frac{期初库存商品}{的进价成本}＋\frac{本期购进商品}{的进价成本}－\frac{本期销售}{商品的成本}$$

如果企业的商品进销差价率各期之间比较均衡，也可以采用上期商品进销差价率分摊本期的商品进销差价。年度终了，应对商品进销差价进行核实调整。

【工作任务 2-50】某商场采用售价金额核算法进行核算，2024 年 1 月初库存商品的进价成本为 40 万元，售价金额为 55 万元；本月购进该商品的进价成本为 80 万元，增值税为 10.4 万元，货款已支付，售价总额为 95 万元；本月销售收入为 150 万元，货款已收回。根据以上资料，进行会计处理。

（1）商品验收入库，按售价金额入账。

借：库存商品	950 000
应交税费——应交增值税（进项税额）	104 000
贷：银行存款	904 000
商品进销差价	150 000

（2）销售商品。

借：银行存款	1 695 000
贷：主营业务收入	1 500 000
应交税费——应交增值税（销项税额）	195 000

（3）按售价结转销售成本。

借：主营业务成本	1 500 000
贷：库存商品	1 500 000

（4）月末计算商品进销差价率并调整销售成本。

本期期初商品进销差价＝55－40＝15（万元）

本期购进商品进销差价＝95－80＝15（万元）

本期期初售价＋本期购进售价＝55＋95＝150（万元）

商品进销差价率＝30÷150＝20％

本月已销商品应分摊的商品进销差价＝150×20％＝30（万元）

本月销售商品的实际成本＝150－30＝120（万元）

或：　　　　　　　　　　　　　　　　＝150×（1－20％）＝120（万元）

借：商品进销差价 300 000

贷：主营业务成本 300 000

调整后本月实际的商品销售成本为 120 万元。

【初级同步 2-11】（单选题）某商场采用售价金额法核算库存商品。2015 年 3 月 1 日，该商场库存商品的进价成本总额为 180 万元，售价总额为 250 万元；本月购入商品的进价成本总额为 500 万元，售价总额为 750 万元；本月实现的销售收入总额为 600 万元。不考虑其他因素，2015 年 3 月 31 日该商场库存商品的成本总额为（　　　　）万元。

A. 408　　　　　　　B. 400　　　　　　　C. 272　　　　　　　D. 192

八、消耗性生物资产

（一）消耗性生物资产的确认与计量

生物资产是指有生命的动物和植物。生物资产分为消耗性生物资产、生产性生物资产和公益性生物资产。本部分主要介绍消耗性生物资产的会计处理。

消耗性生物资产是指为出售而持有的或在将来收获为农产品的生物资产，包括生长中的大田作物、蔬菜、用材林，以及存栏代售的牲畜等。一般而言，消耗性生物资产要经过培育、长成、处置等阶段，如用材林就要经过培植、郁闭成林和采伐处置等阶段。

1. 消耗性生物资产的成本确定

企业自行栽培、营造、繁殖或养殖的消耗性生物资产的成本，应当按照下列规定确定。①自行栽培的大田作物和蔬菜的成本包括：在收获前耗用的种子、肥料、农药等材料费、人工费和应分摊的间接费用。②自行营造的林木类消耗性生物资产的成本包括：郁闭前发生的造林费、抚育费、营林设施费、良种试验费、调查设计费和应分摊的间接费用。③自行繁殖的育肥畜的成本包括：出售前发生的饲料费、人工费和应分摊的间接费用。④水产养殖的动物和植物的成本包括：在出售或入库前耗用的苗种、饲料、肥料等材料费、人工费和应分摊的间接费用。

2. 账户设置

（1）"消耗性生物资产"账户。该账户核算企业（农、林、牧、渔业）持有的消耗性生物资产的实际成本，借方登记消耗性生物资产的增加金额，贷方登记销售消耗性生物资产的减少金额，期末余额在借方，反映企业（农、林、牧、渔业）消耗性生物资产的实际成本。该账户应按照消耗性生物资产的种类、群别等进行明细核算。

（2）"农产品"账户。该账户核算企业（农、林、牧、渔业）消耗性生物资产收获的农产品。

（二）消耗性生物资产的核算

（1）外购的消耗性生物资产，按照应计入消耗性生物资产成本的金额，作会计处理如下。

借：消耗性生物资产

贷：银行存款等

（2）自行栽培的大田作物和蔬菜应按照收获前发生的必要支出，自行营造的林木类消耗性生物资产应按照郁闭前发生的必要支出，自行繁殖的育肥畜、水产养殖的动植物等应按照出售前发生的必要支出，作会计处理如下。

借：消耗性生物资产

　　贷：银行存款等

（3）林木类消耗性生物资产，应按照其在郁闭后发生的管护费用等后续支出，作会计处理如下。

借：管理费用

　　贷：银行存款等

（4）农业生产过程中发生的应归属于消耗性生物资产的费用，应按照分配的金额，作会计处理如下。

借：消耗性生物资产

　　贷：生产成本

（5）消耗性生物资产收获为农产品时，应按照其账面余额，作会计处理如下。

借：农产品

　　贷：消耗性生物资产

（6）出售消耗性生物资产或农产品，应按照实际收到的金额，作会计处理如下。

借：银行存款等

　　贷：主营业务收入

应按照其账面余额结转成本，作会计处理如下。

借：主营业务成本等

　　贷：消耗性生物资产、农产品

企业至少应当于每年年度终了对消耗性生物资产进行检查，有确凿证据表明由于遭受自然灾害、病虫害、动物疫病侵袭或市场需求变化，消耗性生物资产的可变现净值低于其账面价值的，应当按照可变现净值低于账面价值的差额，计提生物资产跌价准备，并计入当期损益。

可变现净值应当分别按照存货减值的办法确定。消耗性生物资产减值的影响因素已经消失的，减记金额应当予以恢复，并在原已计提的跌价准备金额内转回，转回的金额计入当期损益。

九、存货清查

存货清查是指通过对存货的实地盘点，确定存货的实有数量，并与账面结存数核对，从而确定存货实存数与账面结存数是否相符的一种专门方法。

（一）存货清查的方法

由于存货种类繁多、收发频繁，在日常收发过程中可能发生计量错误、计算错误、自然损耗、损坏变质等情况，造成账实不符，形成存货的盘盈、盘亏。对于存货的盘盈、盘亏，应填写存货盘点报告（如实存账存对比表），作为存货清查的原始凭证，并及时查明原因，按照规定程序报批处理。

微课：存货清查

（二）存货清查的账户设置和核算

1. 账户设置

为了反映和监督企业在财产清查中查明的各种存货的盘盈、盘亏和毁损情况，企业应当设置"待处理财产损溢"账户，借方登记存货的盘亏、毁损金额及盘盈的转销金额，贷方登记存货的盘盈金额及盘亏的转销金额。在期末处理前，该账户的借方余额表示尚未处理的各种财产物资的净损失，贷方余额表示净溢余。企业清查的各种存货损溢，应在期末结账前处理完毕，期末处理后，该账户应无余额。

2. 存货清查的核算

无论盘盈还是盘亏，存货清查核算时都分两步：第一步，批准前调整为账实相符，将账载数量按实物数量进行调整；第二步，批准后按规定结转处理。

（1）存货盘盈。存货发生盘盈时，应按其重置成本作为入账价值。

借：原材料/库存商品等
　　贷：待处理财产损溢——待处理流动资产损溢

查明原因，按管理权限报经批准后，冲减当期的管理费用。

借：待处理财产损溢——待处理流动资产损溢
　　贷：管理费用

（2）存货盘亏。存货发生盘亏时，应将其账面价值及时转销。

借：待处理财产损溢——待处理流动资产损溢
　　贷：原材料/库存商品等

盘亏存货涉及增值税的，还应进行相应的会计处理。待查明原因，按管理权限报经批准处理后，根据造成盘亏的原因，分别根据以下情况进行会计处理：①属于定额内自然损耗造成的短缺，计入管理费用。②属于收发计量差错和管理不善等原因造成的短缺或毁损，扣除保险公司、过失人赔款及残料价值后的净损失，计入管理费用。其中，因管理不善造成被盗、丢失、霉烂变质的存货，相应的进项税额不得从销项税额中抵扣，应当予以转出。③属于自然灾害等非常原因造成的毁损，扣除保险公司、过失人赔款及残料价值后的净损失，计入营业外支出。

存货盘亏查明原因，报批处理后，作会计处理如下。

借：原材料　　［回收残料价值］
　　其他应收款　　［应收赔偿］
　　管理费用　　［计量收发差错、一般经营损耗及管理不善造成］
　　营业外支出　　［自然灾害等非常原因造成］
　　贷：待处理财产损溢——待处理流动资产损溢

【工作任务 2-51】南京公益食品公司在 2024 年 1 月的财产清查中发现毁损 A 材料 50 000 件，实际成本为 50 000 元，相关增值税专用发票上注明的增值税税额为 6 500 元。经查原因如下：管理不善造成损失 2 200 元，收回残料 200 元，净损失 2 000 元；由于自然灾害造成损失 54 300 元，保险公司赔偿 28 000 元，净损失 26 300 元。南京公益食品公司应作会计处理如下。

（1）报经批准前调整账面记录，达到账实相符。

借：待处理财产损溢——待处理流动资产损溢　　　　　　　　　　56 500
　　贷：原材料　　　　　　　　　　　　　　　　　　　　　　　　50 000
　　　　应交税费——应交增值税（进项税额转出）　　　　　　　　　6 500

（2）报经批准处理后，分原因进行处理。

借：原材料 200
  管理费用 2 000
  其他应收款——保险公司 28 000
  营业外支出 26 300
  贷：待处理财产损溢——待处理流动资产损溢 56 500

如果企业存货按计划成本核算，盘亏和毁损的存货应同时结转其成本差异。

小企业存货发生毁损，按取得的处置收入、可收回的责任人赔偿和保险赔款，扣除其成本、相关税费后的净额，应当计入营业外支出或营业外收入。发生的存货盘盈，按实现的收益计入营业外收入；发生的存货盘亏损失，应当计入营业外支出。

【职业素养 2-3】

洪水无情　人有情
——郑州洪灾后存货损失的会计处理与税收优惠

洪水无情，2021年7月河南郑州发生洪灾令人惋惜，但是人民众志成城终于战胜洪灾。洪灾之后，不少企业发生存货损毁，天灾无情人有情，国家对存货损毁有一定的优惠政策。①因自然灾害造成的存货损失，根据《中华人民共和国增值税暂行条例》的相关规定，会计核算时无须做进项税转出，进项税可正常抵扣。②根据《中华人民共和国企业所得税法》的相关规定，因自然灾害造成的存货损失，相关存货损失可以在所得税税前扣除。③因为洪水造成的企业无法正常运营可以申请延期税务申报。④根据《中华人民共和国车船税暂行条例实施细则》的规定，泡水汽车车主可以办理车船税退税；如果车主是从事经营活动的个体工商户、个人独资企业或合伙企业，其车辆报废所发生的损失，可按扣除保险赔款后的余额，在当年经营所得个人所得税税前扣除；根据《企业资产损失所得税税前扣除管理办法》的规定，企业车主损失可在企业所得税税前扣除。

文档：职业素养
"洪水无情
人有情"解读

思考：结合上述案例，谈谈你的体会。

十、存货期末计量

（一）存货跌价准备的计提和转回

资产负债表日，存货应当按照成本与可变现净值孰低计量。其中，成本是指期末存货的实际成本。可变现净值是指在日常活动中，存货的估计售价减去至完工时估计将要发生的成本、估计的销售费用以及估计的相关税费后的金额。

当存货成本低于可变现净值时，存货按成本计价；当存货成本高于可变现净值时，存货按可变现净值计价，表明存货可能发生跌价损失，应当计提存货跌价准备，计入当期损益，并相应减少存货的账面价值。以前减记存货价值的影响因素已经消失的，减记的金额应当予以恢复，并在原已计提的存货跌价准备金额内转回，转回的金额计入当期损益。

$$用于出售的存货可变现净值＝估计售价－估计的销售费用和相关税费$$

$$需要加工的存货可变现净值＝\frac{存货的}{估计售价}－\frac{进一步}{加工成本}－\frac{估计的销售}{费用和税金}$$

（二）存货跌价准备的账户设置和核算

1. 账户设置

（1）"存货跌价准备"账户。该账户是资产的备抵账户,主要核算存货跌价准备的计提、转回和转销。贷方登记计提的存货跌价准备金额,借方登记实际发生的存货跌价损失金额和转回的存货跌价准备金额,期末余额一般在贷方,反映企业已计提但尚未转销的存货跌价准备。该账户按存货项目或类别进行明细分类核算。

（2）"资产减值损失"账户。该账户属于损益类账户,主要核算企业各种资产发生的减值。借方登记各种资产发生的减值金额,贷方登记冲减和结转的各种资产减值金额,期末无余额。该账户按资产减值项目进行明细分类核算。

2. 存货跌价准备的计算

资产负债表日,企业应当首先确定存货的可变现净值,并将存货可变现净值与存货成本进行比较,按照成本与可变现净值孰低的原则进行存货期末计量。

（1）当存货成本低于可变现净值时,存货按成本计量,不需计提减值。

（2）当存货成本高于可变现净值时,存货按可变现净值计量,同时按照成本高于可变现净值的差额,与计提前"存货跌价准备"账户余额进行比较,按照下列公式计算确定本期应计提（或转回）的存货跌价准备金额。

$$存货跌价准备应保持的贷方余额＝存货的实际成本－可变现净值$$

$$当期应计提的存货跌价准备＝\frac{存货跌价准备应}{保持的贷方余额}－\frac{计提前"存货跌价准备"}{账户已有余额}$$

上述公式结果大于零,当期应补提;小于零,表明存货价值回升,应将已提数大于应提数之间的差额冲销已提数;等于零,本期不需要计提。

3. 存货跌价准备的核算

（1）如果"存货跌价准备"账户无余额,应按本期存货可变现净值低于成本的差额计提存货跌价准备,并作会计处理如下。

借:资产减值损失

　　贷:存货跌价准备

如果"存货跌价准备"账户有余额,本期存货可变现净值低于成本的差额大于"存货跌价准备"账户原有贷方余额,应按照两者差额补提存货跌价准备,会计处理与计提相同。

（2）当以前减记存货价值的影响因素已经消失（如价格回升等）,存货的可变现净值恢复至成本或成本以上时,应将存货跌价准备已有数额全额冲减。

借:存货跌价准备

　　贷:资产减值损失

【工作任务 2-52】南京公益食品公司对期末存货按成本与可变现净值孰低计量。2022 至 2023 年,有关 A 商品期末计量的资料及相应的会计处理如下。

① 2022 年 12 月 31 日,A 商品的账面成本为 10 万元。由于市场价格下跌,预计可变现净值为 8 万元,"存货跌价准备"账户年初无余额。

当期应计提的存货跌价准备＝10－8－0＝2(万元)

借:资产减值损失——计提的存货跌价准备　　　　　　　　　　　　20 000

　　贷:存货跌价准备　　　　　　　　　　　　　　　　　　　　　　　20 000

② 2023 年 6 月 30 日,A 商品的账面余额（成本）为 10 万元,已计提存货跌价准备金额为

2万元。由于市场价格有所上升,A商品的预计可变现净值为9.5万元。

当期应计提的存货跌价准备＝10－9.5－2＝－1.5(万元)＜0,应在原已计提的存货跌价准备金额2万元内转回。

借:存货跌价准备　　　　　　　　　　　　　　　　　　　　　　　15 000

　　贷:资产减值损失——计提的存货跌价准备　　　　　　　　　　　15 000

③ 2023年12月31日,A商品的账面余额(成本)为10万元,已计提存货跌价准备金额0.5万元。由于市场价格持续上升,A商品的预计可变现净值为12万元。

当期应计提的存货跌价准备＝10－12－0.5＝－2.5(万元)

存货跌价准备应在原已计提的存货跌价准备金额范围内转回,所以应转回0.5万元。

借:存货跌价准备　　　　　　　　　　　　　　　　　　　　　　　5 000

　　贷:资产减值损失——计提的存货跌价准备　　　　　　　　　　　5 000

【初级同步2-12】(单选题)2017年3月31日,某企业乙存货的实际成本为100万元,加工该批存货至完工产成品估计还将发生的成本为25万元,估计销售费用和相关税费为3万元,估计该存货生产的产成品售价为120万元。假定乙存货月初"存货跌价准备"账户余额为12万元,2017年3月31日应计提的存货跌价准备为(　　　)万元。

A. －8　　　　　　　B. 4　　　　　　　C. 8　　　　　　　D. －4

(3)企业结转存货销售成本时,对于已计提存货跌价准备的,应一并结转。

借:主营业务成本

　　存货跌价准备

　　贷:库存商品

 做中学

一、单选题

1. 下列各项中,不应计入企业存货采购成本的是(　　　)。

　　A. 商品采购人员的差旅费　　　　　B. 支付的进口关税

　　C. 负担的运输费　　　　　　　　　D. 入库前的挑选整理费

2. 某企业为增值税小规模纳税人。该企业购入原材料一批,取得增值税专用发票上注明的价款为300 000元,增值税税额为39 000元,运输途中发生非合理损耗500元,材料已经验收入库。该批材料的入账价值为(　　　)元。

　　A. 338 500　　　B. 339 000　　　C. 300 000　　　D. 299 500

3. 某企业原材料采用计划成本核算,月初结存材料计划成本为30万元,材料成本差异为节约差异2万元。当月购入材料的实际成本为110万元,计划成本为120万元,发出材料的计划成本为100万元。不考虑其他因素,该企业月末结存材料的实际成本为(　　　)万元。

　　A. 49　　　　　B. 44　　　　　C. 50　　　　　D. 46

4. 企业发出随同商品出售单独计价包装物的实际成本应计入(　　　)。

　　A. 主营业务成本　　　　　　　　　B. 其他业务成本

　　C. 销售费用　　　　　　　　　　　D. 管理费用

5. 委托加工的应税消费品(非金银首饰),收回后用于连续生产的,由受托方代收代缴的消费税计入(　　　)。

　　A. 委托加工物资　　　　　　　　　B. 税金及附加

　　C. 材料成本差异　　　　　　　　　D. 应交税费

二、多选题

1. 某企业采用计划成本进行材料日常核算,下列各项中,应通过"材料成本差异"账户借方核算的有( )。

    A. 发出材料应负担的超支差异
    B. 发出材料应负担的节约差异

    C. 入库材料的超支差异
    D. 入库材料的节约差异

2. 下列各项中,应计入存货成本的有( )。

    A. 委托加工物资收回后用于连续生产应税消费品(非金银首饰)由受托方代收代缴的消费税

    B. 委托加工物资收回后直接对外销售由受托方代收代缴的消费税

    C. 一般纳税人购进原材料可抵扣的增值税进项税额

    D. 进口原材料缴纳的关税

3. 某企业采用计划成本进行材料日常核算,下列各项中,应通过"材料成本差异"科目借方核算的有( )。

    A. 发出材料应负担的超支差异
    B. 发出材料应负担的节约差异

    C. 入库材料的超支差异
    D. 入库材料的节约差异

4. 甲企业为增值税一般纳税人,委托乙企业加工一批应税材料,该批材料加工收回后用于连续生产应税消费品(非金银首饰)。下列各项中,甲企业应计入该批委托加工材料成本的有( )。

    A. 应负担的不含税运杂费
    B. 支付的加工费

    C. 支付的可抵扣的增值税
    D. 支付的消费税

5. 甲、乙公司均为增值税一般纳税人。2023 年 11 月,甲公司委托乙公司加工一批应税消费品(非金银首饰),加工收回后继续用于生产其他应税消费品(非金银首饰)。甲公司发出材料的实际成本为 100 万元,以银行存款支付加工费 20 万元、增值税 2.6 万元,乙公司代收代缴的消费税为 40 万元,下列各项中,关于甲公司委托加工应税消费品(非金银首饰)进行的相关会计处理正确的有( )。

    A. 支付消费税,借记"应交税费——应交消费税"科目 40 万元

    B. 支付消费税,借记"委托加工物资"科目 40 万元

    C. 支付增值税,借记"应交税费——应交增值税(进项税额)"科目 2.6 万元

    D. 支付加工费,借记"委托加工物资"科目 20 万元

6. 甲公司为一家林业有限责任公司,其下属森林班统一组织培植管护一片用材林。2023 年 3 月,发生森林管护费用共计 20 000 万元,其中,本月应付人员薪酬为 10 000 万元,仓库领用库存肥料为 8 000 万元,管护设备折旧为 2 000 万元。管护总面积为 2 500 公顷,已郁闭的占 80%,其余的尚未郁闭。下列各项中,关于甲公司对于该片杨树林进行的会计处理的表述正确的有( )。

    A. 甲公司对于该片杨树林应作为消耗性生物资产进行核算

    B. 甲公司对于该片杨树林应确认管理费用 16 000 万元

    C. 甲公司对于该片杨树林应确认消耗性生物资产 4 000 万元

    D. 甲公司对于郁闭前发生的造林费用应计入当期损益

三、判断题

1. 采用先进先出法核算发出存货成本的,在物价持续上涨时,期末存货成本接近市价,而

发出成本偏低,利润偏高。 （　　）

2. 消耗性生物资产减值准备一经计提,不得转回。 （　　）

3. 采购入库后的仓储费应计入管理费用。 （　　）

4. 购入材料在运输途中发生的合理损耗应从材料采购成本中扣除。 （　　）

5. 月末货到单未到的入库材料应按暂估价入账,并于下月初作相反会计分录予以冲回。

（　　）

6. 原材料采用实际成本核算的,无论其是否验收入库,都要先通过"在途物资"科目进行核算。 （　　）

7. 在计划成本核算体系下,本期发出材料应负担的成本差异应按期(月)分摊结转。 （　　）

8. 企业委托加工应税消费品(非金银首饰),该消费品收回后继续用于加工应税消费品(非金银首饰),受托方代收代缴的消费税不影响委托加工物资成本。 （　　）

9. 已完成销售手续但购买单位在月末未提取的产品,属于企业的库存商品。 （　　）

四、业务题

1. 大兴公司与 DF 公司于 2024 年 7 月 5 日签订购销合同规定,大兴公司为购买 J 材料向 DF 公司预付货款 800 000 元,货款当日已通过汇兑方式汇出;2024 年 7 月 20 日收到 J 材料并验收入库,结算凭证上注明的货款为 1 000 000 元,增值税为 130 000 元,于 2024 年 7 月 23 日通过银行汇讫余款。

根据以上资料,完成下面各题。

(1) 编制 2024 年 7 月 5 日预付货款时的会计分录。

(2) 编制 2024 年 7 月 20 日收到结算凭证,存货验收入库的会计分录。

(3) 编制 2024 年 7 月 23 日支付余款的会计分录。

2. 大兴公司原材料计划成本为 90 元/千克,期初库存原材料为 360 千克,"材料成本差异"贷方差异 1 092 元。大兴公司为一般纳税人企业,采用计划成本进行材料日常核算,3 月发生以下经济业务。

(1) 5 日,从 A 公司购入材料一批 500 千克,增值税专用发票注明价款为 50 000 元,增值税为 8 500 元,货款通过银行支付,材料未入库。

(2) 6 日,预付 B 公司 10 000 元,用于购买原材料。

(3) 10 日,从 B 公司购入的原材料 200 千克已运到并验收入库,同时收到的增值税专用发票上注明价款为 16 000 元,增值税为 2 720 元,用银行存款补足货款。原材料的计划成本是 18 000 元。

(4) 20 日,从 C 公司购入材料一批 600 千克,增值税专用发票价款为 60 000 元,增值税为 10 200 元,款已支付,但材料未到。

(5) 25 日,上述 5 日从 A 公司购入的原材料运到并验收入库,原材料的计划成本是 45 000 元。

(6) 28 日,从 D 公司购入原材料 300 千克,材料已验收入库,但发票到月末尚未收到,货款未付。

(7) 31 日,上述 28 日从 D 公司购入的材料发票账单仍未收到,按计划成本 27 000 元暂估入账。

(8) 本月发出原材料 550 千克:生产领用 500 千克,管理部门领用 50 千克。

根据以上资料,完成下面各题。

（1）用计划成本法进行以上经济业务的账务处理。

（2）月末,计算材料成本差异率。

（3）计算并结转发出材料承担的差异额。

文档：任务四
拓展训练

任务五 收款业务智能化账务处理

财务工作始于数据,也终于数据,但财务并非只是数据的搬运工,而是数据的整合加工者。在当前大智移云的时代背景下,账务处理方式发生了翻天覆地的变化,智能财务应运而生,极具代表性的就是企业的智能财务共享平台。

企业智能财务共享平台是现代企业财务体系拥抱"互联网、云计算"等先进技术的全新产物。互联网和"云"的核心思想是连接,共享的核心思想是开放。架构于互联网和"云"上的智能财务共享平台通过连接和数字化改造,实现了财务与业务的实时联结,颠覆了传统账务处理方式,取消了人工报销、报账等传统业务流程,真正实现了业财深度融合。

在智能财务共享平台体系下,大量不增值的审核、记账、结账等工作都由系统自动化实时完成,财务人员只需事前做好管理控制、做好预算、设置好流程即可。智能财务共享平台最终可以帮助财务工作者从烦琐重复的劳动中解脱出来,聚焦在管理分析、风险监控、识别等工作上。

本模块内容依托网中网公司的财务云共享平台进行操作讲解,具体是对北京益金鑫公司的典型经济业务进行智能化账务处理。

一、企业信息建档

企业信息建档是进行企业智能化账务处理的第一步操作。其具体操作步骤如下。

1. 收集企业基本信息

企业信息主要包括企业名称、地址、联系人、联系方式、经营范围、企业内部财务制度、公司章程等。

2. 审核信息

审核信息主要是审查收集信息的真实性和合法性。

3. 录入财务云平台

录入财务云平台就是将审核无误的公司信息录入财务云共享平台。

二、期初建账

首先应收集企业建账的相关数据信息,并进行合法性、真实性、完整性、有效性审查,然后进行期初建账工作。其具体操作内容如下。

1. 录入企业基本信息

录入企业的基本信息包括企业名称、所属行业、纳税人制度、会计制度、建账期间和企业经营范围。

2. 设置会计科目

会计科目的设置是期初建账工作的关键内容。在设置会计科目的过程中,应遵循合法性、相关性、实用性原则,并结合企业自身特点和经营业务范围,设置常用的会计科目和二级明细科目。

3. 录入期初数据

在设置完会计科目后,应根据企业的期初余额表,在财务云平台进行期初数据的录入。此时可选择手工录入和 Excel 导入数据两种方式。为了提高效率,可以先在平台中下载"期初余额表"模板,将企业的期初数据录入此模板,之后再进行 Excel 导入数据操作。

4. 进行试算平衡

期初余额录入完毕,单击"试算平衡"检查录入结果。如果显示"试算平衡",则代表录入的期初数据没有问题;反之,应仔细核对填入的各个会计科目的期初余额数据是否正确,找到错误之后进行修改。最终需保证试算平衡。

5. 启用账套

试算平衡之后,单击"启用账套"。

三、票据录入

在财务云共享平台进行票据录入操作需要分三个步骤进行,分别是票据整理、票据扫描和票据录入。

(一)票据整理

票据整理是指对原始凭证进行审核、分类的过程。北京益金鑫公司的整理扫描会计需要对企业发生经济业务取得的原始凭证进行集中整理,依次查看并审核原始凭证的真实性、合法性、合规性,审核无误后,再对原始票据进行分类整理,根据经济业务内容,判断业务类型。票据根据反映的经济业务内容,大体上可以分为销售类、收款类、转款类、采购类、费用类、付款类、工资类和成本类八大类。

此处重点讲解收款类原始票据的整理。

收款类票据主要是企业发生销售业务、提供应税劳务等活动而产生的款项收入。代表性的票据是银行业务回单(收款)凭证、借款借据(收账通知)、收款收据等。在整理收款类票据时,应将银行回单与银行对账单逐笔核对,保证票据信息的真实性和合法性。

(二)票据扫描

1. 票据编码

为了方便后期票据查找,企业整理扫描会计人员可将收款类票据进行编号排序,将编号结果手工写到每张票据的左上角。

2. 建立票据存放路径

在票据上传财务云共享平台之前,需要先在计算机桌面上新建文件夹,将来统一存放扫描后需要上传系统的收款类票据。

3. 票据扫描

将审核后的收款类票据通过扫描仪扫描并存储到计算机的文件夹。注意票据扫描结果应清晰可查看。

4. 导入票据

登录财务云共享平台,单击智能记账模式下的"企业库",选择需上传的收款类票据,单击"票据管理"→"导入票据"→"账务资料",选择业务发生的期间,单击"继续添加"按钮,依次选择需上传的扫描图片。最后单击右下角的"导入"按钮,完成票据导入工作。

(三)票据录入

上述工作完成之后,北京益金鑫公司的录入会计人员便开始进行票据录入系统工作。首先,登录财务云共享平台,依次选择所属行业、企业名称、记账归属日期;其次,单击系统左侧菜单栏中的"影像管理系统",选择"影像获取",在跳转的页面中选择"上传影像",即可完成票据影像上传的操作,具体操作结果如图 2-13 所示。收款类票据在录入系统时,企业录入会计应重点关注付款人的企业信息、收款金额、摘要附言等内容,以明确收取款项的资金来源。

图 2-13 "影像获取"操作结果

【工作任务 2-53】北京益金鑫公司因向北京杨洋有限公司销售商品收到了货款 45 万元,并收到了银行电子回单(收款)凭证。北京益金鑫公司的录入会计人员将此张收款类单据录入系统的具体操作步骤如下。

步骤 1:单击系统左侧菜单栏中的"影像管理系统",选择"影像整理"。具体操作内容如图 2-14 所示。

步骤 2:根据票据左上角的手写编号,填写系统右侧的"票据编号"信息。

步骤 3:分析票据的业务类型,单击系统右侧"票据类型"的下拉菜单,选择"收款"类别。

步骤 4:根据原始票据"银行电子回单(收款)凭证"中收款方的资金账户信息,单击系统右侧"资金账户"的下拉菜单,选择正确的银行账户信息。具体操作内容如图 2-15 所示。

图 2-14 选择"影像整理"

图 2-15 "影像整理"操作内容

步骤 5:单击系统左侧的"智能凭证中心",来到票据信息设置页面,根据银行收款回单的票面信息进行内容的编辑。选择"业务类型"为"销售收款",选择"往来单位"为"北京杨洋有限公司",收款金额为"450 000"。对于银行手续费,若无发生,则录入"0"。全部信息录入结束以后,单击"保存"按钮,相应的记账凭证便自动生成了。其中具体分录内容如下。

借:银行存款   450 000
  贷:应收账款   450 000

具体操作内容如图 2-16 所示。

图 2-16 "智能凭证中心"操作内容

四、智能记账建模

财务云共享平台自动生成记账凭证的底层逻辑是相关业务的分录模板已提前内置在了系统中。智能记账建模总结起来可以分为两大步骤:一是进行票据筛选条件的设置;二是进行分录模板的设置。下面以收款类票据为例,具体讲解规则模板设置的操作步骤。

1. 设置规则名称

根据业务内容设置规则名称,具体为"银行收款业务"。

2. 设置票据类型

设置票据类型的具体操作比较简单,直接根据原始票据的类型进行相应内容的勾选即可。此处的原始票据是一张银行收款回单,因此具体操作为:单击下拉菜单,选择"银行回单"→"收款单"。具体设置内容如图 2-17 所示。

3. 设置规则生效条件

规则生效条件具体包括两条内容。一是收款单中的"收款人户名"应该等于"当前企业名称";二是收款单中的"摘要"应该包含"货款"字段。具体设置内容如图 2-18 所示。

图 2-17 规则名称及票据类型设置

图 2-18 规则生效条件设置

4. 设置凭证逻辑

凭证逻辑设置是智能凭证得以生成的关键内容。银行收款业务的凭证逻辑设置内容具体如下:填写摘要"收到银行款项";借方科目输入"银行存款";借方金额则是从右侧"字段拾取"处选择"je(金额)"选项;贷方科目输入"应收账款";贷方金额同样是从右侧"字段拾取"处选择"je(金额)"选项。凭证逻辑的具体设置内容如图 2-19 所示。

【注意】分录模板中的借方和贷方金额,不是手工录入,而是直接单击右侧"字段拾取"中的相应字段。在操作过程中一定要注意借贷方向及对应字段信息的准确性。

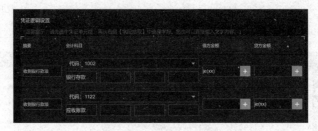

图 2-19　凭证逻辑设置

 做中学

1. 登录财务云共享平台,完成企业信息建档和期初建账工作。

2. 在财务云共享平台"影像整理"中心,完成"银行收款回单"票据信息的录入;在"智能凭证中心",完成银行收款回单记账凭证的自动生成。

3. 在财务云共享平台"财务机器人"模块,完成"银行收款业务"的规则模板和凭证逻辑设置。

任务六　网银自动付款机器人

一、情景导入

晚上九点,郑州越幸公司财务部办公室仍然灯火通明。出纳小菜目光呆滞地坐在计算机前,机械地敲着键盘,喃喃自语道:"还有 20 份付款申请单需要录入网银系统,加油,争取 10 点干完,明天好交差!"

这时,财务机器人大罗来到了小菜的身边,关心问道:"小菜,你这么敬业啊,都这么晚了还在加班!"

"大罗,老板今天让我把本季度所有审批通过的付款申请单都通过网银支付出去,目前就剩下 20 份了,估计还得 1 小时,我得加油干啊!"小菜一边敲击键盘一边说。

"什么? 录入 20 份付款申请单需要 1 小时,你的效率有点低啊?"大罗不可思议地说。

"是呀,虽然操作难度不大,按部就班填写信息就行,但是需要格外细心,我刚才就是不小心填错信息了,又重新填一遍,哎!"小菜委屈地说。

"小菜,网银支付货款其实是一个操作流程明确、规则清晰的业务,我们一起开发一个网银自动付款机器人吧,这样可以轻松实现录入信息的自动化。"大罗关心地说。

随后,小菜在大罗的帮助和指导下,信心满满地开始尝试开发网银自动付款机器人。

二、网银自动付款 RPA 机器人工作流程设计

(一) 人工操作流程设计

在进行 RPA 财务机器人开发之前,需要根据特定的业务场景,先梳理清楚人工操作流程,并判断开发 RPA 机器人的可行性和效益性。

出纳小菜根据自己的操作经验,总结出了网银付款业务的人工操作流程,包括七个步骤,如表 2-10 所示。

表 2-10 网银付款业务人工操作流程

步 骤	人 工 操 作
第一步	打开交通银行网上银行网页
第二步	输入账号、密码,单击"登录"
第三步	单击"企业单笔付款"
第四步	单击"付款录入"
第五步	依次进行"开户行、收款账号、收款户名、汇款金额、付款原因及说明"信息的填写
第六步	单击"保存"按钮
第七步	单击"确定"按钮

【注意】以上内容是手工录入一张付款申请单信息的完整步骤。如需录入其他付款申请单信息,则需要重复第五步到第七步的操作内容,直至所有的付款申请单全部录入完毕。

（二）RPA 流程设计

小菜在财务机器人大罗的帮助和指导下,根据人工操作流程,最终完成了网银自动付款机器人的 RPA 流程设计,具体如表 2-11 所示。

表 2-11 网银付款业务 RPA 流程设计

步 骤	人 工 操 作	RPA 流程
第一步	打开交通银行网上银行网页	"打开浏览器"
第二步	输入账号、密码,单击"登录"	"输入信息"→"单击"
第三步	单击"企业单笔付款"	"单击"
第四步	单击"付款录入"	"单击"
第五步	依次进行"开户行、收款账号、收款户名、汇款金额、付款原因及说明"信息的填写	"选择文件夹"→"分配"→"构建数据表"→"遍历循环"→"对于每一个行"
第六步	单击"保存"按钮	"单击"
第七步	单击"确定"按钮	"单击"

三、网银自动付款 RPA 机器人开发与应用

根据前面梳理出来的网银自动付款机器人 RPA 操作流程,便可以通过 UiPath 平台,以及拖曳相应的活动,完成机器人的开发工作。

（一）访问网络前的环境准备

1. 打开 UiPath 的扩展程序

打开 UiPath Studio 软件,在"主页"左侧单击"工具",在 UiPath 扩展程序中单击目标程序"Chrome"（谷歌）,在弹出的对话框中单击"确定"按钮。具体操作内容如图 2-20 所示。

2. 打开浏览器的扩展程序

打开 Chrome 谷歌浏览器,单击右上角的"设置"→"扩展程序"按钮,启动 UiPath Web

Automation。具体操作内容如图 2-21 所示。

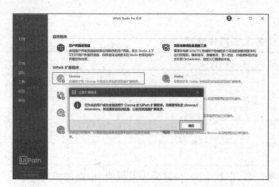

图 2-20　安装"Chrome"(谷歌)的 UiPath 扩展程序　　　　图 2-21　打开谷歌浏览器的扩展程序

（二）网银自动付款机器人开发

1. 新建项目"网银自动付款机器人"

打开 UiPath 平台，在"开始"菜单下新建项目"网银自动付款机器人"。

2. 使用"打开浏览器"活动

在活动面板搜索"打开浏览器"活动，拖曳到工作区，输入交通银行网上银行网址"http://ebank-rpa.netinnet.cn/"，在属性面板选择 Chrome 谷歌浏览器。具体操作内容如图 2-22 所示。

文档：网银自动付款
机器人业务数据

微课：网银自动
付款机器人开发

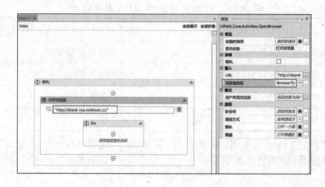

图 2-22　"打开浏览器"活动

【注意】在 UiPath 平台使用的标点符号，如双引号、小括号、逗号等，全部需要在英文状态下输入。

3. 使用"最大化窗口"活动

在活动面板搜索"最大化窗口"活动，拖曳到"打开浏览器"活动的"do"中。

4. 使用"输入信息"活动

在活动面板搜索"输入信息"活动，拖曳到"最大化窗口"活动下方，重复使用两次，依次输入网银系统登录账号"11001010400130586430"和密码"123456"。具体操作内容如图 2-23 所示。

5. 使用"单击"活动

在活动面板搜索"单击"活动，拖曳到"输入信息"活动下方。重复使用三次，依次单击"登录""企业单笔付款""付款录入"。

6."选择文件夹"活动

在活动面板搜索"选择文件夹"活动,拖曳到工作区,创建变量 folder 存储用户选择结果。运行时,选择业务数据文件夹。具体操作内容如图 2-24 所示。

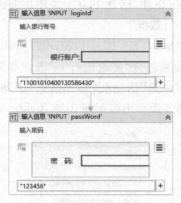

图 2-23 "输入信息"活动

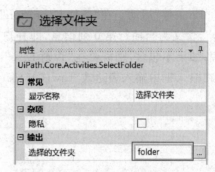

图 2-24 "选择文件夹"活动

7."分配"活动

在活动面板搜索"分配"活动,拖曳到"选择文件夹"活动下方。从文件夹中获取名称中含有"付款申请"的所有 Excel 文件,表达式为 directory. getfiles(folder,"＊付款申请＊. xlsx");创建变量 files 存储选择的结果,注意修改 files 的数据类型。具体操作内容如图 2-25 所示。

8."构建数据表"活动

在活动面板搜索"构建数据表"活动,拖曳到"分配"活动下方。设置列名称分别为开户行、收款账号、收款户名、汇款金额、付款原因及说明;创建变量"数据表"存储结果。具体操作内容如图 2-26 所示。

图 2-25 "分配"活动

图 2-26 "构建数据表"活动

9."遍历循环"活动

在活动面板搜索"遍历循环"活动,拖曳到"构建数据表"活动下方。遍历访问对象填写变量"files",从而实现依次访问变量 files 中的每一个文件。

(1)"读取范围"活动。读取每一个文件 A3 开始的数据(不添加标头),创建变量 data 存储读取结果。

(2)"多重分配"活动。利用表达式 data. rows(x)(y). tostring,从 data 数据表中提取目标数据,依次创建变量存储。此处共需创建 5 个变量:开户行、收款账号、收款户名、汇款金额、付款原因及说明。

（3）"添加数据行"活动。将创建的 5 个变量通过"添加数据行"活动添加到变量"数据表"中。具体操作内容如图 2-27 所示。

10."对于每一个行"活动

在活动面板搜索"对于每一个行"活动，拖曳到"遍历循环"活动下方。循环访问的对象为变量"数据表"，可以实现依次访问变量数据表中的每一行数据。

（1）"IF 条件"活动。在"条件 Condition"输入框中输入"row(0).ToString.Contains("交通银行")"，含义为当前行第 0 列信息，即开户行信息，是否包含"交通银行"字段。如果包含则不用处理；如果不包含，则需要在"否则 Else"区域使用"单击"活动和"输入信息"活动，单击空白原点，在输入框中输入表达式"row(0).tostring"。具体操作内容如图 2-28 所示。

图 2-27 "遍历循环"等活动 　　　　　　图 2-28 "IF 条件"活动

（2）"输入信息"活动。在活动面板搜索"输入信息"活动，拖曳到"IF 条件"活动下方。此处需要重复使用四次"输入信息"活动，依次完成"收款账号""收款户名""汇款金额""付款原因及说明"信息的录入；输入信息是表达式"row(X).tostring"。

（3）"单击"活动。在活动面板搜索"单击"活动，拖曳到"输入信息"活动下方。此处需要重复使用两次"单击"活动，分别是单击"保存"按钮和单击"确定"按钮。

网银自动付款机器人的具体开发和使用方法可以参照学习视频完成。

 做中学

1. 下载网银自动付款机器人业务数据，并梳理 RPA 机器人操作流程。

2. 在 UiPath 平台开发财务机器人"网银自动付款机器人"。

一、情景导入

一到月末，郑州越幸公司的出纳小菜就会发愁企业银行存款日记账和银行对账单核对的事情，数据量大，需要一笔一笔地核对，最后还得编制银行存款余额调节表，整个过程费时费力，让人头疼。

财务机器人大罗发现了小菜的烦恼,就关心地问道:"小菜,又在为工作的事情发愁吗?"

"是啊,大罗!财务工作真是需要一关一关过啊。前段时间在你的帮助下我们共同完成了网银自动付款机器人的开发,工作效率真的提高了不少。可是现在我又遇到新的难题了,银企对账真的太容易出错了!"小菜苦闷地说。

"哈哈,小菜。既然 RPA 机器人可以替代人工完成重复性高、操作规则明确的业务,那么有没有想过再开发一个银企自动对账机器人呢?"大罗说。

"对啊,大罗,银企对账操作流程也很清晰,要是也能开发出一个机器人替我工作,就太好了!"小菜开心地说。

随后,小菜便在大罗的帮助和指导下,信心满满地开始尝试开发银企对账机器人。

二、银企对账工作流程设计

(一) 人工操作流程设计

在进行 RPA 财务机器人开发之前,需要根据特定的业务场景,先梳理清楚人工操作流程,并判断开发银企对账 RPA 机器人的可行性和效益性。

出纳小菜根据自己的操作经验,总结出了银企对账业务的人工操作流程,包括 5 个步骤,具体如表 2-12 所示。

表 2-12　银企对账业务人工操作流程

步　骤	人　工　操　作
第一步	打开财务软件,导出银行存款日记账
第二步	打开网银系统,导出银行对账单
第三步	对银行存款日记账和银行对账单进行核对
第四步	筛选出金额未匹配数据
第五步	将未匹配数据写入银行存款余额调节表

(二) RPA 流程设计

小菜在财务机器人大罗的帮助和指导下,根据人工操作流程,最终也完成了银企对账机器人的 RPA 流程设计,具体流程如表 2-13 所示。

表 2-13　银企对账业务 RPA 流程设计

步　骤	人　工　操　作	RPA 流程
第一步	打开财务软件,导出银行存款日记账	略
第二步	打开网银系统,导出银行对账单	略
第三步	对银行存款日记账和银行对账单进行核对	"选择文件"→"读取范围"→"读取单元格"→"筛选数据表"→"连接数据表"
第四步	筛选出金额未匹配数据	"筛选数据表"
第五步	将未匹配数据写入银行存款余额调节表	"写入范围"

【注意】为减轻开发机器人的工作量,前两步的数据会直接给出。重点需要解决后三步内容开发。

三、银企对账 RPA 机器人的开发与应用

根据前面梳理出来的银企对账机器人 RPA 操作流程，来到 UiPath 平台，通过拖曳相应的活动，完成机器人的开发工作，具体操作内容如下。

文档：银企对账机器人业务数据

1. 新建项目"银企对账机器人"

打开 UiPath 平台，在"开始"菜单下新建项目"银企对账机器人"。

2. 使用"消息框"和"选择文件"活动

在活动面板搜索"消息框"活动和"选择文件"活动，依次拖曳到工作区，此处需要重复三次以上操作，分别实现选择"银行对账单""银行存款日记账""银行存款余额调节表"三个文件，并创建三个变量"file银行对账单""file银行日记账"和"file余额调节表"存储选择文件的结果。具体操作内容如图 2-29 所示。

微课：银企对账机器人开发

【注意】"消息框"活动和"选择文件"活动好似一对形影不离的好朋友，"消息框"活动可以提醒用户接下来的操作内容，"选择文件"活动可以使开发的机器人不受文件存储位置变动的影响。二者搭配使用，可以让机器人的使用者体验感更好。

3. 使用"读取范围""读取单元格"和"筛选数据表"活动

首先对"银行对账单"文件进行以下三步操作。在活动面板搜索"读取范围""读取单元格"和"筛选数据表"活动，依次拖曳到"选择文件"活动下方。其中"读取范围"活动是要读取"file银行对账单"文件中"Sheet1"工作表中"A1"开始的所有数据，并创建变量"data银行对账单"存储读取的结果；"读取单元格"活动是要读取银行对账单余额，也就是读取银行对账单最后一行的数据，此处需要用表达式"data.rows.count"统计出银行对账单数据的行数，结合"读取范围"的结果变量，获取末行余额的单元格内容的表达式为""G"+(data银行对账单.Rows.Count+1).ToString"，创建变量"银行日记账余额"，数据类型为"double"；"筛选数据表"活动是要删除"data银行对账单"数据表中"期初余额"所在行的数据信息，因此在"筛选器向导"中，输入数据表和输出数据表均为变量"data银行对账单"，行筛选模式选择"删除"，在列中输入"摘要"，操作选择"="，值中输入"期初余额"。具体操作内容如图 2-30～图 2-32 所示。

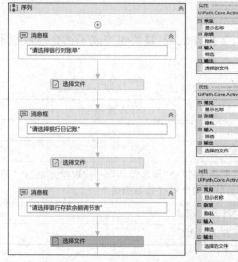

图 2-29 "消息框"和"选择文件"活动　　　　图 2-30 "读取范围"活动

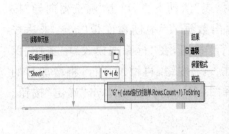

图 2-31 "读取单元格"活动   图 2-32 "筛选数据表"活动

完成以上操作之后,对"file 银行存款日记账"文件进行重复操作,分别是读取"银行存款日记账"文件的所有数据,创建变量"data 银行日记账"存储;获取末行余额的单元格内容;删除读取结果的数据表中"期初余额"所在行的数据信息。

【注意】因为"读取范围"的结果默认添加标头,在获取读取结果的行数时,需要将标题行计算上,因此上面获取行数的公式中有个"+1"的操作。

4. 使用"连接数据表"活动

在活动面板搜索"连接数据表"活动,拖曳到"筛选数据表"活动下方,单击"连接向导"按钮,在"输入数据表 1"中输入变量"data 银行对账单",在"输入数据表 2"中输入变量"data 银行日记账",在"输出数据表"中创建变量"data 对账结果",其数据类型为 DataTable,在"连接类型"中选择"Full",代表所有数据全部连接。接下来是设置连接数据的依据,在表 1 的列中输入"借方",表 2 的列中输入"贷方金额",中间用"="连接,指的是将银行对账单的"借方"和银行存款日记账"贷方金额"相等的数据连接到一起;之后,再添加一个连接条件,在表 1 的列中输入"贷方",表 2 的列中输入"借方金额",中间用"="连接,指的是将银行对账单的"贷方"和银行存款日记账"借方金额"相等的数据连接到一起。具体操作内容如图 2-33 所示。

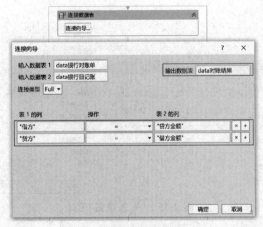

图 2-33 "连接数据表"活动

【注意】银行对账单上的借贷方向和会计做账时用到的借贷方向正好相反。对于银行而言,吸收客户的存款,需要登记在贷方,此时表示客户在银行的存款增加了,对于银行而言,负债也增加了,因为银行承担了随时向顾客支付款项的义务。

5. 使用"筛选数据表"活动

在活动面板搜索"筛选数据表"活动,拖曳到"连接数据表"活动下方,单击"筛选器向导"按钮,在"输入数据表"中输入变量"data对账结果",在"输出数据表"中创建变量"data未达账项",其数据类型为DataTable类型。接下来,单击"筛选行"按钮,在"行筛选模式"中选择"保留",在列中输入"摘要",操作选择"Is Empty";之后,单击"＋"按钮,再增加一行,将增加行的行首"And"修改为"Or",在列中输入"摘要_1",操作选择"Is Empty",最后单击"确定"按钮。具体操作内容如图2-34所示。

图 2-34　"筛选数据表"活动

【注意】活动编辑时,涉及文本内容,需要给其添加上英文输入法下的双引号。

6. 使用"写入范围"活动

在活动面板搜索"写入范围"活动,拖曳到"筛选数据表"活动下方,在"目标工作表名称"中输入"Sheet1",在"目标起始单元格"中输入"A1",在"输入"→"工作簿路径"中输入"未达账项.xlsx",在"输入"→"数据表"中输入变量"data未达账项",勾选"添加标头"。具体操作内容如图2-35所示。

图 2-35　"写入范围"活动

【注意】在"输入工作簿路径"中输入"未达账项.xlsx",代表机器人运行时,会自动创建一个名称为"未达账项"的excel文件用来存储数据。此文件可在机器人运行结束之后,在项目面板中查看到。

7. 使用"写入单元格"活动

在活动面板搜索"写入单元格"活动,拖曳到"写入范围"活动下方,在工作簿路径中输入变量"file 余额调节表",在"目标工作表名称"中输入"Sheet1",在"目标范围"中输入"C2",在"输入值"中输入"银行日记账余额. ToString";接下来重复操作,再次添加"写入单元格",在工作簿路径中输入变量"file 余额调节表",在"目标工作表名称"中输入"Sheet1",在"目标范围"中输入"F2",在"输入值"中输入"银行对账单余额. ToString"。具体操作内容如图 2-36 所示。

8. 使用"筛选数据表"活动和"写入范围"活动

在活动面板搜索"筛选数据表"活动和"写入范围"活动,拖曳到"写入单元格"活动下方。

单击"筛选数据表"活动的"筛选器向导..."按钮,在"输入数据表"中输入变量"data 未达账项",在"输出数据表"中创建变量"银行已收企业未收",其数据类型为 DataTable 类型,接下来,单击"筛选行"按钮,在"行筛选模式"中选择"保留",在列中输入"贷方",操作选择"Is Not Empty",单击"输出列",选择"保留",在列中分别输入"日期""贷方",单击"确定"按钮。具体操作内容如图 2-37 所示。

图 2-36 "写入单元格"活动

图 2-37 "筛选数据表"活动

在"写入范围"活动的工作簿路径中输入变量"file 余额调节表",在"目标工作表名称"中输入"Sheet1",在"目标起始单元格"中输入"B3",在"输入数据表"中输入变量"银行已收企业未收"。具体操作内容如图 2-38 所示。

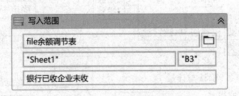

图 2-38 "写入范围"活动

之后,再重复使用三组"筛选数据表"和"写入范围"活动,依次从"data 未达账项"中筛选出"银行已付企业未付""企业已收银行未收""企业已付银行未付"的数据,并填写到"file 余额调节表"中。

9. 使用"消息框"活动

添加"消息框",输入"全部完成,请查看对账结果!"。

做中学

1. 下载银企对账机器人业务数据,并梳理 RPA 机器人操作流程。

2. 在 UiPath 平台开发财务机器人"银企对账机器人"。

非流动资产

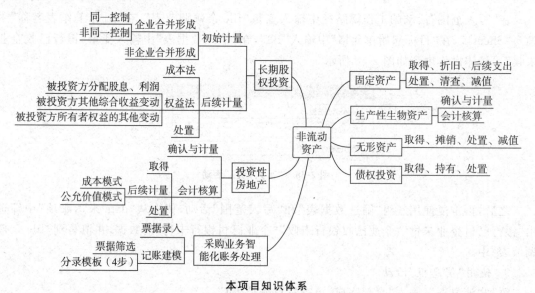

知识目标

掌握固定资产、无形资产、投资性房地产的核算；掌握长期股权投资的初始计量、后续计量及核算；熟悉固定资产清查、使用权资产的核算、债权投资的核算；熟悉非流动资产的智能核算等。了解各种非流动资产的特征及其管理要求、生产性生物资产的核算等。

技能目标

能对固定资产、无形资产、投资性房地产的取得、折旧（或摊销）和处置等进行核算；能对长期股权投资进行初始计量、后续计量及核算；能运用财务共享平台实现对非流动资产的智能核算。

素养目标

厚植经世济民的职业情怀，增强制度自信和创造大国的自豪感；强化法治意识、风险防范意识和协同合作意识。

本项目知识体系

非流动性资产是指不能在一年或者超过一年的一个营业周期内变现或者耗用的资产。主要包括流动资产以外的债权投资、其他债权投资、长期股权投资、其他权益工具投资、投资性房地产、固定资产、在建工程、生产性生物资产、油气资产、使用权资产、无形资产、开发支出、长期应收款、长期待摊费用、递延所得税资产、其他非流动资产等。

任务一 固定资产

一、固定资产概述

(一)固定资产的概念和特征

固定资产是指企业为生产商品、提供劳务或经营管理而持有的,且使用寿命超过一个会计年度的有形资产。从定义中可知,固定资产具备以下特征。

(1)企业持有固定资产的目的,是用于生产商品、提供劳务、出租或经营管理的,而不是直接用于出售。其中,出租是指以经营租赁方式出租的机器设备等。这一特征是固定资产区别于存货等流动资产的重要标志。

(2)企业使用固定资产的期限超过一个会计年度。这一特征表明企业固定资产属于非流动资产,其收益期超过一年,能在一年以上的时间里为企业创造经济利益。

(3)固定资产是有形资产。固定资产具有实物特征,这一特征是固定资产区别于无形资产的主要标志。有些无形资产虽然符合固定资产"为生产商品、提供劳务而持有和使用寿命超过一个会计年度"的特征,但是由于其没有实物形态,所以不属于固定资产。

(二)固定资产的分类

根据不同的管理需要和核算要求以及不同的分类标准,可以对固定资产进行不同的分类,分类方法主要有以下几种。

1. 按经济用途分类

按经济用途分类,固定资产可分为生产经营用固定资产和非生产经营用固定资产。生产经营用固定资产是指直接服务于企业生产、经营过程的各种固定资产,如生产经营用的房屋、建筑物、机器、设备、器具等。非生产经营用固定资产是指不直接服务于生产、经营过程的各种固定资产,如职工宿舍、食堂等。

2. 按固定资产的使用情况分类

按使用情况的不同,固定资产可分为使用中的固定资产、未使用的固定资产和不需用的固定资产。

(1)使用中的固定资产是指正在使用中的经营性和非经营性固定资产。由于季节性经营或大修理等原因,暂时停止使用的固定资产仍属于企业使用中的固定资产,企业出租(指经营性租赁)给其他单位使用的固定资产和内部替换使用的固定资产也属于使用中的固定资产。

(2)未使用的固定资产是指已完工或已购建的尚未正式使用的固定资产,以及因进行改扩建等原因暂停使用的固定资产。

(3)不需用的固定资产是指企业多余或不适用、待处置的固定资产。

3. 综合分类

按固定资产的经济用途和使用情况等综合分类,可把固定资产划分为以下七类。

(1)生产经营用固定资产。

(2)非生产经营用固定资产。

(3)租出固定资产。

（4）不需用固定资产。

（5）未使用固定资产。

（6）土地，是指过去已经估价单独入账的土地。企业取得的土地使用权，应作为无形资产管理和核算。

（7）融资租入固定资产，是指除短期租赁和低价值资产租赁外，企业在租赁期间不拥有所有权但拥有实质控制权的各种固定资产。

由于企业的经营性质不同，经营规模各异，因此对固定资产的分类不可能完全一致。但实际工作中，企业大多采用综合分类的方法作为编制固定资产目录、进行固定资产核算的依据。

【初级同步 3-1】（单选题）下列各项中，制造企业应作为固定资产核算的是（　　）。

A. 为建造厂房购入的工程物资　　　　B. 正在建设中的生产线

C. 行政管理部门使用的汽车　　　　　D. 生产完工准备出售的产品

（三）固定资产的计价基础

《企业会计准则第 4 号——固定资产》规定，固定资产应当按照历史成本进行初始计量。但固定资产价值较大，为了正确地反映固定资产价值的增减变动，还需要按一定标准对固定资产进行计价。

1. 原始价值

原始价值又称原值，也称实际成本、历史成本，是指企业购建某项固定资产达到可使用状态前所发生的全部合理支出。原始价值一般包括买价、相关税费、运输费、装卸费、安装费用和专业人员服务费、资本化的借款费用等。原始价值是固定资产取得时的实际成本，是客观真实、可以复核的，是固定资产的基本计价标准。

2. 净值

净值也称为折余价值，是指固定资产原始价值减去已提折旧后的净额。它可以反映企业固定资产的现有价值。用净值与原始价值比较可反映企业固定资产的新旧程度，以便于企业及时对固定资产进行更新改造。

3. 重置价值

重置价值也称重置成本，是指在目前的市场条件下，重新购置该项固定资产所需的全部合理支出。在实际工作中，企业购入旧的固定资产、固定资产盘盈、接受捐赠固定资产，或者接受旧的固定资产投资，在通常无法确定其原始价值的情况下采用重置成本计价。

4. 现值

现值是指固定资产在使用期间以及处置时产生的未来现金流量的折现价值。一般在期末确定固定资产的可回收金额时，需要考虑现值计价标准。

二、固定资产的账户设置

为了反映和监督固定资产的取得、折旧、减值准备和处置等情况，企业一般设置"固定资产""累计折旧""在建工程""工程物资""固定资产清理"等账户。

1. "固定资产"账户

"固定资产"账户用于核算企业固定资产的原价，借方登记企业增加的固定资产原价，贷方登记企业减少的固定资产原价，期末借方余额，反映企业期末固定资产的账面原价。企业应当设置"固定资产登记簿"和"固定资产卡片"，按固定资产类别、使用部门和每项固定资产进行明细核算。

2. "累计折旧"账户

"累计折旧"账户属于"固定资产"的调整账户,核算企业固定资产的累计折旧,贷方登记企业计提的固定资产折旧,借方登记处置固定资产转出的累计折旧,期末贷方余额,反映企业固定资产的累计折旧额。

3. "在建工程"账户

"在建工程"账户用于核算企业基建、更新改造等在建工程发生的支出,借方登记企业各项在建工程的实际支出,贷方登记完工工程转出的成本,期末借方余额,反映企业尚未达到预定可使用状态的在建工程的成本。

4. "工程物资"账户

"工程物资"账户用于核算企业为在建工程而准备的各种物资的实际成本,借方登记企业购入工程物资的成本,贷方登记领用工程物资的成本,期末借方余额,反映企业为在建工程准备的各种物资的成本。

5. "固定资产清理"账户

"固定资产清理"账户属于资产类账户,用于核算企业因出售、报废、毁损、对外投资、非货币性资产交换、债务重组等原因转入清理的固定资产净值,以及在清理过程中发生的清理费用和清理收益。借方登记固定资产转入清理净值、清理过程中应支付的相关税费及其他费用;贷方登记出售固定资产取得的价款、残料价值和变价收入。期末借方余额,反映企业尚未清理完毕的固定资产清理净损失;期末如为贷方余额,则反映企业尚未清理完毕的固定资产清理净收益。固定资产清理完成,应将其贷方或借方余额转入"资产处置损益""营业外收入"或"营业外支出"账户,清理净损益结转后,该账户无余额。企业应当按照被清理的固定资产项目设置明细账,进行明细核算。

6. "固定资产减值准备"账户

"固定资产减值准备"账户是固定资产的备抵账户,贷方反映提取的固定资产减值准备数,借方反映因固定资产减少而转销的固定资产减值准备数,贷方余额表示已计提但尚未转销的固定资产减值准备数。

此外,企业在建工程、工程物资发生减值的,还应设置"在建工程减值准备""工程物资减值准备"等账户进行核算。

三、取得固定资产的核算

(一)外购固定资产

企业外购的固定资产,应将实际支付的购买价款、相关税费、使固定资产达到预定可使用状态前所发生的可归属于该项资产的运输费、装卸费、安装费和专业人员服务费等,作为固定资产的取得成本。其中,相关税费不包括按照现行增值税制度规定,可以从销项税额中抵扣的增值税进项税额。

企业外购的固定资产,在投入使用前,有的需要安装,有的则不需要安装。

1. 购入不需要安装的固定资产

购入不需要安装的固定资产,达到预定可使用状态的,按照确认的入账价值直接增加企业的固定资产。一般纳税人购入不需要安装的固定资产时,应根据发票等原始单据,作会计处理如下。

借:固定资产

应交税费——应交增值税(进项税额)

　　贷:银行存款、应付账款等

　　如果是小规模纳税人购进固定资产,即使取得增值税专用发票,增值税也不可以抵扣,应计入固定资产成本。

　　【工作任务3-1】2024年1月2日,南京公益食品公司购入一台不需要安装的生产用设备,取得增值税专用发票注明的买价为50 000元,增值税为6 500元;发生的运费为3 000元,增值税为270元,款项全部以银行存款付清。南京公益食品公司购进设备时,应作会计处理如下。

　　借:固定资产　　　　　　　　　　　　　　　　　　　　　　　　53 000

　　　应交税费——应交增值税(进项税额)　　　　　　　　　　　　 6 770

　　　贷:银行存款　　　　　　　　　　　　　　　　　　　　　　　　　 59 770

　　【初级同步3-2】(单选题)某企业为增值税小规模纳税人,2020年4月1日购入一台不需要安装即可投入使用的设备,取得的增值税专用发票上注明的价款为40 000元,增值税税额为5 200元;支付运费,取得的增值税专用发票上注明的运费为300元,增值税税额27元,全部款项以银行存款支付。不考虑其他因素,该设备的入账价值为(　　)元。

　　A. 40 300　　　　　　　B. 40 000　　　　　　　C. 45 527　　　　　　　D. 45 500

　　2. 购入需要安装的固定资产

　　购入需要安装的固定资产,应以购入成本与安装调试等成本之和作为固定资产入账成本。企业购进需安装的固定资产应先通过"在建工程"账户核算,待安装完毕达到预定可使用状态时,再由"在建工程"账户转入"固定资产"账户。

　　(1)企业购入需安装的固定资产时,按照实际支付的购买价款、运输费、装卸费和其他相关税费等,确认在建工程成本。

　　借:在建工程

　　　应交税费——应交增值税(进项税额)

　　　贷:银行存款、应付账款等

　　(2)支付安装费用。

　　借:在建工程

　　　贷:银行存款

　　(3)领用本企业原材料、库存商品,或使用本企业人工。

　　借:在建工程

　　　贷:原材料/库存商品　 [成本价]

　　　　应付职工薪酬

　　(4)安装完毕达到预定可使用状态。

　　借:固定资产

　　　贷:在建工程

　　【工作任务3-2】2024年1月8日,南京公益食品公司购入一台需要安装的生产设备,买价为400万元,进项税额为52万元;取得运费增值税专用发票标明运费50万元、增值税4.5万元,装卸费5万元,保险费6万元,安装过程中挪用生产用原材料成本10万元,其购进时的进项税额为1.3万元,领用企业的产品用于安装,产品的成本为16万元,计税价为20万元,2024年2月18日设备达到预定可使用状态。南京公益食品公司作会计处理如下。

（1）购入设备。

借：在建工程　　　　　　　　　　　　　　　　　　　　　　　　4 610 000

　　应交税费——应交增值税（进项税额）　　　　　　　　　　　565 000

　　贷：银行存款　　　　　　　　　　　　　　　　　　　　　　5 175 000

（2）领用原材料。

借：在建工程　　　　　　　　　　　　　　　　　　　　　　　　100 000

　　贷：原材料　　　　　　　　　　　　　　　　　　　　　　　100 000

（3）领用产品。

借：在建工程　　　　　　　　　　　　　　　　　　　　　　　　160 000

　　贷：库存商品　　　　　　　　　　　　　　　　　　　　　　160 000

（4）固定资产达到预定可使用状态。

借：固定资产　　　　　　　　　　　　　　　　　　　　　　　　4 870 000

　　贷：在建工程　　　　　　　　　　　　　　　　　　　　　　4 870 000

【学中做 3-1】A 公司用银行存款购入一台需要安装的生产设备，增值税专用发票上注明的设备买价为 350 000 元，增值税税额为 45 500 元，支付运输费 1 000 元，增值税为 90 元，支付安装费 3 000 元。根据上述业务资料，完成 A 公司会计处理。

3. 购入多项没有单独标价的固定资产

企业以一笔款项购入多项没有单独标价的固定资产，应按各项固定资产公允价值的比例对总成本进行分配，分别确定各项固定资产的成本。

【工作任务 3-3】2024 年 1 月 8 日，南京公益食品公司向乙公司一次购进了三台不同型号且具有不同生产能力的设备 A、B、C，增值税专用发票上注明价款 10 000 万元，增值税税额 900 万元，另支付包装费 75 万元，增值税税额 4.5 万元，全部以银行存款转账支付。假设设备 A、B、C 的公允价值分别为 4 500 万元、3 850 万元和 1 650 万元。南京公益食品公司作会计处理如下。

（1）　　　　　固定资产的成本＝10 000＋75＝10 075（万元）

（2）确定设备 A、B、C 三台设备的价值分配比例。

三台设备公允价值合计＝4 500＋3 850＋1 650＝10 000

A 设备应分配的固定资产价值比例＝4 500÷10 000×100%＝45%

B 设备应分配的固定资产价值比例＝3 850÷10 000×100%＝38.5%

C 设备应分配的固定资产价值比例＝1 650÷10 000×100%＝16.5%

（3）确定 A、B、C 三台设备各自的成本。

A 设备的成本＝10 075×45%＝4 533.75（万元）

B 设备的成本＝10 075×38.5%＝3 878.875（万元）

C 设备的成本＝10 075×16.5%＝1 662.375（万元）

（4）根据上述计算结果，应编制会计分录如下。

借：固定资产——A 设备　　　　　　　　　　　　　　　　　　45 337 500

　　　　　　　——B 设备　　　　　　　　　　　　　　　　　38 788 750

　　　　　　　——C 设备　　　　　　　　　　　　　　　　　16 623 750

　　应交税费——应交增值税（进项税额）　　　　　　　　　　　9 045 000

　　贷：银行存款　　　　　　　　　　　　　　　　　　　　　109 795 000

（二）建造固定资产

企业自行建造固定资产，应当以建造该项资产达到预定可使用状态前所发生的必要支出作为固定资产的成本。

微课：自营建造固定资产的会计处理

企业自行建造固定资产，先通过"在建工程"账户核算，工程达到预定可使用状态时，再从"在建工程"账户转入"固定资产"账户。企业自行建造固定资产，主要有自营和出包两种方式，由于采用的建设方式不同，其会计处理也不同。

1. 自营工程

自营工程是指企业自行组织工程物资采购、自行组织施工人员施工的建筑工程和安装工程。自营工程建造的固定资产成本主要包括消耗的工程物资、原材料、库存商品、负担的职工薪酬等，以及工程发生的工程管理费、征地费、可行性研究费等待摊支出。

（1）购入工程物资。

借：工程物资

　　应交税费——应交增值税（进项税额）

　贷：银行存款

（2）领用工程物资。

借：在建工程

　贷：工程物资

（3）领用本企业原材料、产成品。

借：在建工程

　贷：原材料/库存商品　　［成本价］

（4）分配工程人员薪酬。

借：在建工程

　贷：应付职工薪酬

（5）支付工程发生的其他费用。

借：在建工程

　　应交税费——应交增值税（进项税额）

　贷：银行存款

（6）工程完工结转固定资产。

借：固定资产

　贷：在建工程

【工作任务3-4】2024年1月9日，南京公益食品公司自行建造厂房一幢，购入为工程准备的各种物资共计40万元，增值税专用发票上注明的增值税税额为5.2万元，全部用于工程建设。领用本企业生产产品，实际成本为30万元，销售价格为100万元，增值税税率为13％；领用本企业生产用原材料，实际成本为1万元，相关进项税额为0.13万元。应计工程人员工资5万元，支付的其他费用并取得增值税专用发票，注明安装费1万元，税率为9％。工程完工并达到预定可使用状态。南京公益食品公司作会计处理如下。

（1）购入工程物资。

借：工程物资	400 000
应交税费——应交增值税（进项税额）	52 000
贷：银行存款	452 000

（2）领用工程物资。

借：在建工程　　　　　　　　　　　　　　　　　　400 000

　　贷：工程物资　　　　　　　　　　　　　　　　　　　400 000

（3）领用本企业的生产产品、原材料。

借：在建工程　　　　　　　　　　　　　　　　　　310 000

　　贷：库存商品　　　　　　　　　　　　　　　　　　　300 000

　　　　原材料　　　　　　　　　　　　　　　　　　　　10 000

（4）分配工程人员工资。

借：在建工程　　　　　　　　　　　　　　　　　　50 000

　　贷：应付职工薪酬　　　　　　　　　　　　　　　　　50 000

（5）支付工程发生的其他费用。

借：在建工程　　　　　　　　　　　　　　　　　　10 000

　　应交税费——应交增值税（进项税额）　　　　　　900

　　贷：银行存款　　　　　　　　　　　　　　　　　　　10 900

（6）工程完工。

　　　　固定资产完工成本＝400 000＋310 000＋50 000＋10 000＝770 000（元）

借：固定资产　　　　　　　　　　　　　　　　　　770 000

　　贷：在建工程　　　　　　　　　　　　　　　　　　　770 000

2. 出包工程

出包工程是指企业通过招标方式将工程项目发包给建造承包商，由建造承包商组织施工的建筑工程和安装工程。企业采用出包方式进行建设的固定资产工程，工程具体支出由建造承包商核算，在这种方式下，"在建工程"账户主要反映企业与建造承包商办理工程价款结算的情况，企业把支付给建造承包商的工程价款作为工程成本。具体会计处理如下。

（1）按工程进度向建造承包商结算工程款，对方开具增值税专用发票。

借：在建工程

　　应交税费——应交增值税（进项税额）

　　贷：银行存款

（2）工程达到预定可使用状态。

借：固定资产

　　贷：在建工程

【学中做 3-2】甲公司为增值税一般纳税人，2023 年 1 月 1 日，将一幢厂房的建造工程出包给丙公司（增值税一般纳税人）承建，按合理估计的发包工程进度和合同规定向丙公司结算进度款并取得丙公司开具的增值税专用发票，注明工程款 600 000 元，税率 9%，增值税税额 54 000 元。2024 年 1 月 1 日，工程完工后，收到丙公司有关工程结算单据和增值税专用发票，补付工程款 400 000 元，税率 9%，增值税税额 36 000 元。工程完工并达到预定可使用状态。根据上述资料，完成甲公司的会计账务处理。

四、固定资产折旧

（一）固定资产折旧概述

企业应当在固定资产的使用寿命期内，按照确定的方法对应计折旧额进行分摊。所谓应计折旧额,是指应当计提折旧的固定资产原价扣除其预计净残值后的金额,已计提减值准备的固定资产,还应当扣除已计提的固定资产减值准备累计金额。

1. 影响固定资产折旧的主要因素

(1) 固定资产原价是指固定资产的成本。

(2) 预计净残值是指假定固定资产预计使用寿命已满并处于使用寿命终了时的预期状态,扣除预计处置费用后企业能从该项资产处置中获得的金额。

(3) 固定资产减值准备是指固定资产已计提的固定资产减值准备累计金额。每计提一次减值准备,固定资产后续期间都应按最新固定资产账面价值和预计净残值重新计算折旧率和折旧额。

(4) 固定资产的使用寿命是指企业使用固定资产的预计期间。

企业应当根据固定资产的性质和使用情况,合理确定固定资产的使用寿命和预计净残值。固定资产的使用寿命、预计净残值一经确定,不得随意变更。

【注意】对于有关固定资产的一些基础概念,需要注意辨析,例如:

固定资产账面余额=固定资产原值

固定资产账面净值=固定资产原值-累计折旧

固定资产账面价值=固定资产账面净值-固定资产减值准备

=固定资产原值-累计折旧-固定资产减值准备

2. 固定资产的折旧范围

(1) 空间范围。除以下情况外,企业应当对所有的固定资产计提折旧:①已提足折旧仍继续使用的固定资产;②单独计价入账的土地;③处于更新改造或改扩建期间的固定资产;④提前处置的固定资产。

(2) 时间范围。

① 固定资产应当按月计提折旧,当月增加的固定资产,当月不计提折旧,从下月起计提折旧;当月减少的固定资产,当月仍计提折旧,从下月起不计提折旧。

② 已达到预定可使用状态但尚未办理竣工决算的固定资产,应当按照估计价值确定其成本,并计提折旧;待办理竣工决算后,再按实际成本调整原来的暂估价值,但不需要调整原已计提的折旧额。

③ 企业至少应当于每年年度终了,对固定资产的使用寿命、预计净残值和折旧方法进行复核。

【注意】因大修理而停工或者季节性停用的固定资产需要计提折旧,折旧费用按使用部门不同分别处理,比如车间使用的固定资产折旧应计入制造费用。但未使用、不使用的固定资产应当照提折旧,无论是哪个部门使用,折旧费用均计入管理费用。

【初级同步 3-3】(多选题)下列各项中,企业应计提固定资产折旧的有( )。

A. 日常维修期间停工的生产设备

B. 上月已达到预定可使用状态尚未办理竣工决算的办公大楼

C. 非生产经营用的中央空调

D. 已提足折旧仍继续使用的生产线

(二) 固定资产的折旧方法

企业应当根据与固定资产有关的经济利益的预期实现方式,合理选择固定资产折旧方法。固定资产折旧方法主要有年限平均法、工作量法、双倍余额递减法和年数总和法。

1. 年限平均法

年限平均法又称直线法,是以固定资产的原价减去预计净残值后除以预计使用年限,求得每年的折旧费用。采用这种方法计算的每期折旧额是相等的。年限平均法的计算公式如下:

$$年折旧率＝(1－预计净残值率)÷预计使用寿命(年)×100\%$$

$$月折旧率＝年折旧率÷12$$

$$月折旧额＝固定资产原价×月折旧率$$

【工作任务 3-5】南京公益食品公司对一幢厂房采用平均年限法计提折旧,厂房原价为 500 万元,预计可使用 20 年,预计报废时的净残值率为 4%。该厂房的折旧率和折旧额的计算如下:

$$年折旧率＝(1－4\%)÷20×100\%＝4.8\%$$

$$月折旧率＝4.8\%÷12＝0.4\%$$

$$月折旧额＝5\ 000\ 000×0.4\%＝20\ 000(元)$$

2. 工作量法

工作量法是指根据实际工作量计算固定资产每期应计提折旧额的一种方法。计算公式如下:

$$单位工作量折旧额＝固定资产原值×(1－净残值率)÷预计总工作量$$

$$某固定资产年折旧额＝固定资产当年工作量×单位工作量折旧额$$

$$月折旧额＝固定资产当月工作量×单位工作量折旧额$$

【工作任务 3-6】南京公益食品公司的一辆商务车原价为 500 000 元,预计总行驶里程为 200 000 公里,预计报废时的净残值率为 5%,本月行驶 5 000 公里。该车月折旧额计算如下:

$$单位里程折旧额＝500\ 000×(1－5\%)÷200\ 000$$

$$＝2.375(元/公里)$$

$$本月折旧额＝5\ 000×2.375＝11\ 875(元)$$

3. 双倍余额递减法

双倍余额递减法是指在不考虑固定资产预计净残值的情况下,根据每期期初固定资产原价减去累计折旧后的余额乘以双倍的直线法折旧率计算固定资产折旧的一种方法。采用双倍余额递减法计提固定资产折旧,一般应在固定资产使用寿命到期前两年内,将固定资产账面净值扣除预计净残值后的余额平均摊销。

微课:双倍余额
递减法

双倍余额递减法的计算公式如下:

(1) 年折旧率＝2÷预计使用年限

(2) 年折旧额＝每个折旧年度年初固定资产账面净值×年折旧率

即第 1 年折旧额＝固定资产净值(即账面原价)×年折旧率

第 2、…年折旧额＝(原价－已计提折旧额)×年折旧率

(3) 最后两年之前折旧率不变,且不考虑预计净残值

(4) 最后两年计提折旧额＝(原价－已计提折旧额－净残值)÷2

【注意】这里的折旧年度是"以固定资产开始计提折旧的月份为起始点计算的 1 个年度期间",如企业某年 3 月取得固定资产,则其折旧年度为"从当年 4 月至第 2 年 3 月"。

【工作任务 3-7】南京公益食品公司于 2022 年 12 月 31 日购入一台机器,其原价为 200 万元,预计使用年限为 5 年,预计净残值为 0.8 万元,假设该固定资产采用双倍余额递减法计提折旧。计算在使用年限内,该项固定资产每年应计提的折旧额。

年折旧率＝2÷5＝40％

第1年折旧额＝200×40％＝80（万元）

第2年折旧额＝（200－80）×40％＝48（万元）

第3年折旧额＝（200－80－48）×40％＝28.8（万元）

第4、第5年＝（200－80－48－28.8－0.8）÷2＝21.2（万元）

【初级同步3-4】（多选题）2016年12月20日，某企业购入一台设备，其原价为2 000万元，预计使用年限5年，预计净残值5万元，采用双倍余额递减法计提折旧，下列各项中，有关该企业采用双倍余额递减法计提折旧的结果的表述正确的有（　　）。

A. 2017年折旧额为665万元 　　　B. 应计折旧总额为1 995万元

C. 年折旧率为33％ 　　　D. 2017年折旧额为800万元

4. 年数总和法

年数总和法是指将固定资产的原价减去预计净残值后的余额，乘以一个逐年递减的分数计算每年折旧额的方法。这个分数的分子为固定资产尚可使用寿命，分母为固定资产预计使用寿命逐年数字总和。年数总和法的计算公式如下：

年折旧率＝尚可使用年限÷预计使用寿命的年数总和×100％

微课：年数总和法

年折旧额＝（固定资产原价－预计净残值）×年折旧率

【工作任务3-8】接工作任务3-7的资料，如果采用年数总和法计算该固定资产各年的折旧额，则计算结果如下：

年数总和＝1＋2＋3＋4＋5＝15（年）

$$第1年折旧额＝（200-0.8）×\frac{5}{15}＝66.4（万元）$$

$$第2年折旧额＝（200-0.8）×\frac{4}{15}＝53.12（万元）$$

$$第3年折旧额＝（200-0.8）×\frac{3}{15}＝39.84（万元）$$

$$第4年折旧额＝（200-0.8）×\frac{2}{15}＝26.56（万元）$$

$$第5年折旧额＝（200-0.8）×\frac{1}{15}＝13.28（万元）$$

【职业素养3-1】

扩大加速折旧范围　助力科技创新

自2019年1月1日起，适用财政部 国家税务总局发布的《关于完善固定资产加速折旧企业所得税政策的通知》（财税〔2014〕75号）和《关于进一步完善固定资产加速折旧企业所得税政策的通知》（财税〔2015〕106号）规定固定资产加速折旧优惠的行业范围，扩大至全部制造业领域。原固定资产加速折旧政策的适用范围为生物药品制造业，专用设备制造业，铁路、船舶、航空航天和其他运输设备制造业，计算机、通信和其他电子设备制造业，仪器仪表制造业，信息传输、软件和信息技术服务业六大行业和轻工、纺织、机械、汽车四

文档：职业素养"扩大加速折旧范围 助力科技创新"解读

个领域重点行业。除信息传输、软件和信息技术服务业以外，其他行业均属于制造业的范畴。

因此,将固定资产加速折旧政策适用范围扩大至全部制造业领域后,可以适用固定资产加速折旧政策的行业,包括全部制造业以及信息传输、软件和信息技术服务业。

资料来源:https://www.chinatax.gov.cn/n810219/n810744/n4016641/n4171132/n4354407/c4354435/content.html.

思考:国家为什么要把固定资产加速折旧政策适用范围扩大至全部制造业?

(三) 固定资产折旧的核算

固定资产应当按月计提折旧,计提的折旧应记入"累计折旧"账户,根据固定资产的用途和受益对象性质计入相关资产的成本或者当期损益。

借:制造费用　〔生产车间使用的〕
　　管理费用　〔行政管理部门使用以及未使用或者不需用的〕
　　销售费用　〔销售部门使用的〕
　　在建工程　〔用于自行建造的〕
　　其他业务成本　〔短期经营租出的〕
　　研发支出　〔技术研发使用的〕
　　贷:累计折旧

【工作任务3-9】南京公益食品公司2024年1月固定资产计提折旧情况如下:第一生产车间厂房计提折旧7.6万元,机器设备计提折旧9万元。管理部门房屋建筑物计提折旧13万元,运输工具计提折旧4.8万元。销售部门房屋建筑物计提折旧6.4万元,运输工具计提折旧5.26万元。此外,本月第一生产车间新购置一台设备,原价为122万元,预计使用寿命10年,预计净残值1万元,按年限平均法计提折旧。2024年1月,南京公益食品公司计提折旧的会计处理如下。

借:制造费用——第一生产车间　　　　　　　　　　166 000
　　管理费用　　　　　　　　　　　　　　　　　　178 000
　　销售费用　　　　　　　　　　　　　　　　　　116 600
　　贷:累计折旧　　　　　　　　　　　　　　　　　　460 600

五、固定资产后续支出

固定资产后续支出是指固定资产在使用过程中发生的更新改造支出、修理费用等。与固定资产有关的更新改造等后续支出,符合固定资产确认条件的,应当计入固定资产成本,同时终止确认被替换部分的账面价值。不符合固定资产确认条件的,应当计入当期损益。更新改造中的固定资产不计提折旧。

微课:固定资产
后续支出

(一) 资本化后续支出

资本化后续支出是指符合固定资产确认条件的支出,应当计入固定资产成本,予以资本化。也就是说,如果固定资产有关的后续支出,能延长固定资产的使用寿命,或者使产品质量实质性提高,或使产品成本实质性降低,则应当计入固定资产的账面价值。

企业的固定资产发生可资本化的后续支出时,如对固定资产进行更新改造或改良,应将该固定资产的账面价值转到"在建工程"账户,并停止计提折旧。发生资本化的后续支出,也在"在建工程"账户核算。如有被替换的部分,应同时将被替换部分的账面价值从该固定资产原账面价值中扣除,被替换部分的净损失转入"营业外支出"账户。在固定资产发生的可资本化的后续支出完工并达到预定可使用状态时将固定资产的价值由"在建工程"账户转入"固定资产"账户,并在此基础上重新确定固定资产原价。改扩建转为固定资产后,要按重新确定的使用寿命、预计净残值和折旧方法计提折旧。

企业发生固定资产更新改造等资本化支出时,应根据支出时形成的相关原始单据作会计处理如下。

1. 固定资产转入改扩建工程

借:在建工程　　[账面价值]

　　累计折旧　　[已计提的累计折旧]

　　固定资产减值准备　　[已计提的减值准备]

　　　贷:固定资产　　[账面原价]

2. 改扩建工程发生支出

借:在建工程

　　应交税费——应交增值税(进项税额)　　[如有进项税]

　　　贷:原材料/库存商品/应付职工薪酬/银行存款等

3. 替换原固定资产的某组成部分

借:银行存款或原材料　　[回收的残料价值]

　　营业外支出　　[拆除部分的净损失]

　　　贷:在建工程　　[被替换部分的账面价值]

4. 生产线改扩建工程达到预定可使用状态

借:固定资产

　　　贷:在建工程

【工作任务 3-10】 2024 年 1 月 1 日,南京公益食品公司对一项固定资产 A 生产线进行改造,该固定资产账面原价 40 万元,累计折旧 9.6 万元,未计提减值准备。更新改造过程如下:领用原材料 30 万元,发生人工费用 5 万元,耗用水电等其他费用 15 万元;拆除某重要零部件,原值 10 万元,出售该部件取得收入 0.8 万元存入银行;试运行净收入 2.5 万元。2024 年 2 月,改造完工,生产线重新投入使用,生产性能大大提高。不考虑其他因素,南京公益食品公司该项资本化后续支出的会计处理如下。

(1) 2024 年 1 月 1 日,投入改造。

借:在建工程——A 生产线改建　　　　　　　　　　　　　　　　304 000

　　累计折旧　　　　　　　　　　　　　　　　　　　　　　　　96 000

　　　贷:固定资产——A 生产线　　　　　　　　　　　　　　　　　　400 000

(2) 发生资本化支出。

借:在建工程——A 生产线改建　　　　　　　　　　　　　　　　500 000

　　　贷:原材料　　　　　　　　　　　　　　　　　　　　　　　300 000

　　　　应付职工薪酬　　　　　　　　　　　　　　　　　　　　 50 000

　　　　银行存款　　　　　　　　　　　　　　　　　　　　　　150 000

(3) 拆除并出售重要零部件。

　　　　　拆除部分已提折旧=100 000÷400 000×96 000=24 000(元)

　　　　　拆除部分的账面价值=100 000-24 000=76 000(元)

借:银行存款　　　　　　　　　　　　　　　　　　　　　　　　　8 000

　　营业外支出　　　　　　　　　　　　　　　　　　　　　　　　　68 000

　　　贷：在建工程——A 生产线改建　　　　　　　　　　　　　　76 000

　　（4）取得试运行收入。

　借：银行存款　　　　　　　　　　　　　　　　　　　　　　　　25 000

　　　贷：在建工程——A 生产线改建　　　　　　　　　　　　　　25 000

　　（5）工程完工达到预定可使用状态。

　　更新改造完成后的生产线成本＝304 000＋500 000－76 000－25 000＝703 000（元）

　借：固定资产——新生产线　　　　　　　　　　　　　　　　　　703 000

　　　贷：在建工程——A 生产线改建　　　　　　　　　　　　　　703 000

　　【学中做 3-3】 2022 年 1 月 30 日，甲公司厂区内一设备出现故障，经检修发现需要更换发动机。该设备购买于 2018 年 6 月，原价为 40 万元（其中，电动机在 2018 年 6 月的市场价格为 8.5 万元），预计净残值为 0，预计使用年限为 10 年，采用年限平均法计提折旧。甲公司购买了一台更大功率的发动机替代原电动机。新购置电动机的价款为 8.2 万元，增值税税额为 1.066 万元，款项已通过银行转账支付；改造过程中，辅助生产车间提供劳务支出 1.5 万元。假定原电动机磨损严重，没有任何价值。不考虑其他相关税费，完成甲公司的会计处理。

　　【初级同步 3-5】（单选题）某公司对一幢办公楼进行更新改造，该办公楼原值为 1 000 万元，已计提折旧 500 万元。更新改造过程中发生支出 600 万元，被替换部分账面原值为 100 万元，出售价款为 2 万元。不考虑相关税费，则新办公楼的入账价值为（　　）万元。

　　A. 1 100　　　　　　B. 1 050　　　　　　C. 1 048　　　　　　D. 1 052

　　（二）费用化后续支出

　　一般情况下，固定资产投入使用之后，由于磨损、各组成部分耐用程度不同，可能导致资产的局部损坏，为了维护固定资产的正常运转和使用，企业需要对资产进行必要的修理和维护。固定资产的修理是对固定资产的使用性能的恢复和维持，因此，会计核算中，对不满足固定资产确认条件的修理费用，应在发生时直接计入当期损益，即将支出费用化。

　　企业发生固定资产费用化后续支出，应作会计处理如下。

　借：制造费用　　　［生产车间、管理部门的固定资产修理费用］

　　　销售费用　　　［销售机构固定资产修理费用］

　　　其他业务成本　　［出租的固定资产修理费用］

　　　应交税费——应交增值税（进项税额）

　　　贷：银行存款/应付职工薪酬/原材料等

　　【工作任务 3-11】 2024 年 1 月 15 日，南京公益食品公司对生产车间使用的设备进行日常修理，发生维修费并取得增值税专用发票，注明修理费 30 000 元，税率 13%，增值税税额 3 900 元，则会计处理如下。

　借：制造费用　　　　　　　　　　　　　　　　　　　　　　　　30 000

　　　应交税费——应交增值税（进项税额）　　　　　　　　　　　3 900

　　　贷：银行存款　　　　　　　　　　　　　　　　　　　　　　33 900

　　【注意】 固定资产的费用化支出在发生时通常直接计入当期损益，车间生产设备的后续支出在费用化时计入制造费用。

六、固定资产处置

企业在生产经营过程中,可能将不适用或不需用的固定资产对外出售转让,或因磨损、技术进步等原因对固定资产进行报废,或因遭受自然灾害而对毁损的固定资产进行处理。固定资产处置即固定资产的终止确认,包括固定资产的出售、报废、毁损、对外投资、非货币性资产交换、债务重组等。

微课:固定
资产处置

固定资产处置时,应按照规定程序办理有关手续,结转固定资产的账面价值,计算有关的清理收入、清理费用及残料价值等,清理完毕,结转固定资产清理损益。

固定资产处置一般通过"固定资产清理"账户进行核算。该账户借方登记被处置固定资产的账面价值、处置过程中发生的清理费用以及出售固定资产应缴纳的相关税金;贷方登记处置过程中取得的各项收入,包括转让收入、残料收入以及向保险公司或有关责任人收取的赔偿款项等。该账户贷方发生额大于借方发生额的差额,为固定资产处置的净收益,借方发生额大于贷方发生额的差额,为固定资产处置的净损失,利得和损失均应计入当期损益。其中因出售、转让固定资产产生的利得或损失转入"资产处置损益"账户;因固定资产报废、毁损等原因产生的利得或损失转入"营业外收入"或"营业外支出"账户。处置结束后,"固定资产清理"账户没有余额。固定资产的处置一般经过以下几个环节。

（一）固定资产转入清理

企业因出售、报废、毁损、对外投资、非货币性资产交换、债务重组等转出固定资产。

借:固定资产清理　　［账面价值］
　　累计折旧　　［已计提的累计折旧］
　　固定资产减值准备　　［已计提的减值准备］
　　贷:固定资产　　［账面原价］

（二）结算清理费用

固定资产清理过程中,支付清理费用及其可抵扣的增值税进项税额。

借:固定资产清理
　　应交税费——应交增值税（进项税额）
　　贷:银行存款

（三）收回出售收入、残料价值等

企业收到出售固定资产的价款、残料价值或变价收入,应冲减清理损失。

借:银行存款　　［收回的价款］
　　原材料　　［残料价值］
　　贷:固定资产清理
　　　　应交税费——应交增值税（销项税额）

一般纳税人销售使用过的固定资产如果未抵扣过增值税,应减半征收增值税;如果已抵扣过增值税,则按其正常适用的税率计算增值税。

（四）确认应收责任单位（或个人）赔偿损失

企业在处理固定资产过程中,收到应由保险公司或过失人赔偿的损失,应计入其他应收款。

借:其他应收款

　　贷:固定资产清理

（五）非正常损失的毁损,转出相应进项税额

根据现行增值税制度的规定,购进货物及不动产发生非正常损失,其负担的进项税额不得抵扣,其中购进货物包括被确认为固定资产的货物。如果企业因管理不善、责任事故等人为因素造成的固定资产毁损(因自然灾害等不可抗力造成的毁损除外)应按其账面净值乘以适用税率计算不可以抵扣的进项税额,并转出不可抵扣的进项税额。

借:固定资产清理

　　贷:应交税费——应交增值税(进项税额转出)

$$[(固定资产原值－已计提的累计折旧)×适用税率]$$

（六）结转清理净损益

固定资产清理完成后,对清理净损益,应区分不同情况进行账务处理。

1. 固定资产已丧失使用功能或因自然灾害发生毁损等原因而报废清理产生的利得或损失应计入营业外收支

借:营业外支出

　　贷:固定资产清理

如为净收益:

借:固定资产清理

　　贷:营业外收入

【工作任务 3-12】丁公司为增值税一般纳税人,2024 年 7 月 5 日,厂房遭洪水被毁损,该厂房原价 500 万元,已计提折旧 200 万元,未计提减值准备。其残料估计价值 10 万元,残料已办理入库。发生清理费用并取得增值税专用发票,注明的装卸费为 2 万元,增值税税额为 0.18 万元,全部款项以银行存款支付。经保险公司核定应赔偿损失 200 万元,款项已存入银行。丁公司应作会计处理如下。

(1) 将毁损的仓库转入清理。

借:固定资产清理	3 000 000	
累计折旧	2 000 000	
贷:固定资产		5 000 000

(2) 残料入库。

借:原材料	100 000	
贷:固定资产清理		100 000

(3) 支付清理费用。

借:固定资产清理	20 000	
应交税费——应交增值税(进项税额)	1 800	
贷:银行存款		21 800

(4) 确认并收到保险公司赔偿款项。

借:其他应收款	2 000 000	
贷:固定资产清理		2 000 000
借:银行存款	2 000 000	

　　贷:其他应收款　　　　　　　　　　　　　　　　　　　　　　　　2 000 000

　　（5）结转毁损固定资产发生的损失。

　　借:营业外支出——非常损失　　　　　　　　　　　　　　　　　　920 000

　　　贷:固定资产清理　　　　　　　　　　　　　　　　　　　　　　920 000

　　【工作任务 3-13】2024 年 12 月 30 日,南京公益食品公司一台机器设备因火灾毁损,原价为 20 000 元,已计提折旧 15 000 元,购入时增值税税率为 13%。南京公益食品公司应作会计处理如下。

　　（1）转销毁损的机器设备。

　　借:固定资产清理　　　　　　　　　　　　　　　　　　　　　　　5 000

　　　累计折旧　　　　　　　　　　　　　　　　　　　　　　　　　15 000

　　　贷:固定资产　　　　　　　　　　　　　　　　　　　　　　　　20 000

　　（2）不可抵扣的进项税额,应按净值比例转出。

$$（20\ 000-15\ 000）×13\%＝650$$

　　借:固定资产清理　　　　　　　　　　　　　　　　　　　　　　　650

　　　贷:应交税费——应交增值税（进项税额转出）　　　　　　　　　　650

　　（3）报经批准处理。

　　借:营业外支出——盘亏损失　　　　　　　　　　　　　　　　　　5 650

　　　贷:固定资产清理　　　　　　　　　　　　　　　　　　　　　　5 650

　　2. 因正常出售、转让等原因产生的固定资产处置利得或损失应记入"资产处置损益"科目

　　确认处置净损失时,应作会计处理如下。

　　借:资产处置损益

　　　贷:固定资产清理

　　如为净收益,做相反分录。

　　【注意】固定资产处置的基本规则是所有发生的业务都对应固定资产清理,均需通过"固定资产清理"账户核算。

　　【工作任务 3-14】2023 年 10 月 15 日,南京公益食品公司出售一座建筑物（系 2016 年 6 月 1 日自建完工）,原价（成本）为 600 万元,已计提折旧 290 万元,计提减值准备 10 万元,实际出售价格为 100 万元,增值税税率为 9%,已通过银行收回价款。甲公司应作会计处理如下。

　　（1）将出售固定资产转入清理。

　　借:固定资产清理　　　　　　　　　　　　　　　　　　　　　　　3 000 000

　　　累计折旧　　　　　　　　　　　　　　　　　　　　　　　　　2 900 000

　　　固定资产减值准备　　　　　　　　　　　　　　　　　　　　　100 000

　　　贷:固定资产　　　　　　　　　　　　　　　　　　　　　　　　6 000 000

　　（2）收回出售固定资产的价款和税款。

　　借:银行存款　　　　　　　　　　　　　　　　　　　　　　　　　1 090 000

　　　贷:固定资产清理　　　　　　　　　　　　　　　　　　　　　　1 000 000

　　　　应交税费——应交增值税（销项税额）　　　　　　　　　　　　90 000

　　（3）结转出售固定资产净损失。

　　借:资产处置损益　　　　　　　　　　　　　　　　　　　　　　　2 000 000

贷:固定资产清理	2 000 000

【初级同步 3-6】(单选题)某企业出售一项固定资产收回的价款为 80 万元。该资产原价为 100 万元,已计提折旧 60 万元,已计提减值准备 5 万元,处置时发生清理费用 5 万元。不考虑其他因素,则处置该资产对当期损益的影响金额为(　　)万元。

A. 40　　　　　　　B. 80　　　　　　　C. 50　　　　　　　D. 35

【学中做 3-4】乙公司为增值税一般纳税人,现有一台设备由于性能等原因决定提前报废,原价为 100 万元,相关增值税税额为 13 万元,已计提折旧 95 万元,未计提减值准备。报废时的残值变价收入为 2 万元,增值税税额为 0.18 万元。报废清理过程中发生清理费用 0.5 万元。有关收入、支出均通过银行办理结算。根据上述业务资料,编制乙公司固定资产处置的会计分录。

七、固定资产清查

为保证固定资产核算的真实性,充分挖掘企业现有固定资产的潜力,企业应当定期或者至少于每年年末对固定资产进行清查盘点。清查固定资产的损溢,应当及时查明原因,并按照规定程序报批处理。

(一) 固定资产盘盈

企业盘盈的固定资产应按同类或类似固定资产的市场价格,减去按该项资产的新旧程度估计的价值损耗后的净额,或者按该固定资产的预计未来现金流量的现值,确定其入账价值。企业在财产清查中盘盈的固定资产,应当作为重要的前期差错进行会计处理,在按管理权限报经批准处理前,应先通过"以前年度损益调整"账户核算。

1. 盘盈固定资产按重置成本入账

借:固定资产　　[重置成本]

　　贷:以前年度损益调整

2. 由于以前年度损益调整而增加的所得税费用

借:以前年度损益调整

　　贷:应交税费——应交所得税　　[重置成本×企业所得税税率]

3. 将以前年度损益调整账户余额转入留存收益

借:以前年度损益调整　　[账面余额]

　　贷:盈余公积——法定盈余公积　　[账面余额×10%]

　　　　利润分配——未分配利润　　[账面余额×90%]

【工作任务 3-15】2023 年 12 月 30 日,南京公益食品公司在财产清查过程中发现 2020 年 12 月购入的一台设备尚未入账,同类设备的市场价格为 100 000 万元,估计五成新,即重置成本为 50 000 元。假定南京公益食品公司适用的所得税税率为 25%,按净利润的 10% 计提法定盈余公积,则南京公益食品公司应作会计处理如下。

(1) 盘盈固定资产。

借:固定资产	50 000
贷:以前年度损益调整	50 000

(2) 结算应缴所得税。

借:以前年度损益调整	12 500
贷:应交税费——应交所得税	12 500[50 000×25%]

(3) 结转以前年度损益。

借:以前年度损益调整   37 500[50 000－12 500]

    贷:盈余公积——法定盈余公积   3 750[37 500×10%]

        利润分配——未分配利润   33 750[37 500×90%]

【自主探究】固定资产盘盈为什么计入以前年度损益调整?

(二)固定资产盘亏

企业如果在清查中发生固定资产盘亏,应及时查明原因,并在期末结账前处理完毕。企业在财产清查中盘亏的固定资产,应通过"待处理财产损溢——待处理固定资产损溢"账户进行核算;盘亏造成的损失,经过批准后计入当期损益,转入"营业外支出——盘亏损失"账户。

(1)盘亏固定资产时,将账面价值转入待处理财产损溢。

借:待处理财产损溢 [账面价值]

    累计折旧 [已计提的累计折旧]

    固定资产减值准备 [已计提的减值准备]

    贷:固定资产 [账面原值]

(2)报经批准处理时,保险公司或者责任人赔偿的款项应计入其他应收款,赔偿后的净损失计入营业外支出。

借:营业外支出——盘亏损失 [净损失]

    其他应收款 [应收保险公司或责任人的赔款]

    贷:待处理财产损溢——待处理固定资产损溢

八、固定资产减值

固定资产的初始入账价值为历史成本,但由于市场条件和经营环境的变化、科学技术的进步以及企业经营管理不善等原因,都可能导致固定资产创造未来经济利益的能力下降。因此,固定资产的真实价值有可能低于账面价值,在期末必须对固定资产减值损失进行确认。

在资产负债表日企业固定资产以可收回金额与账面价值孰低进行计量。可收回金额是指资产的公允价值减去可能发生的处置费用后的净额与资产预计未来现金流量的现值之间的较高者。如果期末某项固定资产的可收回金额高于其账面价值,表示该固定资产没有发生减值,不需要确认减值损失,此时固定资产价值保持原账面价值不变;如果期末某项固定资产的可收回金额低于账面价值,则表示该固定资产发生了减值,企业应当将该固定资产的账面价值减记至可收回金额,减记的金额确认为减值损失,计入当期损益(资产减值损失),同时计提相应的固定资产减值准备。作会计处理如下。

借:资产减值损失 [账面价值－可回收金额]

    贷:固定资产减值准备

【注意】①固定资产计提过减值准备后应重新计算以后各期的折旧;②避免确认资产重估增值和操纵利润,企业固定资产减值准备一经确认,在以后会计期间不得转回。

【学中做3-5】2023年12月31日,甲公司的某生产线存在可能发生减值的迹象。经计算,该机器的公允价值减处置费用的净额为1 000 000元,预计未来现金流量现值为1 100 000元,账面净值为1 400 000元,以前年度对该生产线计提过80 000元的减值准备,则下列说法中正确的是( )。

A. 应计提固定资产减值准备400 000元   B. 应计提固定资产减值准备320 000元

C. 应计提固定资产减值准备0元   D. 应计提固定资产减值准备220 000元

九、使用权资产

(一)使用权资产概述

承租人在租赁期开始日,应当对租赁确认使用权资产和租赁负债,进行简化处理的短期租赁和低价值资产租赁除外。使用权资产是指承租人可在租赁期内使用租赁资产的权利。短期租赁是指在租赁期开始日,租赁期不超过 12 个月的租赁,包含购买选择权的租赁不属于短期租赁。低价值资产租赁,是指单项租赁资产为全新资产时价值较低(低于人民币 40 000 元)的租赁。

(二)使用权资产的核算

1. 使用权资产的初始计量

使用权资产应当按照成本进行初始计量。该成本主要包括:①租赁负债的初始计量金额。租赁负债应当按照租赁期开始日尚未支付的租赁付款额的现值进行初始计量。租赁付款额是指承租人向出租人支付的与在租赁期内使用租赁资产的权利相关的款项。②在租赁期开始日或之前支付的租赁付款额;存在租赁激励的,扣除已享受的租赁激励相关金额。③承租人发生的初始直接费用。④承租人为拆卸及移除租赁资产、复原租赁资产所在场地或将租赁资产恢复至租赁条款约定状态预计将发生的成本。

2. 使用权资产账户的设置

为了反映和监督使用权产的取得、折旧计提和租赁期满处置等交易或事项,企业应设置以下账户进行核算。

(1)"使用权资产"账户,该账户用于核算企业使用权资产的成本。借方登记企业增加的使用权资产的成本,贷方登记企业减少的使用权资产的成本,期末借方余额,反映企业期末使用权资产的成本余额。

(2)"使用权资产累计折旧"账户,该账户属于"使用权资产"的调整账户,核算企业使用权资产的累计折旧,贷方登记企业计提的使用权资产折旧,借方登记租赁合约到期日行使购买选择权转作固定资产的累计折旧,期末贷方余额,反映企业使用权资产的累计折旧额。

(3)"租赁负债"账户,该账户核算租赁使用权资产形成尚未偿付的负债,贷方登记租赁负债的增加额,借方登记租赁负债的减少额,贷方余额为尚未偿付的租赁负债额。本账户应设置"租赁负债——租赁付款额"和"租赁负债——未确认融资费用"两个明细账户进行明细分类核算。

3. 使用权资产的初始确认

在租赁期开始日,确认使用权资产。

借:使用权资产 [初始成本]

　　租赁负债——未确认融资费用 [差额]

　　贷:租赁负债——租赁付款额 [尚未支付租赁付款额]

　　　　银行存款 [支付的租金]

【工作任务 3-16】2023 年 12 月 31 日,南京公益食品公司与出租人甲公司签订了一份厂房租赁合同,约定每年的租赁付款额为 6 万元,于每年年末支付,不可撤销租赁期为 5 年,合同约定在第 5 年年末,南京公益食品公司有权选择以同样租金续租 5 年,也有权选择以 100 万元的价格购买该厂房。南京公益食品公司为获得该厂房向前任租户支付款项 3.5 万元,支付中介佣金1万元。甲公司同意补偿了1万元佣金作为激励。南京公益食品公司在租赁开始时选择续租5年,即实际租赁期为10年,无法确定租赁内含利率,可以确定其增量借款利率为5%。不考虑税费等相关因素。南京公益食品公司应作会计处理如下。

(1) 计算使用权资产和租赁负债。

$$租赁付款额=60\ 000\times10=600\ 000(元)$$

$$使用权资产的成本=租赁付款额的现值=60\ 000\times(P/A,5\%,10)$$

$$=60\ 000\times6.42=385\ 200(元)$$

其中:$(P/A,5\%,10)$为年金现值系数(取两位小数为6.42)

$$未确认融资费用=600\ 000-385\ 200=214\ 800(元)$$

借:使用权资产	385 200
租赁负债——未确认融资费用	214 800
贷:租赁负债——租赁付款额	600 000

(2) 将初始费用45 000元(35 000+10 000)计入使用权资产的初始成本。

借:使用权资产	45 000
贷:银行存款	45 000

(3) 将收到的租赁激励从使用权资产入账价值中扣除。

借:银行存款	10 000
贷:使用权资产	10 000

$$甲公司使用权资产的初始成本=385\ 200+45\ 000-10\ 000=420\ 200(元)$$

4. 使用权资产的后续计量

在租赁期开始日后,承租人应当采用成本模式对使用权资产进行后续计量:①承租人应当参照固定资产有关折旧规定,对使用权资产计提折旧;②承租人应当按照资产减值的规定,确定使用权资产是否发生减值,并对已识别的减值损失进行会计处理;③承租人应当按照固定的周期性利率计算租赁负债在租赁期内各期间的利息费用,并计入当期损益或相关资产成本。承租人对使用权资产进行后续计量过程,其相关会计处理如下。

(1) 每年年末支付租金。

借:租赁负债——租赁付款额

　　贷:银行存款

(2) 用实际利率法计算各年的实际利息费用。

借:财务费用

　　贷:租赁负债——未确认融资费用

(3) 计提折旧。

借:管理费用

　　贷:使用权资产累计折旧

 做中学

一、单选题

1. 下列各项中,属于汽车制造企业固定资产的是(　　)。

　　A. 生产车间领用汽车发动机　　　　B. 建设中的汽车生产线

　　C. 行政管理部门使用的汽车　　　　D. 已完工待出售的汽车

2. 某企业自行建造一条生产线,领用工程物资 200 万元(不含税),领用生产用材料 100 万元,该材料购入时进项税额为 13 万元。应付工资以及其他费用合计为 70 万元,假设全部符合资本化条件,计入固定资产价值的是(　　)万元。

    A. 370   B. 300   C. 313   D. 200

3. 2022 年 12 月 31 日,某企业购入一台生产设备并直接投入使用。该设备的入账价值为 121 万元,预计净残值 1 万元,预计使用寿命 4 年,采用年数总和法计提折旧。不考虑其他因素,2024 年该设备应计提的折旧金额为(　　)万元。

    A. 36   B. 48   C. 36.3   D. 30

4. 某企业采用双倍余额递减法计算固定资产折旧。2023 年 12 月购入一项固定资产,原价 200 000 元,预计使用年限 5 年,预计净残值 4 000 元,不考虑其他因素,2024 年该固定资产应计提折旧(　　)元。

    A. 80 000   B. 65 333   C. 39 200   D. 78 400

5. 下列各项中,企业处置报废毁损固定资产时,通过"固定资产清理"账户借方核算的是(　　)。

    A. 收到的变价收入   B. 结转毁损净损失

    C. 应收过失人赔偿款   D. 固定资产的账面价值

6. 下列各项中,企业结转报废固定资产净损失应借记的会计账户是(　　)。

    A. 资产处置损益   B. 固定资产清理

    C. 营业外支出   D. 管理费用

二、多选题

1. 下列各项中,企业应计提折旧的资产有(　　)。

    A. 日常维修停用的设备

    B. 已达到预定可使用状态但尚未办理竣工决算的办公楼

    C. 已提足折旧仍继续使用的厂房

    D. 单独计价入账的土地

2. 下列各项中,有关企业对固定资产会计处理的表述正确的有(　　)。

    A. 固定资产减值损失一经确认,在以后会计期间不得转回

    B. 达到预定可使用状态但尚未办理竣工决算的固定资产按估计价值计提折旧

    C. 专设销售机构固定资产的日常维护费用应计入管理费用

    D. 盘亏的固定资产当月仍应计提折旧

三、判断题

1. 增值税小规模纳税人购买固定资产发生的增值税进项税额应计入固定资产成本。

                                     (　　)

2. 企业自行建造固定资产过程中,所使用自有设备计提的折旧应计入在建工程成本。

                                     (　　)

3. 企业对固定资产进行更新改造时,应当将该固定资产账面价值转入在建工程,并将被替换部件的变价收入冲减在建工程。   (　　)

4. 已达到预定可使用状态但尚未办理竣工决算的固定资产应计提折旧。 (　　)

5. 企业行政管理部门发生的固定资产日常修理费,应通过"制造费用"科目核算。(　　)

6. 企业因经营业务调整出售固定资产而发生的处置净损失,应记入"营业外支出"科目。

（　　）

四、业务题

1. 2024 年 1 月 1 日甲公司对生产线进行扩建。该生产线于 2021 年 4 月 1 日购入,原价为 1 300 万元,已提折旧 100 万元,扩建生产线时领用自产产品一批,成本为 200 万元,增值税税率为 13%,计税价格为 300 万元,同时在扩建时处理账面价值 10 万元的旧零件,变价收入为 1 万元。扩建支出符合固定资产确定条件。不考虑其他因素,请完成下列各题。

(1) 编制固定资产转入在建的会计分录。

(2) 编制领用自产产品时的会计分录。

(3) 编制终止确认旧零件的会计分录。

(4) 计算该生产线扩建后的成本,并编写相关会计分录。

2. 某企业报废设备一台,该设备原值为 100 万元,已计提折旧 85 万元。该设备报废残值变价收入为 5 万元,增值税税额为 0.65 万元;自行支付清理费用 2 万元(不考虑增值税)。不考虑其他因素,请完成下列各题。

文档:任务一
拓展训练

(1) 编制将固定资产转入清理的会计分录。

(2) 编制收到变价收入的会计分录。

(3) 编制支付清理费用的会计分录。

(4) 计算该设备报废应确认的净损失,并编制会计分录。

🔖任务二　生产性生物资产

一、生产性生物资产的确认与计量

生产性生物资产是指为产出农产品、提供劳务或出租等目的而持有的生物资产,包括经济林、薪炭林、产畜和役畜等。

(一) 生产性生物资产的计量

(1) 外购生产性生物资产的成本,包括购买价款、相关税费、运输费、保险费以及可直接归属于购买该资产的其他支出。

(2) 自行营造或繁殖的生产性生物资产的成本,应当按照下列规定确定。

① 自行营造的林木类生产性生物资产的成本,包括达到预定生产经营目的前发生的造林费、抚育费、营林设施费、良种试验费、调查设计费和应分摊的间接费用等必要支出。

② 自行繁殖的产畜和役畜的成本,包括达到预定生产经营目的(成龄)前发生的饲料费、人工费和应分摊的间接费用等必要支出。达到预定生产经营目的是指生产性生物资产进入正常生产期,可以多年连续稳定产出农产品、提供劳务或出租。

(3) 因择伐、间伐或抚育更新性质采伐而补植林木类生物资产发生的后续支出,应当计入林木类生物资产的成本。

生物资产在郁闭或达到预定生产经营目的后发生的管护、饲养费等后续支出,应当计入当期损益。

（二）生产性生物资产账户的设置

为了反映和监督生产性生物资产的生产、耗费、产出等情况，企业需要设置"生产性生物资产""生产性生物资产累计折旧"等账户。

"生产性生物资产"账户核算企业（农、林、牧、渔业）持有的生产性生物资产的原价（成本）。借方登记增加的生产性生物资产成本，贷方登记减少的生产性生物资产原价（成本）。期末借方余额，反映企业生产性生物资产的原价（成本）。该账户应按照"未成熟生产性生物资产"和"成熟生产性生物资产"，分生物资产的种类、群别等进行明细核算。

"生产性生物资产累计折旧"账户核算企业（农、林、牧、渔业）成熟生产性生物资产的累计折旧。贷方登记企业按月计提成熟生产性生物资产的折旧，借方登记处置生产性生物资产结转的生产性生物资产累计折旧。期末贷方余额反映企业成熟生产性生物资产的累计折旧额。该账户应按照生产性生物资产的种类、群别等进行明细核算。

【初级同步 3-7】下列有关生产性生物资产的表述不正确的是（　　　）。

A. 自行繁殖的育肥畜应计入生产性生物资产

B. 达到预定生产经营目的的生产性生物资产应计提折旧

C. 生产性生物资产在郁闭后发生管护费应计入管理费用

D. 自行营造的经济林应计入生产性生物资产

二、生产性生物资产的核算

（一）生产性生物资产增加

（1）企业外购的生产性生物资产，按照购买价款和相关税费作会计处理如下。

借：生产性生物资产

　　应交税费——应交增值税（进项税额）

　　贷：银行存款等

（2）自行营造的林木类生产性生物资产，按照达到预定生产经营目的前发生的造林费、抚育费、营林设施费、良种试验费、调查设计费和应分摊的间接费用等必要支出，作会计处理如下。

借：生产性生物资产——未成熟生产性生物资产

　　贷：原材料/银行存款/应付利息等

（3）自行繁殖的产畜和役畜，达到预定生产经营目的前发生的饲料费、人工费和应分摊的间接费用等必要支出，作会计处理如下。

借：生产性生物资产——未成熟生产性生物资产

　　贷：原材料/银行存款/应付利息

（4）未成熟生产性生物资产达到预定生产经营目的时，按照其账面余额作会计处理如下。

借：生产性生物资产——成熟生产性生物资产

　　贷：生产性生物资产——未成熟生产性生物资产

【工作任务 3-17】甲公司自 2021 年年初开始自行栽植 100 公顷橡胶树，当年发生种苗费 169 000 元，平整土地和定植所需机器设备折旧费 55 500 元，自栽植开始正常生产周期为 3 年，假定各年均匀发生抚育肥料及农药费 41 750 元、人工费 75 000 元、每年应分摊管护费用 402 500 元。假定不考虑相关税费等其他因素。甲公司应编制会计分录如下。

① 2021 年,发生种苗费、平整土地等费用。

借:生产性生物资产——未成熟生产性生物资产　　　　　　　224 500
　　贷:原材料——种苗　　　　　　　　　　　　　　　　　　169 000
　　　　累计折旧　　　　　　　　　　　　　　　　　　　　　55 500

② 2021—2024 年,每年发生抚育肥料及农药费、人工费、应分摊管护费用等。

借:生产性生物资产——未成熟生产性生物资产　　　　　　　519 250
　　贷:原材料——肥料及农药　　　　　　　　　　　　　　　　41 750
　　　　应付职工薪酬　　　　　　　　　　　　　　　　　　　75 000
　　　　银行存款　　　　　　　　　　　　　　　　　　　　402 500

(5)育肥畜转为产畜或役畜时,应按其账面余额作会计处理如下。

借:生产性生物资产
　　贷:消耗性生物资产

已计提跌价准备的,应同时结转已计提的跌价准备。

如果产畜或役畜转为育肥畜,应当按照其账面余额作会计处理如下。

借:消耗性生物资产
　　生产性生物资产累计折旧　　[已提折旧]
　　贷:生产性生物资产　　[账面原值]

【注意】天然起源的生产性生物资产,应按名义金额,借记生产性生物资产,贷记"营业外收入"科目。

(6)择伐、间伐或抚育更新等生产性采伐而补植林木类生产性生物资产发生的后续支出,作会计处理如下。

借:生产性生物资产——未成熟生产性生物资产
　　贷:银行存款

生产性生物资产发生的管护、饲养费用等后续支出。

借:管理费用
　　贷:银行存款

(二)生产性生物资产折旧

企业应当自生产性生物资产投入使用月份的次月起计算折旧;停止使用的生产性生物资产,应当自停止使用月份的次月起停止计算折旧。生产性生物资产计提折旧时,应根据用途分别计入相关资产的成本或当期损益,作会计处理如下。

借:管理费用等
　　贷:生产性生物资产累计折旧

企业应当根据生产性生物资产的性质、使用情况和有关经济利益的预期实现方式,合理确定其使用寿命、预计净残值和折旧方法。可选用的折旧方法包括年限平均法、工作量法、产量法等。生产性生物资产的使用寿命、预计净残值和折旧方法一经确定,不得随意变更。

(三)生产性生物资产减值

生产性生物资产的可收回金额低于其账面价值的,应当按照可收回金额低于账面价值的差额,计提生物资产减值准备,并计入当期损益,作会计处理如下。

借:资产减值损失

　贷:生产性生物资产减值准备

生产性生物资产减值准备一经计提,不得转回。

【初级同步 3-8】(多选题)下列各项中,关于生产性生物资产的会计处理的表述正确的有(　　)。

A. 生产性生物资产的使用寿命、预计净残值和折旧方法一经确定,不得变更

B. 生产性生物资产计提减值准备后,在持有期间不得转回

C. 生物资产在达到预定生产经营目的后发生的饲养费用计入生产性生物资产成本

D. 生产性生物资产满足条件可以采用公允价值进行计量

做中学

多选题

1. 下列各项中,关于生产性生物资产的表述正确的有(　　)。

　A. 自行繁殖的育肥畜的成本应计入生产性生物资产

　B. 达到预定生产经营目的的生产性生物资产应计提折旧

　C. 生产性生物资产在郁闭后发生的管护费应计入管理费用

　D. 自行营造的经济林的成本应计入生产性生物资产

2. 下列资产减值准备中,一经确认在资产持有期间内不得转回的有(　　)。

　A. 坏账准备　　　　　　　　　　　B. 无形资产减值准备

　C. 生产性生物资产减值准备　　　　D. 存货跌价准备

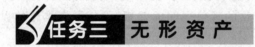

任务三　无 形 资 产

一、无形资产概述

（一）无形资产的概念和特征

无形资产是指企业拥有或者控制的没有实物形态的可辨认非货币性资产。通常包括专利权、非专利技术、商标权、著作权、土地使用权、特许权等。

无形资产除具有资产的基本特征外,还有以下特征:①不具有实物形态;②具有可辨认性;③属于非货币性资产。

【注意】商誉无法与企业自身分离,不具有可辨认性,不能确认为无形资产。

（二）无形资产的分类

为了便于管理与核算无形资产,需要对无形资产进行科学、合理的分类,其分类如下。

（1）专利权。专利权是指国家专利主管机关依法授予发明创造专利申请人对其发明创造在法定期限内所享有的专有权利,包括发明专利权、实用新型专利权和外观设计专利权。

（2）非专利技术。非专利技术是指先进的、未公开的、未申请专利、可以带来经济效益的技术及诀窍,如设计图纸、材料配方、技术规范等。非专利技术并不是专利法的保护对象,专有技术所有人依靠自我保密的方式来维持其独占权,非专利技术可以用于转让和投资。

（3）商标权。商标权是指经国家商标局核准注册的企业拥有的在某类指定商品上使用特

定名称和图案的权利。商标经国家管理机关核准后,成为注册商标,受国家法律保护。

(4)专营权。专营权又称特许权,是指政府或部门准许某一企业在一定范围内享有经营某种业务或销售某种特定商标产品的特许经营权。专营权的取得一般有两种形式:一是由政府机构授权;二是通过企业间签订合同授权。

(5)著作权。著作权又称版权,是指著作者或文艺作品的创作者以及出版商依法享有的在一定年限内发表、制作、出版和发行其作品的专有权利。著作权受国家法律保护,未经著作权所有者的许可或转让,其他任何人不得占有或使用。

(6)土地使用权。土地使用权是指企业经国家土地管理机关批准享有的在一定时期内国有土地开发、利用和经营的权利。我国的土地归国家所有,任何单位和个人只能拥有土地使用权,没有土地所有权。

(三)无形资产的确认与计量

无形资产的确认与计量应同时满足与该无形资产有关的经济利益很可能流入企业和该无形资产的成本能够可靠地计量两个条件。

无形资产应当按照成本进行初始计量,即以取得无形资产并使之达到预定用途而发生的全部支出,作为无形资产的成本。对于不同来源的无形资产,其成本构成也不尽相同。

1. 外购无形资产的成本

外购无形资产的成本包括购买价款及直接归属于使该项无形资产达到预定用途所发生的其他支出。但不包括为引入新产品进行宣传发生的广告费、管理费用及其他间接费用,也不包括无形资产已经达到预定用途后发生的费用。购买无形资产的价款超过正常信用条件延期支付,实质上具有融资性质的,无形资产的成本以购买价款的现值为基础确定。实际支付的价款与购买价款的现值之间的差额,除应予资本化的以外,应当在信用期间内计入当期损益。

2. 自行开发无形资产的成本

企业自行开发无形资产成本的确定应区分研究阶段支出与开发阶段支出。

(1)研究阶段支出。研究是指为获取并理解新的科学或技术知识而进行的独创性的有计划调查。研究阶段具有计划性和探索性的特点。研究阶段是为进一步的开发活动进行资料及相关方面的准备,不会形成阶段性成果。因此,企业自行开发无形资产,其研究阶段的支出应当于发生时计入当期损益。

(2)开发阶段支出。开发是指在进行商业性生产或使用前,将研究成果或其他知识应用于某项计划或设计,以生产出新的或具有实质性改进的材料、装置、产品等。开发阶段是已完成研究阶段之后的工作,在很大程度上具备了形成一项新产品或新技术的基本条件。因此,如果企业能够证明开发支出符合无形资产的定义及相关确认条件,则可将其确认为无形资产,否则应当计入当期损益。

自行开发无形资产确认入账后,对于以前期间已经费用化的支出不再调整。

【注意】无法区分研究阶段和开发阶段支出,应当将其所发生的研发支出全部费用化,计入当期损益(管理费用)。

3. 投资者投入无形资产的成本

投资者投入的无形资产应当按投资合同或协议约定的价值确定其成本,但是合同或协议约定的价值不公允的除外。

4. 接受捐赠的无形资产

接受捐赠的无形资产应按以下规定确定其实际成本：①捐赠方提供了有关凭据的，以凭据上标明的金额加上应支付的相关税费，作为实际成本。②捐赠方没有提供有关凭据的，同类或类似无形资产存在活跃市场的，以同类或类似无形资产的市场价格估计的金额，加上应支付的相关税费，作为实际成本。同类或类似无形资产不存在活跃市场的，以该接受捐赠的无形资产的预计未来现金流量的现值，作为实际成本。

二、无形资产的核算

（一）账户设置

为了反映和监督无形资产的取得、摊销和处置等情况，企业应当设置"无形资产""累计摊销""研发支出"等账户进行核算。

1. "无形资产"账户

"无形资产"账户用于核算企业持有的无形资产成本，借方登记取得无形资产的成本，贷方登记处置无形资产时转出的账面余额，期末借方余额，反映企业无形资产的成本。"无形资产"账户应当按照无形资产的项目设置明细账户进行核算。

2. "累计摊销"账户

"累计摊销"账户用于核算企业对使用寿命有限的无形资产计提的累计摊销，属于"无形资产"的调整账户。该账户的贷方登记企业计提的无形资产摊销，借方登记处置无形资产时转出无形资产的累计摊销额，期末贷方余额，反映企业已计提的无形资产的累计摊销额。

3. "研发支出"账户

企业进行研究与开发无形资产过程中发生的各项支出在"研发支出"账户核算。该账户为成本类账户，借方登记在研究与开发无形资产过程中发生的各项支出，贷方登记符合无形资产资本化条件转作无形资产的各项开支和期末转作管理费用的各项费用化开支。期末借方余额反映企业在正在进行的研究开发项目中满足资本化条件的支出。该账户应当按照研究开发项目分别按"费用化支出"与"资本化支出"进行明细核算。

此外，企业无形资产发生减值的，还应当设置"无形资产减值准备"账户进行核算。

 【职业素养 3-2】

从制造强国到创造强国

2021年国家发布《中华人民共和国国民经济和社会发展第十四个五年规划和2035年远景目标纲要》，全文19篇65章，提出深入实施制造强国战略，明确了我国新发展理念和新发展格局，把科技自立自强作为国家发展的战略支撑。其中第五章第一节"激励企业加大研发投入"明确指出："实施更大力度的研发费用加计扣除、高新技术企业税收优惠等普惠性政策。拓展优化首台（套）重大技术装备保险补偿和激励政策，发挥重大工程牵引示范作用，运用政府采购政策支持创新产品和服务。通过完善标准、质量和竞争规制等措施，增强企业创新动力。健全鼓励国有企业研发的考核制度，设立独立核算、免于增值保值考核、容错纠错的研发准备金制度，确保中央国有工业企业研发支出年增长率明显超过全国平均水平。完善激励科技型中小企业创新的税收优惠政策。"

文档：职业素养"从制造强国到创造强国"解读

资料来源：https://www.gov.cn/xinwen/2021-03/13/content_5592681.htm.

思考： 为什么科技创新受宠？

（二）无形资产的核算

1. 无形资产的取得

企业取得的无形资产应当按照成本进行初始计量。取得的方式不同，其会计处理也有所差别。

微课：无形资产
的确认和初始计量

（1）外购无形资产，按取得的增值税专用发票金额，作会计处理如下。

借：无形资产
　　应交税费——应交增值税（进项税额）
　　贷：银行存款等

取得增值税普通发票的，以注明的价税合计金额作为无形资产的成本，其进项税额不可抵扣。

（2）企业自行研发的无形资产。

① 研究阶段发生的支出，一般不满足无形资产资本化条件，要费用化处理。

微课：自行研发无形
资产初始计量

借：研发支出——费用化支出
　　应交税费——应交增值税（进项税额）
　　贷：原材料/银行存款/应付职工薪酬

② 开发阶段发生的支出，满足无形资产资本化条件的，记入"研发支出——资本化支出"账户；不满足无形资产资本化条件的，记入"研发支出——费用化支出"账户。

借：研发支出——费用化支出　［不满足资本化条件的支出］
　　　　　　　——资本化支出　［满足资本化条件的支出］
　　应交税费——应交增值税（进项税额）
　　贷：原材料/银行存款/应付职工薪酬

③ 期末结转费用化支出。

借：管理费用
　　贷：研发支出——费用化支出

④ 研发项目达到预定用途形成的开发成本。

借：无形资产　［无形资产的开发成本］
　　贷：研发支出——资本化支出　［资本化的开发支出］
　　　　银行存款　［申请注册的相关费用等］

【工作任务 3-18】南京公益食品公司自行开发一项新技术，截至 2023 年 10 月 31 日研究阶段支出 40 万元，以银行存款支付。截至 2024 年 2 月开发阶段的工作均已完成，开发阶段的支出共 368 万元，其中，其他费用 300 万元，以银行存款支付，开发人员工资 68 万元。在开发阶段的支出中，有 220 万元支出可予以资本化，148 万元支出应予以费用化。该公司依法取得该项技术的专利权时发生注册费用 2 万元、律师费用 1 万元，均以银行存款支付。南京公益食品公司作账务处理如下。

① 发生研究阶段支出。

借：研发支出——费用化支出　　　　　　　　　　　　　　　　　　400 000
　　贷：银行存款　　　　　　　　　　　　　　　　　　　　　　　　　400 000

② 期末，结转研究阶段支出。

借：管理费用　　　　　　　　　　　　　　　　　　　　　　　　　　400 000

　　贷:研发支出——费用化支出　　　　　　　　　　　　　　　　　　400 000

③ 发生开发阶段支出。

借:研发支出——资本化支出　　　　　　　　　　　　　　　　　　2 200 000

　　　　　——费用化支出　　　　　　　　　　　　　　　　　　　1 480 000

　　贷:应付职工薪酬　　　　　　　　　　　　　　　　　　　　　　680 000

　　　　银行存款　　　　　　　　　　　　　　　　　　　　　　3 000 000

④ 期末,结转开发阶段费用化支出。

借:管理费用　　　　　　　　　　　　　　　　　　　　　　　　1 480 000

　　贷:研发支出——费用化支出　　　　　　　　　　　　　　　1 480 000

⑤ 开发完成,专利申请成功。

借:研发支出——资本化支出　　　　　　　　　　　　　　　　　30 000

　　贷:银行存款　　　　　　　　　　　　　　　　　　　　　　30 000

借:无形资产　　　　　　　　　　　　　　　　　　　　　　　2 230 000

　　贷:研发支出——资本化支出　　　　　　　　　　　　　　　2 230 000

2. 无形资产的摊销

　　企业应当于取得无形资产时分析判断其使用寿命。使用寿命有限的无形
资产应进行摊销。使用寿命不确定的无形资产不应摊销。

　　无形资产的应摊销金额通常是无形资产的成本扣除预计残值后的金额,已
计提减值准备的无形资产还应扣除已计提的减值准备累计金额。其中,使用寿
命有限的无形资产,其残值通常被视为零。对于使用寿命有限的无形资产应当
自可供使用(即其达到预定用途)当月起开始摊销,处置当月不再摊销。无形资
产摊销方法有年限平均法(即直线法)、生产总量法等。企业选择的无形资产摊销方法,应当反
映与该项无形资产有关的经济利益的预期实现方式。无法可靠确定预期实现方式的,应当采
用年限平均法摊销。

微课:无形资产
摊销和减值

　　企业根据无形资产的用途,摊销无形资产应作会计处理如下。

借:管理费用　〔一般情况下的无形资产的摊销〕

　生产成本、制造费用　〔专门用于生产某种产品的无形资产摊销〕

　其他业务成本　〔出租无形资产的摊销〕

　研发支出　〔用于研发无形资产的摊销〕

　　贷:累计摊销

【工作任务3-19】接工作任务3-18的资料,南京公益食品公司将其自行开发完成的专利
技术出租给丁公司,双方约定的租赁期限为10年,采用年限平均法按月进行摊销。每月摊销
时,南京公益食品公司应作账务处理如下。

(1)　　　　　　每月应摊销的金额=2 230 000÷10÷12=18 583(元)

(2) 编制会计分录如下。

借:其他业务成本　　　　　　　　　　　　　　　　　　　　　18 583

　　贷:累计摊销　　　　　　　　　　　　　　　　　　　　　18 583

【初级同步3-9】(多选题)下列各项中,关于企业无形资产摊销的表述正确的有(　　)。

A. 当月报废的非专利技术当月应计提摊销

B. 对外出租使用寿命有限的非专利技术不计提摊销

C. 使用寿命不确定的非专利技术不计提摊销

D. 当月达到预定用途的专利权当月开始计提摊销

3. 无形资产的处置

（1）无形资产的出售。企业出售无形资产,应当将取得的价款扣除该无形资产账面价值以及出售相关税费后的差额作为资产处置损益进行会计处理。

借:银行存款/其他应收款　［实际售价］

　　无形资产减值准备　［已计提的无形资产减值准备］

　　累计摊销　［已计提的累计摊销的金额］

　　贷:无形资产　［账面余额］

　　　　应交税费——应交增值税(销项税额)

　　　　资产处置损益　［贷方差额为处置收益,在借方为处置损失］

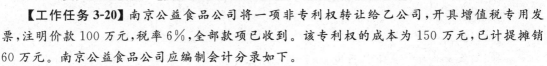

微课:无形
资产处置

【工作任务 3-20】南京公益食品公司将一项非专利权转让给乙公司,开具增值税专用发票,注明价款 100 万元,税率 6%,全部款项已收到。该专利权的成本为 150 万元,已计提摊销 60 万元。南京公益食品公司应编制会计分录如下。

借:银行存款　　　　　　　　　　　　　　　　　1 060 000

　　累计摊销　　　　　　　　　　　　　　　　　　600 000

　　贷:无形资产　　　　　　　　　　　　　　　1 500 000

　　　　应交税费——应交增值税(销项税额)　　　　60 000

　　　　资产处置损益　　　　　　　　　　　　　　100 000

（2）无形资产的报废。如果无形资产预期不能为企业带来未来经济利益,如某项无形资产已被其他新技术所替代或超过法律保护期,该资产不再符合无形资产的定义,则企业应将其报废并予以转销,其账面价值转入当期损益。

借:营业外支出——无形资产报废　［差额］

　　无形资产减值准备　［已计提的无形资产减值准备］

　　累计摊销　［已计提的累计摊销的金额］

　　贷:无形资产　［账面原值］

【初级同步 3-10】(单选题)某企业为增值税一般纳税人,转让一项专利权,开具的增值税专用发票上注明价款为 15 万元,增值税税额为 0.9 万元。该专利权初始入账成本为 40 万元,累计摊销 15 万元,计提减值准备 4 万元。不考虑其他因素,转让该项专利权应确认的净损失为(　　)万元。

A. 10　　　　　　　　B. 5.1　　　　　　　　C. 6　　　　　　　　D. 6.9

4. 无形资产的减值

如果无形资产将来为企业创造的经济利益不足以补偿无形资产的成本(摊余成本),则说明无形资产发生了减值。在资产负债表日,无形资产存在可能发生减值迹象,且其可收回金额低于账面价值的,企业应当将该无形资产的账面价值减记至可收回金额,减记的金额确认为减值损失,计提相应的资产减值准备。具体会计处理如下。

借:资产减值损失——无形资产减值损失

　　贷:无形资产减值准备

【注意】企业无形资产减值损失一经确认,在以后会计期间不得转回。

三、长期待摊费用

长期待摊费用是指企业已经发生但应由本期和以后各期负担的分摊期限在 1 年以上的各项费用,如以租赁方式租入的使用权资产发生的改良支出等。

微课:长期
待摊费用

为了反映和监督长期待摊费用的发生、摊销情况,企业应设置"长期待摊费用"账户。该账户借方登记发生的长期待摊费用,贷方登记摊销的长期待摊费用,期末借方余额,反映企业尚未摊销完毕的长期待摊费用。"长期待摊费用"账户可按待摊费用项目进行明细核算。

企业发生长期待摊费用。

借:长期待摊费用
    应交税费——应交增值税(进项税额)
    贷:原材料/银行存款/应付职工薪酬等

摊销长期待摊费用。

借:管理费用/销售费用
    贷:长期待摊费用

如果长期待摊费用项目不能使以后会计期间受益的,应当将尚未摊销的该项目的摊余价值全部转入当期损益。

【工作任务 3-21】2023 年 9 月 1 日,南京公益食品公司对新租入办公楼进行装修,领用生产用材料成本 550 000 元,发生有关人员工资等职工薪酬 350 000 元。2024 年 1 月 30 日,该办公楼装修完工,达到预定可使用状态并交付使用,按租赁期 10 年进行摊销。假定不考虑其他因素,南京公益食品公司应编制会计分录如下。

(1)领用原材料。

借:长期待摊费用   550 000
    贷:原材料   550 000

(2)确认工程人员职工薪酬。

借:长期待摊费用   350 000
    贷:应付职工薪酬   350 000

(3)摊销装修支出。

$$每月摊销额 = (550\,000 + 350\,000) \div 10 \div 12 = 7\,500(元)$$

借:管理费用   7 500
    贷:长期待摊费用   7 500

 做中学

一、单选题

1. 某公司自行研发非专利技术共发生支出 460 万元,其中,研究阶段共发生支出 160 万元;开发阶段发生支出 300 万元,符合资本化条件的支出为 180 万元。不考虑其他因素,该研发活动应计入当期损益的金额为(   )万元。

    A. 340   B. 160   C. 280   D. 180

2. 下列各项中,关于无形资产摊销的表述正确的是(   )。

    A. 使用寿命不确定的无形资产按年摊销

B. 无形资产自可供使用的下月起开始摊销

C. 无形资产处置当月不再摊销

D. 出租的无形资产摊销额应计入管理费用

3. 甲公司为增值税一般纳税人，现将一项专利权转让给乙公司，开具的增值税专用发票上注明的价款为 40 万元，增值税税额为 2.4 万元。该专利权成本为 30 万元，已累计摊销 15 万元。不考虑其他因素，转让该项专利权应确认的处置净损益为（　　）万元。

A. 12.4　　　　　　B. 27.4　　　　　　C. 10　　　　　　D. 25

4. 2023 年 12 月初，甲企业"长期待摊费用"账户借方余额为 4 000 元，当月借方发生额为 3 000 元，贷方发生额为 2 000 元。不考虑其他因素，甲企业 2023 年年末长期待摊费用账户余额为（　　）元。

A. 借方 5 000

B. 贷方 5 000

C. 借方 3 000

D. 贷方 3 000

二、多选题

下列各项中，应计入企业自行研究开发专利权入账价值的有（　　）。

A. 专利权申请中发生的专利登记费

B. 专利权申请过程中发生的律师费

C. 满足资本化条件的专利研发支出

D. 无法可靠区分研究阶段和开发阶段的专利研发支出

三、判断题

1. 除房地产企业以外的企业单独取得的土地使用权，应将取得时发生的资本化支出计入无形资产成本。　　　　　　　　　　　　（　　）

2. 某企业对租入的营业大厅进行重大装修，发生的工程人员工资应计入长期待摊费用。　　　　　　　　　　　　　　　　　　（　　）

文档：任务三拓展训练

任务四　债权投资

一、金融资产的概念与分类

金融资产是实物资产的对称，是指单位或个人所拥有的以价值形态存在的资产，是可以在金融市场上进行交易、具有现实价格和未来估价的金融工具的总称。

广义的金融资产包括库存现金、银行存款、应收账款、应收票据、其他应收款、债权投资、股权投资、基金投资、衍生金融资产等。狭义的金融资产主要指股权投资和债权投资。

企业根据管理金融资产的业务模式和金融资产的合同现金流量特征，从金融资产后续计量的角度，将金融资产划分为以下三类。

（一）以摊余成本计量的金融资产

企业应当将同时符合下列条件的金融资产分类为以摊余成本计量的金融资产：①管理该金融资产的业务模式以收取合同现金流量为目标；②该金融资产的合同条款规定，在特定日期产生的现金流量，仅为对本金和以未偿付本金金额为基础的利息的支付，如国债、企业债券、应收票据、应收账款等。

（二）以公允价值计量且其变动计入其他综合收益的金融资产

企业应当将同时符合下列条件的金融资产分类为以公允价值计量且其变动计入其他综合收益的金融资产：①管理该金融资产的业务模式，既以收取合同现金流量为目标又以出售该金融资产为目标；②该金融资产的合同条款规定，在特定日期产生的现金流量，仅为对本金和以未偿付本金金额为基础的利息的支付，如其他债权投资。需要注意的是，这里有一种特殊情况，非交易性权益工具投资不符合上述两个标准，但是被强行指定为以公允价值计量且其变动计入其他综合收益的金融资产。所以，以公允价值计量且其变动计入其他综合收益的金融资产主要包括：其他债权投资和其他权益工具投资。

【注意】在初始确认时，企业将非交易性权益工具投资指定为以公允价值计量且其变动计入其他综合收益的金融资产。该指定一经做出，不得撤消，也不需计提减值准备。

（三）以公允价值计量且其变动计入当期损益的金融资产

除上述分类为以摊余成本计量的金融资产和以公允价值计量且其变动计入其他综合收益的金融资产之外的金融资产，企业应当将其分类为以公允价值计量且其变动计入当期损益的金融资产。换句话说，如果一项金融资产不能归为以上两种，就划分为第三类。

以公允价值计量且其变动计入当期损益的金融资产主要是指交易性金融资产，以及其他指定为以公允价值计量且其变动计入当期损益的金融资产。这类金融资产既有股权性资产，也有债权性资产。

二、债权投资概述

债权投资属于以摊余成本计量的金融资产。企业购买或持有这类金融资产，主要目的就是收取本金和利息。

（一）债权投资的初始计量

企业取得债权投资时应当按照购买价款和相关税费进行初始计量。实际支付价款中包含的已到付息期但尚未领取的债券利息，应当单独确认为应收利息，不计入债权投资的成本。

微课：债权
投资概述

（二）债权投资的后续计量

债权投资的后续计量分为实际利率法和直线法两种。企业会计准则规定，企业的债权投资应当采用实际利率法，按摊余成本进行后续计量。《小企业会计准则》规定小企业采用直线法。

实际利率法是指采用实际利率来计算金融资产的摊余成本并将利息收入分摊计入各会计期间的方法。实际利率是指将金融资产在预计存续期的估计未来现金流量折现为该金融资产账面余额（不考虑减值）所使用的利率。

摊余成本是指债权投资的初始确认金额扣除已偿还的本金、加上或减去采用实际利率法将该初始确认金额与到期日金额之间的差额进行摊销形成的累计摊销额、扣除计提的累计信用减值准备后的金额。

三、债权投资的账户设置

1."债权投资"账户

为了反映和监督企业以摊余成本计量的债权投资业务，应当设置"债权投资"账户，核算企业以摊余成本计量的债权投资的账面余额。在此账户下按照债权投资的类别和品种,分别设置成本、利息调整、应计利息三个明细账户。"成本"明细账户一般用于核算债券投资的面值;"利息调整"明细账户用于核算债权投资的溢价、折价、交易费用及其摊销;"应计利息"明细账户用于核算到期一次还本付息债券投资,在资产负债表日按票面利率计算的应收利息。"债权投资"期末借方余额,反映企业的债权投资的摊余成本。

2."应收利息"账户

"应收利息"账户用于核算分期付息、一次还本的债券投资在资产负债表日按票面利率计算的应收未收的利息。

3."投资收益"账户

"投资收益"账户用于核算债权投资实际获得的利息收入。

四、债权投资的核算

债权投资的账务处理主要包括债权投资取得,债权投资持有期间,债权投资收回或处置等。

1. 债权投资取得的核算

债权投资应以购买价款和相关费用作为成本进行初始计量,实际支付价款中包含的已到付息期但尚未领取的债权利息,应当单独确认为应收利息。应作会计处理如下。

借:债权投资——成本 [取得债券的面值]

　　应收利息 [支付价款中包含的已到付息期尚未领取的债券利息]

　　贷:银行存款等 [实际支付的价款]

微课:债权投资的
初始计量

　　　　债权投资——利息调整 [差额,或借方]

2. 债权投资持有期间的核算

(1) 以摊余成本计量的金融资产为分期付息、到期还本的债券投资,应作会计处理如下。

借:应收利息 [债券面值×票面利率]

借(或贷):债权投资——利息调整 [差额]

　　贷:投资收益 [金融资产的账面余额或摊余成本×实际利率]

(2) 以摊余成本计量的金融资产为到期一次还本付息的债券投资,应作会计处理如下。

微课:债权投资
持有期间的核算

借:债权投资——应计利息 [债券面值×票面利率]

借(或贷):债权投资——利息调整 [差额]

　　贷:投资收益 [金融资产的账面余额×实际利率]

3. 债权投资处置的核算

企业处置债券投资时,应将所取得的价款与债券投资账面价值之间的差额计入当期损益(投资收益),应作会计处理如下。

借:银行存款 [实际收到的价款]

　　债权投资减值准备 [已计提的减值准备]

　　贷:债权投资——成本 [处置债券投资的面值]

　　　　　　——利息调整 [处置债券投资尚未摊销的利息调整金额]

应计利息 ［处置债券投资已计提的利息］

贷(或借):投资收益 ［差额］

【工作任务3-22】2024年1月23日,南京公益食品公司购买了A公司同日发行的债券,根据其管理该债券投资的业务模式和该债券的合同现金流量特征,将该债券投资分类为以摊余成本计量的金融资产。债券期限为5年,面值为100万元,票面利率为4%,支付购买债券价款90万元,交易费用为1.58万元,均以银行存款支付。该债券每年末付息一次,在第5年末付本金(不能提前兑付)。若该债券的实际利率为6%,采用实际利率法计算该债券各期的实际利息、票面利息及利息调整金额,详见表3-1。

表3-1 南京公益食品公司各年应确认的投资收益　　　　单位:万元

日 期	应收利息①	实际利息收益 (②＝年初④×6%)	利息调整摊销 (③＝①－②)	年末金融资产账面余额 (④＝年初④－③)
2024.01.01				91.58[1]
2024.12.31	4	5.49	−1.49	93.07
2025.12.31	4	5.58	−1.58	94.65
2026.12.31	4	5.68	−1.68	96.33
2027.12.31	4	5.78	−1.78	98.11
2028.12.31	4	5.89[2]	−1.89	100
合 计	20	28.42	−8.42	

注 1. 用插值法计算出实际利率≈6%,(P/S,6%,5)=0.763 2,初始确认＝(100×4%×5+100)×(P/S,6%,5)=91.58(万元),即购买时实际支付的价款。

2. 2028年12月31日采用倒挤法,计算实际利息收益＝100+4−98.11=5.89(万元)

(1) 取得债券投资。

借:债权投资——成本 　　　　　　　　　　　　　　　1 000 000

贷:债权投资——利息调整 　　　　　　　　　　　　84 200

银行存款 　　　　　　　　　　　　　　　　　　915 800

(2) 2024年12月31日计提利息。

借:应收利息 　　　　　　　　　　　　　　　　　　40 000

债权投资——利息调整 　　　　　　　　　　　　14 900

贷:投资收益 　　　　　　　　　　　　　　　　54 900

收到利息。

借:银行存款 　　　　　　　　　　　　　　　　　　40 000

贷:应收利息 　　　　　　　　　　　　　　　　40 000

2025年12月31日计提利息。

借:应收利息 　　　　　　　　　　　　　　　　　　40 000

债权投资——利息调整 　　　　　　　　　　　　15 800

贷:投资收益 　　　　　　　　　　　　　　　　55 800

收到利息。

借:银行存款 　　　　　　　　　　　　　　　　　　40 000

贷:应收利息 　　　　　　　　　　　　　　　　40 000

2026年年末至2028年年末计提利息的核算与2024年年末、2025年年末的核算同理,不再赘述。

(3)2028年年末到期。

借:银行存款　　　　　　　　　　　　　　　　　　　　　　　1 040 000

　　贷:债权投资——成本　　　　　　　　　　　　　　　　　　1 000 000

　　　　应收利息　　　　　　　　　　　　　　　　　　　　　　　40 000

做中学

一、单选题

某公司于2023年4月1日购入面值为1 000万元的3年期债券并将其确认为债权投资,实际支付的价款为1 100万元,其中包含已到付息期但尚未领取的债券利息50万元,另支付相关税费5万元。不考虑其他因素,则该项债权投资的初始入账金额为(　　)万元。

　A. 1 055　　　　　　B. 1 105　　　　　　C. 1 100　　　　　　D. 1 000

二、判断题

1. 债权投资取得时实际支付价款中包含的已到付息期但尚未领取的债券利息,应当计入债权投资的成本。　　　　　　　　　　　　　　　　　　　　　　　　　　　(　　)

2. 企业为取得债权投资发生的交易费用应计入当期损益。　　　　　　　　(　　)

三、业务题

2020年1月1日,甲公司购买了A公司债券,面值为1 000 000元,票面利率为4%,期限为5年,划分为以摊余成本计量的金融资产,买价为990 000元,支付价款中包含已到付息期但尚未领取的利息40 000元(2020年1月6日收到该利息),另支付交易费用为6 680元,该债券每年1月6日支付上年的利息,在第5年末兑付本金(不能提前兑付)。经计算,实际利率为5%。

(1)计算甲公司各年应确认的投资收益。

(2)编制甲公司有关该项投资的会计分录:①取得金融资产时的会计分录。②2020年1月6日收到价款中包含的已到付息期但尚未领取利息时的会计分录。③2020年年末至2024年年末计提利息的会计分录。④2024年年末到期兑付本金时的会计分录。

文档:任务四
拓展训练

任务五　长期股权投资的初始计量

一、长期股权投资概述

长期股权投资是指投资方对被投资单位实施控制、共同控制和具有重大影响的权益性投资。长期股权投资具有投资期限长、投资风险大,不能随意抽回投资,按所持股份享有权利和承担义务,投资的目的除获得投资收益外,更重要的是对被投资单位施加影响等特点。

投资方和被投资方的关系,直接影响长期股权投资日常会计核算及报表的填列与合并。根据投资方拥有被投资方股份数额及对被投资方施加影响的程度,可将投资方和被投资方的关系分为控制、共同控制、重大影响三类。

微课:长期股权
投资的概念

1. 控制

投资方能够对被投资单位实施控制的权益性投资,即对子公司投资。控制,是指投资方拥有对被投资单位的权力,通过参与被投资单位的相关活动而享有可变回报,并且有能力运用对被投资单位的权力影响其回报金额。拥有控制权的投资企业被称为母公司,被母公司控制的企业被称为子公司。

2. 共同控制

共同控制是指按照相关约定对某项安排所共有的控制权,并且该安排的相关活动必须经过分享控制权的参与方一致同意后才能决策。共同控制的特点是:实施共同控制的任何一个投资方均能够阻止其他投资方单独控制被投资方,共同控制不能要求所有投资方都对被投资方实施共同控制。各投资方与被投资方形成共同控制关系的,一般称被投资方为合营企业。

3. 重大影响

重大影响是指对一个企业的财务和经营政策有参与决策的权力,但并不能够控制或者与其他方一起共同控制这些政策的制定。在确定能否对被投资方施加重大影响时,应当考虑投资方和其他方持有的被投资方当期可转换公司债券、当期可执行认股权证等潜在表决权因素。当投资方直接拥有被投资单位方20%以上但低于50%的表决权时,一般认为对被投资单位具有重大影响。此外,虽然投资方直接拥有被投资方20%以下的表决权,但在被投资单位的董事会或类似权力机构中派有代表、参与被投资方决策制定过程、向被投资方派出管理人员、有被投资方依赖的技术资料等,也被认为对被投资方具有重大影响。投资方与被投资方形成重大影响关系的,一般称被投资方为联营企业。

二、长期股权投资的初始计量及核算

长期股权投资的初始投资成本,应根据企业合并和企业合并以外的其他方式取得(非企业合并)两种情况确定。

(一) 企业合并形成的长期股权投资的核算

企业合并是指两个或者两个以上单独的企业合并形成一个报告主体的交易或事项。企业合并通常包括吸收合并、新设合并和控股合并三种形式。其中,吸收合并和新设合并均不形成投资关系,只有控股合并会形成投资关系。因此,企业合并形成的长期股权投资是指控股合并所形成的投资方(即合并后的母公司)对被投资方(即合并后的子公司)的股权投资。

企业合并形成的长期股权投资,应区分同一控制下的企业合并和非同一控制下的企业合并,分别确定初始投资成本。

1. 同一控制下企业合并形成的长期股权投资的核算

同一控制下的企业合并是指参与合并的企业在合并前后均受同一方或相同的多方最终控制且该控制并非暂时性的合并交易。对于同一控制下的企业合并,从最终控制方的角度来看,该类企业合并一定程度上并不会造成构成企业集团的整体经济利益的流入和流出,最终控制方在合并前后实际控制的经济资源并没有发生变化,因此,同一控制下企业合并不属于交易,是两个或多个参与合并企业资产、负债的重新组合,交易价格往往不公允,不能作为出售或购买来处理。

同一控制下企业合并形成长期股权投资的核算原则:①初始成本的确定。合并方应以被合并方所有者权益的账面价值为基础,对长期股权投资进行初始计量。②合并费用。合并方为进行企业合并发生的各项直接相关费用,包括支付的审计费用、评估费用、法律服务费用等,应在发生时计入管理费用;企业合并中,合并方发行债券或承担其他债务支付的手续费、佣金等,应当计入所发行债券及其他债务的初始成本;企业合并中,发行权益性证券发生的手续费、佣金等费用,应当抵减权益性证券溢价收入,溢价收入不足冲减的,冲减留存收益。

微课:同一控制下企业合并形成长期股权投资初始计量1

(1) 合并方以支付货币资金、转让非现金资产或承担债务等方式取得被合并方的股权,应当在合并日以被合并方所有者权益在最终控制方合并财务报表中的账面价值的份额作为长期股权投资的初始投资成本。长期股权投资初始投资成本与支付的现金、转让非现金资产或所承担债务账面价值之间的差额,应当调整资本公积(资本溢价或股本溢价),资本公积(资本溢价或股本溢价)不足冲减的,调整留存收益。合并时应作会计处理如下。

借:长期股权投资　　［合并日被合并方所有者权益在最终控制方合并财务报表中的账面价值×持股比例］

　　应收股利　　［享有的被投资方已宣告但未发放的现金股利］

　　资本公积——资本(股本)溢价　⎫

　　盈余公积　　　　　　　　　　⎬借方差额

　　利润分配——未分配利润　　　⎭

　贷:银行存款/固定资产清理等　［支付合并对价的账面价值］

　　　资本公积——资本(股本)溢价　［贷方差额］

支付合并费用时,应作会计处理如下。

借:管理费用

　　应交税费——应交增值税(进项税额)

　贷:银行存款

【工作任务3-23】2024年1月,A公司为南京公益食品公司和甲公司的母公司。南京公益食品公司从母公司购买甲公司60%的股权,双方协商确定的价格为700万元,以货币资金支付。此外,南京公益食品公司以银行存款支付审计、评估费等相关费用2.12万元,其中可以抵扣增值税为0.12万元。合并日甲公司所有者权益在母公司合并报表中的账面价值为1 500万元。南京公益食品公司作会计处理如下。

南京公益食品公司取得的长期股权投资属于同一控制下的企业合并所得,因此,初始投资成本=1 500×60%=900(万元)。

借:长期股权投资——甲公司　　　　　　　　　　　　　　　9 000 000

　　管理费用　　　　　　　　　　　　　　　　　　　　　　　20 000

　　应交税费——应交增值税(进项税额)　　　　　　　　　　1 200

　贷:银行存款　　　　　　　　　　　　　　　　　　　　　7 021 200

　　　资本公积——资本溢价　　　　　　　　　　　　　　　2 000 000

(2) 合并方以发行权益性证券作为合并对价的,应将发行股票的面值总额作为股本,长期股权投资初始投资成本与所发行股份面值总额之间的差额,应当调整资本公积(资本溢价或股本溢价);资本公积(资本溢价或股本溢价)不足冲减的,调整留存收益。合并时应作会计处理如下。

借:长期股权投资　［合并日被合并方所有者权益在最终控制方合并
　　　报表中的账面价值×持股比例］
　　应收股利　［享有的被投资方已宣告但未发放的现金股利］
　　资本公积——资本(股本)溢价
　　盈余公积 ｝借方差额
　　利润分配——未分配利润
　贷:股本　［发行股票的面值总额］
　　　资本公积——资本(股本)溢价　［贷方差额］

支付权益性证券的发行费时,应作会计处理如下。

借:资本公积——股本溢价　［权益性证券的发行费用,如承销费、保荐费］
　贷:银行存款

【自主探究】企业取得交易性金融资产和债权投资时,相关交易费用是如何处理的?

【工作任务3-24】假定南京公益食品公司与乙公司均是丙公司的子公司。2024年1月,南京公益食品公司定向增发600万股普通股(每股面值1元)作为对价自丙公司手中取得乙公司60%的股权,每股的公允价值为10元,并支付给券商8万元的发行费用,合并日乙公司在母公司合并报表中的账面净资产总额为1 300万元。南京公益食品公司与乙公司的会计年度和采用的会计政策相同,则应作会计处理如下。

借:长期股权投资　　　　　　　　　　　7 800 000[1 300×60%]
　贷:股本　　　　　　　　　　　　　　6 000 000
　　　资本公积——股本溢价　　　　　　1 800 000
借:资本公积——股本溢价　　　　　　　　80 000
　贷:银行存款　　　　　　　　　　　　　80 000

2. 非同一控制下企业合并形成的长期股权投资的核算

非同一控制下的控股合并是指参与合并的各方在合并前后不受同一方或相同的多方最终控制的合并交易,即同一控制下企业合并以外的其他企业合并。非同一控制下的企业合并实质是不同市场主体间的产权交易,投资方如果以转让非现金资产方式作为对价,实质是转让或处置了非现金资产,具有商业实质,产生经营性或非经营性损益。

(1)非同一控制下企业合并形成的长期股权投资的核算原则。相对于同一控制下的控股合并而言,非同一控制下的控股合并是合并各方自愿进行的交易行为,作为一种公平交易,应当以公允价值为基础对长期股权投资进行初始计量。①以支付货币资金的方式取得被投资方的股权,应以支付的货币资金作为初始投资成本。②投资方支付的价款中如果含有已宣告发放但尚未支付的现金股利,应单独确认为应收股利,不计入长期股权投资成本。③投资方为进行长期股权投资发生的审计、法律服务、评估咨询等中介费用以及其他相关投资费用,应于发生时计入管理费用。④以支付货币资金以外的其他资产方式取得被投资方的股权,付出的资产应按资产处置的方式进行处理,以资产的公允价值作为初始投资成本。具体来说有以下五种情况。

第一,投资方付出存货作为对价的,按存货的公允价值确认主营业务收入,同时按其账面价值结转主营业务成本,涉及增值税的,进行相应的处理。

第二,投资方付出固定资产、无形资产作为对价的,付出资产的公允价值与其账面价值的差额,计入资产处置损益。

第三,投资方付出金融资产作为对价的,付出金融资产的公允价值与其账面价值的差额,计入投资收益或留存收益。

第四,投资方以承担债务的方式取得被投资方的股权,应将债务的公允价值作为初始投资成本。投资方为进行企业合并而发行债券产生的手续费、佣金等,应当计入所发行债券初始确认金额,不构成初始投资成本。

第五,投资方以发行权益性证券等方式取得被投资方的股权,应在购买日以发行权益性证券的公允价值作为长期股权投资的初始投资成本。投资方为发行权益性证券而支付的手续费、佣金等,应当抵减权益性证券的溢价发行收入,溢价发行收入不足冲减的,冲减留存收益,不构成初始投资成本。

(2) 非同一控制下企业合并形成长期股权投资的核算。

① 投资方以支付现金、转让非现金资产或承担债务方式等作为合并对价的,应在购买日将现金、非现金货币性资产的公允价值作为初始投资成本计量确定合并成本。

微课:非同一控制下企业合并形成长期股权投资初始计量1

第一,如果投资方付出的是存货,按正常销售存货处理。

借:长期股权投资　　[存货的公允价值＋销项税额]
　　贷:主营业务收入
　　　　应交税费——应交增值税(销项税额)
同时结转存货的销售成本。
借:主营业务成本
　　存货跌价准备
　　贷:库存商品

【工作任务 3-25】南京公益食品公司和乙公司是非关联企业,2024 年 1 月,南京公益食品公司以账面余额 800 万元、存货跌价准备 100 万元、公允价值 1 000 万元的库存商品换取乙公司 70% 的股权,该商品的增值税税率为 13%。乙公司账面净资产为 800 万元。投资当日,南京公益食品公司"资本公积——资本溢价"账户余额为 20 万元,"盈余公积"账户余额为 50 万元。南京公益食品公司与乙公司的会计年度和采用的会计政策相同。南京公益食品公司应作会计处理如下。

借:长期股权投资　　　　　　　　　　　　　　　　　　　　11 300 000
　　贷:主营业务收入　　　　　　　　　　　　　　　　　　10 000 000
　　　　应交税费——应交增值税(销项税额)　　　　　　　　1 300 000
借:主营业务成本　　　　　　　　　　　　　　　　　　　　7 000 000
　　存货跌价准备　　　　　　　　　　　　　　　　　　　　1 000 000
　　贷:库存商品　　　　　　　　　　　　　　　　　　　　8 000 000

【学中做 3-6】如果工作任务 3-25 中,南京公益食品公司和乙公司是同一集团内的,其他条件不变,那么如何进行会计核算?

第二,如果投资方付出的是固定资产,按正常转让固定资产处理。

借:固定资产清理
　　累计折旧
　　固定资产减值准备
　　贷:固定资产　　[账面原值]
借:长期股权投资　　[固定资产的公允价值＋销项税额]

贷:固定资产清理 ［账面价值］

应交税费——应交增值税(销项税额)

资产处置损益 ［倒挤,或借方］

【工作任务 3-26】 假定南京公益食品公司与 A 公司不存在关联关系,2024 年 1 月 23 日取得 A 公司 60% 的股权,能够控制 A 公司,南京公益食品公司支付的对价包括 1 600 万元现金和一台公允价值 6 800 万元的机器设备,该机器设备原值为 5 000 万元,已计提折旧 1 000 万元。另外南京公益食品公司支付资产评估费 200 万元。不考虑相关税费,南京公益食品公司应作会计处理如下。

借:固定资产清理   40 000 000
　累计折旧   10 000 000
　贷:固定资产   50 000 000
借:长期股权投资   84 000 000[68 000 000＋16 000 000]
　管理费用   2 000 000
　贷:固定资产清理   40 000 000
　　银行存款   18 000 000[16 000 000＋2 000 000]
　　资产处理损益   28 000 000[倒挤]

【初级同步 3-11】 (单选题)甲公司和乙公司为两家独立公司。2023 年 6 月 30 日,甲公司以其拥有的固定资产对乙公司投资,取得乙公司 60% 的股权。该固定资产原值 750 万元,已累计计提折旧 200 万元,已计提减值准备 50 万元,投资日该固定资产的公允价值为 600 万元。2023 年 6 月 30 日乙公司的可辨认净资产公允价值为 900 万元。假定不考虑相关税费等因素,甲公司应确认的长期股权投资初始投资成本为( )万元。

A. 540   B. 500   C. 600   D. 750

第三,如果投资方付出的是无形资产,按正常转让无形资产处理。

借:长期股权投资 ［无形资产的公允价值＋销项税额］

　累计摊销

　无形资产减值准备

　贷:无形资产 ［账面原值］

　　应交税费——应交增值税(销项税额) ［无形资产的公允价×税率］

　　资产处置损益 ［倒挤,或借方］

【注意】 以上三种情况长期股权投资初始成本以公允价值为基础,均要考虑相关增值税。

【工作任务 3-27】 假定南京公益食品公司和乙公司是非关联企业。2024 年 1 月,南京公益食品公司以账面原价 1 000 万元、累计摊销 300 万元、减值准备 80 万元、公允价值 1 200 万元的一项土地使用权作为对价,从二级市场购入乙公司 80% 的股权。转让土地使用权适用的增值税税率为 9%。合并日乙公司账面所有者权益为 600 万元。合并当日南京公益食品公司"资本公积——股本溢价"账户余额为 50 万元,盈余公积结存 80 万元。南京公益食品公司与乙公司的会计年度和采用的会计政策相同。南京公益食品公司应作会计处理如下。

借:长期股权投资   13 080 000[12 000 000×(1＋9%)]
　累计摊销   3 000 000
　无形资产减值准备   800 000
　贷:无形资产   10 000 000
　　应交税费——应交增值税(销项税额)   1 080 000

资产处置损益   5 800 000

【学中做 3-7】如果工作任务 3-27 中,南京公益食品公司和乙公司是同一集团的,其他条件不变,那么南京公益食品公司应如何进行会计核算?

② 投资方以发行权益性证券作为合并对价的,长期股权投资的初始成本是投资方为取得对被投资方的控制权而发行的权益性证券的公允价值。合并日作会计处理如下。

借:长期股权投资 [确定的合并成本即发行的股票的公允价值]

    资本公积——股本溢价 ⎫

    盈余公积   ⎬借方差额

    利润分配——未分配利润 ⎭

  贷:股本 [发行股票的面值总额]

    资本公积——股本溢价 [贷方差额:股票的公允价值－股票面值]

微课:非同一控制下企业合并形成长期股权投资初始计量 2

支付合并费用等相关直接费。

借:管理费用

    应交税费——应交增值税(进项税额)

  贷:银行存款

支付发行费用。

借:资本公积——股本溢价

  贷:银行存款

【工作任务 3-28】接工作任务 3-24 的资料,假定南京公益食品公司和乙公司是非关联企业,则南京公益食品公司作会计处理如下。

借:长期股权投资   60 000 000

  贷:股本(面值)   6 000 000

    资本公积——股本溢价   54 000 000

借:资本公积——股本溢价   80 000

  贷:银行存款   80 000

【学中做 3-8】甲公司能够控制 A 公司和 B 公司。2024 年 1 月 1 日,A 公司向甲公司增发普通股 5 000 万股,取得甲公司持有的 B 公司 80% 股权,当日能够控制 B 公司,A 公司普通股面值 1 元/股,发行价格 10 元/股,支付发行费用 200 万元,支付律师费、审计费合计 300 万元。当日 B 公司个别报表中净资产账面价值为 12 000 万元,在甲公司合并报表中净资产账面价值为 13 000 万元。不考虑其他因素,请编制 A 公司此项交易的会计分录。

(二)非企业合并形成的长期股权投资的核算

除企业合并形成的对子公司的长期股权投资之外,企业以支付现金、发行权益性证券、投资者投入、非货币性资产交换等方式取得的对被投资方不具有控制的长期股权投资,都是以非企业合并方式取得的长期股权投资,包括取得的对合营企业和联营企业的权益性投资。

企业以非企业合并方式形成的长期股权投资,其实质是进行权益投资性质的商业交易。企业通过非企业合并方式取得的长期股权投资,应根据不同的取得方式,按照实际支付的价款、转让非现金资产的公允价值、发行

微课:非企业合并形成长期股权投资初始计量

权益性证券的公允价值等分别确定长期股权投资的初始投资成本。

1. 以支付现金取得的长期股权投资的核算

在非企业合并下,以支付现金取得的长期股权投资,应当以实际支付的购买价款作为初始投资成本。初始投资成本包括与取得长期股权投资直接相关的费用、税金及其他必要支出。企业取得的长期股权投资,实际支付价款或对价中包含的已宣告但尚未发放的现金股利或利润,应当作为应收项目处理。会计处理如下。

借:长期股权投资　［买价＋直接费用－买价中已宣告但尚未发放的现金股利］

　　应收股利　　　［买价中已宣告但尚未发放的现金股利］

　　　贷:银行存款/其他货币资金

【注意】初始投资成本包括与取得长期股权投资直接相关的费用、税金及其他必要支出,不包括发行股票的发行费。

【工作任务 3-29】2024 年 2 月 1 日,南京公益食品公司从证券市场上购入乙公司 20％的股份,实际支付价款 8 000 万元。在购买过程中支付手续费等相关费用 100 万元。甲公司取得该部分股权后能够对乙公司施加重大影响。假定南京公益食品公司取得该项投资时,乙公司已宣告但尚未发放现金股利,按持股比例计算确定可分得 30 万元。南京公益食品公司应作会计处理如下。

借:长期股权投资——乙公司　　　　　　　　　　　　　　80 700 000

　　应收股利——乙公司　　　　　　　　　　　　　　　　　300 000

　　　贷:银行存款　　　　　　　　　　　　　　　　　　　81 000 000

2. 以发行权益性证券取得的长期股权投资的核算

企业以发行权益性证券取得的长期股权投资,应当以发行权益性证券的公允价值作为初始投资成本。为发行权益性证券支付的手续费、佣金等应自权益性证券的溢价发行收入中扣除,溢价收入不足的,应冲减盈余公积和未分配利润。

【工作任务 3-30】2024 年 2 月 5 日,南京公益食品公司发行股票 200 万股作为对价向丁公司投资,每股面值为 1 元,实际发行价为每股 3 元,不考虑相关税费。南京公益食品公司应作会计处理如下。

借:长期股权投资——丁公司　　　　　　　　　　　　　　6 000 000

　　贷:股本——丁公司　　　　　　　　　　　　　　　　　2 000 000

　　　资本公积——股本溢价　　　　　　　　　　　　　　4 000 000

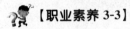【职业素养 3-3】

长期股权投资面临的风险有哪些

企业长期股权投资面临的风险是客观存在的,要确保投资收益,有效减少投资损失,就必须认识风险、防范风险。长期股权投资主要面临以下风险:一是决策风险,即由于投资团队能力或经验不足而导致的尽职调查不彻底,财务分析不全面,预期经营收益不准确、交易价格高于资产实际价值等情况产生的风险;二是道德风险,即投资团队是否与投资对象存在某些私下的利益交易导致投资者利益受损的风险;三是管理风险,即由于投资期间过长,管理过程中不确定性风险较多;四是还可能面临其他多重风险形式,包括市场风险(比如投资对象估值水平下降)、信用风险(比如投资对象破产或违约)、流动性风险(比如投资对象没有成功上市,退出渠道受限),以及法律和声誉风险(比如投资对象发生重大丑闻或法律诉讼)等;五是

文档:职业素养
"长期股权投资
面临的风险有
哪些"解读

非预期风险,如自然灾害或战争等不可抗力事件在较长的投资期间发生的可能性增大。

资料来源:李海宾.企业集团长期股权投资风险管控[J].经贸实践,2017(19):77-78.

思考:如何对长期股权投资进行风险防范?

做中学

1. 2024年6月30日,B公司的原股东将其持有的B公司70%的股份转让给同一集团内的甲公司,双方协商价格为5 000万元,甲公司以银行存款支付,并于当日起能够对B公司实施控制。此外,甲公司还以银行存款支付审计费、评估费30万元,两公司在企业合并前与B公司采用的会计政策相同。合并日,B公司在最终控制方合并财务报表中的净资产账面价值为6 000万元(含商誉),甲公司的资本公积(股本溢价)为1 000万元。根据上述资料,作甲公司取得B公司股权的会计处理。

2. 2024年6月30日,甲公司向同一集团内B公司的原股东增发1 000万股普通股(每股面值为1元,市价为4.5元),取得其持有的B公司70%的股权,并于当日起能够对B公司实施控制。此外,甲公司还以银行存款支付审计费、评估费30万元,股票发行手续费50万元,两公司在企业合并前采用的会计政策相同。合并日,B公司在最终控制方合并财务报表中的净资产账面价值为6 000万元(含商誉),甲公司的资本公积(股本溢价)为1 000万元。根据上述资料,作甲公司取得B公司股权的会计处理。

3. 甲公司2024年4月1日与乙公司原投资者A公司签订协议,甲公司以商品存货换取A公司持有的乙公司股权。2024年7月1日(购买日),甲公司取得70%的份额。甲公司投出商品存货的公允价值为600万元,增值税税额78万元,账面成本400万元。假定合并前甲公司与乙公司不存在任何关联关系。请作甲公司购进股票的账务处理。

任务六 长期股权投资的后续计量

长期股权投资在持有期间,应根据投资企业对被投资方的影响程度与控制情况,分别采用成本法和权益法进行核算。

一、成本法

(一) 成本法的概念与适用范围

成本法是指对长期股权投资按投资成本计价核算的方法。在成本法下,企业取得的长期股权投资按照初始投资成本计价,持有期间除了投资企业追加或收回投资外,长期股权投资的账面价值保持不变。成本法认为,长期股权投资就是一项普通资产,其与投资方在被投资方所拥有的净资产量无任何关系,其投资价值不会随着被投资方净资产量的波动而波动。

微课:成本法

成本法适用于企业能够对被投资单位实施控制的长期股权投资,即企业对子公司的长期股权投资。

(二) 成本法的核算

1. 初始成本的确认

企业通过不同方式取得的长期股权投资,适用于成本法核算的,应当按照初始投资成本计价,一般不予变更,只有在追加或收回投资以及长期股权投资减值时,才调整长期股权投资的账面价值。

2. 持有期间被投资单位宣告分派现金股利或利润

在成本法下,持有期间被投资方宣告分派现金股利或利润,企业应当按照享有的份额确认为当期投资收益。会计处理如下。

(1)宣告发放现金股利。

借:应收股利 ［宣告发放的现金股利×持股比例］

　　贷:投资收益

(2)收到现金股利。

借:银行存款

　　贷:应收股利

【注意】如果收到的为购入时的应收股利,则应冲减应收股利。如果收到的为股票股利,不作账务处理,但应当在备查簿中登记所增加的股票数量。

【工作任务3-31】2024年1月1日,南京公益食品公司自非关联方以现金500万元取得丁公司60%的股权,相关转让手续当日办理完成,并能够对丁公司实施控制。2024年1月10日,丁公司宣告分派2023年度的现金股利80万元。2024年2月15日,收到上述现金股利。不考虑相关税费等其他因素影响,南京公益食品公司应作账务处理如下。

(1)2024年1月1日,取得长期股权投资。

借:长期股权投资——丁公司　　　　　　　　　　　　　　5 000 000

　　贷:银行存款　　　　　　　　　　　　　　　　　　　　　5 000 000

(2)2024年1月10日,丁公司宣告分派现金股利。

借:应收股利——丁公司　　　　　　　　　　　　　　　　480 000

　　贷:投资收益　　　　　　　　　　　　　　　　　　　　　480 000

(3)2024年2月15日,收到上述现金股利。

借:银行存款　　　　　　　　　　　　　　　　　　　　　480 000

　　贷:应收股利　　　　　　　　　　　　　　　　　　　　　480 000

【注意】成本法下,被投资单位实现净利润或发生净亏损,投资方不作账务处理。

【初级同步3-12】(单选题)2023年1月1日,A公司向其母公司P支付15 000万元,取得母公司P拥有对S公司100%的股权,并于当日起能够对S公司实施控制。当日,P公司合并财务报表中的S公司净资产账面价值为10 000万元。2023年S公司实现净利润3 000万元,分派现金股利2 000万元。2024年2月1日,A公司出售S公司100%股权,取得处置价款16 000万元。不考虑相关税费等其他因素影响,A公司处置S公司100%股权应确认的投资收益是(　　)万元。

A. 1 000　　　　　　B. 5 000　　　　　　C. 6 000　　　　　　D. 4 000

二、权益法

(一)权益法的概念与适用范围

权益法是指对长期股权投资最初以投资成本计价,以后在持有期间根据投资企业享有被投资方所有者权益份额的变动对投资的账面价值进行调整的方法。在权益法下,长期股权投资的账面价值随着被投资单位所有者权益的变动而变动,包括被投资单位实现的净利润或发生的净亏损以及其他所有者权益项目的变动。

权益法的适用范围:投资方对被投资方具有共同控制或重大影响的长期股权投资,即对合营企业投资及联营企业投资,应当采用权益法核算。

(二)权益法的核算

采用权益法进行长期股权投资的核算,可以在"长期股权投资"账户下,设置"投资成本""损益调整""其他综合收益""其他权益变动"等明细账户。在权益法下,长期股权投资账户的余额反映了全部投资成本。其中:

"长期股权投资——投资成本"账户核算投资方取得股权时确定的初始投资成本。

"长期股权投资——损益调整"账户核算被投资方因发生净损益、分配利润引起的所有者权益变动,投资方按照持股比例计算的应享有或应分担的份额。

"长期股权投资——其他综合收益"账户核算被投资方因确认其他综合收益引起的所有者权益变动,投资方按持股比例计算的应享有或应分担的份额。

"长期股权投资——其他权益变动"账户核算被投资方除净损益、其他综合收益以及利润分配以外的所有者权益的其他变动,投资方按照持股比例计算的应享有或应分担的份额。

1. 初始投资成本的调整

权益法下,为了客观反映投资方在被投资方所有者权益中享有的份额,应将初始投资成本与投资时应享有被投资方可辨认净资产公允价值份额进行比较,并分不同情况进行处理。

微课:权益法(一)
初始投资成本调整

(1)长期股权投资的初始投资成本大于投资时应享有被投资单位可辨认净资产公允价值份额的,不调整已确认的初始投资成本,仅就初始投资成本入账。

借:长期股权投资——投资成本
　　贷:银行存款等

(2)初始投资成本小于投资时应享有被投资单位可辨认净资产公允价值份额的差额,可以看作是被投资方的股东给予投资方的让步,或是出于其他方面的考虑,被投资方的原有股东无偿赠送给投资方的价值,因而应当确认为当期营业外收入,同时增加长期股权投资的成本。

先确认初始投资成本。

借:长期股权投资——投资成本
　　贷:银行存款等

再将差额进行成本调整。

$$初始投资成本的调整金额=初始投资成本-投资时被投资方可辨认净资产公允价值总额\times投资持股比例$$

借:长期股权投资——投资成本
　　贷:营业外收入

【工作任务3-32】2024年1月1日,南京公益食品公司取得乙公司30%的股权,支付价款3 000万元。情况一:取得投资时乙公司所有者权益构成如下:实收资本3 000万元、资本公积2 400万元、盈余公积600万元、未分配利润1 500万元,共计7 500万元;情况二:如果上述乙公司的所有者权益为12 000万元。

针对上述两种情况,南京公益食品公司应作会计处理如下。

情况一:初始投资成本3 000万元大于在被投资方所拥有的可辨认净资产公允价值份额

7 500×30%＝2 250(万元),仅就初始投资成本入账。

借:长期股权投资——投资成本　　　　　　　　　　　30 000 000

　　贷:银行存款　　　　　　　　　　　　　　　　　　　30 000 000

情况二:当初始投资成本3 000万元小于在被投资方所拥有的可辨认净资产公允价值份额12 000×30%＝3 600(万元),先确认初始投资成本。

借:长期股权投资——投资成本　　　　　　　　　　　30 000 000

　　贷:银行存款　　　　　　　　　　　　　　　　　　　30 000 000

再将差额进行成本调整。

借:长期股权投资——投资成本　　　　　　　　　　　6 000 000

　　贷:营业外收入　　　　　　　　　　　　　　　　　　6 000 000

上述会计处理也可合并作会计分录如下。

借:长期股权投资——投资成本　　　　　　　　　　　36 000 000

　　贷:银行存款　　　　　　　　　　　　　　　　　　　30 000 000

　　　营业外收入　　　　　　　　　　　　　　　　　　6 000 000

【初级同步3-13】(单选题)2024年1月1日,甲公司以银行存款2 500万元取得乙公司20%有表决权的股份,对乙公司具有重大影响,采用权益法核算。当日,乙公司可辨认净资产的公允价值为15 000万元,不考虑其他因素,甲公司该项长期股权投资的入账金额是(　　)万元。

A. 2 500　　　　　　B. 3 000　　　　　　C. 2 600　　　　　　D. 2 700

2. 投资损益的核算

采用权益法核算的长期股权投资,在确认应享有(或分担)被投资方的净利润(或净亏损)时,在被投资方账面净利润的基础上,应考虑双方会计政策和会计期间是否一致,是否存在顺流交易、逆流交易,以及由于被投资方公允价值与账面价值不一致等而造成的影响,这里假定不存在上述因素影响。

(1) 被投资方实现盈利时投资方的核算。被投资方实现净利润时,会引起企业所有者权益公允价值增加,那投资方应按享有被投资方净利润的份额确认为投资收益,同时作为追加投资调整长期股权投资。作会计处理如下。

微课:权益法(二)
被投资方发生盈利

借:长期股权投资——损益调整　　［被投资方实现的净利润×投资方

　　　　　　　　　　　　　　　　　持股比例］

　　贷:投资收益

【工作任务3-33】南京公益食品公司于2024年1月1日取得乙公司30%的股权,2023年乙公司实现净利润800万元,乙公司各项资产、负债的账面价值与公允价值相同,不需要进行利润调整。南京公益食品公司作会计处理如下。

借:长期股权投资——乙公司——损益调整　　　2 400 000[8 000 000×30%]

　　贷:投资收益　　　　　　　　　　　　　　　　2 400 000

【初级同步3-14】(单选题)2023年1月1日,甲公司以1 600万元购入乙公司30%的股份,另支付相关费用8万元,采用权益法核算。取得投资时,乙公司所有者权益的账面价值为5 000万元(与可辨认净资产的公允价值相同)。乙公司2023年度实现净利润300万元。假定不考虑其他因素,甲公司该长期股权投资2023年12月31日的账面余额为(　　)万元。

A. 1 590　　　　　　B. 1 598　　　　　　C. 1 608　　　　　　D. 1 698

（2）被投资方发生亏损时投资方的核算。被投资方发生净亏损时，投资方应当以长期股权投资的账面价值以及其他实质上构成对被投资单位净投资的长期权益（长期应收款）减记至零为限，投资方承担额外损失义务的，应当确认为预计负债。因此，投资方在确认应分担被投资方发生的亏损时，应当按照以下顺序进行处理：冲减长期股权投资的账面价值；如果长期股权投资的账面价值不足以冲减的，应当以其实质上构成对被投资单位净投资的长期权益（长期应收款）账面价值为限继续确认投资损失，冲减长期权益（长期应收款）的账面价值；在进行上述处理后，按照投资合同或协议约定投资方仍承担额外损失补偿义务的，应按预计承担的义务金额确认预计负债，计入当期投资损失。

微课:权益法(三)
被投资方发生亏损

被投资方亏损时，投资方的会计处理如下。

借:投资收益
　　贷:长期股权投资——损益调整　［以长期股权投资账面价值冲减至零为限］
　　　　长期应收款　［以长期应收款的账面价值冲减至零为限］
　　　　预计负债　［投资方承担额外损失义务的金额］

【注意】如果投资方无连带责任，则应将超额亏损列入备查簿。

以后期间被投资方实现盈余时，按以下序号顺序先冲备查簿中的亏损额，再作如下反调分录。

借:预计负债①　［先冲当初计入的预计负债］
　　长期应收款②　［再恢复当初冲减的长期应收款］
　　长期股权投资——损益调整③　［最后再恢复长期股权投资］
　　贷:投资收益

【工作任务 3-34】南京公益食品公司 2021 年年初取得乙公司 40％的股权，初始投资成本为 2 000 万元，投资当日乙公司各项资产、负债公允价值等于账面价值，双方采用的会计政策、会计期间相同，乙公司 2021 年年初公允可辨认净资产金额为 4 000 万元。

（1）2021 年，初始投资时南京公益食品公司会计处理如下。

借:长期股权投资——投资成本　　　　　　　　　　20 000 000
　　贷:银行存款等　　　　　　　　　　　　　　　　20 000 000

初始投资成本 2 000 万元大于在被投资方所拥有的可辨认净资产公允价值份额 4 000×40％＝1 600（万元），初始成本不用调整。

（2）2021 年乙公司实现净利润 500 万元，南京公益食品公司作会计处理如下。

借:长期股权投资——损益调整　　　　　　　　　　2 000 000
　　贷:投资收益　　　　　　　　　　　　　　　　　2 000 000

（3）乙公司 2022 年亏损 6 000 万元（按持股比例南京公益食品公司承担 40％），南京公益食品公司同时有对乙公司的"长期应收款"120 万元，且对乙公司亏损不负连带责任，南京公益食品公司作会计处理如下。

借:投资收益　　　　　　　　　　　　　　　　　　23 200 000
　　贷:长期股权投资——投资成本　　　　　　　　　20 000 000
　　　　　　　　　　——损益调整　　　　　　　　　2 000 000
　　　　长期应收款　　　　　　　　　　　　　　　1 200 000

同时，在备查簿中登记未入账亏损 80 万元。

（4）若乙公司2022年亏损6000万元，甲公司同时拥有对乙公司"长期应收款"120万元，且甲公司对乙公司亏损承担连带责任时，则南京公益食品公司作会计处理如下。

借：投资收益   24 000 000
 贷：长期股权投资——投资成本   20 000 000
       ——损益调整   2 000 000
  长期应收款   1 200 000
  预计负债   800 000

（5）乙公司2023年实现净利润9000万元时，基于（4）的前提，南京公益食品公司作会计处理如下。

借：预计负债   800 000
 长期应收款   1 200 000
 长期股权投资——损益调整   1 600 000
 贷：投资收益   3 600 000

【自主探究】乙公司2023年实现净利润9000万元时，基于（3）的前提，南京公益食品公司如何进行会计处理？

3. 被投资方分配股息和利润的核算

投资方自被投资方取得的现金股利或利润，应抵减长期股权投资的账面价值，在被投资方宣告发放时，投资方作会计处理如下。

借：应收股利
 贷：长期股权投资——损益调整

【注意】无论是成本法还是权益法，分派股票股利不作账务处理，但应当在备查簿中登记所增加的股票数量。

【学中做3-9】2022—2023年，甲公司发生与长期股权投资相关的业务如下：①2021年11月1日，甲公司购入B公司30％的股份，2021年全年B公司实现净利润200万元，其中11月和12月共实现净利润50万元。确认甲公司的投资收益；②2022年4月20日，B公司宣告分派现金股利120万元；③2022年5月10日，甲公司收到B公司分派的现金股利；④2022年B公司发生净亏损100万元，甲公司确认投资损失。根据上述业务资料，编制甲公司会计分录。

4. 被投资方其他综合收益变动

被投资方其他综合收益发生变动的，投资方应当按照归属于本企业的部分，相应调整长期股权投资的账面价值，同时增加或减少其他综合收益。

【工作任务3-35】南京公益食品公司持有M公司30％的股份，能够对M公司施加重大影响。当期，M公司因持有分类为以公允价值计量且其变动计入其他综合收益的金融资产（其他债权投资），公允价值的变动计入其他综合收益的金额为1 000万元，除该事项外，乙公司当期实现净利润为6 000万元。不考虑其他因素影响，南京公益食品公司应作会计处理如下。

借：长期股权投资——乙公司——损益调整 18 000 000
        ——其他综合收益 3 000 000
 贷：投资收益   18 000 000
  其他综合收益   3 000 000

【注意】投资方在后续处置股权投资时，通常将这部分其他综合收益转入当期投资收益，借记"其他综合收益"，贷记"投资收益"；或反之。

5. 被投资方所有者权益的其他变动

被投资方除净损益、利润分配以及其他综合收益以外的所有者权益的其他变动,投资方应按所持股权比例计算应享有的份额,调整长期股权投资的账面价值,同时计入资本公积(其他资本公积),并在备查簿中予以登记。

借:长期股权投资——其他权益变动
　　贷:资本公积——其他资本公积　[增值]

或

借:资本公积——其他资本公积　[减值]
　　贷:长期股权投资——其他权益变动

三、长期股权投资的减值

资产负债表日,对长期股权投资进行减值测试,如果长期股权投资可收回金额低于长期股权投资账面价值的,则发生减值,应当计提减值准备。作会计处理如下。

借:资产减值损失
　　贷:长期股权投资减值准备

【注意】长期股权投资减值准备,一经计提,持有期间不得转回。

四、长期股权投资的处置

(一) 成本法下长期股权投资的处置

处置长期股权投资时,企业应将出售所得价款与处置长期股权投资账面价值之间的差额,确认为投资收益。作会计处理如下。

借:银行存款　[实际收到的金额]
　　长期股权投资减值准备
　　贷:长期股权投资　[账面余额]
　　　　应收股利　[尚未领取的应收股利]
　　　　投资收益　[倒挤,或借方]

(二) 权益法下长期股权投资的处置

采用权益法核算的长期股权投资,原记入"其他综合收益""资本公积——其他资本公积"中的金额,在处置时也应进行结转,将与所出售股权相对应的部分在处置时自"其他综合收益""资本公积——其他资本公积"转入当期损益或留存收益。具体会计处理如下。

借:银行存款
　　长期股权投资减值准备
　　贷:长期股权投资——投资成本
　　　　　　　　　　——损益调整(如为贷方余额在借方冲)
　　　　　　　　　　——其他综合收益(如为贷方余额在借方冲)
　　　　　　　　　　——其他权益变动(如为贷方余额在借方冲)
　　　　　投资收益(倒挤,也可能在借方)
持有期间其他综合收益同时结转。

借:其他综合收益
　　贷:投资收益

或作相反分录。

持有期间"资本公积——其他资本公积"同时结转。

借:资本公积——其他资本公积
　　贷:投资收益

或作相反分录。

总结上述核算,对比成本法和权益法,二者不同之处如表 3-2 所示。

表 3-2　成本法与权益法对比

适 用 范 围		成 本 法	权 益 法	
		控制	共同控制、重大影响(合营企业、联营企业)	
会计处理	取得股权投资时	借:长期股权投资 　　贷:银行存款等	成本＞份额	借:长期股权投资——成本 　　贷:银行存款等
			成本＜份额	借:长期股权投资——成本 　　贷:银行存款等 　　　　营业外收入
	被投资企业实现利润时	不作账务处理	借:长期股权投资——损益调整 　　贷:投资收益	
	被投资企业发生亏损时	不作账务处理	借:投资收益 　　贷:长期股权投资——损益调整	
	被投资企业分派现金股利时	借:应收股利 　　贷:投资收益	借:应收股利 　　贷:长期股权投资——损益调整	
	被投资企业其他综合收益增减变化	不作账务处理	借:长期股权投资——其他综合收益 　　贷:其他综合收益	
	处置时	借:银行存款等 　　贷:长期股权投资 　　　　投资收益	借:银行存款等 　　贷:长期股权投资 　　　　投资收益	
			借:其他综合收益 　　资本公积——其他资本公积 　　贷:投资收益	

做中学

一、单选题

1. 企业为企业合并发生的审计、法律服务、评估咨询等中介费用,应计入的会计科目是(　　)。

　　A. 投资收益　　　　　B. 资本公积　　　　　C. 管理费用　　　　　D. 长期股权投资

2. 甲公司和乙公司为同一母公司最终控制下的两家公司。2023 年 4 月 1 日,甲公司向其母公司支付银行存款 260 000 元,取得母公司拥有的乙公司 80% 的股权,于当日起能够对乙公司实施控制。合并后乙公司仍维持其独立法人地位继续经营。2023 年 4 月 1 日母公司合并报表中乙公司的净资产账面价值为 290 000 元。在甲、乙公司合并前采用的会计政策相同。假定不考虑相关税费等其他因素影响,则甲公司取得长期股权投资的入账价值为( )元。

    A. 260 000　　　　B. 232 000　　　　C. 290 000　　　　D. 208 000

3. 下列关于长期股权投资采用成本法核算投资收益的账务处理中,表述正确的是( )。

    A. 被投资单位实现净利润中应享有的份额确认投资收益

    B. 被投资单位宣告分派现金股利中应享有的份额确认投资收益

    C. 应分担的被投资单位的亏损份额确认投资损失

    D. 收到被投资单位发放的股票股利确认投资收益

4. 2023年12月,甲公司持有乙公司60%有表决权的股份,长期股权投资的账面价值为8 000万元,采用成本法核算。2024年2月,乙公司决定分配现金股利50万元。甲公司2024年2月末的长期股权投资账面价值为( )万元。

    A. 0　　　　B. 8 250　　　　C. 8 000　　　　D. 7 500

5. 2024年1月1日,甲公司以银行存款270万元购入乙公司20%的股权,能够对乙公司施加重大影响,对该项股权投资采用权益法核算。2024年1月1日乙公司所有者权益的账面价值为1 100万元,可辨认净资产的公允价值为1 500万元。不考虑其他因素,则甲公司应确认营业外收入为( )万元。

    A. 0　　　　B. -50　　　　C. 30　　　　D. 60

6. 企业采用权益法核算长期股权投资时,导致投资收益增加的是( )。

    A. 被投资单位提取盈余公积　　　　B. 被投资单位实现净利润

    C. 收到被投资单位分配的股票股利　　　　D. 收到被投资单位分配的现金股利

二、多选题

1. 根据企业会计准则规定,长期股权投资应当采用权益法核算的有( )。

    A. 投资方对子公司的长期股权投资

    B. 投资方对联营企业的长期股权投资

    C. 投资方对合营企业的长期股权投资

    D. 投资方对上市公司的权益性投资

2. 在同一控制下的企业合并中,合并方取得被合并方在最终控制方合并财务报表中的净资产账面价值的份额与支付的合并对价账面价值(或发行股份面值总额)的差额,可能调整( )。

    A. 利润分配——未分配利润　　　　B. 资本公积

    C. 营业外收入　　　　D. 投资收益

3. 企业长期股权投资采用权益法核算时,下列各项中,投资方不应确认投资收益的有( )。

    A. 在持有期间收到现金股利

    B. 转让长期股权投资时取得的实际价款与其账面价值的差额

    C. 被投资单位宣告分配现金股利

    D. 被投资单位发放股票股利

三、判断题

1. 采用权益法核算的长期股权投资,初始成本大于投资时应享有的被投资单位的可辨认净资产公允价值的,其差额计入投资收益。　　　　( )

2. 长期股权投资采用成本法核算,被投资单位宣告分派现金股利时,投资方应按其所占的份额冲减长期股权投资的成本。　　　　( )

文档:任务五、任务六拓展训练

任务七 投资性房地产

一、投资性房地产的概念

投资性房地产是指为赚取租金或资本增值,或两者兼有而持有的房地产,包括已出租的土地使用权、持有并准备增值后转让的土地使用权、已出租的建筑物等。企业持有投资性房地产主要是为了赚取租金和资本增值。

微课:认识
投资性房地产

以下资产不属于投资性房地产:①企业拥有并自行经营的旅店或饭店;②企业持有的准备建造房屋建筑物的土地使用权;③房地产开发企业持有并准备增值后出售的商品房;④出租给本企业职工居住的自建宿舍楼;⑤不能单独计量和出售的、用于赚取租金或资本增值的部分;⑥租入后再转租的房地产。

二、投资性房地产的确认和计量

(一)投资性房地产的确认

投资性房地产在符合其定义的前提下,同时满足下列条件的予以确认:一是与该投资性房地产有关的经济利益很可能流入企业,即有证据表明企业能够获取租金或资本增值,或两者兼而有之。二是该投资性房地产的成本能够可靠地计量。

确认投资性房地产的时点:租赁开始日;停止自用、准备增值后转让日;空置建筑物或在建建筑物,董事会作出书面决议日。

(二)投资性房地产的计量

投资性房地产的计量分为成本模式和公允价值模式两种。

1. 成本模式

成本模式是指投资性房地产的初始计量和后续计量均采用实际成本进行核算,外购、自行建造等按照初始购置或自行建造的实际成本计量。后续发生符合资本化条件的支出计入账面成本。成本模式下,后续计量按照固定资产或无形资产的相关规定按期计提折旧或摊销,资产负债表日发生减值的计提减值准备。一定条件下,成本模式可以转为公允价值计量模式。

2. 公允价值模式

公允价值模式是指投资性房地产初始计量采用实际成本核算,后续计量按照投资性房地产的公允价值进行计量。按企业会计准则规定,只有存在确凿证据表明投资性房地产的公允价值能够持续可靠取得的情况下,企业才可以采用公允价值模式进行后续计量。可靠证据是指投资性房地产所在地有活跃的房地产交易市场、企业能够从活跃的交易市场上取得同类或类似房地产的市场价格及其他相关信息,从而对投资性房地产的公允价值作出合理的估计。

两种模式的会计核算结果及其经济后果存在一定的差异。成本模式下会计处理比较简单,会计核算结果的可靠性和可控性较高,不同会计期间会计资料的可比性较强,便于监督管理。公允价值模式下取得公允价值的确凿证据相对较为困难,对会计职业判断的要求高,会计核算结果的可靠性和可控性较低,会计处理较为复杂烦琐,不同会计期间会计资料的可比性较差,对会计监督管理的要求很高。为此,企业会计准则规定,企业通常应当采用成本模式对投资性房地产进行后续计量,对采用公允价值模式的条件作了限制性规定,且同一企业只能采用一种模式对所有投资性房地产进行后续计量;同时规定,企业可以从成本模式变更为公允价值模式,已采用公允价值模式不得转为成本模式。

三、投资性房地产的账户设置

为了反映和监督投资性房地产的取得、计提折旧或摊销、公允价值变动和处置等情况,企业应按照成本模式和公允价值模式分别设置"投资性房地产"等相关账户。

（一）成本模式下账户设置

在采用成本模式计量的投资性房地产情形下,需要设置"投资性房地产""投资性房地产累计折旧(摊销)"和"投资性房地产减值准备"三个总分类账户进行核算。

（1）"投资性房地产"账户核算投资性房地产的原始价值,其明细账户按照房地产类型进行设置。

（2）"投资性房地产累计折旧(摊销)"账户核算投资性房地产计提的折旧或摊销金额。如果投资性房地产属于房产,该账户为"投资性房地产累计折旧";如果投资性房地产属于地产,该账户为"投资性房地产累计摊销"。

（3）"投资性房地产减值准备"账户核算在成本模式下因投资性房地产减值而计提的减值准备金额。

（二）公允价值模式下账户设置

采用公允价值模式计量的投资房地产,需要设置"投资性房地产""公允价值变动损益""其他综合收益"账户进行核算。

（1）"投资性房地产"账户下设置"成本"和"公允价值变动"两个二级账户进行明细核算。"投资性房地产——成本"账户,核算投资性房地产初始确认的公允价值。"投资性房地产——公允价值变动"账户,核算投资性房地产在持有期间发生的公允价值变动金额。

（2）"公允价值变动损益"账户核算投资性房地产公允价值变动损益。

（3）"其他综合收益"账户核算非投资性房地产转换为投资性房地产转换日的公允价值大于账面价值的差额。

四、投资性房地产的核算

（一）取得投资性房地产的核算

投资性房地产无论采用哪一种后续计量模式,取得时均应当按照成本进行初始计量。投资性房地产的成本一般应当包括取得投资性房地产时和使该项投资性房地产达到预定可使用状态前所实际发生的各项必要的、合理的支出,如购买价款、土地开发费、建筑安装成本、应予以资本化的借款费用等。投资性房地产因取得渠道不同,其成本构成也会有所不同。

1. 外购的投资性房地产

外购的土地使用权和建筑物,按照取得时的实际成本进行初始计量。取得时的实际成本包括购买价款、相关税费和可直接归属于该资产的其他支出。企业购入的房地产,如果部分用于出租(或资本增值)、部分自用,用于出租(或资本增值)的部分应当予以单独确认的,应按照不同部分的公允价值占公允价值总额的比例将成本在不同部分之间进行分配。

在成本模式下,企业应当在购入投资性房地产时,根据购进发票等原始单据,作会计处理如下。

借:投资性房地产 [买价＋相关税费＋其他相关支出]

应交税费——应交增值税(进项税额)

贷:银行存款等

【注意】外购投资性房地产入账成本的确认与固定资产、无形资产和存货基本一致。

【工作任务3-36】2024年1月15日,南京公益食品公司与C公司签订了一项租赁合同,约定自购买日起将一栋仓库出租给C公司,为期5年。1月30日,南京公益食品公司购入仓库2 850万元,价款中含土地450万元,建筑物仓库2 400万元,增值税税率9％。南京公益食品公司采用成本模式进行投资性房地产的后续计量。根据上述业务资料,南京公益食品公司应作会计处理如下。

借:投资性房地产 28 500 000

应交税费——应交增值税(进项税额) 2 565 000

贷:银行存款 31 065 000

2. 自行建造的投资性房地产

在采用成本模式计量下,自行建造的投资性房地产,其成本由建造该项资产达到预定可使用状态前发生的必要支出构成,包括土地开发费、建筑成本、安装成本、应予以资本化的借款费用、支付的其他费用和分摊的间接费用等。建造过程中发生的非正常性损失直接计入当期损益,不计入建造成本。

【工作任务3-37】2023年1月15日,甲公司从其他单位购入一块使用年限为50年的土地,并在此土地上开始自行建造两栋厂房。2023年11月,甲公司预计厂房即将完工,与乙公司签订了经营租赁合同,将其中的一栋厂房租赁给乙公司使用。合同约定于厂房完工交付使用时开始起租,租赁期为6年,每年年末支付租金288万元。2023年12月5日,两栋厂房同时完工达到预定可使用状态并交付使用。该土地所有权的成本为900万元,至2023年12月5日,该土地使用权已累计计提摊销16.50万元,两栋厂房的实际造价成本均为1 200万元,能够单独出售。两栋厂房分别占用土地为这块土地的一半面积。甲公司应作会计处理如下。

借:固定资产——厂房 12 000 000

投资性房地产——厂房 12 000 000

贷:在建工程——厂房 24 000 000

将出租厂房应分摊的土地使用权转作投资性房地产累计摊销。

借:投资性房地产——已出租土地使用权 4500 000

累计摊销 82 500

贷:无形资产——土地使用权 4500 000

投资性房地产——累计摊销 82 500

3. 自用房地产或存货转换为公允价值模式计量的投资性房地产

自用房地产或存货转换为采用公允价值模式计量的投资性房地产,该项投资性房地产应当按照转换日的公允价值计量。转换日的公允价值小于原账面价值的,其差额计入当期损益(公允价值变动损益)。转换日的公允价值大于原账面价值的,其差额作为其他综合收益核算。处置该项投资性房地产时,原计入其他综合收益的部分应当转入处置当期损益。

借:①投资性房地产——成本 [转换当日公允价值]

③累计折旧 [已计提的折旧或摊销额]

④固定资产(无形资产)减值准备 [原计提的减值准备]

⑤公允价值变动损益 ［借差＝账面价值(②－③－④)－公允价值①］

    贷：②固定资产/无形资产/开发商品 ［原值］

⑥其他综合收益 ［贷差＝公允价值①－账面价值(②－③－④)］

【工作任务 3-38】 2023 年 12 月 10 日,南京公益食品公司与乙企业签订了租赁协议,将办公楼出租,租赁期开始日为 2023 年 12 月 15 日,租赁期限 5 年。2023 年 12 月 15 日,该办公楼原价为 800 万元,已提折旧 400 万元,公允价值为 700 万元。假设南京公益食品公司对投资性房地产采用公允价值模式计量。南京公益食品公司作会计处理如下。

公允价值－原账面价值＝700－(800－400)＝300(万元)

借：投资性房地产——成本   7 000 000

    累计折旧   4 000 000

  贷：固定资产   8 000 000

    其他综合收益   3 000 000

【学中做 3-10】 接工作任务 3-38 的资料,若 2023 年 12 月 15 日,该办公楼公允价值为 3 000 000 元,其他条件不变,则南京公益食品公司如何进行会计处理?

对公允价值变动损益的不同处理,一方面有利于满足谨慎性要求,即费用不应少计、收入不应多计,使得反映的净利润偏低;另一方面有利于满足可靠性要求,即公允价值增值有着客观确凿证据,理应如实记账,转换日的公允价值大于原账面价值的差额属于未实现损益,作为其他综合收益计入利润表但不增加净利润,这就既满足了谨慎性要求,又增加了会计核算的有用性要求。

(二) 投资性房地产后续计量的核算

1. 采用成本模式对投资性房地产进行后续计量

在成本模式下,应当按照投资性房地产的实际成本进行计量,在持有期间比照固定资产或无形资产的相关规定计提折旧或摊销;存在减值迹象的,应当按照资产减值的相关规定进行处理。

(1) 按月计提折旧或按月进行摊销。

借：其他业务成本

  贷：投资性房地产累计折旧(或摊销)

(2) 确定发生减值的,应当计提减值准备。

借：资产减值损失

  贷：投资性房地产减值准备

(3) 确认应收租金收入。

借：银行存款/其他应收款

  贷：其他业务收入

    应交税费——应交增值税(销项税额)

【注意】 采用成本模式计量的投资性房地产与固定资产、无形资产处理是一致的。①即房屋建筑物(固定资产),从增加的次月开始计提折旧,减少当月正常计提折旧。②如果是土地使用权,从增加的当月开始计提摊销,减少当月停止计提摊销。③投资性房地产减值准备计提后在投资性房地产持有期间不得转回。

【工作任务 3-39】 接工作任务 3-37 的资料,甲公司按月计提投资性房地产折旧和摊销。预计出租的厂房使用寿命为 20 年,预计净残值为 0,土地使用权按 50 年摊销。按照年限平均法计提折旧和摊销。不动产经营租赁服务的增值税税率为 9%。甲公司应作会计处理如下。

（1）每月计提折旧 100 000 元和摊销 7 500 元。

借：其他业务成本——出租厂房折旧 　　　　　　　　100 000

　　　　　　　——投资性房地产累计摊销 　　　　　　7 500

　　贷：投资性房地产累计折旧 　　　　　　　　　　　　100 000

　　　　投资性房地产累计摊销 　　　　　　　　　　　　7 500

（2）每月确认应收租金收入 24 万元。

借：其他应收款——应收租金 　　　　　　　　　　　261 600

　　贷：其他业务收入 　　　　　　　　　　　　　　　　240 000

　　　　应交税费——应交增值税（销项税额） 　　　　21 600

2. 采用公允价值模式对投资性房地产进行后续计量

企业采用公允价值模式对投资性房地产进行后续计量的，不需要对投资性房地产按月计提折旧或进行摊销，而应当以资产负债表日投资性房地产的公允价值计量。资产负债表日，投资性房地产的公允价值与账面价值差额在调整其账面价值的同时计入当期损益。

资产负债表日，投资性房地产的公允价值大于账面价值，按两者之间差额，作会计处理如下。

借：投资性房地产——公允价值变动　　［升值额］

　　贷：公允价值变动损益　　［升值额］

若公允价值小于账面价值，按两者之间差额，作会计处理如下。

借：公允价值变动损益　　［贬值额］

　　贷：投资性房地产——公允价值变动　　［贬值额］

【工作任务 3-40】南京公益食品公司对投资性房地产采用公允价值模式后续计量。2023 年 1 月 4 日，将建造完成的一幢造价 8 000 万元的办公楼以经营租赁方式出租给丁公司，租期 3 年。2023 年 12 月 31 日，该办公楼的公允价值为 8 300 万元。2024 年 12 月 31 日，该办公楼的公允价值为 8 100 万元。南京公益食品公司应作会计处理如下。

（1）2023 年 12 月 31 日。

借：投资性房地产——办公楼——公允价值变动 　　　3 000 000

　　贷：公允价值变动损益 　　　　　　　　　　　　　　3 000 000

（2）2024 年 12 月 31 日。

借：公允价值变动损益 　　　　　　　　　　　　　　2 000 000

　　贷：投资性房地产——办公楼——公允价值变动 　　2 000 000

（三）投资性房地产处置的核算

当投资性房地产被处置，或者永久退出使用且预计不能从其处置中取得经济利益时，应当终止确认该项投资性房地产。企业出售、转让、报废投资性房地产或者发生投资性房地产毁损时，应当将处置收入扣除其账面价值和相关税费（如土地增值税，但不包括增值税）后的金额计入当期损益。

需要说明的是，对于固定资产、无形资产的处置损益计入利润表"资产处置收益"项目。而投资性房地产的处置损益计入利润表"营业收入"和"营业成本"项目。

1. 成本模式计量的投资性房地产处置

采用成本模式进行后续计量的投资性房地产处置时，应将实际收到的处置收入计入其他业务收入；将处置投资性房地产的账面价值转入其他业务成本。

（1）收到处置收入。

借：银行存款

　　贷：其他业务收入

　　　　应交税费——应交增值税（销项税额）

（2）结转投资性房地产成本。

借：其他业务成本　　［投资性房地产的账面价值］

　　投资性房地产累计折旧（摊销）　　［投资性房地产已计提的折旧或摊销］

　　投资性房地产减值准备　　［投资性房地产已计提的减值准备］

　　贷：投资性房地产　　［投资性房地产的账面余额］

【工作任务 3-41】2023 年 12 月 4 日，南京公益食品公司将一幢出租用房出售，价款 4 000 万元，增值税税率 9%。南京公益食品公司采用成本模式计量，该幢出租房的账面原值为 8 600 万元，已计提折旧 5 160 万元，未计提减值准备。假定不考虑相关税费等其他因素。南京公益食品公司应作会计处理如下。

借：银行存款　　　　　　　　　　　　　　　　　　43 600 000

　　贷：其他业务收入　　　　　　　　　　　　　　40 000 000

　　　　应交税费——应交增值税（销项税额）　　　　3 600 000

借：其他业务成本　　　　　　　　　　　　　　　　34 400 000

　　投资性房地产累计折旧　　　　　　　　　　　　51 600 000

　　贷：投资性房地产　　　　　　　　　　　　　　86 000 000

2. 公允价值模式计量的投资性房地产处置

采用公允价值模式进行后续计量的投资性房地产处置时，应将实际收到的处置收入计入其他业务收入；将处置投资性房地产的账面价值转入其他业务成本。同时将累计确认的公允价值变动损益转入其他业务成本；若存在原转换日计入其他综合收益的金额，也一并结转至其他业务成本。具体账务处理如下。

（1）收到处置收入。

借：银行存款

　　贷：其他业务收入

　　　　应交税费——应交增值税（销项税额）

（2）结转投资性房地产成本。

借：其他业务成本　　［投资性房地产的账面价值］

　　贷：投资性房地产——成本　　［投资性房地产的成本］

　　　　　　　　——公允价值变动（或借方）　　［投资性房地产累计公允价值变动的金额］

（3）将原计入公允价值变动损益的金额结转至其他业务成本。

借（或贷）：其他业务成本

　　贷（或借）：公允价值变动损益

如果涉及其他综合收益，将原计入其他综合收益的金额冲减其他业务成本。

借：其他综合收益

　　贷：其他业务成本

【工作任务 3-42】2023 年 12 月 4 日，南京公益食品公司将一幢出租用房出售，取得收入 4 200 万元存入银行。南京公益食品公司采用公允价值模式计量，该幢出租房出售时投资性房地产的成本明细账户借方余额为 4 200 万元,公允价值变动明细账户贷方余额为 200 万元。假定不考虑相关税费等其他因素。南京公益食品公司应作会计处理如下。

借:银行存款	42 000 000
贷:其他业务收入	42 000 000
借:其他业务成本	40 000 000
投资性房地产——公允价值变动	2 000 000
贷:投资性房地产——成本	42 000 000

 做中学

一、单选题

1. 甲公司对投资性房地产以成本模式进行后续计量,2024 年 1 月 10 日甲公司以 9 600 万元购入一栋写字楼并立即出租,甲公司预计该写字楼的使用寿命为 40 年,预计净残值为 120 万元,采用年限平均法计提折旧。不考虑其他因素,2024 年甲公司应对该写字楼计提折旧金额为(　　)万元。

 A. 240　　　　　B. 220　　　　　C. 217.25　　　　　D. 237

2. 下列各项中,属于企业投资性房地产的是(　　)。

 A. 用于出售的楼盘　　　　　　　　B. 用于自建厂房的土地使用权

 C. 拥有并自行经营的旅馆　　　　　D. 已出租的办公楼

3. 2024 年 1 月 30 日,甲公司购买一块土地使用权,购买价款 800 万元,支付相关税费 5 万元,差旅费 2 万元,款项全部以银行存款支付。甲公司购买后用于对外出租。不考虑其他因素,该投资性房地产的初始入账价值为(　　)万元。

 A. 800　　　　　B. 802　　　　　C. 805　　　　　D. 807

二、多选题

1. 下列关于采用公允价值模式后续计量的投资性房地产的表述,不正确的有(　　)。

 A. 按照固定资产或无形资产的相关规定计提折旧或摊销

 B. 公允价值变动记入"公允价值变动损益"科目

 C. 存在减值迹象的,应按照资产减值的相关规定处理

 D. 投资性房地产计提的折旧记入"其他业务成本"科目

2. 下列关于投资性房地产采用成本模式进行后续计量的表述正确的有(　　)。

 A. 当月增加的投资性房地产(建筑物)当月不计提折旧

 B. 投资性房地产的减值准备可以转回

 C. 处置投资性房地产时,按其账面价值借记"其他业务成本"科目

 D. 按期计提折旧或者进行摊销,应贷记"累计折旧(摊销)"科目

三、判断题

1. 已采用公允价值模式计量的投资性房地产,不得从公允价值模式转为成本模式。　　　　　　　　　　　　　　　　　　　　　　　　　　(　　)

2. 自用房地产转换为采用公允价值模式计量的投资性房地产,转换日公允价值小于账面价值的差额计入公允价值变动损益,公允价值大于账面价值的差额计入其他综合收益。　　　　　　　　　　　　　　　　　　　　　　(　　)

文档:任务七
拓展训练

任务八 采购业务智能化账务处理

一、票据录入

在财务云共享平台进行票据录入操作包括票据整理、票据扫描和票据录入三大步骤。在项目二的任务五中已详细介绍过票据整理、票据扫描和票据录入的操作细则，此处不再赘述。

这里以北京益金鑫公司的采购类票据为例，具体讲解"票据录入"的操作全流程。首先是登录财务云共享平台，依次选择所属行业、企业名称、记账归属日期；接着单击系统左侧菜单栏中的"影像管理系统"，选择"影像获取"，在跳转的页面中选择"上传影像"，即可完成票据影像上传的操作。对于采购类票据，在录入系统时，企业录入会计应重点关注票据编号、票据类型、现金结算、现金金额、业务类型、往来单位、发票抵扣、未税金额、税率、税额、价税合计等信息。

【注意】企业发生采购业务时，需向供应商索要采购发票，保证采购业务的真实性。常见的采购类票据有增值税专用发票、增值税普通发票、采购合同、入库单等。采购发票抵扣分为"专用发票抵扣""待认证发票""客运计算抵扣"和"其他不得抵扣"。一般纳税人收到专用发票时，需要选择"专用发票抵扣"。

【工作任务3-43】北京益金鑫公司向北京鑫材机械贸易有限公司采购了一台无须安装的机器设备，价款为102 000元，税款为13 260元，价税合计数为115 260元，并收到了增值税专用发票（电子发票）。北京益金鑫公司的录入会计将此张采购类单据录入系统的具体操作步骤如下。

步骤1：单击系统左侧菜单栏中的"影像管理系统"，选择"影像整理"。

步骤2：根据票据左上角的手写编号，填写系统右侧的"票据编号"信息。

步骤3：分析票据的业务类型，单击系统右侧"票据类型"的下拉菜单，选择"采购"类别。

步骤4：查看发票上是否有"现金"字样备注。如果有，代表现金结算，"现金结算"选择"是"，并输入相应的现金金额；反之，则"现金结算"选择"否"，现金金额默认为0。具体操作内容如图3-1所示。

步骤5：单击系统左侧的"智能凭证中心"，来到票据信息设置页面，根据增值税专用发票的票面信息进行内容的编辑。选择"业务类型"为"固定资产"，根据备注信息选择"部门"为"管理部门"，选择"往来单位"为"北京鑫材机械贸易有限公司"，选择"固定资产名称"为"机器设备"，发票抵扣选择"专用发票抵扣"，"资产类别"选择"机械和其他生产设备"，数量填写"1"，未税金额填写"102 000"，税率填写"13％"，税额则自动生成"13 260"，价税合计数自动生成"115 260"。全部信息录入结束以后，单击"保存"按钮，相应的记账凭证便自动生成了。其中具体分录内容如下。

借：固定资产   102 000

  应交税费——应交增值税（进项税额）   13 260

   贷：应付账款   115 260

具体操作内容如图3-2所示。

| 图 3-1 "影像整理"操作内容 | 图 3-2 "智能凭证中心"操作内容 |

【注意】对于采购方而言,"往来单位"就是销售方。系统中"往来单位"可以通过下拉菜单直接选择客户名称。

二、智能记账建模

财务云共享平台自动生成记账凭证的底层逻辑是相关业务的分录模板已提前内置在了系统中。智能记账建模总结起来可以分为两大步骤,一是进行票据筛选条件的设置;二是进行分录模板的设置。下面以采购类票据为例,具体讲解规则模板设置的操作步骤。

1. 设置规则名称

根据业务内容设置规则名称,具体为"采购固定资产"。

2. 设置票据类型

设置票据类型的具体操作比较简单,直接根据原始票据的类型进行相应内容的勾选即可。此处的原始票据是一张增值税专用发票,因此具体操作为:单击下拉菜单,选择"增值税发票"→"增值税专用发票"。具体设置内容如图 3-3 所示。

3. 编辑规则生效条件

规则生效条件具体包括两条内容。一是采购专票中的"购买方名称"应该等于"当前企业名称";二是采购专票中的"货物或应税劳务、服务名称"应该包含具体的货物名称,如下图中票据的字段"设备"。具体编辑内容如图 3-4 所示。

| 图 3-3 规则名称及票据类型设置 | 图 3-4 规则生效条件设置 |

4. 设置凭证逻辑

设置凭证逻辑是智能凭证得以生成的关键内容。采购固定资产的凭证逻辑设置内容具体如下:填写摘要"采购固定资产";借方科目输入"固定资产";借方金额则是从右侧"字段拾取"处选择"金额(je)"选项;借方科目输入"应交税费—应交增值税(进项税额)";借方金额则是从右侧"字段拾取"处选择"税额(shuie)"选项;贷方科目输入"应付账款";贷方金额同样是从右侧"字段拾取"处选择"价税合计[jshj(××)]"选项。凭证逻辑的具体设置内容如图 3-5 所示。

【注意】在操作过程中一定要注意借贷方向及对应字段信息的准确性。

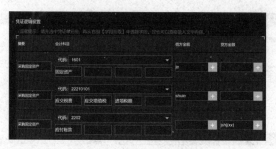

图3-5 凭证逻辑设置

 做中学

1. 在财务云共享平台"影像整理"中心，完成"采购固定资产"票据信息的录入；在"智能凭证中心"，完成采购业务记账凭证的自动生成。

2. 在财务云共享平台"财务机器人"模块，完成"采购固定资产"的规则模板和凭证逻辑设置。

负 债

知 识 目 标

掌握短期借款的核算;掌握应付票据、应付账款、应付利息和应付股利及其他应付款等应付款项的核算;掌握应付职工薪酬的核算;掌握应交增值税和应交消费税的核算;熟悉财务共享平台智能核算和企业所得税计算机器人开发原理。熟悉应付职工薪酬的内容及构成、应交税费的内容、长期借款的核算和内容。

技 能 目 标

能进行短期借款、应付票据和应付账款的核算;能进行短期薪酬的核算;能进行应交增值税、应交消费税等相关税费的核算;能进行合同负债和其他应付款的核算;能运用财务共享平台实现智能凭证的生成;能运用 UiPath 平台进行企业所得税计算机器人的开发。

素 养 目 标

树立风险防范意识,遵纪守法,做诚实守信之人;感受社会主义制度的优越性,增强制度自信;体会中国优秀商贸文化精髓,树立文化自信;科技创新,中国制造迈向中国创造,树立社会责任担当意识,激发爱国情怀。

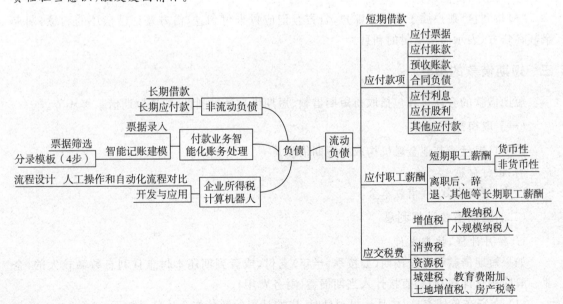

本项目知识体系

负债按偿还期限的长短可分为流动负债和非流动负债。流动负债是指在一年或长于一年的一个营业周期内,需要以流动资产或增加其他负债来抵偿的债务,主要包括短期借款、应付票据、应付账款、预收账款、合同负债、应付职工薪酬、应交税费、应付利息、其他应付款等。非流动负债是指除流动负债以外的其他负债。主要包括长期借款、应付债券、长期应付款等。

任务一 短期借款

一、短期借款概述

短期借款是指企业向银行或其他金融机构等借入的期限在一年以下(含一年)的各种款项。

短期借款一般是企业为了满足正常生产经营所需的资金或者是为了抵偿某项债务而借入的。优点是筹资效率高、筹资弹性大;缺点是筹资风险高、实际利率较高。短期借款期限短,对企业资产的流动性要求高。

二、短期借款的账户设置

1. "短期借款"账户

"短期借款"账户属于负债类账户,核算短期借款的取得、偿还等情况,贷方登记取得的借款本金,借方登记偿还的借款本金,期末贷方余额表示期末尚未偿还的借款本金。该账户应按照债权人和短期借款的种类设置明细账户并进行核算。

【注意】"短期借款"账户只核算短期借款的本金,不核算短期借款的利息。

2. "财务费用"账户

"财务费用"账户属于费用类账户,借方登记利息费用的发生,贷方登记收到的存款利息以及期末结转至"本年利润"账户的金额,期末无余额。

3. "应付利息"账户

"应付利息"账户属于负债类账户,贷方登记应付未付利息,借方登记已偿还的利息,期末余额在贷方,表示尚未支付的利息。

三、短期借款的核算

短期借款的会计核算包括取得短期借款、短期借款计提利息、归还短期借款等环节。

(一)取得短期借款

企业自银行或其他金融机构取得短期借款。

借:银行存款

　　贷:短期借款　[借款本金]

(二)短期借款计提利息

1. 按月计提,按期支付

如果短期借款利息是按期(如按季、半年)支付,或者到期还本付息且利息数额较大的,企业一般应按月计提利息,直接计入当期损益(财务费用)。

(1)在资产负债表日,按月计提利息时,应按计提的数额作会计分录如下。

借:财务费用

    贷：应付利息

（2）向银行实际支付利息。

借：应付利息　［已计提的利息］

    财务费用　［最后一期未计提的利息］

    贷：银行存款　［实际支付的利息金额］

2. 按月支付利息

如果短期借款利息按月支付，或者是按期或到期还本付息但利息数额不大的，可以不采用预提的方式，而是在实际支付利息时，直接计入当期损益（财务费用），按支付的利息金额作会计分录如下。

借：财务费用

    贷：银行存款

（三）归还短期借款

短期借款到期时，应及时归还本金和相应的利息。

借：短期借款　［借款本金］

    应付利息　［已计提的利息］

    财务费用　［未计提的利息］

    贷：银行存款

【工作任务 4-1】2023 年 7 月 1 日，南京公益食品公司向银行借入一笔生产经营用短期借款共计 120 万元，期限为 9 个月，年利率为 4%。根据与银行签署的借款协议，该项借款的本金到期后一次归还，利息按月计提，按季支付。根据上述工作任务，南京公益食品公司作会计处理如下。

（1）7 月 1 日，借入短期借款。

借：银行存款   1 200 000

    贷：短期借款   1 200 000

（2）7 月末（8 月末相同），计提 7 月应付利息。

借：财务费用   4 000［1 200 000×4%÷12］

    贷：应付利息   4 000

（3）9 月末，支付第三季度银行借款利息。

借：财务费用   4 000

    应付利息   8 000

    贷：银行存款   12 000

2023 年 10 月—2024 年 3 月，会计核算与上述相同。

（4）2024 年 4 月 1 日，偿还银行借款本金。

借：短期借款   1 200 000

    贷：银行存款   1 200 000

 做中学

一、单选题

1. 企业因日常业务经营需要向银行借入短期借款，利息按月计提、按季支付。下列各项中，企业计提借款利息应贷记的会计账户是（   ）。

    A. 应付账款   B. 预收账款   C. 应付利息   D. 短期借款

2. 2023年9月1日,某企业向银行借入资金350万元用于生产经营,借款期限为3个月,年利率为6%,到期一次还本付息,利息按月计提。下列各项中,关于该借款相关账户的会计处理结果正确的是(   )。

    A. 借入款项时,借记"短期借款"账户350万元

    B. 每月计提借款利息时,贷记"财务费用"账户5.25万元

    C. 每月计提借款利息时,借记"应付利息"账户1.75万元

    D. 借款到期归还本息时,贷记"银行存款"账户355.25万元

二、判断题

1. 企业对于短期借款的利息均应按月计提,计入当期损益。   (   )

2. 在计提短期借款利息时,应通过"应付利息"和"短期借款"科目核算。   (   )

三、业务题

A企业2023年4月1日向银行借入资金3万元,借款利率为12%,借款期限3个月,期满后一次归还本金和利息。该企业于2023年6月30日偿还了本息。

(1)编制借款时的会计分录。

(2)编制2023年4月30日计提利息的会计分录。

(3)编制A公司2023年5月31日计提借款利息的会计分录。

(4)编制2023年6月30日偿还本息的会计分录。

文档:任务一
拓展训练

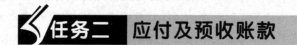

任务二 应付及预收账款

一、应付票据

(一) 应付票据的含义

应付票据是指企业购买材料、商品和接受服务等而开出、承兑的商业汇票,包括商业承兑汇票和银行承兑汇票。我国商业汇票的付款期限不超过6个月,由于偿付时间较短,在会计实务中,一般均按照开出、承兑的应付票据的面值入账。

企业应当设置"应付票据备查簿",详细登记商业汇票的种类、出票日期、金额等。应付票据到期结清时,上述内容应当在备查簿内予以注销。

(二) 应付票据的核算

企业应设置"应付票据"账户,核算应付票据的开出、偿付等业务。该账户贷方登记开出、承兑汇票的面值,借方登记支付票据的金额,期末余额在贷方,反映企业尚未到期的商业汇票的票面金额。

1. 签发并承兑商业汇票

(1)企业因购买材料、商品和接受服务等而签发、承兑的商业汇票,应当按其票面金额作为应付票据的入账金额。

借:材料采购/在途物资/原材料/库存商品/应付账款等

    应交税费——应交增值税(进项税额)

    贷:应付票据 [票据面值,价税合计]

(2)企业因向银行申请签发银行承兑汇票,银行按规定审查后同意承兑的,企业需按面值

的 5‰向银行支付的承兑手续费,计入当期财务费用;取得增值税专用发票的,按注明的增值税进项税额进行账务处理。

借:财务费用

  应交税费——应交增值税(进项税额)

   贷:银行存款

(3)企业采购材料、商品或接受劳务服务,前期已记入"应付账款"账户的,在签发并承兑商业汇票抵付货款时作会计处理如下。

借:应付账款

   贷:应付票据

2.计提应付票据利息

企业开出的商业汇票如是带息票据,则期末按期计提利息。

借:财务费用

   贷:应付票据 [面值×票面利率×期限]

【注意】应付票据利息作为商业汇票的构成部分,记入"应付票据"。

如果票据的期限较短,利息的金额不大,为了简化会计核算手续,也可以于票据到期支付票据的面值和利息时,一次性计入财务费用。

3.到期偿付应付票据

(1)如果签发的是不带息的商业汇票,到期支付票据款时,作会计处理如下。

借:应付票据

   贷:银行存款

(2)如果签发的是带息应付票据,到期支付票据款项时,作会计处理如下。

借:应付票据 [账面价值,即面值+已计提的利息]

  财务费用 [尚未计提的利息]

   贷:银行存款 [到期值]

微课:应付票据

【工作任务 4-2】2023 年 9 月 1 日,南京公益食品公司开出一张面值为 113 000 元期限为 4 个月、年利率为 9%的带息商业承兑汇票,用来采购材料,材料已经验收入库。收到的增值税专用发票上注明的价款为 100 000 元,增值税为 13 000 元,则应作会计处理如下。

(1)开出并承兑商业汇票购入材料。

借:原材料   100 000

  应交税费——应交增值税(进项税额)   13 000

   贷:应付票据   113 000

(2)计提每月利息。

借:财务费用   847.5[113 000×9%÷12]

   贷:应付票据   847.5

(3)到期时支付商业汇票款。

借:应付票据   116 390[113 000+847.5×4]

   贷:银行存款   116 390

4.到期无力偿付票据款

商业汇票到期,企业无力偿还,应分情况进行处理。

(1)银行承兑汇票到期,企业无力支付票款,则由承兑银行代为支付并作为付款企业的贷款处理,企业应将应付票据的账面余额转作短期借款。

借:应付票据

　　贷:短期借款

（2）商业承兑汇票到期,企业无力支付票款,商业汇票已经失效,应将应付票据按账面余额转入应付账款。

借:应付票据

　　贷:应付账款

【初级同步 4-1】（单选题）下列各项中,关于企业应付票据会计处理的表述正确的是（　　）。

A. 应将到期无力支付的商业承兑汇票的账面余额转入短期借款

B. 申请银行承兑汇票支付的手续费应计入当期管理费用

C. 应将到期无力支付的银行承兑汇票的账面余额转入应付账款

D. 应以商业汇票的票面金额作为应付票据的入账金额

【工作任务 4-3】接工作任务 4-2 的资料,假设汇票到期时,南京公益食品公司无力支付,则应作会计处理如下。

借:应付票据　　　　　　　　　　　　　　　　　　　116 390

　　贷:应付账款　　　　　　　　　　　　　　　　　116 390

二、应付账款

应付账款是指企业因购买材料、商品或接受服务等经营活动而应付给供应单位的款项。

微课:应付账款

（一）应付账款的入账时间和入账价值

1. 应付账款的入账时间

理论上,应付账款的入账时间应以所购货物的所有权转移或接受劳务完成为标志,确认应付账款入账,但因其与取得供货发票的时间间隔较短,所以在会计实务上以取得供货发票的时间作为应付账款的入账时间。如果时间间隔跨期,则期末为了如实反映已取得货物和已接受劳务,通常先按暂估价入账,下月初予以冲销,收到购货发票时再入账。

2. 应付账款的入账价值

应付账款一般按应付金额入账,而不是按到期应付金额的现值入账。如果购入的资产在形成一笔应付账款时是带有现金折扣的,按照《企业会计准则第 14 号——收入》的规定,现金折扣应作为可变对价处理,即如果企业确定不会提前付款,则应付账款入账金额应按发票上记载的应付金额的总值（即不扣除现金折扣）记账;如果企业确定会按现金折扣条件提前付款,则应按照发票上记载的全部应付金额的总值扣除现金折扣后的金额记账。

【自主探究】应付账款入账时为什么不按到期应付金额的现值入账?

（二）应付账款的核算

为了总括反映和监督应付账款的发生和偿付情况,企业应设置"应付账款"账户。该账户贷方登记企业购进材料、商品或接受劳务供应等业务应付给供货单位的款项,借方登记归还的应付款项;期末贷方余额反映尚未支付的应付账款。本账户应按供应单位设置明细账,进行明细核算。

1. 企业购入材料、商品等已验收入库,应根据应付未付款项进行账务处理

借:原材料等 ［购买材料、商品等的价款］

应交税费——应交增值税(进项税额) ［专用发票注明的增值税税额］

贷:应付账款 ［应付的价款和税款］

2. 如果企业接受劳务而发生应付未付的款项,应根据应付金额进行账务处理

(1) 每月支付动力费。

借:应付账款

贷:银行存款

(2) 月末计算分配全月动力费。

借:生产成本/制造费用/管理费用

贷:应付账款

3. 企业偿付应付账款时,分不同情况进行账务处理

(1) 用银行存款支付。

借:应付账款

贷:银行存款 ［实际支付的金额］

(2) 已承兑商业汇票抵付应付账款。

借:应付账款

贷:应付票据 ［实际支付的金额］

(3) 附有现金折扣条件的应付账款偿还。

借:应付账款

贷:银行存款 ［实际偿还的金额］

财务费用 ［获得的现金折扣］

4. 对确实无法支付的应付账款,报经批准后,直接转入营业外收入

借:应付账款

贷:营业外收入

【工作任务 4-4】2024 年 1 月 1 日,南京公益食品公司从甲公司购入材料一批,货款为 200 000 元,增值税为 26 000 元,对方代垫运费 2 180 元,其中增值税为 180 元,均取得增值税专用发票。材料和发票已到,尚未付款。1 月 30 日,用银行存款支付上述应付账款。南京公益食品公司作会计处理如下。

(1) 2024 年 1 月 1 日,购入材料。

借:原材料 202 180

应交税费——应交增值税(进项税额) 26 180

贷:应付账款——甲公司 228 360

(2) 2024 年 1 月 30 日,偿还应付账款。

借:应付账款——甲公司 228 360

贷:银行存款 228 360

【工作任务 4-5】2023 年 12 月 30 日,南京公益食品公司确定一笔应付丁公司的 5 000 元为无法支付的账款,应予以转销,则会计处理如下。

借:应付账款——丁公司 5 000

贷:营业外收入——其他 5 000

【职业素养 4-1】

"老赖"难以再"赖"

近年来,义乌法院紧扣"公正与效率",加大拒执打击力度,拓展"执行一件事"综合集成改革,全力保障胜诉当事人合法权益。"2022 年执结各类案件2.2 万余件,执行到位 24.43 亿余元,纳入失信被执行人名单 9 149 名,限制高消费 1.1 万余名,罚款 4 318 人,拘留 9 人,将 65 件 84 人 5 家企业以涉嫌拒执罪移送公安侦查,法院判处 14 件 16 人"。这是 2023 年 1 月 17 日,义乌法院召开执行工作新闻发布会,公布 2022 年打击拒执犯罪情况和典型案例,其中季某就是上述案例之一。

文档:职业素养"'老赖'难以再'赖'"解读

据了解,2015 年,季某欠胡某一笔货款,季某一直未按约归还,胡某诉至法院。案件进入执行程序后,季某拒不履行,法院逐项核实其近年来财产变动情况,发现判决生效后季某曾通过虚假转让合同的方式,将其名下房产多次转让。执行干警固定证据并将其以涉嫌拒执犯罪移送公安机关立案侦查。最终,季某因拒不执行判决、裁定罪被判处有期徒刑 3 年 6 个月,并处罚金 5 万元。

只有让"老赖"们为自己的失信行为付出沉重代价,彻底打掉"老赖"的嚣张气焰,社会才能诚信、和谐,建设法治中国的目标才能实现。人,也只有诚信才能有益于自己的事业发展。

资料来源:陈东升,曾翠萍.义乌法院深化执行改革打通司法公正"最后一公里",去年以拒执罪对十六名老赖判处刑罚[N].法治日报,2023-6-10(7).

思考: 耍赖与法律谁更有力量?"老赖"最后会有怎样的结局?

【初级同步 4-2】(多选题)下列各项中,关于应付账款的说法正确的有(　　　)。

A. 应付账款附有商业折扣条件,应按扣除商业折扣前的应付款总额入账

B. 销货方代购货方垫付的运杂费等应计入购货方的应付账款入账金额

C. 企业采购存货如果月末发票及账单尚未到达应暂估应付账款入账

D. 企业确实无法支付的应付账款应计入资本公积

三、预收账款

预收账款是指企业按照合同规定预收的款项。

【注意】 因转让商品收到的预收款项适用收入准则进行会计处理时,不再使用"预收账款"账户,企业预收的出租固定资产租金等可以通过"预收账款"账户核算。

企业应设置"预收账款"账户,核算预收账款的取得、偿付等情况。该账户贷方登记发生的预收账款金额和补付账款的金额,借方登记企业冲销的预收账款金额和退回多付账款金额;期末贷方余额,反映企业预收的款项,如为借方余额,反映企业尚未转销的款项。本账户一般应按照客户设置明细账户进行明细核算。

1. 企业预收款项时

如果开具不征税发票或收据,则不做价税分离。

借:银行存款

　　贷:预收账款　　[含税金额]

如果开具增值税征税发票,或预收房屋租金等导致增值税纳税义务产生,则做价税分离。

借:银行存款

　　贷:预收账款　　[不含税金额]

应交税费——应交增值税(销项税额)

2. 提供商品或劳务时,确认收入

(1) 没做价税分离的情况下确认收入。

借:预收账款

贷:主营业务收入

应交税费——应交增值税(销项税额)

(2) 已做价税分离的情况下确认收入。

借:预收账款

贷:主营业务收入/其他业务收入

3. 收到补付款项,与前述预收款项核算类似

借:库存现金/银行存款等

贷:预收账款

应交税费——应交增值税(销项税额)　[若增值税纳税义务产生]

企业预收款业务不多时,可以不单独设"预收账款"账户,直接将预收的款项记入"应收账款"账户的贷方。

【工作任务 4-6】 2023 年 7 月 2 日,南京公益食品公司与乙公司签订短期租赁(非主营业务)吊车合同,向乙公司出租吊车 3 台,期限 6 个月,3 台吊车租金(含税)共计 67 800 元,合同签订日乙公司预付租金(含税)22 600 元,合同到期结清全部租金款项。合同签订日,甲公司收到租金并存入银行,开具的增值税专用发票标明租金 20 000 元、增值税 2 600 元。租赁期满日,甲公司收到租金余款及相关的增值税款。南京公益食品公司应作会计处理如下。

(1) 2023 年 7 月 2 日收到乙公司预付款项。

借:银行存款　　　　　　　　　　　　　　　22 600

贷:预收账款——乙公司　　　　　　　　　　　20 000

应交税费——应交增值税(销项税额)　　　　2 600

(2) 每月末确认租金收入。

借:预收账款——乙公司　　　　　　　　　　10 000

贷:其他业务收入　　　　　　　　　　　　　　10 000

(3) 2024 年 1 月 2 日,租赁期满收到租金余款及增值税。

借:银行存款　　　　　　　　　　　　　　　45 200

贷:预收账款——乙公司　　　　　　　　　　　40 000

应交税费——应交增值税(销项税额)　　　　5 200

【自主探究】 上述工作任务 4-7 中,如果三台吊车每月计提折旧 3 000 元,应如何进行会计核算?

四、合同负债

合同负债是指企业按照合同已收或应收客户对价而应向客户转让商品或提供服务的义务,是企业在转让承诺的商品之前已收取的款项。

(一) 合同负债和预收账款的区别

合同负债和预收账款的区别在于,所收款项是否对应于合同规定的交付商品或提供劳

务的履约义务。如果收取的款项不构成交付商品或提供劳务的履约义务,即不强调与客户之间的合同是否成立,一般是合同成立前收到的订金或部分货款,则属于预收账款;合同负债是以合同中履约义务的确立为前提,不以是否收到款项为前提。例如,健身俱乐部收到客户交来的入会手续费属于预收账款,但俱乐部向会员发售的健身卡所收款项则属于合同负债。

预收账款和合同负债一般都是由企业在以后用商品或者劳务来偿付,此时也是企业确认收入的时点(企业应当在客户取得相关商品控制权时确认收入),因此合同负债和预收账款的偿付一般与收入的确认紧密相连。

合同负债虽然在很大程度上能够替代预收账款,但以下情况仍应确认为预收账款:①在不属于收入准则范畴内的预收款项,如租赁准则下的预收租金;②没有对应履约义务的预收款项,如在合同成立前已收到的对价。

(二) 合同负债的核算

企业设置"合同负债"账户,核算企业的合同负债。该账户借方登记企业向客户转让商品时冲销的金额,贷方登记企业在向客户转让商品之前,已经收到或已经取得无条件收取合同对价权利的金额,余额在贷方,表示企业在向客户转让商品之前,已经收到的合同对价或已经取得的无条件收取合同对价权利的金额。

企业按合同约定向客户预收销售商品或提供服务款项的,应当首先将该款项确认为负债,作会计处理如下。

借:银行存款　　[实际预收的全部款项]
　　贷:合同负债　　[预收的商品价款]
　　　　应交税费　　[以预收商品价款计算的应交增值税税款]
待向客户销售商品或提供服务时再转为收入,作会计处理如下。

借:合同负债
　　贷:主营业务收入

【工作任务 4-7】 某公司经营连锁超市业务,为增值税一般纳税人。2023 年共向客户销售了 100 张储值卡,每张面值 5 300 元。客户可在公司的任何一家超市使用储值卡消费。截至 2023 年 12 月 31 日,客户使用储值卡消费的金额为 35 万元。假定企业在实际收到款项时发生增值税纳税义务,增值税税率为 6%。则会计处理如下。

(1) 销售储值卡时:

储值卡总金额 $=100 \times 5\,300 = 530\,000$(元)

不含税销售金额 $=530\,000 \div (1+6\%) = 500\,000$(元)

应缴纳增值税税额 $=500\,000 \times 6\% = 30\,000$(元)

借:银行存款　　　　　　　　　　　　　　　　　　　　　530 000
　　贷:合同负债　　　　　　　　　　　　　　　　　　　　500 000
　　　　应交税费——应交增值税(销项税额)　　　　　　　 30 000

(2) 35 万元是含税的收入价款,那么不含税的收入,即

应确认的收入 $=350\,000 \div (1+6\%) = 330\,188.68$(元)

借:合同负债　　　　　　　　　　　　　　　　　　　　330 188.68
　　贷:主营业务收入　　　　　　　　　　　　　　　　　330 188.68

五、应付利息和应付股利

（一）应付利息

应付利息是指企业按照合同约定应支付的利息,包括计提短期借款利息、分期付息到期还本的长期借款、企业债券等应支付的利息。

【注意】如果是到期一次还本付息的长期借款及应付债券,其利息不通过"应付利息"账户核算。

企业应设置"应付利息"账户核算应付利息的发生、支付情况。该账户贷方登记按照合同约定计算的应付利息,借方登记实际支付的利息,期末贷方余额反映企业应付未付的利息。该账户一般应按照债权人设置明细账户进行明细核算。

资产负债表日,企业采用合同约定的利率计算确定利息费用时,按应付合同利息金额。

借:财务费用

　　贷:应付利息

实际支付利息。

借:应付利息

　　贷:银行存款

【初级同步 4-3】（多选题）下列各项中,有关"应付利息"账户的表述正确的有(　　)。

A. 企业开出银行承兑汇票支付银行手续费,应记入"应付利息"账户借方

B. "应付利息"账户期末贷方余额反映企业应付未付的利息

C. 按短期借款合同约定计算确认的应付利息,应记入"应付利息"账户借方

D. 企业支付已经预提的利息,应记入"应付利息"账户借方

（二）应付股利

应付股利是指企业根据股东大会或类似机构审议批准的利润分配方案确定分配给投资者的现金股利或利润。

企业应设置"应付股利"账户核算企业确定或宣告发放但尚未实际支付的现金股利或利润。该账户贷方登记应支付的现金股利或利润;借方登记实际支付的现金股利或利润;期末贷方余额反映企业应付未付的现金股利或利润。本账户应按照投资者设置明细账户进行明细核算。

企业确定分配给投资者现金股利或利润。

借:利润分配——应付现金股利或利润

　　贷:应付股利

向投资者实际支付现金股利或利润。

借:应付股利

　　贷:银行存款

【注意】在企业董事会或类似机构通过的利润分配方案中拟分配的现金股利或利润,不需要进行账务处理,但应在附注中披露。企业分配的股票股利不通过"应付股利"账户核算。

【初级同步 4-4】（多选题）下列各项中,股份有限公司应通过"应付股利"账户核算的有(　　)。

A. 实际发放现金股利　　　　　　B. 实际发放股票股利

C. 宣告发放现金股利　　　　　　D. 宣告发放股票股利

六、其他应付款

（一）其他应付款的内容

微课：其他应付款

其他应付款是指企业除应付账款、应付票据、预收账款、合同负债、应付职工薪酬、应交税费、应付利息、应付股利等经营活动以外的其他各项应付、暂收的款项。例如，应付短期租赁固定资产租金、应付租入包装物租金、出租或出借包装物向客户收取的押金、存入保证金等。

（二）其他应付款的核算

企业应设置"其他应付款"账户核算其他应付款的增减变动及其结存情况。该账户按照其他应付款的项目和对方单位(或个人)设置明细账户进行明细核算。

企业发生其他各种应付、暂收款项。

借：管理费用/银行存款等

　　贷：其他应付款

支付或退回其他各种应付、暂收款项。

借：其他应付款

　　贷：银行存款

【工作任务 4-8】 南京公益食品公司从 2023 年 7 月 1 日起，以短期租赁方式租入管理部门使用的办公设备一批，每月租金 8 000 元，按季支付。9 月 30 日，甲公司以银行存款支付应付租金 24 000 元，增值税进项税额为 2 160 元(有形动产租赁服务 9%)，账务处理如下。

（1）7 月末、8 月末，计提应付租金。

借：管理费用	8 000
贷：其他应付款	8 000

（2）9 月末，支付 3 个月的租金。

借：管理费用	8 000
其他应付款	16 000
应交税费——应交增值税(进项税额)	2 160
贷：银行存款	26 160

【初级同步 4-5】（多选题）下列各项中，应通过"其他应付款"账户核算的有（　　）。

A. 收取出借包装物押金　　　　　　　B. 应付租入包装物租金

C. 应付材料采购运费　　　　　　　　D. 应付短期借款利息

 做中学

一、单选题

1. 下列各项中，应付银行承兑汇票到期，如企业无力支付票款，则应将该应付票据的账面余额转入的会计账户是（　　）。

　　A. 应付账款　　　　　　　　　　　B. 其他应付款

　　C. 短期借款　　　　　　　　　　　D. 营业外收入

2. 甲公司为增值税一般纳税人。2023 年 4 月 15 日购入一批生产用原材料，取得增值税专用发票注明的价款为 200 万元，增值税税额为 26 万元，由销货方代垫包装费 3 万元。以支票支付运费，取得增值税专用发票注明运费 2 万元，增值税税额为 0.18 万元。材料已验收入库，但货款及垫付款项尚未支付。不考虑其他因素,甲公司应付账款的入账金额为(　　)万元。

    A. 226　　　　　　B. 229　　　　　　C. 231.18　　　　　　D. 231

二、多选题

1. 下列各项中,关于应付账款的说法正确的有(　　)。

    A. 企业外购电力、燃气等动力一般通过"应付账款"账户核算,在每月付款时先作暂付款处理,月末按照外购动力的用途分配

    B. 销货方代购货方垫付的运杂费等应计入购货方应付账款入账金额

    C. 企业采购存货如果月末发票及账单尚未到达,应暂估应付账款入账

    D. 因债权单位撤销导致企业确实无法支付的应付账款应计入资本公积

2. 下列各项中,关于预收账款的表述正确的有(　　)。

    A. 预收账款所形成的负债不是以货币清偿

    B. 预收账款出现借方余额属于资产

    C. 预收账款业务不多的企业可以不设置预收账款,将预收的款项记入"应付账款"账户核算

    D. 预收账款主要核算的是租赁服务业务

3. 下列各项中,不应通过"其他应付款"账户核算的有(　　)。

    A. 租入包装物支付的押金　　　　　　B. 应缴纳的教育费附加

    C. 为职工垫付的水电费　　　　　　　D. 外单位存入的保证金

三、判断题

1. 企业向供货单位采购原材料支付货款开出的银行承兑汇票,应通过"应付账款"账户核算。　　　　　　　　　　　　　　　　　　　　　　　　　　　　　　(　　)

2. 企业因申请签发银行承兑汇票支付的手续费,计入当期财务费用。　(　　)

3. 已验收入库但至月末尚未收到增值税扣税凭证的赊购货物,应按合同协议价格计算增值税进项税额暂估入账。　　　　　　　　　　　　　　　　　　　　　　(　　)

4. 对于因债权单位撤销而无法支付的应付账款,企业应将其账面余额计入营业外收入。　　　　　　　　　　　　　　　　　　　　　　　　　　　　　　　　(　　)

5. 预收账款借方登记发生的预收款数额和接受服务单位的补付款。(　　)

6. 在企业根据股东大会或类似机构审议批准的利润分配方案中确认分派的股票股利,应通过"应付股利"账户核算。　　　　　　　　　　　　　　(　　)

7. 企业股东大会或类似机构通过的利润分配方案中拟分配的现金股利或利润,无须进行账务处理。　　　　　　　　　　　　　　　　　(　　)　文档:任务二拓展训练

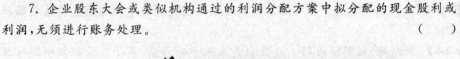

任务三　应付职工薪酬

一、职工薪酬的概念和内容

(一) 职工薪酬的概念

职工薪酬是指企业为获得职工提供的服务或解除劳动关系而给予的各种形式的报酬或补偿。企业提供给职工配偶、子女、受赡养人、已故员工遗属及其他受益人等的福利,也属于职工薪酬。

根据我国《劳动法》《合同法》和《企业会计准则第9号——职工薪酬》的相关规定,会计核算所称的"职工"主要包括三类人员:①与企业订立劳动合同的所有人员,含全职、兼职和临时职工。②未与企业订立劳动合同,但由企业正式任命的企业管理层人员,如董事会成员、监事会成员等。③在企业的计划和控制下,虽未与企业订立劳动合同或未由企业正式任命,但向企业所提供服务与职工所提供服务类似的人员,也属于职工的范畴,包括通过企业与劳务中介公司签订用工合同而向企业提供服务的人员。

(二)职工薪酬的内容

职工薪酬包括短期薪酬、离职后福利、辞退福利和其他长期职工福利。

1. 短期薪酬

短期薪酬是指企业在职工提供相关服务的年度报告期间结束后12个月内需要全部予以支付的职工薪酬,因解除与职工的劳动关系给予的补偿除外。短期薪酬具体包括以下内容。

(1)职工工资、奖金、津贴和补贴是指按照构成工资总额的计时工资、计件工资、支付给职工的超额劳动报酬和增收节支的劳动报酬、为补偿职工特殊或额外的劳动消耗和因其他特殊原因支付给职工的津贴、补贴等。企业应付给职工的工资、奖金、津贴和补贴等构成企业职工的工资总额,它是企业在一定时期内支付给职工的劳动报酬总额。

(2)职工福利费是指企业向职工提供的生活困难补助、丧葬补助费、抚恤费、职工异地安家费、防暑降温费等职工福利支出。

(3)医疗保险费、工伤保险费等社会保险费是指企业按照国家规定的基准和比例计算,向社会保险经办机构缴纳的医疗保险费、工伤保险费。

(4)住房公积金是指企业按照国家规定的基准和比例计算,向住房公积金管理机构缴存的住房公积金。

(5)工会经费和职工教育经费是指企业为了改善职工文化生活、为职工学习先进技术及提高文化水平和业务素质,用于开展工会活动和职工教育及职业技能培训等的相关支出。

(6)短期带薪缺勤是指职工虽然缺勤但企业仍向其支付报酬的安排,包括年假、病假、婚假、产假、丧假、探亲假等。长期带薪缺勤属于其他长期职工福利。

(7)非货币性福利是指企业以自产产品、外购商品等非货币性资产发放给职工作为福利,或将自己拥有的资产、租赁的资产无偿提供给职工使用,或为职工无偿提供医疗保健服务,或向职工提供企业支付了一定补贴的商品或服务等职工福利。

(8)短期利润分享计划是指因职工提供服务而与职工达成的基于利润或其他经营成果为标准计算并提供薪酬的协议。例如,企业对部分职工按照当期实现的净利润超过目标金额部分的10%予以奖励。

【初级同步4-6】(判断题)因解除与职工的劳动关系给予的补偿,属于企业短期薪酬核算范围。(　　　)

2. 离职后福利

离职后福利是指企业为获得职工提供的服务而在职工退休或解除劳动关系后,提供的各种形式的报酬和福利,短期薪酬和辞退福利除外。

离职后福利计划分为设定提存计划和设定受益计划。设定提存计划,是指向独立的基金缴存固定费用后,企业不再承担进一步支付义务的离职后福利计划,主要包括企业为职工负担的养老保险金和失业保险金等。设定收益计划,是指除设定提存计划之外的离职后福利计划,如企业为职工支付的企业年金等。

3. 辞退福利

辞退福利是指企业在职工劳动合同到期之前解除与职工的劳动关系,或者为鼓励职工自愿接受裁减而给予职工的补偿,包括以下两个方面的内容。

(1)职工没有选择权的辞退福利是指在职工劳动合同尚未到期前,无论职工本人是否愿意,企业都决定解除与职工的劳动关系而给予的补偿。

(2)职工有选择权的辞退福利是指在职工劳动合同尚未到期前,企业为鼓励职工自愿接受裁减而给予的补偿,职工有权选择继续在职或接受补偿离职。

4. 其他长期职工福利

其他长期职工福利是指除短期薪酬、离职后福利、辞退福利之外所有的职工薪酬,包括长期带薪缺勤、长期残疾福利、长期利润分享计划等。

二、短期薪酬的核算

为做好应付职工薪酬的核算与管理,企业应设置"应付职工薪酬"账户,对应付职工薪酬进行总分类核算,并设置"工资""职工福利""社会保险费""住房公积金""工会经费""职工教育经费""累计带薪缺勤""利润分享计划""非货币性福利""设定提存计划""设定受益计划""辞退福利""其他长期职工福利"等明细账户进行明细分类核算。

短期薪酬的核算一般分两步:第一步,分配职工薪酬。企业应当在职工为其提供服务的会计期间,将实际发生的短期薪酬确认为负债,并根据职工所在部门、提供服务的性质和受益对象等情况,将短期薪酬计入当期损益或资产成本。第二步,实际支付职工薪酬。

(一)货币性职工薪酬

货币性职工薪酬包括企业以货币形式支付给职工以及为职工支付的工资、职工福利、各种社会保险金、住房公积金、工会经费以及职工教育经费等。

职工工资应当按照劳动合同规定的计时工资、计件工资、奖金、津贴和补贴等计算确定。社会保险费、住房公积金、工会经费以及职工教育经费等,应当按照国家及地方规定的计提基础和计提比例计算确定。

微课:货币性职工
薪酬的核算

1. 职工工资、奖金、津贴和补贴的核算

(1)职工工资、奖金、津贴和补贴的分配。对于职工工资、奖金、津贴和补贴等货币性职工薪酬,企业应当在职工为其提供服务的会计期间,将实际发生的职工工资、奖金、津贴和补贴等,根据职工提供服务的受益对象,作会计处理如下。

借:生产成本　　　[车间生产工人薪酬]
　　制造费用　　　[车间管理人员薪酬]
　　管理费用　　　[行政管理人员薪酬]
　　销售费用　　　[销售人员薪酬]
　　研发支出　　　[研发人员薪酬]
　　在建工程等　　[工程人员薪酬]
　　合同履约成本　[提供服务、劳务人员薪酬]
　　贷:应付职工薪酬——工资　[应发工资的合计,含个人承担的社保]

【工作任务4-9】2024年1月,南京公益食品公司应付工资总额为400万元,工资费用分配汇总表显示:生产部门直接生产工人工资为200万元;生产部门管理人员工资为40万元;公司销售部门人员工资为20万元;公司行政管理人员工资为72万元;公司内部开发供应链管理系统的人员工资为 24 万元;建造厂房的人员工资为 44 万元。假设公司供应链管理系统已处于开发阶段,并符合资本化条件,应作会计处理如下。

借:生产成本   2 000 000

    制造费用   400 000

    销售费用   200 000

    管理费用   720 000

    研发支出——资本化支出   240 000

    在建工程   440 000

  贷:应付职工薪酬——工资   4 000 000

(2) 实际发放职工薪酬。企业发放职工工资时,需要从职工应发工资中扣除代扣代缴的个人所得税,应由职工个人负担的社会保险费、住房公积金,以及替职工代垫的水电费、房租等。因此,企业在发放职工薪酬时,会计处理如下。

借:应付职工薪酬——工资 [应发工资的合计]

  贷:其他应收款 [代垫医药费和房租]

    其他应付款——社会保险费 [代扣代缴:个人负担社会保险]

              ——住房公积金 [代扣代缴:个人负担住房公积金]

    应交税费——应交个人所得税 [代扣代缴:个人所得税]

    银行存款 [实发工资]

【注意】由个人负担的社会保险费、住房公积金和个人所得税,先从职工的应发工资中扣除,再由企业缴纳给公司所在地的社会保险机构、住房公积金管理中心和税务局。

【工作任务 4-10】接工作任务 4-9 的资料,2024 年 2 月 1 日,南京公益食品公司根据工资结算汇总表发放 1 月工资,其中扣除代垫的职工房租 10 万元,代扣代缴的职工个人所得税 18 万元,代扣代缴的职工个人负担的医疗保险费 4 万元、住房公积金 42 万元,以银行存款支付实发工资,应作会计处理如下。

借:应付职工薪酬——工资   4 000 000

  贷:其他应收款   100 000

    应交税费——应交个人所得税   180 000

    其他应付款——社会保险费——医保 [个人负担]   40 000

              ——住房公积金 [个人负担]   420 000

    银行存款   3 260 000

2. 职工福利费的核算

企业支付的职工福利费,应在实际发生时根据实际发生额计入当期损益或相关资产成本。

借:生产成本/制造费用/管理费用/销售费用/在建工程等

  贷:应付职工薪酬——职工福利

实际支付职工福利费。

借:应付职工薪酬——职工福利

  贷:银行存款/库存现金

在企业各月之间发生的职工福利费数额相差不大的情况下,可以根据当月实际发生的职工福利费数额进行分配。如果各月之间发生的职工福利费数额相差较大,应按合理比例进行分配。

【工作任务 4-11】接工作任务 4-9 的资料,南京公益食品公司下设一所职工食堂,每月根据在岗职工数量及岗位分布情况、相关历史经验数据等计算需要补贴食堂的资金,从而确定企业每期因补贴职工食堂需要承担的福利费金额。2024 年 1 月,企业在岗职工共计 331 人,其中:生产部门直接生产工人 200 人,生产部门管理人员 40 人,公司销售部门人员 20 人,公司行政管理人员 7 人,研发人员 20 人,临时聘用建造厂房工人 44 人。企业的历史经验数据表明,每个职工每月需补贴食堂 100 元。南京公益食品公司应作会计处理如下。

```
借:生产成本                               20 000
    制造费用                             4 000
    销售费用                             2 000
    管理费用                               700
    研发支出——资本化支出                  2 000
    在建工程                             4 400
      贷:应付职工薪酬——职工福利费        33 100[100×331]
```

【工作任务 4-12】接工作任务 4-11 的资料,2024 年 2 月,南京公益食品公司支付 33 100 元补贴给食堂,应作会计处理如下。

```
借:应付职工薪酬——职工福利费              33 100
    贷:银行存款                          33 100
```

3. 工会经费和职工教育经费的核算

根据《中华人民共和国工会法》规定,企业每月应按全部职工工资总额的 2% 向工会拨缴经费,在成本费用中列支,主要用于为职工服务和工会活动。职工教育经费一般由企业每月按照工资总额的 8% 计提,主要用于职工接受岗位培训、继续教育等方面的支出。

(1) 计提工会经费和职工教育经费。期末,企业根据规定的计提基础和比例计算确定应付工会经费、职工教育经费,作会计处理如下。

```
借:生产成本/制造费用/管理费用/销售费用/在建工程/研发支出等
    贷:应付职工薪酬——工会经费
              ——职工教育经费
```

(2) 实际支付工会经费和职工教育经费。根据规定,各企业的工会经费由税务机关代收后汇总至上级总工会。上级总工会按 50% 的留成比例,将工会经费留成(即工资薪金总额的 1%)返还至企业工会银行专户。企业收到返还的工会经费,需单独建账,按《工会会计制度》的规定,登记收入与各项开支,保证工会经费的安全完整。企业实际划拨工会经费和开支教育经费时,作会计处理如下。

```
借:应付职工薪酬——工会经费
              ——职工教育经费
    贷:银行存款
```

【工作任务 4-13】接工作任务 4-9 的资料,2024 年 1 月 31 日,南京公益食品公司按工资总额的 2% 和 8% 计提工会经费和职工教育经费,应作会计处理如下。

```
借:生产成本        200 000[2 000 000×(2%+8%)]
    制造费用         40 000[400 000×(2%+8%)]
    销售费用         20 000[200 000×(2%+8%)]
    管理费用         72 000[720 000×(2%+8%)]
```

研发支出——资本化支出   24 000[240 000×(2%＋8%)]

在建工程   44 000[440 000×(2%＋8%)]

  贷：应付职工薪酬——工会经费   80 000[4 000 000×2%]

        ——职工教育经费 320 000[4 000 000×8%]

【工作任务 4-14】接工作任务 4-13 的资料,2024 年 2 月 15 日,南京公益食品公司开具转账支票,将工会经费缴至上级总工会,以银行存款支付职工培训费 32 万元,缴纳职工个人所得税 18 万元,应作会计处理如下。

借：应付职工薪酬——工会经费   80 000

        ——职工教育经费   320 000

  应交税费——应交个人所得税   180 000

  贷：银行存款   580 000

4. 社会保险费和住房公积金的核算

社会保险费包括养老保险费、医疗保险费、失业保险费、工伤保险费、生育保险金,简称"五险"。其中,前三项保险由企业和个人共同缴纳,工伤保险和生育保险则由企业全部承担,个人无须缴纳。企业承担的社会保险费,除养老保险费和失业保险费按规定确认为离职后福利外,其他的社会保险作为企业的短期薪酬。住房公积金分为职工所在单位为职工缴存和职工个人缴存两部分,但其全部属于职工个人所有。

微课：五险一金

"五险一金"以职工工资总额为缴纳基数,但是每个地方"五险一金"缴纳的比例会有所不同,具体比例以当地劳动部门规定为准。

(1) 社会保险费和住房公积金的计提。对于企业应缴纳的社会保险费(不含基本养老费和失业保险费)和住房公积金,企业应在月末按照规定的计提基础和比例,在职工提供服务期间根据受益对象计入当期损益或相关资产成本,并确认相应的应付职工薪酬金额,会计处理如下。

微课：工会经费、教育经费和五险一金的核算

借：生产成本/制造费用/管理费用/销售费用/在建工程/研发支出等

  贷：应付职工薪酬——社会保险费   [企业负担部分]

        ——住房公积金   [企业负担部分]

对于职工个人承担的社会保险费和住房公积金,由职工所在企业每月从其工资中代扣代缴。

(2) 社会保险费和住房公积金的缴存。

借：应付职工薪酬——社会保险费   [企业负担]

        ——住房公积金   [企业负担]

  其他应付款——社会保险费   [个人负担]

       ——住房公积金   [个人负担]

  贷：银行存款

【工作任务 4-15】接工作任务 4-9 和工作任务 4-10 的资料,假设南京公益食品公司所在地规定,公司分别按职工工资总额的 10%、10.5% 计提企业应负担的医疗保险(含生育保险)、住房公积金,然后缴纳给公司所在地的社会保险机构和住房公积金管理中心。2 月 15 日,南京公益食品公司用银行存款缴纳企业和个人负担的社会保险费和住房公积金,会计处理如下。

借：生产成本   410 000[2 000 000×(10%＋10.5%)]

制造费用	82 000[400 000×(10%＋10.5%)]
销售费用	41 000[200 000×(10%＋10.5%)]
管理费用	147 600[720 000×(10%＋10.5%)]
研发支出——资本化支出	49 200[240 000×(10%＋10.5%)]
在建工程	90 200[440 000×(10%＋10.5%)]

　　贷：应付职工薪酬——社会保险费（企业负担）　　400 000[4 000 000×10%]

　　　　　　　　　　——住房公积金（企业负担）　　420 000[4 000 000×10.5%]

2月15日，缴纳社保和公积金。

借：应付职工薪酬——社会保险费　［企业负担］　　　　　400 000

　　　　　　　　　　——住房公积金　［企业负担］　　　　　420 000

　　其他应付款——社会保险费　［个人负担］　　　　　　　40 000

　　其他应付款——住房公积金　［个人负担］　　　　　　　420 000

　　贷：银行存款　　　　　　　　　　　　　　　　　　　1 280 000

【学中做 4-1】2024年1月，甲公司计算本月应发放职工工资总额为150 000元，其中，车间生产产品的工人工资为60 000元，车间管理人员的工资为10 000元，企业行政管理部门管理人员的工资为30 000元，专设销售机构人员工资为30 000元，研发人员工资20 000元。假设根据所在地政府规定，公司分别按照职工工资总额的10%、10%、2%和1.5%的比例提取医疗保险、住房公积金、工会经费和职工教育经费。编制甲公司有关业务的会计分录。

【职业素养 4-2】

百姓头上有青天——社会保险

文档：职业素养"百姓头上有青天——社会保险"解读

　　恰逢盛世，阳光雨露，党和国家的各项惠民政策如春风化雨惠及每个公民。在现代社会中，劳动者面临的生、老、病、死、伤、残、失业，乃至家庭困难等都是我国社会保险的范围。

　　(1) 谁为我养老？——养老保险。养老保险是国家为解决劳动者退休或丧失劳动能力后，每年可获得一定收入的一种保障制度。其目的是保障老年人的基本生活需要。

　　(2) 我不是药神——我要医保。目前我国建立了城镇职工基本医疗保险制度、新型农村合作医疗制度和城镇居民基本医疗保险制度，覆盖到全体公民，具有普遍性、强制性和互济性。

　　(3) 丢了饭碗怎么办——失业保险是关键。失业保险是国家通过立法强制实行的，由社会集中建立基金，对由于各种原因中断工作，暂时失去生活来源的劳动者提供一定时期的物质帮助，并通过转岗训练和生产自救，使其重新就业的社会保险制度。

　　(4) 保障母亲就是保障未来——生育保险。我国生育保险待遇主要包括两项：一是生育津贴，用于保障女职工产假期间的基本生活需要；二是生育医疗待遇，用于保障女职工怀孕、分娩期间的基本医疗保健需要。你是不是觉得这项社保政策，充满人情味呢，其实关爱母亲，就是关爱祖国的未来。

　　(5) 我不是钢铁侠——我也需要工伤保险。工伤保险是国家为在工作过程中遭受意外事故和患职业性疾病的劳动者，失去正常工资收入来源时，生活难以为继，享受工资、医疗救治、伤残补助、生活保障和职业康复等帮助的一种社会保障制度。

　　(6) 买房不用愁——住房公积金。住房公积金是企事业单位及其在职职工缴存的长期住房储金。住房公积金实行专款专用,存储期间按规定用于购、建、大修自住住房,或缴纳房租。

资料来源:张男星,方旭.大学财经素养教育[M].北京:中国财政经济出版社,2019.

思考:我国五险一金制度有什么优越性?

5. 短期带薪缺勤

对于职工带薪缺勤,根据其性质及职工享有的权利,分为累积带薪缺勤和非累积带薪缺勤,企业应当分别进行处理。如果带薪缺勤属于长期带薪缺勤的,企业应当作为其他长期职工福利处理。

(1)累积带薪缺勤是指本期尚未用完的带薪缺勤权利可以结转下期,在未来期间使用的带薪缺勤。企业应当在职工提供了服务从而增加了其未来享有的带薪缺勤权利时,确认与累积带薪缺勤相关的职工薪酬,并以累积未行使权利而增加的预期支付金额计量。

① 年末,企业确认与累积带薪缺勤相关的职工薪酬。

借:生产成本/制造费用/管理费用/销售费用/在建工程/研发支出等

    贷:应付职工薪酬——带薪缺勤——短期带薪缺勤——累积带薪缺勤

② 下一年,分两种情况处理。

如果下一年,累积的带薪缺勤职工未享受到,也不再累积,即上年留下来的假期作废,企业作上述相反会计处理如下。

借:应付职工薪酬——带薪缺勤——短期带薪缺勤——累积带薪缺勤

    贷:生产成本/管理费用等

如果在职职工实际享受了累积带薪缺勤,即企业向职工兑现了上年留下来的假期,相当于给员工兑付了工资,则企业会计处理如下。

借:应付职工薪酬——带薪缺勤——短期带薪缺勤——累积带薪缺勤

    贷:银行存款

【工作任务 4-16】南京公益食品公司从 2023 年 1 月 1 日起实行累积带薪缺勤制度。根据公司规定,职工每年可享受 5 个工作日带薪休假,对于当年未使用的年休假可以向后结转一个公历年度,超过 1 年未使用的权利作废。职工离开企业时,未享受的累积带薪年休假可以获得现金支付。2023 年度有 4 名生产工人和 2 名企业管理人员,因工作需要未能享受带薪休假,生产工人的日工资为 300 元,企业管理人员的日工资为 350 元。2023 年 12 月 31 日确认累积带薪缺勤时,作会计处理如下。

借:生产成本   6 000[300×5×4]

    管理费用   3 500[350×5×2]

    贷:应付职工薪酬——带薪缺勤——短期带薪缺勤——累积带薪缺勤

                      9 500

2024 年度上述职工均实际享受了上年度 5 天的累积带薪缺勤时,作会计处理如下。

借:应付职工薪酬——带薪缺勤——短期带薪缺勤——累积带薪缺勤

                      9 500

    贷:生产成本   6 000

       管理费用   3 500

【自主探究】上述任务中,如果 2024 年度职工没有享受上年度 5 天的累积带薪缺勤,那么企业应该如何进行账务处理?

【初级同步 4-7】（判断题）企业应在职工发生实际缺勤的会计期间确认与累积带薪缺勤相关的应付职工薪酬。（　　）

（2）非累积带薪缺勤是指带薪缺勤权利不能结转下期的带薪缺勤，本期尚未用完的带薪缺勤权利予以取消，并且职工离开企业时也无权获得现金支付。我国企业职工休婚假、产假、丧假、探亲假、病假期间的工资通常属于非累积带薪缺勤。与非累积带薪缺勤相关的职工薪酬已经包括在企业每期向职工发放的工资薪酬中，不必额外作相应的账务处理。

6. 短期利润分享计划

利润分享计划是指因职工提供服务而与职工达成的基于利润或其他经营成果提供薪酬的协议。利润分享计划分为短期利润分享计划和长期利润分享计划。企业在职工为其提供相关服务的年度报告期间结束后 12 个月内，不需要全部支付利润分享计划产生的应付职工薪酬，该利润分享计划属于长期利润分享计划，作为其他长期职工福利核算。

企业确认短期利润分享计划职工薪酬时，会计处理如下。

借：生产成本/制造费用/管理费用/销售费用/在建工程等

　　贷：应付职工薪酬——利润分享计划

实际发放短期利润分享计划薪酬时，会计处理如下。

借：应付职工薪酬——利润分享计划

　　贷：银行存款

【工作任务 4-17】南京公益食品公司 2023 年度实施一项短期利润分享计划，以对公司管理层进行激励，该计划规定公司全年净利润计划指标为 5 000 万元，超额完成部分按 5% 作为管理人员薪酬。该公司年终实际完成净利润 7 000 万元。南京公益食品公司作会计处理如下。

　　确认公司管理人员按利润分享计划的薪酬＝(7 000－5 000)×5%＝100(万元)

借：管理费用　　　　　　　　　　　　　　　　　　　1 000 000

　　贷：应付职工薪酬——利润分享计划　　　　　　　　　　　1 000 000

（二）非货币性职工薪酬

非货币性职工薪酬是指企业以非货币性资产支付给职工的薪酬。

1. 将自产产品发放给职工作为福利

企业将自产产品作为非货币性福利发放给职工时，应当按照该产品的公允价值和相关税费计量，并在产品发出时确认销售收入，根据职工提供服务的性质确认当期损益或资产成本，同时结转销售成本。

微课：非货币性职工薪酬的核算

（1）分配非货币性福利。

借：生产成本/制造费用/销售费用/管理费用等

　　贷：应付职工薪酬——非货币性福利　［产品公允价值＋销项税额］

（2）实际发放福利时视同销售。

借：应付职工薪酬——非货币性福利

　　贷：主营业务收入　［产品公允价值］

　　　　应交税费——应交增值税(销项税额)

同时，结转销售成本。

借：主营业务成本

　　存货跌价准备

贷:库存商品

【工作任务 4-18】(根据 2021 年全国职业技能大赛试题改编)A 企业将自产的一批产品作为非货币性福利发给车间生产工人,该批产品不含税售价为 50 000 元,成本为 35 000 元,适用的增值税税率为 13%。A 企业应作会计处理如下。

确认的应付职工薪酬＝50 000＋50 000×13%＝56 500(元)

按受益对象分配非货币性福利。

借:生产成本   56 500

  贷:应付职工薪酬——非货币性福利   56 500

发放福利时视同销售。

借:应付职工薪酬——非货币性福利   56 500

  贷:主营业务收入   50 000

    应交税费——应交增值税(销项税额)   6 500

同时,结转销售成本。

借:主营业务成本   35 000

  贷:库存商品   35 000

【学中做 4-2】甲公司为一般纳税人,共有职工 150 名,2024 年 2 月,公司以自己生产的成本为 8 000 元、每台售价(含增值税)为 11 300 元的笔记本电脑作为福利发放给职工。假设150 名职工中 100 名为直接参加生产的职工,50 名为总部管理人员。根据资料编制甲公司相关会计分录。

【初级同步 4-8】(单选题)某饮料生产企业为增值税一般纳税人,年末将本企业生产的一批饮料发放给职工作为福利。该饮料市场售价为 12 万元(不含增值税),增值税适用税率为13%,实际成本为 10 万元。假定不考虑其他因素,该企业应确认的应付职工薪酬为(　　)万元。

A. 1   B. 11.56   C. 12   D. 13.56

2. 以外购商品直接发放福利

企业以外购的商品作为非货币性福利发放给职工的,应当按照该商品的公允价值和相关税费确定职工薪酬的金额,并计入当期损益或相关资产成本。

外购商品时,会计处理如下。

借:原材料/库存商品等　[购买成本＋进项税额]

  贷:银行存款等

【注意】根据税法相关规定,外购商品用于职工福利的,其进项税额不得抵扣,应将其计入商品成本。

确认应付职工薪酬时,会计处理如下。

借:生产成本/制造费用/管理费用/销售费用等

  贷:应付职工薪酬——非货币性福利

实际发放福利时,会计处理如下。

借:应付职工薪酬——非货币性福利

  贷:原材料/库存商品等　[购买成本＋进项税额]

【工作任务 4-19】2024 年 3 月,南京公益食品公司决定采购 50 件 A 产品作为"三八节"福利发放给公司管理人员。该批产品的市场价格为每件 2 万元(不含增值税)。不考虑其他相关税费,南京公益食品公司会计处理如下。

(1) 外购商品。

借:库存商品　　　　　　　　　　　　　　1 130 000[50×20 000×(1+13%)]

　　贷:银行存款　　　　　　　1 130 000

(2) 确认非货币性福利。

借:管理费用　　　　　　　　　　　　　　　　　　　　　1 130 000

　　贷:应付职工薪酬——非货币性福利　　　　　　　　　1 130 000

(3) 发放产品给管理人员。

借:应付职工薪酬——非货币性福利　　　　　　　　　　　1 130 000

　　贷:库存商品　　　　　　　　　　　　　　　　　　　1 130 000

3. 外购商品改变用途发放给职工作为福利

企业外购的材料、商品主要用于生产或出售,后改变材料、商品用途作为非货币性福利提供给职工的,其进项税额不能抵扣,应当按照该材料、商品的采购成本和购进时的进项税额确定职工薪酬的金额,并计入当期损益或相关资产成本。会计处理如下。

(1) 外购商品。

借:库存商品等

　　应交税费——应交增值税(进项税额)

　　贷:银行存款等

(2) 确认非货币性福利。

借:生产成本/管理费用等　[价税合计]

　　贷:应付职工薪酬——非货币性福利　[价税合计]

(3) 发放非货币性福利。

借:应付职工薪酬——非货币性福利　[价税合计]

　　贷:库存商品等

　　应交税费——应交增值税(进项税额转出)

【工作任务 4-20】2023 年 12 月 1 日,南京公益食品公司外购空气炸锅 200 台用于赠送老客户,12 月 25 日,公司决定将炸锅作为福利发放给直接从事生产的职工,以提高其工作积极性,购买时取得增值税专用发票上注明的价款为 150 000 元、增值税税额为 19 500 元,已用银行存款付款,则会计处理如下。

(1) 外购商品。

借:库存商品　　　　　　　　　　　　　　　　　　　　　150 000

　　应交税费——应交增值税(进项税额)　　　　　　　　　19 500

　　贷:银行存款　　　　　　　　　　　　　　　　　　　169 500

(2) 确认非货币性福利。

借:生产成本　　　　　　　　　　　　　　　　　　　　　169 500

　　贷:应付职工薪酬——非货币性福利　　　　　　　　　169 500

(3) 实际发放福利。

借:应付职工薪酬——非货币性福利　　　　　　　　　　　169 500

　　贷:库存商品　　　　　　　　　　　　　　　　　　　150 000

　　应交税费——应交增值税(进项税额转出)　　　　　　19 500

【学中做 4-3】乙公司为一家生产彩电的企业,共有职工 100 名,2024 年 2 月,以本企业生产的成本为 5 000 元的液晶彩电和外购的每台不含税价格为 500 元的电暖器作为春节福利发放给公司职工。该型号液晶彩电的售价为每台 7 000 元,乙公司适用的增值税税率为 13%;乙公司购买电暖器时开具了增值税专用发票。假定 100 名职工中直接生产工人 70 人、车间管理人员 10 人、销售人员 10 人、总部管理人员 10 人。根据上述资料编制乙公司的会计分录。

4. 将拥有的房屋、车辆等资产无偿提供给职工使用

企业将拥有的房屋、车辆等资产无偿提供给职工使用的,应当根据受益对象,将该住房、车辆每期应计提的折旧确认应付职工薪酬,同时计入相关资产成本或当期损益。

(1) 确认应付职工薪酬。

借:生产成本/制造费用/销售费用/管理费用等 [固定资产折旧额]

贷:应付职工薪酬——非货币性福利

(2) 计提折旧。

借:应付职工薪酬——非货币性福利

贷:累计折旧

【工作任务 4-21】2024 年 1 月,南京公益食品公司决定为公司担任部门经理以上职务的 23 人每人提供一辆轿车免费使用,所有轿车的月折旧为 1 500 元。南京公益食品公司会计处理如下。

提供汽车供职工使用的非货币性福利＝23×1 500＝34 500(元)

借:管理费用　　　　　　　　　　　　　　　　　　　34 500

贷:应付职工薪酬——非货币性福利　　　　　　　　34 500

同时

借:应付职工薪酬——非货币性福利　　　　　　　　　34 500

贷:累计折旧　　　　　　　　　　　　　　　　　　34 500

5. 企业将租赁住房等资产提供给职工无偿使用

企业租赁住房等资产供职工无偿使用的,应当根据受益对象,将每期应付的租金计入相关资产成本或当期损益,并确认应付职工薪酬。如果涉及进项税额的不能抵扣,作进项税额转出。

确认非货币性福利时,会计处理如下。

借:生产成本/制造费用/销售费用/管理费用等

贷:应付职工薪酬——非货币性福利 [租金]

确认租金支出时,会计处理如下。

借:应付职工薪酬——非货币性福利

贷:其他应付款/银行存款等

【工作任务 4-22】2024 年 1 月,南京公益食品公司决定为 5 名高层管理人员每人租赁住房一套,免费使用,所有外租住房的月租金为 5 000 元(含税),已用银行存款支付。会计处理如下。

确认非货币性福利。

借:管理费用　　　　　　　　　　　　　　　　　　　25 000

贷:应付职工薪酬——非货币性福利　　　　　　　　25 000

实际交付租金。

借:应付职工薪酬——非货币性福利　　　　　　　　　　　　　　25 000
　　贷:银行存款　　　　　　　　　　　　　　　　　　　　　　　　25 000

三、离职后福利的核算

离职后福利是指企业为获得职工提供的服务而在职工退休或与企业解除劳动关系后,提供的各种形式的报酬和福利,如离职后享受的失业保险、养老保险、企业年金、人寿保险、医疗保障等。离职后福利计划分为设定提存计划和设定受益计划。

设定提存计划是指企业向独立的基金缴存固定费用后,不再承担进一步支付义务的离职后福利计划,主要包括企业负担的职工失业保险和养老保险等社会保险费用。企业应当在职工为其提供服务的会计期间,根据设定提存计划计算的应缴存金额确认为负债,并计入当期损益或相关资产成本。

设定提存计划的会计核算与前述医疗、工伤、生育等社会保险费的核算相同,此处不再赘述。

【工作任务 4-23】接工作任务 4-9 的资料,南京公益食品公司根据所在地规定,按照职工工资总额的 16% 和 1% 计提养老保险费和失业保险费,缴存当地社会保险经办机构。2023 年 7 月,南京公益食品公司作会计处理如下。

借:生产成本　　　　　　　　　　340 000[2 000 000×(16%＋1%)]
　　制造费用　　　　　　　　　　　68 000[400 000×(16%＋1%)]
　　销售费用　　　　　　　　　　　34 000[200 000×(16%＋1%)]
　　管理费用　　　　　　　　　　122 400[720 000×(16%＋1%)]
　　研发支出——资本化支出　　　　40 800[240 000×(16%＋1%)]
　　在建工程　　　　　　　　　　　74 800[440 000×(16%＋1%)]
　　贷:应付职工薪酬——设计提存计划——基本养老保险　640 000[4 000 000×16%]
　　　　　　　　　　　　　　　　　——失业保险　　　　 40 000[4 000 000×1%]

四、辞退福利的核算

辞退福利与其他形式的职工薪酬不同,由于被辞退的职工不再为企业提供服务,所以无论被辞退职工原先的工作性质如何,企业都应将本期确认的辞退福利全部记入"管理费用"账户。

企业按照辞退计划条款的规定,预计并确认辞退福利产生的应付职工薪酬,会计处理如下。
借:管理费用
　　贷:应付职工薪酬——辞退福利
实际支付辞退福利。
借:应付职工薪酬——辞退福利
　　贷:银行存款

【工作任务 4-24】接工作任务 4-9 的资料,南京公益食品公司为实现生产车间顺利转产而执行一项辞退计划,决定从 2024 年 1 月 1 日起,计划辞退高级技工 5 人,每人补偿金额 10 万元;辞退一般技工 30 人,每人补偿额 6 万元。辞退计划于上一年年末经董事会批准,将于 2024 年度内实施完毕。辞退计划批准时,南京公益食品公司会计处理如下。

　　　　　确认该项辞退计划的辞退福利＝5×10+30×6＝230(万元)
借:管理费用——辞退福利　　　　　　　　　　　　　　2 300 000

　　贷：应付职工薪酬——辞退福利　　　　　　　　　　　　　　2 300 000

　　辞退福利预期在其确认的年度报告期结束后 12 个月内完全支付的,适用短期薪酬相关规定,计入当期损益;辞退福利预期在年度报告期结束后 12 个月内不能完全支付的,应适用其他长期职工福利的有关规定。

五、其他长期职工福利的核算

　　其他长期职工福利是指除短期薪酬、离职后福利、辞退福利之外所有的职工薪酬。企业向职工提供的其他长期职工福利,符合设定提存计划条件的,应当按照设定提存计划的有关规定进行会计处理;符合设定受益计划条件的,应当按照设定受益计划的有关规定进行会计处理。

　　长期残疾福利水平取决于职工提供服务期间长短的,企业应在职工提供服务的期间确认应付长期残疾福利义务,计量时应考虑长期残疾福利支付的可能性和预期支付的期限;与职工提供服务期间长短无关的,企业应当在导致职工长期残疾的事件发生当期确认应付长期残疾福利。

 做中学

一、单选题

1. 下列各项中,属于短期职工薪酬的是(　　)。

　　A. 住房公积金　　　　B. 设定提存计划　　　　C. 设定受益计划　　　　D. 辞退福利

2. 下列各项中,企业根据本月"工资费用分配汇总表"分配财务部门人员薪酬时,应借记的会计科目是(　　)。

　　A. 主营业务成本　　　B. 管理费用　　　　　C. 其他业务成本　　　　D. 财务费用

3. 某企业为增值税一般纳税人。2023 年 12 月 25 日,该企业向生产人员发放一批自产的空气净化器作为福利,该批产品售价为 10 万元,生产成本为 7.5 万元,按计税价格计算的增值税销项税额为 1.3 万元。不考虑其他因素,该笔业务应确认的应付职工薪酬为(　　)万元。

　　A. 7.5　　　　　　　B. 11.3　　　　　　　C. 10　　　　　　　D. 8.8

4. 企业将自有房屋无偿提供给本企业车间管理人员使用。下列各项中,关于计提房屋折旧的会计处理的表述正确的是(　　)。

　　A. 借记"其他业务成本"账户,贷记"累计折旧"账户

　　B. 借记"其他应收款"账户,贷记"累计折旧"账户

　　C. 借记"营业外支出"账户,贷记"累计折旧"账户

　　D. 借记"制造费用"账户,贷记"应付职工薪酬"账户,同时借记"应付职工薪酬"账户,贷记"累计折旧"账户

5. 某企业因产能过剩导致存货大批量积压,在履行相关程序后决定裁员 20 人(全部为生产工人),企业在支付经济补偿时,根据会计准则的规定应计入(　　)账户。

　　A. 管理费用　　　　B. 生产成本　　　　C. 制造费用　　　　D. 营业外支出

二、多选题

1. 下列各项中,属于"应付职工薪酬"科目核算内容的有(　　)。

　　A. 正式任命的独立董事的津贴

　　B. 已订立劳动合同的全职职工的奖金

C. 已订立劳动合同的临时职工的工资

D. 单位向住房公积金管理机构缴存的住房公积金

2. 下列各项中,通过"应付职工薪酬"科目核算的有( )。

A. 企业代扣的个人所得税　　　　B. 扣回为职工代垫的房租

C. 代扣职工个人负担的社会保险费　　D. 支付管理人员的离职后福利

3. 下列各项中,应通过"应付职工薪酬——非货币性福利"科目核算的有( )。

A. 为高级管理人员提供免费使用的汽车

B. 企业将自产电视机发放给职工作为福利

C. 企业租赁住房供职工无偿使用

D. 给生产工人发放的绩效奖金

4. 在核算财务部门人员的职工薪酬时,涉及的科目有( )。

A. 管理费用　　　　　　　　　　B. 财务费用

C. 其他业务成本　　　　　　　　D. 应付职工薪酬

5. 企业无偿提供自有汽车给高级管理人员使用,下列各项中,属于该企业非货币性福利的会计处理可能涉及的会计科目有( )。

A. 管理费用　　B. 累计折旧　　C. 应付职工薪酬　　D. 银行存款

6. 2024 年 6 月 5 日,甲公司外购 200 部手机作为福利发放给销售部门的职工,取得增值税专用发票上注明的价款为 600 000 元,增值税税额为 78 000 元,增值税专用发票尚未经税务机关认证,款项以银行存款支付,下列会计处理中正确的有( )。

A. 外购手机时

借:库存商品　　　　　　　　　　　　　　　　600 000

应交税费——待认证进项税额　　　　　　　78 000

贷:银行存款　　　　　　　　　　　　　　　　678 000

B. 经税务机关认证不可抵扣时

借:应交税费——应交增值税(进项税额)　　　　78 000

贷:应交税费——待认证进项税额　　　　　　78 000

同时

借:库存商品　　　　　　　　　　　　　　　　78 000

贷:应交税费——应交增值税(进项税额转出)　　78 000

C. 实际发放时

借:应付职工薪酬——非货币性福利　　　　　　678 000

贷:库存商品　　　　　　　　　　　　　　　678 000

D. 实际发放时

借:应付职工薪酬——非货币性福利　　　　　　600 000

贷:库存商品　　　　　　　　　　　　　　　600 000

7. 甲企业为高级管理人员租赁公寓供其免费使用,应编制的会计分录为( )。

A. 借记"应付职工薪酬"科目,贷记"累计折旧"科目

B. 借记"管理费用"科目,贷记"累计折旧"科目

C. 借记"管理费用"科目,贷记"应付职工薪酬——非货币性福利"科目

D. 借记"应付职工薪酬——非货币性福利"科目,贷记"银行存款"科目

三、判断题

1. 企业生产车间生产人员福利费应根据实际发生额记入"生产成本"账户借方。（   ）

2. 企业将自产产品作为福利发放给本单位职工,应根据产品的成本价作为应付职工薪酬核算。（   ）

3. 企业提前解除劳动合同给予职工解除劳动关系的补偿,应按照受益对象进行分摊,计入相关资产成本或当期损益。（   ）

4. 资产负债表日企业按工资总额的一定比例缴存基本养老保险属于设定提存计划,应确认为应付职工薪酬。（   ）

四、业务题

1. 2024年9月,甲公司计算本月应发放职工工资总额为150 000元,其中,车间生产产品的工人工资为60 000元,车间管理人员的工资为10 000元,企业行政管理部门管理人员的工资为30 000元,专设销售机构人员工资为30 000元,研发人员工资为20 000元。假设根据所在地政府规定,公司分别按照职工工资总额的10%、10%、2%和1.5%的比例提取医疗保险、住房公积金、工会经费和职工教育经费。编制甲公司有关业务的会计分录。

2. 甲公司为一家电脑生产企业,共有职工150名,2022年2月,公司以其生产的成本为8 000元、售价(含增值税)为每台11 300元的笔记本电脑作为福利发放给职工,甲公司适用的增值税税率为13%。假设150名职工中100名为直接参加生产的职工,50名为总部管理人员。编制甲公司有关业务的会计分录。

3. 甲公司为集团总部部门经理级别以上职工每人提供一辆轿车免费使用,甲公司集团总部共有部门经理以上职工30名,假设每辆轿车每月应计提折旧1 000元;该公司还为其5名副总以上高级管理人员每人租赁一套公寓免费使用,月租金为4 000元。假设上述人员发生的费用无法认定受益对象,编制甲公司有关业务的会计分录。

文档:任务三
拓展训练

任务四 应交税费

企业根据税法规定应缴纳的各种税费包括增值税、消费税、企业所得税、城市维护建设税、资源税、土地增值税、房产税、车船税、城镇土地使用税、教育费附加、印花税、耕地占用税、环境保护税、契税、车辆购置税等。企业应交的上述各项税费在尚未缴纳之前构成企业的一项现时义务,应确认为负债。

一、应交增值税

(一) 应交增值税概述

1. 增值税征税范围和纳税义务人

增值税是以商品(含应税劳务、应税行为)在流转过程中实现的增值额为计税依据而征收的一种流转税。按照我国现行增值税制度的规定,在我国境内销售货物、加工修理修配劳务、服务、无形资产和不动产以及进口货物的企业、单位和个人为增值税的纳税人。其中,"服务"是指提供交通运输服务、建筑服务、邮政服务、电信服务、金融服务、现代服务、生活服务。

根据经营规模大小及会计核算水平的健全程度,增值税纳税人分为一般纳税人和小规模纳税人。一般纳税人是指年应税销售额超过财政部、国家税务总局规定标准的增值税纳税人。小规模纳税人是指年应税销售额未超过规定标准,并且会计核算不健全,不能够提供准确税务资料的增值税纳税人。

2. 增值税的计税方法

计算增值税的方法有一般计税方法和简易计税方法两种。

(1) 一般计税方法。增值税的一般计税方法是按当期销售额和适用的税率计算出销项税额,然后以该销项税额对当期购进项目支付的税款(即进项税额)进行抵扣,间接算出当期的应纳税额。应纳税额的计算公式为

$$应纳税额 = 当期销项税额 - 当期进项税额$$

"当期销项税额"是指纳税人当期销售货物和提供应税劳务,按照销售额和增值税税率计算并收取的增值税税额。其中,销售额是指纳税人向购买方收取的全部价款和价外费用,但是不包括增值税额。当期销项税额的计算公式为

$$销项税额 = 不含税销售额 \times 增值税税率$$

如纳税人采用价款与税款合并定价的方式,则需将合并价税款还原为不含税销售额:

$$销售额 = 含税销售额 \div (1 + 增值税税率)$$

【注意】增值税是在价格以外另外收取的,所以称为"价外税",其计算依据是不含增值税的销售额,缴纳多少税额也并不会影响企业当期损益。

"当期进项税额"是指纳税人购进商品或者接受应税劳务时支付的增值税税额。下列进项税额准予从销项税额中抵扣:①取得的增值税专用发票(含税控机动车销售统一发票,下同)上注明的增值税税额。②取得海关进口增值税专用缴款书上注明的增值税税额。③购进农产品,除取得增值税专用发票或者海关进口增值税专用缴款书外,按照农产品收购发票或者销售发票上注明的农产品买价和 9% 的扣除率计算的进项税额;如用于生产销售或委托加工 13% 税率货物的农产品,应按照农产品收购发票或者销售发票上注明的农产品买价和 10% 的扣除率计算的进项税额。④从境外单位或者个人购进服务、无形资产或者不动产,从税务机关或者扣缴义务人取得的解缴税款的完税凭证上注明的增值税税额。⑤一般纳税人支付的道路通行费,凭增值税电子普通发票上注明的收费金额和规定方法计算的可抵扣的增值税进项税额;桥、闸通行费,凭取得的通行费发票上注明的收费金额和规定方法计算的可抵扣的增值税进项税额。当期销项税额小于当期进项税额不足抵扣时,其不足部分可以结转下期继续抵扣。

【注意】企业购入材料、商品等不能取得增值税专用发票的,发生的增值税进项税额应计入采购成本。

(2) 简易计税方法。增值税的简易计税方法是按照销售额与征收率的乘积计算应纳税额,不得抵扣进项税额。应纳税额的计算公式为

$$应纳税额 = 销售额 \times 征收率$$

公式中的销售额是指不含税销售额,如为含税销售额应还原为不含税销售额,计算公式为

$$销售额 = 含税销售额 \div (1 + 征收率)$$

增值税一般纳税人计算增值税大多采用一般计税方法;小规模纳税人一般采用简易计税方法;一般纳税人发生财政部和国家税务总局规定的特定应税销售行为,也可以选择简易计税方式计税,但不得抵扣进项税额。

(二) 应交增值税的账户及专栏设置

为了核算企业应交增值税的发生、抵扣、缴纳、退税及转出等情况,企业应在"应交税费"账

户下设置二级明细账户,在二级明细"应交增值税"账户下,设置多个专栏账户,并按照规定进行核算,如表 4-1 所示。

表 4-1 应交增值税的明细账户及专栏

一级	二级	专栏		核算内容(一般纳税人)
应交税费	应交增值税	借方专栏	进项税额	记录一般纳税人购进货物或接受应税劳务支付的、准予从当期销项税额中抵扣的增值税税额
			销项税额抵减	记录一般纳税人按照现行增值税制度规定因扣减销售额而减少的销项税额
			已交税金	记录一般纳税人当月已缴纳的应交增值税税额
			转出未交增值税	记录一般纳税人月度终了转出当月应交未交的增值税税额
			减免税款	记录一般纳税人按现行增值税制度准予减免的增值税税额
			出口抵减内销产品应纳税额	记录实行"免、抵、退"办法的一般纳税人按规定计算的出口货物的进项税抵减内销产品的应纳税额
		贷方专栏	销项税额	记录一般纳税人销售货物或提供应税劳务应收取的增值税税额
			出口退税	记录一般纳税人出口货物、加工修理修配劳务、服务、无形资产按规定退回的增值税税额
			进项税额转出	记录一般纳税人购进货物或接受应税劳务等发生非正常损失以及其他原因而不应从销项税额中抵扣、按规定转出的进项税额
			转出多交增值税	记录一般纳税人月度终了转出多交的增值税税额
	未交增值税			核算一般纳税人月度终了从"应交增值税""预交增值税"明细账户转入当月应交未交、多交或预缴的增值税,以及当月缴纳以前期间未交的增值税
	预交增值税			核算一般纳税人转让不动产、提供不动产经营租赁服务、建筑服务、采用预收款方式销售自行开发的房地产项目等,以及其他按现行增值税制度规定应预缴的增值税
	待抵扣进项税额			核算一般纳税人已取得增值税扣税凭证并经税务机关认证,按照现行增值税制度规定准予以后期间从销项税额中抵扣的进项税额
	待认证进项税额			核算一般纳税人由于未经税务机关认证而不得从当期销项税额中抵扣的进项税额
	待转销项税额			核算一般纳税人销售货物或接受应税劳务,已确认相关收入(或利得)但尚未发生增值税纳税义务而需在以后期间确认为销项税额的增值税税额
	简易计税			核算一般纳税人采用简易计税方法发生增值税计提、扣减、缴纳等业务
	转让金融商品应交增值税			核算增值税纳税人转让金融商品发生的增值税额
	代扣代缴增值税			核算增值税纳税人购进在境内未设经营机构的境外单位或个人在境内的应税行为代扣代缴的增值税

小规模纳税人只需在"应交税费"账户下设置"应交增值税"明细账户,不需要设置上述专栏,也不需要设置除"转让金融商品应交增值税""代扣代交增值税"外的明细账户。

(三) 应交增值税的核算

1. 一般纳税人增值税的核算

(1)取得资产、接受劳务或服务。一般纳税人购进货物、加工修理修配劳务、服务、无形资产或者不动产,应作会计处理如下。

借:原材料/固定资产等

应交税费——应交增值税(进项税额) [当月已认证的可抵扣增值税额]

——待认证进项税额 [当月未认证的可抵扣增值税税额]

贷:应付账款/应付票据/银行存款等

购进货物发生退货,应根据税务机关开具的红字增值税专用发票编制相反的会计分录,如原增值税专用发票未做认证,应将发票退回并编制相反的会计分录。

【工作任务 4-25】南京公益食品公司 H 材料按实际成本核算,2024 年 1 月发生以下交易或事项。

① 9 日,购入 H 材料一批,已收到增值税专用发票,材料价格为 360 000 元,可抵扣的增值税为 46 800 元。材料已验收入库,款项未支付,增值税专用发票尚未认证。

② 20 日,生产车间委托外单位修理机器设备,对方开具的增值税专用发票上注明的修理费为 10 000 元,增值税税额 1 300 元,款项已用银行存款支付。

③ 28 日上述(1)中的增值税专用发票已认证。

南京公益食品公司会计处理如下。

1 月 9 日购入 H 材料,增值税专用发票未认证。

借:原材料——H 材料 360 000

应交税费——待认证进项税额 46 800

贷:应付账款 406 800

1 月 20 日修理机器设备。

借:管理费用 10 000

应交税费——应交增值税(进项税额) 1 300

贷:银行存款 11 300

28 日增值税专用发票认证。

借:应交税费——应交增值税(进项税额) 46 800

贷:应交税费——待认证进项税额 46 800

企业购进农产品,除取得增值税专用发票或者海关进口增值税专用缴款书外,按照农产品收购发票或者销售发票上注明的农产品买价和 9% 的扣除率计算进项税额;购进用于生产销售或委托加工 13% 税率货物的农产品,按照农产品收购发票或者销售发票上注明的农产品买价和 10% 的扣除率计算进项税额。

借:原材料等 [农产品买价扣除进项税额后的差额]

应交税费——应交增值税(进项税额) [农产品买价×相应税率]

贷:应付账款/银行存款等 [农产品买价]

【工作任务 4-26】南京公益食品公司 2024 年 1 月 10 日,购入农产品一批,农产品收购发票上注明的买价为 100 000 元,规定的扣除率为 9%,货物已验收入库,价款已用银行存款支付,应作会计处理如下。

进项税额=收购价款×扣除率=100 000×9%=9 000

借:库存商品 91 000[100 000−9 000]

应交税费——应交增值税(进项税额) 9 000

贷:银行存款 100 000

(2)进项税额转出。企业已单独确认进项税额,存在下列情况之一时不得从销项税额中抵扣,必须转出:①商品、劳务或者服务事后改变用途,如用于简易计税方法计税项目、免征增值税项目、非增值税应税项目等。②商品、劳务或者服务发生非正常损失,如因管理不善造成货物被盗、丢失、霉烂变质,以及因违反法律、法规造成货物或者不动产被依法没收、销毁、拆除的情形。

进项税额转出的会计处理如下。

借:待处理财产损溢/应付职工薪酬/固定资产/无形资产等 ［价税合计］

　　贷:原材料等

　　　　应交税费——应交增值税(进项税额转出)

【工作任务 4-27】南京公益食品公司 2024 年 1 月发生以下进项税额转出事项。

① 10 日,暴雨导致 A 材料遭受毁损,该批原材料的购入成本为 5 000 元,增值税税额为650 元。

② 25 日,A 材料毁损损失报批后转入营业外支出。

③ 28 日,领用一批外购 B 材料用于集体福利,该批原材料的成本为 20 000 元,购入时增值税进项税额为 2 600 元。

南京公益食品公司会计处理如下。

1 月 10 日,原材料毁损。

借:待处理财产损溢——待处理流动资产损溢　　　　　　　　　　5 650

　　贷:原材料　　　　　　　　　　　　　　　　　　　　　　　　　5 000

　　　　应交税费——应交增值税(进项税额转出)　　　　　　　　　　650

25 日,原材料毁损损失转入营业外支出。

借:营业外支出　　　　　　　　　　　　　　　　　　　　　　　　5 650

　　贷:待处理财产损溢——待处理流动资产损溢　　　　　　　　　5 650

28 日,集体福利领用外购原材料。

借:应付职工薪酬　　　　　　　　　　　　　　　　　　　　　　　22 600

　　贷:原材料　　　　　　　　　　　　　　　　　　　　　　　　20 000

　　　　应交税费——应交增值税(进项税额转出)　　　　　　　　　2 600

(3)销售商品、提供劳务或服务。企业销售货物、加工修理修配劳务、服务、无形资产或不动产时,作会计处理如下。

借:银行存款/应收账款等

　　贷:主营业务收入

　　　　其他业务收入

　　　　应交税费——应交增值税(销项税额) ［一般计税法］

或:应交税费——简易计税 ［简易计税法］

若收入或利得确认时点早于增值税纳税义务发生时点,应交增值税税额记入"应交税费——待转销项税额"账户,实际纳税义务发生时再转入"应交税费——应交增值税(销项税额)"账户。

企业销售货物等发生退回时,按税务部门开具的红字增值税专用发票作相反方向的会计分录。

【工作任务 4-28】南京公益食品公司 2024 年 1 月发生以下销售商品、提供劳务或服务的事项。

① 19 日,销售一批产品,价款 200 000 元,按规定应收取增值税税额 26 000 元,提货单和增值税专用发票已经交给买方,款项尚未收到。

② 26 日,接受甲公司委托加工一批物资,收取加工费 100 000 元,并按 13% 开具增值税专用发票。已收到加工费并存入银行。

根据上述交易事项,南京公益食品公司会计处理如下。

1 月 19 日,销售产品。

借:应收账款　　　　　　　　　　　　　　　　　　　　226 000
　　贷:主营业务收入　　　　　　　　　　　　　　　　　　200 000
　　　　应交税费——应交增值税(销项税额)　　　　　　　26 000

1 月 26 日,提供加工劳务。

借:银行存款　　　　　　　　　　　　　　　　　　　　113 000
　　贷:主营业务收入　　　　　　　　　　　　　　　　　　100 000
　　　　应交税费——应交增值税(销项税额)　　　　　　　13 000

（4）视同销售。视同销售是税法中的概念,指会计核算中没有确认收入,而根据税法规定应确认收入或存在计税依据的,应根据税法规定计算相应的税款。按照现行增值税制度规定,企业有些交易和事项应视同对外销售处理,计算销项税额,或采用简易计税方法计算应纳增值税税额,并根据具体情况作不同的会计核算。

微课:视同销售

① 企业将自产、委托加工的货物用于集体福利或个人消费。

借:应付职工薪酬　　［价税合计］
　　贷:主营业务收入
　　　　应交税费——应交增值税(销项税额)

同时结转销售成本。

借:主营业务成本
　　贷:库存商品

【自主探究】如果是外购商品用于集体福利,应如何进行会计核算?

② 将自产、委托加工或购买的货物作为投资。

借:长期股权投资　　［价税合计］
　　贷:主营业务收入
　　　　应交税费——应交增值税(销项税额)

同时结转销售成本。

借:主营业务成本
　　贷:库存商品

③ 将自产、委托加工或购买的货物分配给股东或投资者。

确认股利时:

借:利润分配
　　贷:应付股利

实际支付时:

借:应付股利　　［价税合计］
　　贷:主营业务收入等

　　　　应交税费——应交增值税（销项税额）

同时结转销售成本。

借：主营业务成本等

　　贷：库存商品

④ 将自产、委托加工或购买的货物对外捐赠。

借：营业外支出　　［捐赠商品的成本＋以公允价计算的销项税额］

　　贷：库存商品　　［成本］

　　　　应交税费——应交增值税（销项税额）

【注意】对外捐赠时，其增值税销项税额应根据商品的公允价值计算，也可用计税价值或市场售价。

【工作任务 4-29】南京公益食品公司 2024 年 1 月发生视同销售相关交易或事项如下。

① 13 日，用一批 B 材料对外进行长期股权投资，该批原材料实际成本为 600 000 元，双方协商不含税价值为 750 000 元，开具的增值税专用发票上注明的增值税税额为 97 500 元。

② 17 日，将自产的甲产品 50 件分配给股东，该产品成本 80 元，单位售价每件 100 元。

③ 20 日，以公司自产的乙产品对外捐赠，该批产品的实际成本为 200 000 元，不含税市场售价为 250 000 元，开具的增值税专用发票上注明的增值税税额为 32 500 元。

根据上述资料，南京公益食品公司作会计处理如下。

① 13 日，用 B 材料对外投资。

借：长期股权投资　　　　　　　　　　　　　　　　　　847 500

　　贷：其他业务收入　　　　　　　　　　　　　　　　　750 000

　　　　应交税费——应交增值税（销项税额）　　　　　　97 500

同时结转销售成本。

借：其他业务成本　　　　　　　　　　　　　　　　　　600 000

　　贷：原材料——B 材料　　　　　　　　　　　　　　　600 000

② 17 日，将自产产品分配给股东，确认股利。

借：利润分配　　　　　　　　　　　　　　　　　　　　5 650

　　贷：应付股利　　　　　　　　　　　　　　　　　　　5 650

实际支付股利。

借：应付股利　　　　　　　　　　　　　　　　　　　　5 650

　　贷：主营业务收入　　　　　　　　　　　　　　　　　5 000

　　　　应交税费——应交增值税（销项税额）　　　　　　650

同时结转销售成本。

借：主营业务成本　　　　　　　　　　　　　　　　　　4 000

　　贷：库存商品——甲产品　　　　　　　　　　　　　　4 000

③ 20 日，以公司产品对外捐赠。

借：营业外支出　　　　　　　　　　　　　　　　　　　232 500

　　贷：库存商品——乙产品　　　　　　　　　　　　　　200 000

　　　　应交税费——应交增值税（销项税额）　　　　　　32 500

【学中做 4-4】甲公司自行生产一批产品，产品的成本为 6 000 元，计税价格为 10 000 元，假定该产品的增值税税率为 13％。①若企业将该产品用于在建工程；②若企业将该产品用于投资;③若企业将该产品作为福利发给员工。编制甲公司相关会计分录。

(5) 缴纳增值税。

① 当月缴纳当月应交增值税。

借:应交税费——应交增值税(已交税金)

  贷:银行存款

② 当月缴纳以前期间未交增值税。

借:应交税费——未交增值税

  贷:银行存款

③ 当月预交增值税税额。

预交时:

借:应交税费——预交增值税

  贷:银行存款

月末时:

借:应交税费——未交增值税

  贷:应交税费——预交增值税

(6) 月末转出多交增值税和未交增值税。月度终了,企业应将当月应交未交或多交的增值税自"应交增值税"明细账户转入"未交增值税"明细账户。

对于当月应交未交的增值税。

借:应交税费——应交增值税(转出未交增值税)

  贷:应交税费——未交增值税

对于当月多缴的增值税。

借:应交税费——未交增值税

  贷:应交税费——应交增值税(转出多交增值税)

【工作任务 4-30】 接工作任务 4-25~工作任务 4-29 的资料,南京公益食品公司 2024 年 1 月发生应交增值税的计算和会计处理如下。

当月发生进项税额=19 500+26 000+1 300+46 800=93 600(元)

当月发生进项税额转出=650+2 600=3 250(元)

当月发生销项税额=26 000+13 000+97 500+650+32 500=169 650(元)

当月应交增值税=169 650+3 250-93 600=79 300(元)

将当月应交或多交的增值税自"应交增值税"明细账户转入"未交增值税"明细账户。

2024 年 1 月上述当月应交增值税转入"未交增值税"明细账户。

借:应交税费——应交增值税(转出未交增值税)   79 300

  贷:应交税费——未交增值税   79 300

【工作任务 4-31】 接工作任务 4-30 的资料,2024 年 2 月南京公益食品公司缴纳 1 月的增值税 79 300 元,作会计处理如下。

借:应交税费——未交增值税   79 300

  贷:银行存款   79 300

【学中做 4-5】 2024 年 1 月,甲公司当月发生销项税额合计 261 800 元,进项税额转出合计 39 100 元,增值税进项税额合计 278 950 元。1 月 31 日用银行存款缴纳增值税 10 000 元。甲公司将尚未缴纳的其余增值税税款进行结转。并于 2 月 10 日缴纳剩余税款。编制 1 月的缴纳、结转未交增值税,以及 2 月缴纳剩余税款的会计分录。

(7) 增值税减免。增值税减免通常有直接减免和先征后返两种方式。

① 属于直接减免的增值税,减免项目涉及的购进货物或劳务的进项税额应计入采购成本。

借:固定资产等 ［价税合计］

　　贷:银行存款等

按减免金额进行会计处理如下。

借:应交税费——应交增值税(减免税款)

　　贷:主营业务收入/管理费用

② 属于先征后返的增值税,按返还金额,应作会计处理如下。

借:银行存款

　　贷:其他收益

企业初次购买增值税税控系统专用设备支付的费用以及缴纳的技术维护费允许在增值税应纳税额中全额抵减,参照直接减免的核算。

【工作任务 4-32】南京公益食品公司于 2023 年年末初次购买增值税税控系统专用设备作为固定资产核算,取得的增值税专用发票上注明买价为 200 000 元,增值税税额为 26 000 元,款项当即支付。该设备按 5 年折旧,净残值为零;2024 年,该专用设备进行技术维护,支付维护费 2 260 元,取得的增值税专用发票上注明价款为 2 000 元,增值税税额为 260 元。根据上述资料,南京公益食品公司作会计处理如下。

① 2023 年年末购入增值税税控系统专用设备。

借:固定资产 226 000

　　贷:银行存款 226 000

② 2023 年,全额抵减增值税。

借:应交税费——应交增值税(减免税额) 226 000

　　贷:管理费用 226 000

③ 2024 年,固定资产计提折旧。

$$年折旧额 = 226\ 000 \div 5 = 45\ 200(元)$$

借:管理费用 45 200

　　贷:累计折旧 45 200

2. 小规模纳税人增值税的核算

(1) 小规模纳税人增值税计算。小规模纳税人核算增值税采用简化计算方法,按照不含税的销售额和规定的增值税征收率计算应缴纳的增值税(即应纳税额)。购进货物或应税服务,无论是否取得增值税专用发票,其支付的增值税税额一律不予抵扣,直接计入采购货物的成本;销售货物或应税服务,一般不可以开具增值税专用发票。

如果小规模纳税人销售货物或应税服务时,采用价税合一的方法定价的,应进行价税分离,确定不含税的销售额。

$$不含税销售额 = 含税销售额 \div (1 + 征收率)$$

$$应纳税额 = 不含税销售额 \times 征收率$$

(2) 小规模纳税人增值税核算。小规模纳税人进行会计核算时,只需设置"应交税费——应交增值税"明细账户,该明细账户不再设置增值税专栏。

购进货物或应税服务。

借:材料采购/在途物资/原材料/库存商品等　［价税合计］

　　贷:应付账款/银行存款等

销售货物或应税服务。

借:银行存款

　　贷:主营业务收入　［不含税的销售额］

　　　应交税费——应交增值税

【工作任务 4-33】某企业为增值税小规模纳税人,适用的增值税征收率为 3%,原材料按实际成本法核算。2024 年 1 月 8 日,向 A 公司购买一批原材料,取得的增值税专用发票中注明货款为 10 000 元,增值税税额为 1 300 元,款项以银行存款支付,材料已经验收入库。1 月 15 日,销售一批产品,开具的增值税普通发票上注明价税合计 50 000 元,款项已存入银行。1 月 31 日,用银行存款缴纳本月增值税。该企业的会计处理如下。

①1 月 8 日,购买原材料。

借:原材料　　　　　　　　　　　　　　　　　　　　　　　　11 300

　　贷:银行存款　　　　　　　　　　　　　　　　　　　　　　11 300

②1 月 15 日,销售产品。

$$不含税销售额 = 50 000 \div (1 + 3\%) = 48 543.69(元)$$

$$应纳增值税额 = 48 543.69 \times 3\% = 1 456.31(元)$$

借:银行存款　　　　　　　　　　　　　　　　　　　　　　　　50 000

　　贷:主营业务收入　　　　　　　　　　　　　　　　　　　　48 543.69

　　　应交税费——应交增值税　　　　　　　　　　　　　　　　1 456.31

③1 月 31 日,缴纳增值税。

借:应交税费——应交增值税　　　　　　　　　　　　　　　　　1 456.31

　　贷:银行存款　　　　　　　　　　　　　　　　　　　　　　1 456.31

【初级同步 4-9】(单选题)某企业为增值税小规模纳税人,2023 年 8 月购入原材料取得增值税专用发票注明价款 10 000 元,增值税税额为 1 300 元。当月销售产品开具增值税普通发票注明含税价款为 123 600 元,适用的征收率为 3%。不考虑其他因素,该企业 2023 年 8 月应缴纳的增值税税额为(　　　)元。

　　A. 3 600　　　　　　　B. 2 408　　　　　　　C. 3 708　　　　　　　D. 2 300

3. 差额征税

根据财政部和国家税务总局"营改增"相关规定,对于企业发生的某些业务,如金融商品转让、经纪代理服务、融资租赁和融资性售后回租、一般纳税人提供客运场站服务、试点纳税人提供旅游服务、选择简易计税方法提供建筑服务等,无法通过抵扣机制避免重复征税的,应采用差额征税方式计算缴纳增值税。

(1) 企业按规定相关成本费用允许扣减销售额的核算。按现行增值税制度规定,企业发生相关成本费用允许扣减销售额的,在发生成本费用时作会计处理如下。

借:主营业务成本

　　贷:应付账款/银行存款

待取得合规增值税扣税凭证且纳税义务发生时,按照允许抵扣的税额。

借:应交税费——应交增值税(销项税额抵减)　［一般纳税人采用一般计税法］

　　　　　　——简易计税　［一般纳税人采用简易计税法］

　　——应交增值税 ［小规模纳税人］

　　　贷：主营业务成本

【工作任务 4-34】某经纪代理公司为增值税一般纳税人，应交增值税采用差额征税方式核算。2024 年 2 月，该公司为乙公司提供代理服务，向乙公司收取含税价款 212 000 元，其中增值税 12 000 元，全部款项已收妥入账。经纪代理公司以银行存款支付相关成本费用共计 192 000 元，其中，因允许扣减销售额而减少的销项税额为 12 000 元。该经纪代理公司会计处理如下。

① 确认代理服务收入。

借：银行存款　　　　　　　　　　　　　　　　　　　　　　212 000

　贷：主营业务收入　　　　　　　　　　　　　　　　　　200 000

　　　应交税费——应交增值税（销项税额）　　　　　　　　12 000

② 支付旅游费用等。

借：主营业务成本　　　　　　　　　　　　　　　　　　　　192 000

　贷：银行存款　　　　　　　　　　　　　　　　　　　　192 000

③ 根据增值税扣税凭证抵减销项税额，并调整成本。

借：应交税费——应交增值税（销项税额抵减）　　　　　　　12 000

　贷：主营业务成本　　　　　　　　　　　　　　　　　　12 000

上述②、③可合并编制如下会计分录。

借：主营业务成本　　　　　　　　　　　　　　　　　　　　180 000

　　应交税费——应交增值税（销项税额抵减）　　　　　　　12 000

　贷：银行存款　　　　　　　　　　　　　　　　　　　　192 000

（2）企业转让金融商品以盈亏相抵后的余额作为销售额。此部分内容详见项目二任务二中的"交易性金融资产的核算"，此处不再赘述。

【职业素养 4-3】

古代如何惩罚偷税漏税

　　汉代的法律规定，商人、高利贷者需要向朝廷缴纳其全部个人收入的 6%。有收税就会有逃税，最常用的办法就是隐瞒收入做假账，有权势有门路的商人甚至直接贿赂税务人员。因此，汉武帝设立举报奖励制度，被举报者一旦罪行查实，一律抄没全部家产，流放塞外一年，而举报者可以获得其十分之一的家产。唐代，税收是朝廷最重要的收入之一。为防止偷税漏税行为，唐代法律规定：为逃税而隐瞒房产者，每漏报一间，杖 60 棍；商税每少交 100 文，杖 60 棍，罚 2 000 文。处罚可谓相当严厉。明清时期惩治偷漏税的刑罚有所减轻，但经济处罚的严厉程度不减。明朝时，偷漏税无论金额大小，一律罚千贯。到了清朝，偷漏税处罚一般为所偷漏金额的 3～5 倍。

文档：职业素养
"古代如何惩罚偷税漏税"解读

资料来源：古代如何惩罚偷税漏税？[J].党的生活，2018(8).

思考：上述案例对我们有什么启示？

二、应交消费税

（一）应交消费税的纳税义务人与计税方法

消费税是指在我国境内生产、委托加工和进口应税消费品的单位和个人，按其流转额缴纳的一种税。消费税是价内税，即在销售收入中包含税款。

消费税有从价定率、从量定额、复合计税三种征收方法。

1. 从价定率法

实行从价定率方法征收消费税的，其计税依据是包含消费税但不含增值税的销售额。企业的销售收入包含增值税的，应将其换算为不含增值税的销售额。

不含增值税的销售额＝含增值税的销售额÷（1＋增值税税率）

应交消费税＝不含增值税的销售额×适用税率

2. 从量定额法

实行从量定额法征收消费税的，其计税依据为销售数量（包括自产自用的移送使用数量，委托加工收回的应税数量，海关核定的进口征税数量）。其应纳税额的计算公式为

应交消费税＝销售数量×单位税额

3. 复合计税法

采取复合计税计征的消费税，先征一定的从量定额税，然后从价征税。

（二）应交消费税的核算

为了反映和监督消费税的计算与缴纳情况，企业应在"应交税费"账户下设置"应交消费税"明细账户进行核算。该账户贷方登记应缴纳的消费税，借方登记已缴纳的消费税，期末贷方余额，反映企业尚未缴纳的消费税，期末借方余额，反映企业多缴纳的消费税。

微课：应交
消费税的核算

1. 销售应税消费品

企业将生产的应税消费品直接对外销售的，其应缴纳的消费税，计入税金及附加。

借：税金及附加

　　贷：应交税费——应交消费税

【工作任务4-35】甲企业销售所生产的化妆品，价款300 000元（不含增值税），开具的增值税专用发票上注明的增值税税额为39 000元，适用的消费税税率为30％，款项已存入银行。甲公司应编制会计分录如下。

（1）取得价款和税款。

借：银行存款　　　　　　　　　　　　　　　　　　　339 000

　　贷：主营业务收入　　　　　　　　　　　　　　　　300 000

　　　　应交税费——应交增值税（销项税额）　　　　　　39 000

（2）计算应缴纳的消费税。

应纳消费税税额＝300 000×30％＝90 000（元）

借：税金及附加　　　　　　　　　　　　　　　　　　90 000

　　贷：应交税费——应交消费税　　　　　　　　　　　90 000

2. 自产自用应税消费品

纳税人自产自用的应税消费品，用于连续生产应税消费品的，不纳税；用于其他方面的，于移送使用时纳税。用于其他方面分两种情况：一是用于企业内部，即纳税人用于生产非应税消费品和在建工程、非生产机构提供劳务等，按规定计算的应缴纳的消费税，应计入有关资产的成本；二是用于外部，即用于馈赠、赞助、集资、广告、样品、职工福利、奖励等方面的应税消费品，视同销售进行会计核算。

【工作任务4-36】某企业在建工程领用自产应税消费品木地板,其成本为 700 000 元,应缴纳消费税 35 000 元,则该企业会计处理如下。

借:在建工程   735 000

   贷:库存商品   700 000

     应交税费——应交消费税   35 000

3. 委托加工应税消费品

企业如有应交消费税的委托加工物资,一般应由受托方代收代缴消费税。分两种情况进行核算。

微课:委托加工
应税消费品

(1) 委托加工物资收回后,直接用于销售的,应将受托方代收代缴的消费税计入委托加工物资的成本。

借:委托加工物资

  贷:应付账款等

(2) 委托加工物资收回后用于连续生产应税消费品的,应将已由受托方代收代缴的消费税记入"应交税费——应交消费税"。

借:应交税费——应交消费税

  贷:应付账款/银行存款

待用委托加工的应税消费品生产出应纳消费税的产品销售时,再缴纳消费税。

【学中做4-6】甲公司委托乙公司加工应税消费品 A(非金银首饰)。发出原材料的成本为 150 万元。以银行存款支付受托加工企业加工费 30 万元,支付增值税 3.9 万元,由乙公司代收代缴消费税 20 万元,收回 A 产品用于生产应税消费品。甲和乙公司都是增值税一般纳税人。编制下列会计分录:①发出加工材料;②支付加工费、增值税及消费税;③收回加工物资。

4. 进口应税消费品

企业进口应税物资,在进口环节应缴纳的消费税计入该项物资的成本。

借:原材料等   [含关税和消费税]

  应交税费——应交增值税(进项税额)

    贷:银行存款等

5. 其他情况

将自产应税消费品用于对外投资、分配、发放给职工等,因在会计核算中已经确认收入,所以,应交的消费税计入税金及附加。

借:税金及附加

  贷:应交税费——应交消费税

三、其他应交税费

(一) 其他应交税费概述

其他应交税费是指除上述应交税费以外的其他各种应上交给国家的税费,包括应交资源税、应交城市维护建设税、应交土地增值税、应交所得税、应交房产税、应交土地使用税、应交车船税、应交教育费附加、应交环境保护税、应交个人所得税等。企业应在"应交税费"账户下设置相应的明细账户进行核算,贷方登记应缴纳的有关税费,借方登记已缴纳的有关税费,期末贷方余额,反映企业尚未缴纳的有关税费。

企业应当设置"税金及附加"账户,核算企业经营活动发生的消费税、城市维护建设税、教育费附加、资源税、房产税、城镇土地使用税、车船税等相关税费。

【注意】企业缴纳的印花税、耕地占用税、契税、车辆购置税等不需要预缴应纳税额,不通过"应交税费"科目核算。有些不属于企业自身应纳税额,但由企业代扣代缴,如个人所得税,要通过"应交税费"核算。

【初级同步 4-10】(单选题)下列各项中,企业应通过"应交税费"账户核算的是( )。

A. 应缴纳的职工社会保险费 B. 占用耕地建房缴纳的耕地占用税

C. 转让房屋应缴纳的土地增值税 D. 签订合同应缴纳的印花税

（二）应交资源税的核算

资源税是为了体现国家对资源的权益,促进合理开发资源,以向在我国领域或管辖的其他海域开发应税资源的单位和个人征收的一种税。我国对绝大多数矿产只实施从价计征。

(1)对外销售应税产品应缴纳的资源税应记入"税金及附加"。

借:税金及附加

　　贷:应交税费——应交资源税

(2)自产自用应税产品应缴纳的资源税应记入"生产成本"等。

借:生产成本/制造费用

　　贷:应交税费——应交资源税

【工作任务 4-37】2024 年 2 月,某公司对外销售资源税应税矿产品 3 000 吨,将自产资源税应税矿产品 500 吨用于产品生产,税法规定每吨矿产品应交资源税 10 元,则会计处理如下。

对外销售应税产品应缴纳的资源税。

借:税金及附加　　　　　　　　　　　　　　　　30 000[3 000×10]

　　贷:应交税费——应交资源税　　　　　　　　　　30 000

自产自用的应税产品应缴纳的资源税。

借:生产成本　　　　　　　　　　　　　　　　　　5 000[500×10]

　　贷:应交税费——应交资源税　　　　　　　　　　5 000

（三）应交城市维护建设税的核算

应交城市维护建设税是我国为了加强城市维护建设,扩大和稳定城市维护建设资金的来源,向有经营收入的单位和个人征收的一种税。城市维护建设税是以增值税和消费税为计税依据征收的一种税。应纳税额的计算公式为

$$应纳税额＝(实际缴纳的增值税＋实际缴纳的消费税)×适用税率$$

企业按规定计算出应缴纳的城市维护建设税,会计处理如下。

借:税金及附加

　　贷:应交税费——应交城市维护建设税

【初级同步 4-11】(单选题)某企业将应交资源税的自产矿产品用于产品生产,不考虑其他因素,该企业确认应交资源税时,应借记( )。

A. 管理费用　　　　B. 税金及附加　　　C. 生产成本　　　D. 销售费用

（四）应交教育费附加的核算

教育费附加是为了加快发展地方教育事业、扩大地方教育经费来源而向企业征收的附加费用。教育费附加以各单位实际缴纳的增值税、消费税的税额为计征依据,附加率为 3%,与增值税、消费税同时缴纳。

$$应交教育费附加＝（实际缴纳增值税＋实际缴纳消费税）×征收率$$

企业按规定计算出应缴纳的教育费附加,会计处理如下。

借:税金及附加

　　贷:应交税费——应交教育费附加

【初级同步 4-12】（多选题）2023 年 12 月,甲企业当月发生如下税费:实际缴纳增值税 80 万元、实际缴纳消费税 60 万元、应交土地增值税 5 万元、应交资源税 3 万元。该企业适用的城市维护建设税税率为 7%,教育费附加征收率为 3%,不考虑其他因素,下列关于甲企业 12 月应缴纳城市维护建设税和教育费附加的说法正确的是（　　　）。

A. 城市维护建设税为 9.8 万元　　　　　B. 教育费附加为 4.2 万元

C. 城市维护建设税为 4.2 万元　　　　　D. 教育费附加为 1.8 万元

（五）应交土地增值税的核算

土地增值税是对转让国有土地使用权、地上的建筑物及其附着物的单位和个人,就其所取得的增值性收入征收的一种税。

1. 土地按无形资产核算

若企业转让的国有土地使用权属于无形资产,转让业务属于无形资产的处置业务,则应交的土地增值税应调减无形资产转让收入,即调减"资产处置损益"。

借:银行存款

　　累计摊销

　　无形资产减值准备

　　贷:无形资产

　　　　应交税费——应交土地增值税

　　　　资产处置损益　［差额,或借方］

2. 土地按固定资产核算

企业转让的土地使用权连同地上建筑物及其附着物一并在"固定资产"账户核算的,转让时应交的土地增值税,是转让过程中的相关税费,应记入"固定资产清理"账户。

借:固定资产清理

　　贷:应交税费——应交土地增值税

3. 土地按存货核算

房地产开发企业将土地使用权计入所建造房屋建筑物的成本,作为存货来核算,销售房地产属于存货出售业务,应缴纳的土地增值税计入当期损益。

借:税金及附加

　　贷:应交税费——应交土地增值税

【工作任务 4-38】2024 年 2 月 10 日,南京公益食品公司对外转让一栋厂房,根据税法规定计算的应交土地增值税为 48 000 元,则会计处理如下。

借:固定资产清理　　　　　　　　　　　　　　　　　　　　48 000

　　贷:应交税费——应交土地增值税　　　　　　　　　　　　　　48 000

（六）应交房产税、城镇土地使用税和车船税的核算

1. 房产税

房产税是国家对在城市、县城、建制镇和工矿区征收的由产权所有人缴纳的一种税。房产税依照房产原值一次减除 10%～30% 后的余额计算缴纳。没有房产原值作为依据的,由房产所在地税务机关参考同类房产核定;房产出租的,以房产租金收入为房产税的计税依据。

2. 城镇土地使用税

城镇土地使用税是以城市、县城、建制镇、工矿区范围内使用土地的单位和个人为纳税人,以其实际占用的土地面积和规定税额计算征收。

3. 车船税

车船税是以车辆、船舶为课征对象,向车船的所有人或管理人征收的一种税。

【注意】车船税与车辆购置税不同,车辆购置税是在购车时一次性缴纳,并构成固定资产的采购成本。

企业应交的房产税、城镇土地使用税、车船税,均应记入"税金及附加"账户,会计处理如下。

借:税金及附加

　　贷:应交税费——应交房产税

　　　　　　——应交城镇土地使用税

　　　　　　——应交车船税

【注意】企业缴纳车辆购置税、耕地占用税、契税,直接借记"固定资产"等资产成本,贷记"银行存款"科目。企业缴纳印花税,借记"税金及附加"科目,贷记"银行存款""库存现金"等科目。进口环节缴纳的关税,借记"库存商品"等资产成本,贷记"银行存款"科目。

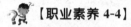
【职业素养 4-4】

江河汇流成海,分文积累强国

近年来,中国取得了一系列辉煌的成就。除了经济发展的巨大成就外,还涌现了一系列超级工程或大国重器,九天揽月的"北斗",五洋捉鳖的"蛟龙",奔驰的高铁,雄踞世界第一的高速公路网,探索深空的"天问",傲视全球的"中国天眼",还有卫星墨子号、港珠澳大桥工程、辽宁号航母等,无不彰显着大国的崛起。国家的发展与崛起,离不开税收,可以说"中国梦"的实现离不开税收的巨大贡献。

文档:职业素养
"江河汇流成海,
分文积累强国"
解读

思考:如何理解税收"取之于民,用之于民"?

做中学

一、单选题

1. 企业缴纳的下列税金,无须通过"应交税费"账户核算的是(　　　)。

　　A. 城镇土地使用税　　　　　　B. 耕地占用税

　　C. 所得税　　　　　　　　　　D. 土地增值税

2. 下列各项中,关于应交税费会计处理的表述正确的是(　　　)。

　　A. 企业缴纳的印花税,需要通过"应交税费"账户核算

　　B. 企业购进的货物已验收入库,但未收到增值税扣税凭证,需要根据相关合同或协议的价格暂估增值税的进项税额

　　C. 自产自用应税产品应缴纳的资源税,应记入"税金及附加"账户

　　D. 企业核算转让其作为固定资产核算的房地产产生的土地增值税时,应借记"固定资产清理"账户,贷记"应交税费——应交土地增值税"账户

3. 企业缴纳上月应交未交的增值税时,应借记(　　　)。

　　A. 应交税费——应交增值税(转出未交增值税)

B. 应交税费——未交增值税

C. 应交税费——应交增值税(转出多交增值税)

D. 应交税费——应交增值税(已交税金)

4. 某企业为增值税小规模纳税人,2024年8月购入原材料取得增值税专用发票注明价款10 000元,增值税税额为1 300元。当月销售产品开具增值税普通发票注明含税价款为123 600元,适用的征收率为3%。不考虑其他因素,该企业2024年8月应缴纳的增值税税额为( )元。

    A. 3 600   B. 2 408   C. 3 708   D. 2 300

5. A公司系增值税一般纳税企业,2024年5月收购免税农产品一批,收购发票上注明的买价为950 000元,款项以现金支付,收购的免税农产品已验收入库,税法规定按9%的扣除率计算进项税额。该批免税农产品的入账价值为( )元。

    A. 950 000   B. 827 000   C. 840 708   D. 864 500

二、多选题

1. 下列各项中,属于企业按规定代扣代缴职工个人所得税时,不会涉及的会计科目有( )。

    A. 管理费用   B. 税金及附加

    C. 营业外支出   D. 应付职工薪酬

2. 下列各项中,应通过"应交税费"账户核算的有( )。

    A. 缴纳的印花税

    B. 增值税一般纳税人购进固定资产应支付的增值税进项税额

    C. 为企业员工代扣代缴的个人所得税

    D. 缴纳的耕地占用税

3. 某增值税一般纳税人当月销项税额合计200万元,进项税额60万元,进项税额转出15万元,预交增值税5万元。不考虑其他因素,则下列有关月末的账务处理正确的有( )。

    A. 借:应交税费——应交增值税(已交税金)   50 000

        贷:应交税费——应交增值税(转出未交增值税)   50 000

    B. 借:应交税费——应交增值税(转出多交增值税)   50 000

        贷:应交税费——未交增值税   50 000

    C. 借:应交税费——应交增值税(转出未交增值税)   1 550 000

        贷:应交税费——未交增值税   1 550 000

    D. 借:应交税费——未交增值税   50 000

        贷:应交税费——预交增值税   50 000

4. 下列各项中,属于增值税一般纳税人应在"应交税费"科目下设置的明细科目有( )。

    A. 待抵扣进项税额   B. 预交增值税

    C. 简易计税   D. 待转销项税额

三、判断题

1. 企业购进的货物等已到达并验收入库,但尚未收到增值税扣税凭证,并未付款的,应在月末按货物清单或相关合同协议上的价格暂估入账,无须将增值税的进项税额暂估入账。( )

2. 企业在建工程领用自产的应税消费品计提的消费税,应计入在建工程成本。( )

3. 房地产开发经营企业销售房地产应缴纳的土地增值税记入"税金及附加"账户。( )

4. 企业将自产的应税矿产品对外销售,按规定应缴纳的资源税计入相关资产成本。( )

5. 对于一般纳税人,企业实际缴纳当月的增值税,应通过"应交税费——应交增值税(已交税金)"科目核算。 ( )

四、业务题

某公司为增值税的一般纳税人,适用的增值税率为13%,材料按实际成本核算,2024年1月发生下列有关现金核算业务。

(1) 购入A材料1 000千克,价款为30万元,增值税税额3.9万元。购入该批材料发生保险费0.1万元,发生运杂费0.4万元,运输过程中发生合理损耗10千克。材料已验收入库,款项均已通过银行付讫。

(2) 购入免税农产品一批作为原材料,价款100万元,规定的扣除率为9%,货物尚未到达,货款已用银行存款支付。

(3) 购入一栋办公楼,取得的增值税专用发票上注明价款300万元,增值税税额为27万元,款项已由银行存款支付。

(4) 购入不需要安装生产经营用设备一台,增值税专用发票注明价款7万元,增值税税额为0.91万元,款项已用银行存款付讫。

(5) 从某小规模纳税人处购进一批生产用原材料,已付总价款4.12万元,收到销售方由税务机关代开的增值税专用发票,注明价款4万元,增值税税额0.12万元。

(6) 销售材料,价款170万元,已开具增值税专用发票,款项已收存银行,该材料成本为145万元,已计提存货跌价准备2万元。

(7) 由于发货错误,某客户要求退回上月销售的20件C产品,销售单价2万元,单位成本1万元,销售收入40万元已确认入账,成本上月已结转,该企业同意退货,开具红字发票,退回产品已入库且手续已办清。

(8) 公司销售产品一批,价款9万元,专用发票注明增值税额为1.17万元,提货单和增值税专用发票已交给买方,款项收到一张承兑后面值为10.17万元的不带息商业承兑汇票。

(9) 出售一台设备,该设备原价120万元,已提折旧50万元,出售价款100万元(不含增值税),开出增值税专用发票上标明增值税税额为13万元,收到款项113万元存入银行。

(10) 将50台自产产品作为福利分配给本公司销售人员。该批产品的生产成本总额为2.4万元,市场售价总额为3万元(不含增值税)。

(11) 公司将购进的一批商品捐赠给希望小学,该批商品成本为5万元,不含税售价6万元。

(12) 公司将自产的一批产品向某企业投资,该批商品成本为100万元,双方协商不含税售价120万元。

(13) 企业盘亏一批原材料,成本为2万元,购买原材料时支付的增值税进项税额为0.26万元。经查系管理不善造成的材料丢失,并报经批准。

(14) 公司库存商品因洪水毁损一批,其实际成本为4万元,购买商品时支付的增值税进项税额为0.52万元,并报经批准。

(15) 公司购进一批商品作为福利发给本公司从事生产的职工,采购时取得的增值税专用发票上注明商品价款8万元,增值税税额1.04万元,款项已用银行存款付讫。

(16) 公司本月以银行存款缴纳本月增值税17万元。

(17) 月末,转出本月未交增值税或者多交增值税。

根据上述资料,编制该公司的会计分录。

文档:任务四
拓展训练

微课：长期借款

任务五 非流动负债

一、长期借款

长期借款是指企业向银行或其他金融机构借入的期限在 1 年以上（不含 1 年）的各种借款，一般用于固定资产的购建、改扩建工程、大修理工程、对外投资等方面。

企业应通过"长期借款"账户，核算长期借款的借入、归还等情况。该账户按照贷款单位和贷款种类设置明细账，分"本金""利息调整"等进行明细核算。该账户的贷方登记长期借款本息的增加额，借方登记本息的减少额，期末贷方余额反映企业尚未偿还的长期借款。

（一）取得长期借款

借：银行存款　［实际收到的款项］

　　长期借款——利息调整

　贷：长期借款——本金

【工作任务 4-39】2024 年 1 月 2 日，南京公益食品公司从银行借入资金 5 000 000 元，借款期限为 3 年，年利率为 6%（到期一次还本付息，单利计息）。所借款项已存入银行。当日，南京公益食品公司用该借款购买无须安装的设备一台，价款 4 000 000 元，增值税税额为 520 000 元，另支付保险等费用 80 000 元，设备已于当日投入使用。甲企业应编制会计分录如下。

（1）取得借款。

借：银行存款　　　　　　　　　　　　　　　　　　　5 000 000

　贷：长期借款——本金　　　　　　　　　　　　　　　5 000 000

（2）支付设备款及保险费用。

借：固定资产　　　　　　　　　　　　　　　　　　　4 080 000

　　应交税费——应交增值税（进项税额）　　　　　　　520 000

　贷：银行存款　　　　　　　　　　　　　　　　　　　4 600 000

（二）长期借款计提利息

长期借款利息费用应当在资产负债表日按照实际利率法计算确定。长期借款计算确定的利息费用，应当按以下原则计入有关成本费用：①属于筹建期间的，计入管理费用。②属于生产经营期间的，计入财务费用。③如果长期借款用于购建固定资产等符合资本化条件的，在资产尚未达到预定可使用状态前，所发生的利息支出应当资本化，计入在建工程等相关资产成本。资产达到预定可使用状态后发生的利息支出，以及按规定不予资本化的利息支出，计入财务费用。

长期借款按合同利率计算确定的应付未付利息，如果属于分期付息的，记入"应付利息"；如果属于到期一次还本付息的，记入"长期借款——应计利息"。具体会计处理如下。

借：在建工程　［资本化］

　　财务费用　［费用化］

　　管理费用　［筹建期］

　贷：应付利息　［分期付款、到期还本］

长期借款——应计利息 ［到期一次还本付息］

【工作任务4-40】 接工作任务4-39的资料,南京公益食品公司于2024年1月31日计提长期借款利息,则会计处理如下。

2024年1月31日计提的长期借款利息＝5 000 000×6‰÷12＝25 000(元)

借:财务费用   25 000

    贷:长期借款——应计利息   25 000

2024年1月至2026年12月末预提利息分录同上。

(三) 归还长期借款

企业归还长期借款本金时,应按归还的本金作会计处理如下。

借:长期借款——本金

    贷:银行存款

按归还的利息作会计处理如下。

借:应付利息 ［分期付款到期还本最后一期利息］

    长期借款——应计利息 ［到期一次还本付息］

    贷:银行存款

【工作任务4-41】 接工作任务4-39和工作任务4-40的资料,南京公益食品公司于2027年1月2日,偿还该笔银行借款本息,则会计处理如下。

借:长期借款——本金   5 000 000

        ——应计利息   875 000

    财务费用   25 000

    贷:银行存款   5 900 000

二、长期应付款

长期应付款是指企业除长期借款和应付债券以外的其他各种长期应付款项,主要包括具有融资性质的延期付款购买资产等。

微课:长期应付款

企业应设置"长期应付款"账户,用以核算企业应付的款项及偿还情况。该账户可按长期应付款的种类和债权人进行明细核算。该账户的贷方登记发生的长期应付款,借方登记偿还的应付款项,期末贷方余额反映企业尚未偿还的长期应付款。

企业还应设置"未确认融资费用",用来核算企业应当分期计入利息费用的未确认融资费用。也就是把企业由于融资而应承租的利息支出在融资期内分摊。该账户可按债权人和长期应付款项目进行明细核算。

企业购买资产有可能延期支付有关价款。如果延期支付的购买价款超过正常信用条件,实质上就具有了融资性质,企业应当以购买价款的现值,借记"固定资产"等账户,按应支付的金额,贷记"长期应付款"账户,按其差额,借记"未确认融资费用"账户。具体会计处理如下。

借:固定资产/在建工程等 ［购买价款的现值＋初始直接费用］

    未确认融资费用 ［差额］

    贷:长期应付款 ［应支付的价款总额］

【工作任务4-42】 南京公益食品公司2024年1月1日购入一台生产设备,合同约定该设备价款合计900万元。设备价款分3年于每年年末支付300万元。2024年1月1日设备交付南京公益食品公司并投入安装。银行存款支行安装费 5 万元,设备于 2024 年 12 月 31 日安装完并交份使用。假定以同期银行贷款利率 6% 为折现率,不考虑增值税。南京公益食品公司有关账务处理如下。

(1) 计算购入设备现值及未确认融资费用。

$$购入设备现值 = 300 \times (P/A, 6\%, 3) = 300 \times 2.673\ 0 = 801.9(万元)$$

$$未确认融资费用 = 900 - 801.9 = 98.1(万元)$$

借:在建工程   8 019 000

    未确认融资费用   981 000

  贷:长期应付款   9 000 000

借:在建工程   50 000

  贷:银行存款   50 000

(2) 计算信用期间未确认融资费用的分摊额,如表 4-2 所示。

表 4-2   未确认融资费用的分摊额   单位:元

日 期	分期付款额 (①)	确认融资费用 (②=期初④×6%)	应付本金减少额 (③=①-②)	应付本金余额期末 (④=期初④-③)
2024.01.01				8 019 000
2024.12.31	3 000 000	481 140	2 518 860	5 500 140
2025.12.31	3 000 000	330 008	2 669 992	2 830 148
2026.12.31	3 000 000	169 852①	2 830 148	0
合 计	9 000 000	981 000	8 019 900	

注:①169 852=3 000 000-2 830 148。

(3) 2024 年 1 月 1 日至 2024 年 12 月 31 日,设备安装期间,未确认融资费用的分摊额符合资本化条件,计入固定资产成本。

2024 年 12 月 31 日,南京公益食品公司作会计处理如下。

借:在建工程   481 140

  贷:未确认融资费用   481 140

$$固定资产成本 = 8\ 019\ 000 + 50\ 000 + 481\ 140 = 8\ 550\ 140(元)$$

借:固定资产   8 550 140

  贷:在建工程   8 550 140

第一次支付设备价款。

借:长期应付款   3 000 000

  贷:银行存款   3 000 000

(4) 2025 年 1 月 1 日至 2026 年 12 月 31 日,设备已经投入使用,未确认融资费用的分摊额不符合资本化条件,应计入财务费用。12 月 31 日,南京公益食品公司应作会计处理如下。

2026 年 12 月 31 日,账务处理如下。

借:财务费用   330 008

  贷:未确认融资费用   330 008

借:长期应付款   3 000 000

  贷:银行存款   3 000 000

2026 年 12 月 31 日,账务处理如下。

借:财务费用　　　　　　　　　　　　　　　　　　　　　169 852

　　贷:未确认融资费用　　　　　　　　　　　　　　　　　169 852

借:长期应付款　　　　　　　　　　　　　　　　　　　　3 000 000

　　贷:银行存款　　　　　　　　　　　　　　　　　　　3 000 000

三、应付债券

(一) 应付债券概述

微课:应付债券

债券是国家机关、金融机构、社会团体、企业为了筹集资金向投资人出具的,保证在一定期限内按照约定的条件,到期还本付息的有价证券。企业发行债券是筹集长期资金的方式之一。企业发行债券必须符合法定条件并按法定程序报经批准。

债券按发行主体不同可划分为国债、地方政府债券、金融债券、企业债券;按利率是否变动可划分为固定利率债券和浮动利率债券;按偿还期限长短可划分为长期债券、中期债券、短期债券;按发行方式不同可划分为记名债券和不记名债券;按发行价格与面值的关系可划分面值发行、溢价发行和折价发行。

(二) 应付债券的账户设置

为了反映企业发行的债券情况,应设置"应付债券"账户,并在该账户下设置"面值""利息调整""应付利息"等明细账户,核算企业为筹集(长期)资金而发行债券的本金和利息。

"应付债券——面值"账户,核算应付债券票面金额;"应付债券——应计利息"账户,核算到期一次还本付息时计算的票面利息;"应付债券——利息调整"账户,核算票面金额与发行债券实际收到金额之间的差额以及债券发行期内按实际利率法分摊的差额。

(三) 应付债券的核算

1. 债券发行的核算

企业发行债券按面值发行、溢价发行或折价发行时,应作会计处理如下。

借:银行存款等　　[实际收到的款项]

　　贷:应付债券——面值　　[债券面值]

　　　　　　　——利息调整　　[实收款与票面面值之间的差额,或借方]

【工作任务 4-43】2024 年 1 月 1 日,南京公益食品公司经批准发行了 5 年期一次还本、按年付息的公司债券,面值为 125 万元,发行价格为 100 万元,票面利率为 4.72%。该债券已全部出售,款项已存入银行。根据上述业务资料,南京公益食品公司应作会计处理如下。

借:银行存款　　　　　　　　　　　　　　　　　　　　1 000 000

　　应付债券——利息调整　　　　　　　　　　　　　　　250 000

　　贷:应付债券——面值　　　　　　　　　　　　　　1 250 000

【工作任务 4-44】2024 年 1 月 1 日,甲公司经批准发行了 5 年期一次还本、按年付息的公司债券 100 万元,债券利息在每年 12 月 31 日支付,票面利率为 6%。债券发行时的市场利率为 5%。假定公司发行债券筹集的资金专门用于新厂区的建设,建设期为 2024 年 1 月 1 日至 2025 年 12 月 31 日。已知 $(P/F,5\%,5)=0.783\ 5$;$(P/A,5\%,5)=4.329\ 5$。

该批债券的实际发行价格

$$=100\times(P/F,5\%,5)+100\times6\%\times(P/A,5\%,5)$$
$$=100\times0.783\ 5+100\times6\%\times4.329\ 5=104.327(万元)$$

根据上述计算结果,甲公司发行债券时应作会计处理如下。

借:银行存款   1 043 270

  贷:应付债券——面值   1 000 000

     ——利息调整   43 270

2. 利息调整的摊销

利息调整应在债券存续期间采用实际利率法进行摊销。实际利率,是指将应付债券在债券存续期间的未来现金流量,折现为该债券当前账面价值所使用的利率。实际利率与票面利率之间的差异较小的,也可以采用票面利率计算确定利息费用。

在资产负债表日,企业应当按照债券面值和票面利率计算当期的名义利息,同时,按照应付债券的摊余成本和实际利率计算当期的实际利息。具体会计处理如下。

(1)企业对分期付息债券计提利息。

借:在建工程/制造费用/财务费用等 [摊余成本×实际利率,即实际利息费]

  应付债券——利息调整 [借方差额,溢价摊销]

 贷:应付利息 [票面利率×面值,即按票面利率计算的应付利息]

   应付债券——利息调整 [贷方差额,折价摊销]

(2)企业对到期一次付息债券计提利息。

借:在建工程/制造费用/财务费用等 [实际利息费用]

  应付债券——利息调整 [借方差额]

 贷:应付债券——应计利息 [按票面利率计算的应计利息]

      ——利息调整 [贷方差额]

【工作任务 4-45】接工作任务 4-44 的资料,甲公司采用实际利率法和摊余成本计算确定债券的利息费用,如表 4-3 所示。

表 4-3 实际利息计算   单位:元

付款日期	利息支出 (①=面值×票面利率)	利息费用 (②=④×实际利率)	溢价摊销 (③=①-②)	摊余成本 (④=期初④-③)
2024.01.01	60 000			1 043 270
2024.12.31	60 000	52 163.50	7 836.50	1 035 433.50
2025.12.31	60 000	51 771.68	8 228.32	1 027 205.18
2026.12.31	60 000	51 360.26	8 639.74	1 018 565.43
2027.12.31	60 000	50 928.28	9 071.72	1 009 493.71
2028.12.31	60 000	50 506.28①	9 493.72②	1 000 000

注:①50 506.28=60 000-9 493.72;②9 493.72=43 270-7 836.5-8 228.32-8 639.74-9 071.72。

根据表 4-3,甲公司应作会计处理如下。

(1)2024 年 12 月 31 日,确认利息费用。

借:在建工程   52 163.5

  应付债券——利息调整   7 836.5

  贷:应付利息   60 000

实际支付应付利息。

借:应付利息   60 000

  贷:银行存款   60 000

以后各年实际支付利息时,会计分录同理。

(2) 2025 年 12 月 31 日,确认利息费用。

借:在建工程   51 771.68

  应付债券——利息调整   8 228.32

  贷:应付利息   60 000

(3) 2026 年 12 月 31 日,新厂区建设完工之后的利息不再予以资本化,应予以费用化,确认利息费用。

借:财务费用   51 360.26

  应付债券——利息调整   8 639.74

  贷:应付利息   60 000

(4) 2027 年 12 月 31 日,确认利息费用。

借:财务费用   50 928.28

  应付债券——利息调整   9 071.72

  贷:应付利息   60 000

(5) 2028 年 12 月 31 日,确认利息费用。

借:财务费用   50 506.28

  应付债券——利息调整   9 493.72

  贷:应付利息   60 000

3. 偿还应付债券

企业发行债券应按约定的时间和条件偿还债券本金和尚未支付的利息。

(1) 到期一次还本付息方式的,企业应于债券到期时支付债券本息。

借:应付债券——面值 [债券面值]

     ——应计利息 [已计提的债券全部利息]

  贷:银行存款

(2) 到期一次还本分期付息的,企业应于债券到期时偿还本金及最后一期利息。

借:应付债券——面值 [债券面值]

  应付利息 [已计提尚未支付的最后一期债券利息]

  贷:银行存款

【工作任务 4-46】接工作任务 4-45 的资料,2028 年 12 月 31 日,甲公司归还债券本金及最后一期利息费用。

借:应付利息   60 000

  应付债券——面值   1 000 000

  贷:银行存款   1 060 000

 做中学

一、单选题

1. 企业为建造固定资产从银行借入长期借款,在固定资产达到预定可使用状态前发生的不符合资本化条件的借款利息,应记入的会计账户是(　　)。

　　A. 财务费用　　　　B. 研发支出　　　　C. 制造费用　　　　D. 在建工程

2. 甲公司于 2024 年 1 月 1 日发行 4 年期次还本付息的公司债券,债券面值为 1 000 000 元,票面年利率为 5%,发行价格为 950 520 元。甲公司对利息调整采用实际利率法进行摊销,经计算该债券的实际利率为 6%。该债券 2024 年度应确认的利息费用为(　　)元。

　　A. 50 000　　　　B. 60 000　　　　C. 47 526　　　　D. 57 031.2

3. 乙公司于 2024 年 1 月 1 日对外发行 3 年期、面值为 1 000 000 元的公司债券,债券票面年利率为 6%,到期一次还本付息,发行价格为 1 049 020 元,甲公司对利息调整采用实际利率法进行摊销,经计算该债券的实际利率为 4%。2024 年 12 月 31 日该应付债券的账面余额为(　　)元。

　　A. 1 060 000　　　　B. 1 041 960.8　　　　C. 1 090 980.8　　　　D. 1 109 020

二、多选题

下列各项中,关于长期借款利息费用会计处理表述正确的有(　　)。

A. 筹建期间不符合资本化条件的借款利息费用计入管理费用

B. 生产经营期间不符合资本化条件的借款利息计入财务费用

C. 为购建固定资产发生的符合资本化条件的借款利息计入在建工程

D. 为购建厂房发生的借款利息费用在所建厂房达到预定可使用状态后的部分计入管理费用

三、判断题

1. 企业计提到期一次还本付息的长期借款利息,应通过"应付利息"账户核算。　　(　　)

2. 企业为建造固定资产发行债券,在固定资产达到预定可使用状态前发生的不符合资本化条件的债券利息,应计入固定资产成本。　　(　　)

3. 在资产负债表日,企业应按长期借款的摊余成本和实际利率计算确定利息费用。(　　)

4. 企业借入的分期付息到期还本的长期借款,对于核算的应支付利息,增加长期借款的账面价值。　　(　　)

5. 企业为生产产品而借入的银行借款所产生的利息,均应计入当期损益。　　(　　)

四、业务题

甲公司 2021 年 1 月 1 日为建造厂房,从银行取得 3 年期长期借款 500 000 元,借款利率按市场利率确定为 6%,单利计算,到期一次还本,每年年初付息一次。工程以出包方式进行,当日银行存款支付工程价款 520 000 元,厂房于 2022 年 6 月 30 日竣工,达到预定可使用状态并交付使用。假定不考虑其他因素。按要求编制以下各题的会计分录。

(1) 取得借款;

(2) 支付工程款;

(3) 2021 年年末计提借款利息;

(4) 2022 年年初支付借款利息;

(5) 2022 年 6 月 30 日,计提借款利息;

(6) 工程完工交付使用;

(7) 2022 年 7—12 月按月确认借款利息(日常活动);

(8) 2023 年年初,支付借款利息;

(9) 2023 年每月月末计提利;

(10) 2024 年 1 月 1 日,偿还借款本金和利息。

文档:任务五
拓展训练

任务六　付款业务智能化账务处理

一、票据录入

在财务云共享平台进行的票据录入操作包括票据整理、票据扫描和票据录入三大步骤。此处以北京益金鑫机械制造有限公司(简称北京益金鑫公司)的付款类票据为例,具体讲解"票据录入"的操作全流程:首先登录财务云共享平台,依次选择所属行业、企业名称、记账归属日期;接着单击系统左侧菜单栏中的"影像管理系统",选择"影像获取",在跳转的页面中选择"上传影像",即可完成票据影像上传的操作。在将付款类票据录入系统时,企业录入会计应重点关注收款人的企业信息、付款金额、摘要附言等内容,以明确支付款项的用途。

【注意】付款类票据主要有银行电子付款凭证、转账支票存根、银行还款凭证等。目前,企业款项结算方式中,普遍采用的方式是网银转账。

【工作任务 4-47】北京益金鑫公司向北京美嘉静有限公司支付了前欠货款 439 818.6 元,并收到了银行电子回单(付款)凭证。北京益金鑫公司的录入会计将此张付款类单据录入系统的具体操作步骤如下。

步骤 1:单击系统左侧菜单栏中的"影像管理系统",选择"影像整理"。

步骤 2:根据票据左上角的手写编号,填写系统右侧的"票据编号"信息。

步骤 3:分析票据的业务类型,单击系统右侧"票据类型"的下拉菜单,选择"付款"类别。

步骤 4:根据原始票据"银行电子回单(付款)凭证"中付款方的资金账户信息,单击系统右侧"资金账户"的下拉菜单,选择正确的银行账户信息。具体操作内容如图 4-1 所示。

步骤 5:单击系统左侧的"智能凭证中心",来到票据信息设置页面,根据银行付款回单的票面信息进行内容的编辑。选择"业务类型"为"采购(费用)付款",选择"往来单位"为"北京美嘉静有限公司",收款金额为"439 818.6"。对于银行手续费,若无发生,则录入"0"。全部信息录入结束以后,单击"保存"按钮,相应的记账凭证便自动生成了。其中具体分录内容如下。

借:应付账款　　　　　　　　　　　　　　　　　　　439 818.6

贷:银行存款　　　　　　　　　　　　　　　　　　　439 818.6

具体操作内容如图 4-2 所示。

图 4-1　"影像整理"操作内容

图 4-2　"智能凭证中心"操作内容

二、智能记账建模

财务云共享平台自动生成记账凭证的底层逻辑是相关业务的分录模板已提前内置在了系统中。智能记账建模总结起来可以分为两大步骤,一是进行票据筛选条件的设置,二是进行分录模板的设置。

接下来,以付款类票据为例,具体讲解规则模板设置的操作步骤。

1. 设置规则名称

根据业务内容设置规则名称,具体为"银行付款业务"。

2. 设置票据类型

设置票据类型的具体操作比较简单,直接根据原始票据的类型进行相应内容的勾选即可。此处的原始票据是一张银行付款回单,具体操作如下:单击下拉菜单,选择"银行回单"→"付款单"。具体设置内容如图4-3所示。

3. 编辑规则生效条件

规则生效条件具体包括两条内容。一是付款单中的"付款人户名"应该等于"当前企业名称";二是付款单中的"摘要"应该包含"支付货款"字段。具体编辑内容如图4-4所示。

图 4-3　规则名称及票据类型设置　　　　图 4-4　规则生效条件编辑

4. 设置凭证逻辑

凭证逻辑设置是智能凭证得以生成的关键内容。银行付款业务的凭证逻辑设置内容具体如下:填写摘要"支付货款";借方科目输入"应付账款";借方金额则是从右侧"字段拾取"处选择"je(金额)"选项;贷方科目输入"银行存款";贷方金额同样是从右侧"字段拾取"处选择"je(金额)"选项。凭证逻辑设置内容如图4-5所示。

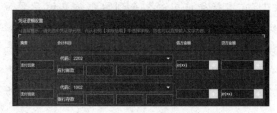

图 4-5　凭证逻辑设置

 做中学

1. 在财务云共享平台的"影像整理"中心,完成"银行付款回单"票据信息的录入;在"智能凭证中心",完成银行付款回单记账凭证的自动生成。

2. 在财务云共享平台的"财务机器人"模块,完成"银行付款业务"的规则模板和凭证逻辑设置。

任务七　企业所得税计算机器人

一、情景导入

郑州越幸公司的出纳小菜近期在努力学习财务专业知识,想一举拿下中级会计师考试。最近学习到了企业所得税计算的篇章,有点发愁。

"大罗,企业所得税的计算公式挺简单的,可是到底用哪个等级的税率,我比较发憷!我还需要区分不同企业的特征,查看是否适用税收优惠政策,好麻烦啊!"小菜向大罗诉苦。

"小菜,别着急。我国企业所得税的税率目前包括 25％、20％、15％和 10％四种。至于到底用哪一种,你需要先了解我国的税收政策,总结出来要点!比如说对于小型微利企业的税率目前是 20％。"大罗悉心安慰道。

"是啊,大罗!我在想要是有一个机器人能帮我自动计算税率那该多好啊!"小菜笑着说。

"好主意,小菜!企业所得税的计算步骤也是有明确规则的,只要我们把逻辑设置好,捋清楚,应该没问题的。"大罗对小菜的提议很是赞许。

"那我们一起来梳理机器人的开发思路吧!"小菜兴奋地说。

二、财务知识储备

(一)企业所得税的计算

企业所得税是对我国境内的企业和其他取得收入的组织的生产经营所得和其他所得征收的一种所得税。根据税法规定,依法在中国境内成立的居民企业,征收企业所得税时一般适用 25％的基本税率。而对于部分企业,也可适用 20％、15％和 10％的低税率。例如,符合条件的小型微利企业适用 20％的税率,国家需要重点扶持的高新技术企业则适用 15％的税率。

企业所得税的计算公式为

$$企业所得税＝应纳税所得额×适用税率$$

(二)小型微利企业所得税优惠新政

小型微利企业是指从事国家非限制和禁止行业,且同时符合年度应纳税所得额不超过 300 万元、从业人数不超过 300 人、资产总额不超过 5 000 万元三个条件的企业。

我国财政部最新公告明确规定,2023 年 1 月 1 日至 2024 年 12 月 31 日,对小型微利企业的年应纳税所得额,减按 25％计入应纳税所得额,按 20％的税率缴纳企业所得税。相当于2023—2024 年符合小型微利企业条件的纳税人,按照应纳税所得额的 5％计算缴纳企业所得税。

【注意】2023 年 3 月 27 日,我国财政部发布《关于进一步完善研发费用税前加计扣除政策的公告》(财政部税务总局公告 2023 年第 7 号),公告明确说明:小型微利企业年应纳税所得额不超过 100 万元的部分,减按 25％计入应纳税所得额,按 20％的税率缴纳企业所得税。

因此可以确定,小型微利企业年应纳税所得额不超过 100 万元的部分,实际税负为5％(25％×20％),与年应纳税所得额为 100 万～300 万元部分的税负一致。

三、企业所得税计算工作流程设计

(一)人工操作流程设计

在进行 RPA(机器人流程自动化)财务机器人开发之前,需要根据特定的业务场景,先梳理清楚人工操作流程,并判断开发 RPA 机器人的可行性和效益性。

出纳小菜根据自己学习到的企业税收专业知识,总结出了计算企业所得税的人工操作流程,包括 7 个步骤,具体如表 4-4 所示。

表 4-4　企业所得税计算人工操作流程

步　骤	人 工 操 作
第一步	让用户选择是否继续计算企业所得税
第二步	让用户选择是否小型微利企业
第三步	让用户选择是否高新技术企业
第四步	让用户输入企业应纳税所得额
第五步	分"普通企业""小型微利企业""高新技术"3 种情况计算企业所得税
第六步	根据用户输入的应纳税所得额数据信息,检验是否适用税收优惠政策
第七步	输出企业所得税的计算结果

（二）RPA 流程设计

小菜在财务机器人大罗的帮助和指导下,根据人工操作流程,最终也完成了企业所得税计算机器人的 RPA 流程设计,具体内容如表 4-5 所示。

表 4-5　企业所得税计算 RPA 流程设计

步　骤	人 工 操 作	RPA 流程
第一步	让用户选择是否继续计算企业所得税	"输入对话框"
第二步	让用户选择是否小型微利企业	"输入对话框"
第三步	让用户选择是否高新技术企业	"输入对话框"
第四步	让用户输入企业应纳税所得额	"输入对话框"
第五步	分"普通企业""小型微利企业""高新技术"3 种情况计算企业所得税	"多重分配"
第六步	根据用户输入的应纳税所得额数据信息,检验是否适用税收优惠政策	"分配"
第七步	输出企业所得税的计算结果	"分配""消息框"

四、企业所得税计算机器人的开发与应用

根据前面梳理出来的企业所得税计算机器人 RPA 操作流程,可以来到 UiPath 平台,通过拖曳相应的活动,完成机器人的开发工作。具体操作内容如下。

微课:企业所得税
计算机器人开发

1. 新建项目"企业所得税计算机器人"

新建项目"企业所得税计算机器人",打开主工作流,来到设计面板,新建序列"企业所得税计算机器人"。

2. 使用"先条件循环"活动

在活动面板搜索"先条件循环"活动,并将其拖曳到设计面板中。"先条件循环"活动的条件设置为"True",代表正文会一直执行下去。操作内容如图 4-6 所示。

3. 使用"输入对话框"活动

在活动面板搜索"输入对话框"活动,并将其拖曳到"先条件循环"活动的正文中,在对话框标题栏中输入"企业所得税计算机器人",在对话框标签栏中设置为"是否计算企业所得税",在"输入"活动属性页面"选项"中输入{"继续","退出"},在"输出"→"结果"框中右击创建变量"是否继续",用于存储用户对于选项"继续"和"退出"的选择结果。操作内容如图 4-7 所示。

图 4-6 "先条件循环"活动

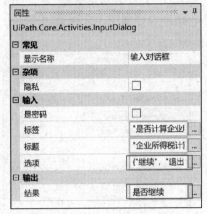

图 4-7 "输入对话框"活动

【注意】对于变量的使用范围,最好都能修改为最大的序列范围,以免影响已创建变量的正常使用。

4. 使用"IF 条件"活动

在活动面板搜索"IF 条件"活动,拖曳到"输入对话框"活动的下方。设置"IF 条件"活动的"条件"为是否继续="继续"。这一设置代表当变量"是否继续"为"继续"时,将执行"Then"下的活动,否则将执行"Else"下的活动。

5. 使用"中断"活动

在活动面板搜索"中断"活动,并将其拖曳到"IF 条件"活动的"Else"里面。当"IF 条件"活动的条件不成立时,即用户在上面"输入对话框"活动运行时选择了"退出"选项,此时将执行"Else"里的"中断"活动,用于跳出先条件循环。操作内容如图 4-8 所示。

图 4-8 "中断"活动

6. 使用"输入对话框"活动

在活动面板搜索"输入对话框"活动,并将其拖曳到"IF 条件"活动的"Then"里面。在对话框标题栏中输入"企业所得税计算机器人",在标签栏中输入"当前企业是否是小微企业",在"输入"活动属性页面"选项"中输入{"是","否"},在"输出"→"结果"框中右击创建变量"是否小微企业",用于存储用户对于选项"是"和"否"的选择结果。

在活动面板再次搜索"输入对话框"活动,拖曳到"IF 条件"活动的"Then"里面,在上一个"输入对话框"活动的下方。在对话框标题栏中输入"企业所得税计算机器人",在标签栏中输入"当前企业是否是高新技术企业",在"输入"活动属性页面的"选项"中输入{"是","否"},在"输出"→"结果"框中右击创建变量"是否高新技术企业",用于存储用户对于选项"是"和"否"的选择结果。操作内容如图 4-9 所示。

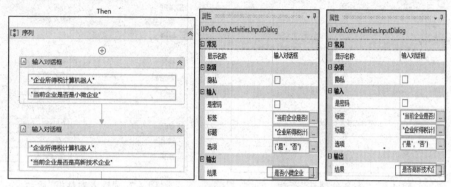

图 4-9 "输入对话框"活动

在活动面板第三次搜索"输入对话框"活动,并将其拖曳到"IF 条件"活动的"Then"里面,在上一个"输入对话框"活动的下方。在对话框标题栏中输入"企业所得税计算机器人",在标签栏中输入"请输入当前企业应纳税所得额",在"输出"→"结果"框中右击创建变量"应纳税所得额",用于存储用户输入的应纳税所得额。修改"应纳税所得额"的变量类型为"Double",扩大变量的应用范围为"企业所得税计算机器人"。操作内容如图 4-10 所示。

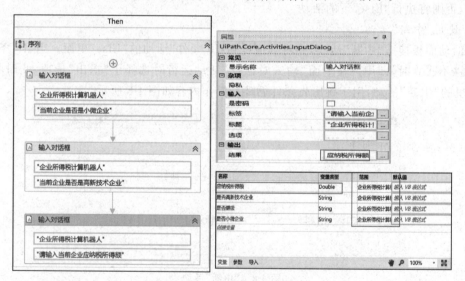

图 4-10 "输入对话框"活动

7. 使用"多重分配"活动

在活动面板搜索"多重分配"活动,并将其拖曳到"IF 条件"活动的"Then"里面,在"输入对话框"活动的下方。设置"多重分配"活动,在第一个等式的右边输入表达式"If(应纳税所得额>0,应纳税所得额 * 0.25,0)",在等号左边创建变量"普通企业所得税",修改其变量类型为"Double",用来存储表达式的运行结果;在第二个等式的右边输入表达式"If(应纳税所得额>

0,应纳税所得额 * 0.05,0)",在等号左边创建变量"小微企业所得税",修改其变量类型为"Double",用来存储表达式的运行结果;在第三个等式的右边输入表达式"If(应纳税所得额>0,应纳税所得额 * 0.15,0)",在等号左边创建变量"高新企业所得税",修改其变量数据类型为"Double",用来存储表达式的运行结果。操作内容如图4-11所示。

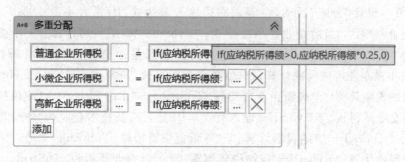

图 4-11 "多重分配"活动

【注意】If 函数是条件判断函数,根据指定的条件来判断其"真"(TRUE)、"假"(FALSE),根据逻辑计算的真假值,从而返回相应的内容。可以使用 If 函数对数值和公式进行条件检测。If 函数的具体使用方法为:If(测试条件,结果 1,结果 2),即如果满足"测试条件"则显示"结果 1",如果不满足"测试条件"则显示"结果 2"。

8. 使用"分配"活动

在活动面板搜索"分配"活动,并将其拖曳到"IF 条件"活动的"Then"里面,在"多重分配"活动的下方。设置"分配"活动,在等式右边输入表达式:If(是否小微企业="是" And 应纳税所得额>3 000 000,"提示:计算可能有误;"+vbcrlf+"应纳税所得额为"+应纳税所得额.ToString+"超过 3 000 000;"+vbcrlf+"请重新确认是否小微企业;"+vbcrlf+"如有问题请重新计算!! "," "),其中的 vbcrlf 为换行语法;在等号左边创建变量"输入有误",用来存储表达式的运行结果,该变量的变量类型为"String",扩大使用范围为"企业所得税计算机器人"。操作内容如图4-12所示。

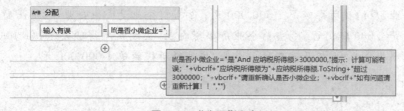

图 4-12 "分配"活动(1)

【注意】上述表达式中的"＋"号是文本连接符；表达式中的标点符号均是英文输入法的标点符号。

9. 使用"分配"活动

在活动面板搜索"分配"活动，并将其拖曳到"IF 条件"活动的"Then"里面，在上一个"分配"活动的下方。设置"分配"活动，在等式右边输入表达式：If(是否小微企业＝"是", If(是否高新技术企业＝"否","当前企业是小微企业；"＋vbcrlf＋"应纳税额计算："＋小微企业所得税.ToString＋"元。"＋vbcrlf＋输入有误,"当前企业既是小微企业又是高新技术企业；"＋vbcrlf＋"按小微企业应纳税额计算："＋小微企业所得税.ToString＋"元；"＋vbcrlf＋"按高新技术企业应纳税额计算："＋高新企业所得税.ToString＋"元；"＋vbcrlf＋"建议按小微企业优惠政策缴纳企业所得税。"＋vbcrlf＋输入有误), If(是否高新技术企业＝"是","当前企业是高新技术企业；"＋vbcrlf＋"应纳税额计算："＋高新企业所得税.ToString＋"元。","当前企业无企业所得税税收优惠；"＋vbcrlf＋"应纳税额测算："＋普通企业所得税.ToString＋"元。"))，其中的 vbcrlf 为换行语法；在等号左边创建变量"企业所得税"，用来存储表达式的运行结果，该变量的变量类型为"String"，扩大使用范围为"企业所得税计算机器人"。操作内容如图 4-13 所示。

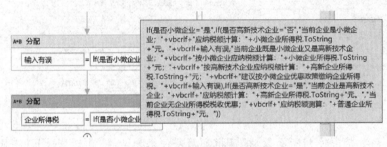

图 4-13　"分配"活动(2)

10. 使用"消息框"活动

在活动面板搜索"消息框"活动，并将其拖曳到"IF 条件"活动的"Then"里面，"分配"活动的下方。消息框内输入变量"企业所得税"。操作内容如图 4-14 所示。

图 4-14　"消息框"活动

做中学

1. 在 UiPath 平台开发财务机器人"企业所得税计算机器人"。

2. 分情景多次运用企业所得税计算机器人，检验其正确性：①当前企业是小微企业，不是高新技术企业，应纳税所得额是 2 500 000 元；②当前企业是小微企业，也是高新技术企业，应纳税所得额是 2 500 000 元；③当前企业是小微企业，应纳税所得额是 3 500 000 元；④当前企业既不是小微企业，也不是高新技术企业，应纳税所得额是 4 000 000 元。

所有者权益

知识目标

掌握实收资本、资本公积、盈余公积、未分配利润的核算。熟悉所有者权益的构成内容,库存股的核算,留存收益的概念及其内容。理解智能核算和股价信息查询机器人的原理。

技能目标

了解企业注入资金、增资、减资等引起工商登记相关业务的办理;能按照规范流程和方法进行投入资本、资本公积及留存收益等所有者权益业务的账务处理;能进行智能凭证生成,能进行股价信息查询机器人的开发。

素养目标

树立科技创新意识;具备"诚信为本、操守为重、坚持准则、不做假账"的基本素养和良好的职业判断能力。

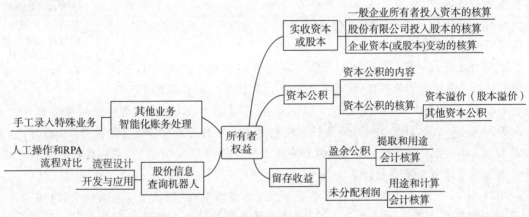

本项目知识导图

所有者权益是指企业资产扣除负债后由所有者享有的剩余权益,其金额是企业全部资产减去负债后的余额。所有者权益按其来源,分为所有者投入的资本、直接计入所有者权益的利得和损失、留存收益等,具体包括实收资本(股本)、资本公积、留存收益、其他综合收益、其他权益工具,其中留存收益包括盈余公积和未分配利润。本项目主要介绍实收资本、资本公积、留存收益的会计处理。

任务一 实收资本或股本

一、认识实收资本

实收资本是指企业的投资者按照企业章程或合同、协议的约定,实际投入企业的资本。所有者向企业投入的资本,在一般情况下无须偿还,可以长期周转使用。由于企业组织形式不同,所有者投入资本的会计核算方法也有所不同。除股份有限公司对股东投入的资本应设置"股本"账户外,其余企业均设置"实收资本"账户,核算企业实际收到的投资人投入的资本。

实收资本按投资主体可分为国家资本、集体资本、法人资本、个人资本和外商资本等。从投资形式来看,实收资本可划分为货币资金、实物、无形资产三种。

实收资本的构成比例或股东的股份比例,既是确定所有者在企业所有者权益中份额的基础,也是企业进行利润或股利分配的主要依据。企业实收资本比原注册资本数额增减超过20%时,应持资金使用证明或验资证明,向原登记主管机关申请变更登记。

【职业素养 5-1】

以科技成果作价投资,提高科技成果转化和产业化水平

党的二十大报告提出,要加强企业主导的产学研深度融合,强化目标导向,提高科技成果转化和产业化水平。以科技成果作价投资是一种主要的成果转化方式,通常由科技成果所有人将科技成果作为资本投入企业,以此取得企业股份或股权,并参与该企业的经营管理,分享经营收益、分担经营风险。科技成果作价投资后,被投资企业将取得该项科技成果的所有权,并纳入其无形资产进行管理。

文档:职业素养"以科技成果作价投资,提高科技成果转化和产业化水平"解读

M学校是国内一所高等院校,下设技术转移学院和资产管理公司,分别负责学校科技成果转化政策制定、转化实施以及作价投资后持股经营。2021年1月1日,M学校决定与国内氢能源头部企业H公司合作,以M学校氢能源相关专利作为资本入股H公司,取得H公司4%的股份。氢能源相关专利的第三方评估价值为3 200万元,开发成本为1 000万元。当日,M学校将专利所有权变更到H公司名下,并完成技术资料移交;H公司完成了工商变更手续。

2021年12月1日,H公司完成C轮融资,融资后估值15亿元,并拟于2024年12月31日前在科创板上市。2022年3月1日,H公司经审计后的年度净利润为5 000万元,M学校按持股比例及公司章程规定获得200万分红。

资料来源:https://finance.sina.com.cn/jjxw/2023-01-12/doc-imxzwweq2178624.shtml.

思考:以科技成果等无形资产作价入股的作用?

二、投入资本核算的账户设置

一般企业(股份有限公司除外)应设置"实收资本"账户,用以核算企业实际收到投资者投入资本的增减变动情况。"实收资本"账户属于所有者权益类账户,用于核算企业接受投资者投入的实收资本。该账户贷方登记所有者投入企业资本的增加额,借方登记所有者投入企业

资本的减少额,期末余额在贷方,反映企业期末实收资本总额。账户一般按投资者的不同设置明细账户,进行明细核算。

股份有限公司应设置"股本"账户,核算公司实际发行股票的面值总额。该科目贷方登记股份有限公司在核定的股本总额及核定的股份总额范围内实际发行股票的面值总额,借方登记股份有限公司按照法定程序经批准减少的股本数额,期末贷方余额反映公司股本实有数额。

三、一般企业所有者投入资本的核算

一般企业(股份有限公司除外)收到投资者投入企业的资本后,应按不同的投资形式进行会计核算。

(一) 接受现金投资

投资者以货币资金投入的资本,应当以投资方在被投资企业所占的份额作为实收资本入账。如果实际收到的金额超过其在企业的注册资本中所占份额的部分,应当记入"资本公积——资本溢价"账户。以外币投资,应将外币折算为记账本位币金额入账,有合同约定汇率的,按合同、协议约定汇率折算;合同没有约定汇率的,按收到出资额当日的汇率折算。

微课:接受现金投资的核算

企业收到货币资金投资时,根据审核无误的原始凭证,作会计处理如下。

借:银行存款、库存现金等
　　贷:实收资本
　　　　资本公积——资本溢价

【工作任务 5-1】2024 年 1 月 1 日,南京公益食品公司将收到的投资人甲公司投入的资金 25 万元存入银行,核定其在公司注册资本中的份额为 20 万元。

根据以上工作任务,南京公益食品公司会计处理如下。

借:银行存款 　　　　　　　　　　　　　　　　　250 000
　　贷:实收资本 　　　　　　　　　　　　　　　　200 000
　　　　资本公积——资本溢价 　　　　　　　　　　 50 000

(二) 接受实物资产投资

企业接受实物资产(存货、固定资产)投资时,应按投资合同或协议约定价值(不公允的除外)确定资产价值和在注册资本中应享有的份额。如果收到的实物资产价值超过其在企业的注册资本中所占份额的部分,应当记入"资本公积——资本溢价"账户。

微课:接受非现金资产投资的核算

企业收到实物资产投资时,根据审核无误的原始凭证,作会计处理如下。

借:原材料、库存商品、固定资产等
　　应交税费——应交增值税(进项税额)
　　贷:实收资本
　　　　资本公积——资本溢价

【注意】接受投资的企业取得增值税专用发票,增值税按照规定可以抵扣,计入"应交税费——应交增值税(进项税额)"。

【工作任务 5-2】2024 年 1 月,南京公益食品公司收到 A 公司投入的一批原材料,价值 100 000 元,增值税进项税额 13 000 元。在 A 公司注册资本中所占份额为 113 000 元,则应作会计分录如下。

    借:原材料   100 000

         应交税费——应交增值税(进项税额)   13 000

      贷:实收资本——A公司   113 000

【工作任务5-3】2024年1月,南京公益食品公司收到投资者A公司投入的一台机器设备,原值400 000元,已提折旧100 000元,投资协议约定其在注册资本中所占的份额为200 000元。假定不考虑增值税,则应作会计分录如下。

    借:固定资产   200 000

      贷:实收资本——A公司   200 000

【自主探究】A公司作为投资方,如果其投资对南京公益食品公司达到重大影响,那么A公司应该如何进行会计处理?请编制A公司的会计分录。

(三)接受无形资产投资

接受投资者以专利权、专有技术、商标权、土地使用权等无形资产投资,应以投资合同或协议约定价值(不公允的除外),确定在企业注册资本所占份额的部分作为实收资本入账。如果收到的实物资产价值超过其在企业的注册资本中所占份额的部分,应当记入"资本公积——资本溢价"账户。

【工作任务5-4】2024年1月,南京公益食品公司收到B公司投入专利权一项,投资协议作价150 000元。假定不考虑增值税,则应作会计分录如下。

    借:无形资产   150 000

      贷:实收资本——B公司   150 000

【学中做5-1】(单选题)2023年4月1日,甲公司接受投资者投入的一台需要安装的设备,该设备市场售价为200万元,与公允价值相符,增值税税额为26万元(由投资方支付税款,并提供增值税专用发票);发生本公司安装人员工资4万元。2023年4月10日设备达到预定可使用状态。按合同约定,该投资计入实收资本的金额为180万元。不考虑其他因素,该项投资导致资本公积增加的金额为(   )万元。

    A. 20   B. 46   C. 24   D. 50

四、股份有限公司投入股本的核算

股份有限公司是指全部资本由等额股份构成并通过发行股票筹集资本的企业法人。股份有限公司通过发行股票募集注册资本。股票是股份有限公司为筹集资金而发行给股东的一种有价证券。股东以其所持股份对公司承担有限责任。它是股东的持股凭证,股东凭借它获得股息与红利。股票的买卖会产生印花税、佣金、过户费及其他费用等交易费用。

从理论上讲,股票发行有三种情况:一是溢价发行,即公司股票发行价格大于票面金额;二是折价发行,即公司股票发行价格小于票面金额;三是平价发行,即公司股票发行价格等于票面金额。目前我国不允许折价发行股票。

股份有限公司应设置"股本"账户,核算股份有限公司的股票面值。该账户属于所有者权益类账户,贷方登记股本的增加额,借方登记股本的减少额,期末贷方余额反映股份有限公司的股本总额。企业收到股东出资超过其在股本中所占份额的部分,通过"资本公积——股本溢价"账户核算。

股份有限公司发行股票筹集股本时,会计处理如下。

借:银行存款　[发行价格×股数－发行费用]

　　贷:股本　[面值×股数]

　　　资本公积——股本溢价　[溢价－发行费用]

【注意】股份有限公司发行股票发生的手续费、佣金等交易费用,应从溢价中抵扣,冲减资本公积。

【工作任务5-5】某股份有限公司2024年2月5日,委托证券公司发行普通股1 000万股,每股面值1元,发行价格每股1.4元。经双方约定,按发行收入的5%收取手续费,发行的净收入存入银行。则应作会计分录如下。

借:银行存款　　　　　　　　13 300 000[1 000×1.4×(1－5%)]

　　贷:股本　　　　　　　　10 000 000

　　　资本公积——股本溢价　 3 300 000

【初级同步5-1】(多选题)甲股份有限公司发行普通股200万股,每股面值1元,每股发行价格12元,该公司与证券公司约定,按发行收入的3%支付手续费和佣金,发行价款已全部存入银行,不考虑其他因素,下列各项中,该公司发行股票的会计处理正确的是(　　　)。

A. 借记"财务费用"科目72万元

B. 贷记"股本"科目200万元

C. 贷记"资本公积——股本溢价"科目2 128万元

D. 借记"银行存款"科目2 400万元

五、企业资本(或股本)变动的核算

根据我国有关法律规定,企业资本(或股本)除下列情况外,实收资本不得随意变动:①符合增资条件,并经有关部门批准增资;②企业按法定程序报经批准减少注册资本。当企业发生上述两种情况规定的实收资本(或股本)变动时,应进行相应的会计处理。

(一) 企业增资

1. 接受投资者追加投资

当企业收到投资者追加的投资时,应该按照投资者享有企业注册资本的份额计算的金额作为实收资本(或股本)入账。实际收到的现金金额或非现金资产评估价值与相关税费之和超过实收资本(或股本)的差额,应该计入资本公积。具体的会计分录如下。

微课:实收资本
增减变动的核算

借:银行存款等

　　贷:实收资本(或股本)

　　　资本公积——资本溢价(或股本溢价)

【工作任务5-6】甲、乙、丙三方共同投资设立南京公益食品公司,原注册资本为2 000万元,甲、乙、丙持股比例分别为60%、30%和10%,分别出资1 200万元、600万元和200万元。为扩大经营规模,2024年1月8日经批准,南京公益食品公司注册资本扩大为3 000万元,甲、乙、丙按照原出资比例共追加投资1 000万元,并收到银行存款。假定不考虑其他因素,根据上述工作任务,南京公益食品公司会计处理如下。

(1) 计算因追加投资收到甲、乙、丙追加的银行存款的投资额。

收到甲公司投资额=1 000×60%=600(万元)

$$收到乙公司投资额＝1\ 000\times30\%＝300(万元)$$
$$收到丙公司投资额＝1\ 000\times10\%＝100(万元)$$

（2）编制会计分录如下。

借：银行存款		1 000
贷：实收资本——甲公司		600
——乙公司		300
——丙公司		100

2. 资本公积转增资本

企业用资本公积转增资本，按转增资本前的实收资本结构比例，将资本公积转增资本的数额记入"实收资本"账户下各所有者的投资明细，相应增加各所有者对企业的投资。具体的会计处理如下。

借：资本公积——资本溢价

　　贷：实收资本

3. 盈余公积转增资本

企业用盈余公积转增资本时，应当按照转增资本前的实收资本结构比例，将盈余公积转增资本的数额记入"实收资本"科目下各所有者的明细账，相应增加各所有者对企业的投资。具体的会计处理如下。

借：盈余公积

　　贷：实收资本

4. 采用发放股票股利方式增资

股份有限公司股东大会或类似机构批准采用发放股票股利的方式增资的，公司应在实施该方案并办理增资手续后，根据实际发放的股票股利数，作账务处理如下。

借：利润分配——转作股本的股利

　　贷：股本

（二）企业减资

企业减资是指公司资本过剩或亏损严重，根据经营业务的实际情况，依法减少注册资本金的行为。企业因资本过剩而减资，一般要返还投资者的原投资款。

1. 有限责任公司和一般企业返还投资

有限责任公司和一般企业返还投资的会计处理比较简单，按照法定程序报经批准减少注册资本的，按减少的注册资本金额减少实收资本，借记"实收资本"账户，贷记"库存现金""银行存款"等账户。

2. 股份有限公司减资

股份有限公司由于采用的是发行股票的方式来筹集股本的，因而在返还股款时，要回购其发行的股票。发行股票的价格与股票面值可能不同，回购股票的价格也可能与发行价格不同。由于"股本"账户是按面值登记的，回购本公司股票时，亦按面值注销股本。超出面值付出的价格，可区分不同情况处理：属平价发行的，直接冲减盈余公积和未分配利润；属溢价发行的，则首先冲减溢价收入，然后依次冲减盈余公积、未分配利润（表5-1）。如果回购股票支付的价款低于面值总额的，所注销库存账面余额与所冲减股本的差额作为增加资本公积（股本溢价）处理。

表 5-1　股份有限公司减资的账务处理

流　程	账 务 处 理	
1. 回购股票	借:库存股　［每股回购价格×回购股数］ 　　贷:银行存款等	
2. 注销公司股票	回购价＞回购面值总额时	借:股本　［股票面值×注销股数］ 　　资本公积——股本溢价 　　盈余公积 　　利润分配——未分配利润 　　贷:库存股　［每股回购价格×回购股数］
	回购价＜回购面值总额	借:股本 　　贷:库存股　［每股回购价格×回购股数］ 　　　资本公积——股本溢价

【注意】库存股是所有者权益类科目,该科目用于企业采用收购本公司股票方式减资的业务。但从其用途来看,库存股起到冲减"股本"账户的作用,应属于"所有者权益类"的备抵科目。

【工作任务 5-7】某股份有限公司截至 2024 年 1 月 31 日共发行股票 2 000 万股,股票面值为 1 元,资本公积——股本溢价为 500 万元,盈余公积为 200 万元。经股东大会批准,该公司于 2024 年 2 月 10 日以银行存款回购本公司股票 300 万股并注销,假定该公司按照每股 3 元回购股票。该股份有限公司作会计分录如下。

(1)回购股票。

借:库存股　　　　　　　　　　　　　　　　　　　　　　9 000 000
　　贷:银行存款　　　　　　　　　　　　　　　　　　　　　　9 000 000

(2)注销本公司股票。

借:股本　　　　　　　　　　　　　　　　　　　　　　　3 000 000
　　资本公积——股本溢价　　　　　　　　　　　　　　　5 000 000
　　盈余公积　　　　　　　　　　　　　　　　　　　　　1 000 000
　　贷:库存股　　　　　　　　　　　　　　　　　　　　　　9 000 000

【初级同步 5-2】(多选题)2024 年 8 月 1 日,某公司资产负债表所有者权益部分项目期初余额如下:股本 10 000 万元,资本公积(股本溢价)1 500 万元,盈余公积 4 000 万元,未分配利润 400 万元。同日,该公司经批准回购并注销库存股 1 000 万股,该库存股的账面余额为 3 000 万元、面值总额为 1 000 万元。不考虑其他因素,下列各项中,该公司注销库存股的会计处理结果正确的有(　　　)。

A. 资本公积减少 2 000 万元

B. 盈余公积减少 500 万元

C. 股本减少 3 000 万元

D. 资本公积减少 1 500 万元

 做中学

一、单选题

1. 下列各项中,关于股份有限公司溢价发行股票相关会计处理的表述正确的是(　　　)。

　　A. 发行股票发生的交易费用应单独计入当期损益

　　B. 溢价总额不足以抵扣发行股票发生的交易费用的差额应冲减股本

C. 溢价总额高于发行股票发生的交易费用的差额作为资本公积入账

D. 溢价总额不足以抵扣发行股票发生的交易费用的差额应计入当期损益

2. 甲有限责任公司收到乙公司以一项专利技术投入的资本。甲公司的注册资本为100万元。该无形资产的原价为50万元,已摊销6万元,投资合同约定该专利技术的价值为30万元(假定是公允的),投资后乙公司占甲公司原注册资本的20%,则下列甲公司会计处理中正确的是(   )。(金额单位为万元)

```
A. 借:无形资产                                    30
     贷:实收资本                                  30
B. 借:无形资产                                    44
     贷:实收资本                                  44
C. 借:无形资产                                    30
     贷:实收资本                                  20
        资本公积——资本溢价                        10
D. 借:无形资产                                    50
     贷:累计摊销                                   6
        实收资本                                  44
```

3. 2024年2月1日,甲公司接受投资者投入的一台需要安装的设备,该设备的市场售价为200万元,与公允价值相符,增值税税额为26万元(由投资方支付税款,并提供增值税专用发票);发生本公司安装人员工资4万元。2024年2月10日该设备达到预定可使用状态。按合同约定,该投资计入实收资本的金额为180万元。不考虑其他因素,该项投资导致资本公积增加的金额为(   )万元。

A. 20　　　　　B. 46　　　　　C. 24　　　　　D. 50

4. 甲股份有限公司(简称甲公司)以每股4元的价格回购股票1 000万股,每股面值1元,共支付回购款4 000万元。回购前,股本为11 000万元,资本公积为3 000万元(均为发行股票产生的溢价),盈余公积为450万元,未分配利润为550万元。回购股票后甲公司经股东大会决议,并报有关部门核准,将回购的本公司股票注销,注销股票后所有者权益总额为(   )万元。

A. 15 000　　　　B. 14 000　　　　C. 11 950　　　　D. 11 000

5. 某股份有限公司对外公开发行普通股股票10 000万股,每股面值1元,每股发行价5元,发生相关手续费100万元。不考虑税金因素,该公司发行普通股会使"资本公积"科目贷方增加(   )万元。

A. 10 000　　　　B. 40 000　　　　C. 50 000　　　　D. 39 900

二、多选题

1. 某公司经股东大会批准,按照每股4元的价格回购并注销本公司普通股股票1 000万股,每股股票面值为1元。注销前,该公司资本公积(股本溢价)为2 000万元,盈余公积为3 000万元。不考虑其他因素,下列各项中,该公司注销已回购股票的相关会计处理正确的有(   )。

A. 借记"盈余公积"科目2 000万元　　B. 借记"资本公积"科目1 000万元

C. 借记"股本"科目1 000万元　　　　D. 贷记"库存股"科目4 000万元

2. 2023年12月31日,某股份有限公司股本为10 000万元(每股面值1元),资本公积(股本溢价)为3 000万元,盈余公积为4 500万元,未分配利润为8 500万元。经股东大会批准,该公司回购并注销本公司股票1 000万股,回购价格为每股5元。不考虑其他因素,2023年

12月31日,下列各项中,关于该公司所有者权益项目的表述正确的有(　　)。

  A. 股本为9 000万元　　　　　　　　B. 资本公积为3 000万元

  C. 盈余公积为3 500万元　　　　　　D. 未分配利润为8 500万元

  3. 某公司由甲、乙投资者分别出资100万元设立。为扩大经营规模,该公司的注册资本由200万元增加到250万元,丙企业以现金出资100万元享有该公司20%的注册资本,不考虑其他因素,该公司接受丙企业出资相关科目的会计处理结果正确的有(　　)。

  A. 贷记"实收资本"科目100万元　　　B. 贷记"盈余公积"科目100万元

  C. 贷记"资本公积"科目50万元　　　　D. 借记"银行存款"科目100万元

三、判断题

  1. 企业创立时,投资者认缴的出资额与注册资本一致,一般不会产生资本溢价;但有新的投资者加入时,往往会出现资本溢价。　　　　　　　　　　　　　　　　　(　　)

  2. 股份公司发行股票相关的手续费、佣金等,应计入当期损益。　　　　　　(　　)

  3. 股份有限公司回购并注销股票支付的价款高于股票面值时,其差额只能计入资本公积——股本溢价。　　　　　　　　　　　　　　　　　　　　　　　　　　(　　)

  4. 企业接受投资者以非现金资产投资时,应按投资合同或协议约定的价值确认资产的价值和在注册资本中应享有的份额,并将其差额确认为资本公积,但投资合同或协议约定的价值不公允的除外。　　　　　　　　　　　　　　　　　　　　　　　　　　(　　)

  5. 企业接受其他单位的固定资产投资时,"固定资产"账户入账金额应考虑投资方原账面价值,但"实收资本"账户金额应按双方合同约定的价值入账。　　　　　　　　(　　)

四、业务题

  1. A公司,2023年11月1日接受投资如下。

  (1) 一投资企业投入的600 000元,已收存银行。

  (2) 接受甲公司一台不需要安装的设备投资,合同约定该设备价值为100 000元,此价值为公允价值。该设备在甲公司的原账面价值为120 000元,已提折旧10 000元。合同约定价值与注册资本中所占份额相等。

  (3) 接受乙公司的原材料投资,合同约定各方确认的价值为50 000元,此价值为公允价值,应交增值税为6 500元。合同约定占注册资本中的份额为52 000元。

  编制A公司2023年11月1日接受投资的会计分录。

  2. 公司决定回购本公司股票200 000股;股票面值10元。账面资本公积(股本溢价)账面余额为2 000 000元,盈余公积账面余额为1 500 000元。

  编制以下两种情况的会计分录。

  (1) 股票回购价为每股25元。

  (2) 股票回购价为每股8元。

任务二　资本公积

一、资本公积的内容

(一) 资本公积的概念

资本公积是所有者权益的组成部分,是指企业收到投资者出资额超出其在注册资本(或股本)中所占份额的部分,以及其他资本公积等。实收资本和资本公积都是所有者权益的科目,区别在于实收资本是公司成立时各股东投入的资金,而资本公积是公司在运营过程中积攒的。

微课:资本公积

实收资本(或股本)的构成比例是确定所有者参与企业财务经营决策的基础,也是企业进行利润分配或股利分配的依据。资本公积的用途主要是用来转增资本(或股本)。资本公积不体现各所有者的占有比例,也不能作为所有者参与企业财务经营决策或进行利润分配(或股利分配)的依据。

【职业素养 5-2】

好利来采用资本公积金转增股本,提高投资者信心

好利来(中国)电子科技股份有限公司于 2022 年 4 月 27 日召开了公司第四届董事会第十九次会议、第四届监事会第十四次会议,审议通过了《关于 2021 年度利润分配暨资本公积金转增股本预案的议案》。

根据中汇会计师事务所(特殊普通合伙)出具的中汇会审〔2022〕3385 号《审计报告》,2021 年度公司实现归属于母公司所有者的净利润 24 141 744.96 元,母公司净利润-8 638 244.74 元,加上年初母公司未分配利润 100 098 344.59 元,减去已实际分配的 2020 年度现金股利 2 667 200.00 元,母公司期末累计可供股东分配的利润为 53 792 899.85 元;截至 2021 年 12 月 31 日,母公司资本公积金余额为 151 668 562.76 元,其中股本溢价为 127 068 000.00 元。

文档:职业素养
"好利来采用资本
公积金转增股本,
提高投资者信心"
解读

基于公司稳健经营的核心理念及对公司未来发展的良好预期,在保证公司正常经营和长远发展的前提下,为积极合理回报投资者、优化股本结构、增强股票流动性,根据《公司法》《公司章程》的有关规定,公司拟定 2021 年度利润分配及资本公积金转增股本预案为:以截至 2021 年 12 月 31 日总股本 93 352 000 股为基数,向全体股东每 10 股派发现金股利 0.40 元(含税),共计发放 3 734 080 元,同时以资本公积金向全体股东每 10 股转增 4 股,合计转增 37 340 800 股,本次转增股本后,公司股本总额增加至 130 692 800 股,此外,不送红股,公司剩余未分配利润转至下一年度。

资料来源:https://stock.stockstar.com/SN2022050200006089.shtml.

思考:采用资本公积转增资本,并没有使所有者权益总额的增加,该公司为什么还要用资本公积转增资本? 有何意义?

(二) 资本公积的形成

资本公积形成的主要来源有资本(或股本)溢价和其他资本公积。其中,资本溢价是指企业投资者投入的资金超过其在实收资本中按其投资比例所占份额的数额。股本溢价是指股份有限公司溢价发行股票时收到的款项超过股票面值总额的数额。其他资本公积是指除净损益、其他综合收益和利润分配以外所有者权益的其他变动。

二、资本公积的核算

不同来源形成的资本公积,其核算的方法不同。为了反映和监督资本公积的增减变动及其结余情况,企业应设置"资本公积"账户,并设置"资本(或股本)溢价""其他资本公积"等明细账户。

"资本公积"属于所有者权益类账户,其贷方登记从不同渠道取得的资本公积即资本公积的增加数,借方登记用资本公积转增资本等资本公积的减少数,

微课:资本
公积的核算

期末余额在贷方,表示资本公积的期末结余额。

(一)资本溢价(股本溢价)

1. 一般企业的资本溢价

资本溢价是指投资者缴付企业的出资额大于其在企业注册资本中所占份额的数额。

【工作任务5-8】南京公益食品公司注册资本总额 1 000 万元,某投资者为了占有该公司 30%的份额,投入 200 万元现金和一套生产设备,该生产设备经双方协议作价为 200 万元,增值税税率 13%,增值税税额 26 万元,公司已将款项收存银行,并已收到生产设备。则应作会计处理如下。

借:银行存款   2 000 000

  固定资产   2 000 000

  应交税费——应交增值税(进项税额)   260 000

  贷:实收资本   3 000 000

    资本公积——股本溢价   1 260 000

2. 股份有限公司的股本溢价

股本溢价是指股份有限公司溢价发行股票时实际收到的款项超过股票面值总额的数额。在股票溢价发行时,公司发行股票的收入,相当于股票面值的部分记入"股本"账户,超过股票面值的溢价收入记入"资本公积"账户。委托证券商代理发行股票而支付的手续费、佣金等交易费用,如果是溢价发行股票的,应从溢价中抵扣,冲减资本公积——股本溢价;无溢价发行股票或溢价金额不足以抵扣的,应将不足抵扣的部分冲减盈余公积和未分配利润。

【工作任务5-9】某股份有限公司发行普通股 200 万股,每股面值 1 元,每股发行价格为 3 元,证券公司按发行收入的 10%收取手续费,从发行收入中扣除。公司已将收到的股款存入银行。则应作账务处理如下。

借:银行存款   5 400 000

  贷:股本   2 000 000

    资本公积——股本溢价   3 400 000

【工作任务5-10】某股份有限公司发行普通股 500 万股,每股面值 1 元,每股发行价格为 1.1 元,证券公司收取手续费 60 万元、咨询费 20 万元,从发行收入中扣除。公司已将收到的股款存入银行,本次发行前的"盈余公积"账户余额为 20 万元。则应作账务处理如下。

借:银行存款   4 700 000

  盈余公积   200 000

  利润分配——未分配利润   100 000

  贷:股本   5 000 000

【初级同步5-3】(单选题)某股份有限公司发行普通股股票 10 000 万股,每股面值 1 元,每股发行价 5 元,发生相关手续费 10 万元。不考虑其他因素,该公司发行普通股导致"资本公积"科目贷方增加的金额为( )万元。

A. 10 000   B. 50 000   C. 39 990   D. 40 000

(二)其他资本公积

其他资本公积是指除资本溢价(或股本溢价)、净损益、其他综合收益和利润分配以外所有者权益的其他变动。常见的情况为采用权益法核算长期股权投资时,被投资方发生除净损益、其他综合收益和利润分配以外的所有者权益的其他变动。

1. 以权益结算的股份支付换取职工或其他方提供服务

（1）行权前，应按照授予日权益工具的公允价值确定的金额，记入"管理费用"科目，同时增加资本公积（其他资本公积）。

借：管理费用
　　贷：资本公积——其他资本公积

（2）在职工或其他方行权日，应按实际行权的权益工具数量计算确定的金额。

借：银行存款
　　资本公积——其他资本公积
　　股本
　　贷：股本
　　　　资本公积——股本溢价

2. 采用权益法核算的长期股权投资

企业的长期股权投资采用权益法核算时，被投资单位除净损益、其他综合收益和利润分配以外所有者权益的其他变动，投资企业应按享有份额，如果变动产生的是利得，应当相应增加长期股权投资的账面价值，同时增加"资本公积——其他资本公积"；如果变动的是损失，借记"资本公积——其他资本公积"账户，贷记"长期股权投资"账户。账务处理如下。

借：长期股权投资
　　贷：资本公积——其他资本公积　［或作相反分录］

其他资本公积不能转增资本，处置资产时，按照与处置资产相一致的原则结转其他资本公积。当处置采用权益法核算的长期股权投资时，应当将原计入其他资本公积的相应金额转入投资收益，账务处理如下。

借：资本公积——其他资本公积
　　贷：投资收益　［或作相反分录］

【工作任务 5-11】 南京公益食品公司持有甲公司 20％的股份，具有重大影响，采用权益法核算长期股权投资。2024 年 1 月 5 日，甲公司因股东增资导致该公司的资本公积增加 200 万元，则南京公益食品公司确认应享有被投资单位所有者权益变动（其他权益变动）40 万元。应作会计分录如下。

借：长期股权投资——甲公司（其他权益变动）　　　　400 000
　　贷：资本公积——其他资本公积　　　　　　　　　　　400 000

当处置采用权益法核算的长期股权投资时，应当将原计入其他资本公积的相应金额转入投资收益。南京公益食品公司作会计分录如下。

借：资本公积——其他资本公积　　　　　　　　　　　400 000
　　贷：投资收益　　　　　　　　　　　　　　　　　　　400 000

 做中学

一、单选题

1. 2024 年 2 月 1 日，某股份有限公司委托证券公司发行股票 5 000 万股，每股面值 1 元，每股发行价格 6 元，向证券公司支付佣金 900 万元，从发行收入中扣除。不考虑其他因素，该公司发行股票记入"资本公积——股本溢价"科目的金额为（　　　）万元。

　　A. 30 000　　　　　B. 5 000　　　　　C. 24 100　　　　　D. 29 100

2. 下列各项中,一般不会引起资本公积发生变动的是(　　)。

　A. 经批准将资本公积转增资本

　B. 投资者投入的资金大于其按约定比例在注册资本中应享有的份额

　C. 股东大会宣告分配现金股利

　D. 注销库存股

3. 下列各项中,有限责任公司收到投资者投入的出资额,超出投资者在注册资本中所占份额的部分,应贷记的会计科目是(　　)。

　A. 盈余公积　　　　B. 实收资本　　　　C. 其他综合收益　　D. 资本公积

4. 某企业公开发行普通股100万股,每股面值1元,每股发行价格为10元,按发行收入的3%向证券公司支付佣金,扣除佣金后的股票发行款存入银行。不考虑其他因素,该企业发行股票记入"资本公积"科目贷方的金额为(　　)万元。

　A. 970　　　　　　B. 900　　　　　　C. 870　　　　　　D. 873

5. 某股份有限公司依法采用收购本公司股票方式减资。回购股票支付的价款低于股票面值总额。下列各项中,注销股本时,冲减股本后的差额应贷记的会计科目是(　　)。

　A. 利润分配——未分配利润　　　　　B. 盈余公积

　C. 资本公积　　　　　　　　　　　　D. 营业外收入

二、多选题

1. 下列各项中,关于公司资本公积的表述不正确的有(　　)。

　A. 资本公积可以用于弥补上年度发生的亏损

　B. 资本公积可以用于转增资本

　C. 溢价发行股票发生的相关交易费用冲减资本公积

　D. 资本公积体现不同所有者的占有比例

2. 下列各项中,应计入资本公积的有(　　)。

　A. 注销的库存股账面余额低于所冲减股本的差额

　B. 投资者超额缴入的资本

　C. 交易性金融资产发生的公允价值变动

　D. 溢价发行股票中发生的手续费

3. 下列各项中,属于资本公积来源的有(　　)。

　A. 盈余公积转入

　B. 除净损益、其他综合收益和利润分配以外所有者权益的其他变动

　C. 资本溢价或股本溢价

　D. 从企业实现的净利润中提取

4. 下列各项中,应直接记入所有者权益的有(　　)。

　A. 接受投资者以无形资产进行的投资

　B. 接受捐赠

　C. 交易性金融资产期末的公允价值增加额

　D. 出资者实际缴付的出资额超出在实收资本中占有份额的部分

5. 在持股比例不变的情况下,采用权益法核算长期股权投资时,下列各项中,不会引起投资企业"资本公积——其他资本公积"发生变化的有(　　)。

　A. 被投资单位以盈余公积弥补亏损

    B. 被投资单位其他资本公积发生增减变动

    C. 被投资单位以税后利润补亏

    D. 被投资单位以资本公积转增股本

三、判断题

1. 企业收到投资者出资额超过其在注册资本中所占份额的部分,应计入其他综合收益。

                                                                         (   )

2. 企业溢价发行股票发生的手续费等交易费用,应计入财务费用。   (   )

3. 资本公积的主要用途是转增资本。   (   )

4. 资本公积转增资本属于留存收益内部的变动,不影响所有者权益。   (   )

5. 资本公积的来源是企业实现的利润。   (   )

任务三　留存收益

    留存收益是指企业从历年实现的利润中提取或形成的留存于企业的内部积累。留存收益来源于企业的生产经营活动实现的利润,包括盈余公积和未分配利润两个部分。

一、盈余公积

    盈余公积是指企业按照国家有关规定从净利润中提取的积累资金。盈余公积是指各种积累资金,是企业从税后利润中提取形成的、存留于企业内部、具有特定用途的收益积累。

    (一) 盈余公积的提取和用途

    1. 盈余公积的提取

    盈余公积分为以下两种。

    (1) 法定盈余公积。公司制企业的法定盈余公积按照税后利润的 10% 提取(非公司制企业也可按照超过 10% 的比例提取),法定盈余公积累计额已达注册资本的 50% 时可以不再提取。用法定盈余公积转为资本时,所留存的该项公积金不得少于转增前公司注册资本的 25%。

    【注意】在计算提取法定盈余公积时,不包括年初未分配利润。

    (2) 任意盈余公积。任意盈余公积主要是公司制企业按照股东大会的决议提取,提取比例由企业自行决定提取。用任意盈余公积金转增资本时,不受“25%”的限制。

    2. 盈余公积的用途

    企业提取一般盈余公积主要用于以下三个方面。

    (1) 转增资本。企业将盈余公积转增资本时,必须经股东大会决议批准。在实际将盈余公积转增资本时,要按股东原有持股比例结转。盈余公积转增资本时,转增后留存的盈余公积的数额不得少于注册资本的 25%。

    (2) 弥补亏损。企业发生亏损时,应由企业自行弥补。弥补亏损的渠道主要有三种:①用以后年度税前利润弥补。按照现行制度规定,企业发生亏损时,可以用以后五年内实现的税前利润弥补,即税前利润弥补亏损的期间为五年。②用以后年度税后利润弥补。企业发生的亏损经过五年期间未弥补足额的,剩余未弥补的亏损部分应用所得税后的利润弥补。③以盈余公积弥补亏损。企业以提取的盈余公积弥补亏损时,应当由公司董事会提议,并经股东大会批准。

（3）分配股利。经股东大会决议或类似权力机构批准，可以用盈余公积分配现金股利或利润。企业当年没有利润，一般不分配股利，但如果为了维护企业信誉，用盈余公积分配股利，须符合下列条件：①用盈余公积弥补亏损后，该项公积金仍有结余；②用盈余公积分配股利时，股利率不能太高，不得超过股票面值的6%；③分配股利后，法定盈余公积金不得低于注册资本的25%。

（二）盈余公积的核算

1. 盈余公积提取

企业当年实际的净利润，在弥补以前年度亏损后，按规定提取盈余公积。提取盈余公积时，会计分录如下。

微课：盈余
公积的核算

借：利润分配——提取法定盈余公积
　　　　　　——提取任意盈余公积
　　贷：盈余公积——法定盈余公积
　　　　　　　　——任意盈余公积

【工作任务5-12】南京公益食品公司2023年的税后净利润为1 000 000元，且前5年没有亏损，分别按10%、4%提取法定盈余公积和任意盈余公积。应作会计处理如下。

借：利润分配——提取法定盈余公积　　　　　　　　　　　　　100 000
　　　　　　——提取任意盈余公积　　　　　　　　　　　　　 40 000
　　贷：盈余公积——法定盈余公积　　　　　　　　　　　　　100 000
　　　　　　　　——任意盈余公积　　　　　　　　　　　　　 40 000

2. 盈余公积使用

（1）转增资本。企业采取盈余公积转增资本，应按照批准的转增资本数额，盈余公积减少，实收资本或股本增加，属于所有者权益内部结构的变化。会计分录如下。

借：盈余公积——法定（任意）盈余公积
　　贷：实收资本（股本）

（2）弥补亏损。企业发生的亏损，五年内的可在盈利后用税前利润弥补；对按规定不能用税前利润弥补的亏损，可用税后利润弥补；税后利润仍不足弥补的，经董事会、股东大会或类似机构批准，可用盈余公积弥补。

利用盈余公积弥补亏损时，会计分录如下。

借：盈余公积——法定盈余公积
　　　　　　——任意盈余公积
　　贷：利润分配——盈余公积补亏

【工作任务5-13】经股东大会批准，南京公益食品公司用以前年度提取的法定盈余公积500 000元弥补当年亏损。应编制会计分录如下。

借：盈余公积——法定盈余公积　　　　　　　　　　　　　　　500 000
　　贷：利润分配——盈余公积补亏　　　　　　　　　　　　　500 000

（3）分配现金股利或利润。股份有限公司经股东大会决议，可用盈余公积分派现金股利或股票股利。用盈余公积分派现金股利时，按分派现金股利的金额，会计处理如下。

借：盈余公积——法定盈余公积或任意盈余公积
　　贷：应付股利或应付利润

用盈余公积派送新股的会计处理如下。

借:盈余公积——转作股本的股利

　　贷:股本　[股票面值和派送新股总数计算]

【初级同步 5-4】(单选题)下列各项中,关于盈余公积会计处理的表述正确的是(　　)。

A. 用盈余公积弥补亏损时,应借记"盈余公积"科目,贷记"利润分配——盈余公积补亏"科目

B. 用盈余公积发放现金股利时,应借记"盈余公积"科目,贷记"利润分配——应付现金股利或利润"科目

C. 提取盈余公积时,应借记"本年利润"科目,贷记"盈余公积"科目

D. 盈余公积转增资本时,应借记"盈余公积"科目,贷记"资本公积"科目

【学中做 5-2】(单选题)2024 年 8 月 1 日,某上市公司所有者权益相关科目贷方余额中"股本"科目为 100 000 万元(每股面值为 1 元),"资本公积(股本溢价)"科目为 3 000 万元,"盈余公积"科目为 30 000 万元。经股东大会批准,8 月 3 日该公司以每股 3 元的价格回购本公司股票 2 000 万股并注销。不考虑其他因素,该公司注销本公司股份时应冲减的盈余公积为(　　)万元。

A. 6 000　　　　B. 1 000　　　　C. 2 000　　　　D. 3 000

二、未分配利润

未分配利润是指企业实现的净利润经过弥补亏损、提取盈余公积和向投资者分配利润后留存在企业的历年结存的利润。未分配利润有两层含义:一是留待以后年度处理的利润;二是未指明特定用途的利润。

(一) 未分配利润的用途和计算

未分配利润的用途主要有转增资本、用于以后年度利润分配、用于企业未来经营发展、弥补以前年度经营亏损。未分配利润是企业未作分配的利润,在以后年度可继续进行分配,在未进行分配之前,属于所有者权益的组成部分。相对于所有者权益的其他部分来说,企业对于未分配利润的使用有较大的自主权。

未分配利润等于期初未分配利润加上本期实现的净利润,减去提取的各种盈余公积金及分派利润后的余额,具体计算公式如下:

$$未分配利润 = 期初未分配利润 + 本期实现的净利润 - 本期提取的盈余公积 - 本期给投资者分配的利润 + 其他转入$$

【初级同步 5-5】(单选题)某公司年初未分配利润为 1 000 万元,当年实现净利润 500 万元,按 10% 提取法定盈余公积,5% 提取任意盈余公积,宣告发放现金股利 100 万元,不考虑其他因素,该公司年末未分配利润为(　　)万元。

A. 1 450　　　　B. 1 475　　　　C. 1 325　　　　D. 1 400

【注意】可供分配利润＝当年实现的净利润＋年初未分配利润(或减年初未弥补亏损)＋其他转入,可供分配的利润,按下列顺序分配:①提取法定盈余公积;②提取任意盈余公积;③向投资者分配利润。可供分配利润的含义是当年可以分配的利润。

(二) 未分配利润的核算

未分配利润的核算是通过"利润分配——未分配利润"账户进行的。"未分配利润"明细科

目的贷方登记从本年利润中转入的企业实现的净利润,以及用盈余公积弥补的亏损;借方登记从本年利润中转入的企业发生的净亏损;期末贷方余额,反映企业尚未分配,留待以后年度分配的利润;期末借方余额,反映企业尚未弥补的亏损。

微课:利润
分配的核算

未分配利润核算一般是在年度终了时进行的,年终时,将本年实现的净利润(或亏损)通过"本年利润"账户结转到"利润分配——未分配利润"账户。同时将本年"利润分配"账户下反映利润分配的明细账户的金额结转到"利润分配——未分配利润"账户。年末结转后的"利润分配——未分配利润"账户的贷方期末余额反映累计的未分配利润,借方期末余额反映累计的未弥补亏损。具体会计分录如表5-2所示。

表5-2 未分配利润的账务处理

情 形	账 务 处 理
结转净利润(或净亏损)	借:本年利润 　贷:利润分配——未分配利润 或相反分录
提取法定(任意)盈余公积	借:利润分配——提取法定(任意)盈余公积 　贷:盈余公积——法定(任意)盈余公积
向投资者分配现金股利或利润	宣告时, 借:利润分配——应付现金股利或利润 　贷:应付股利 支付时, 借:应付股利 　贷:银行存款等 【注意】企业董事会或类似机构"拟分配"现金股利时,不作账务处理。
支付股票股利	借:利润分配——转作股本的股利 　贷:股本
盈余公积补亏	借:盈余公积 　贷:利润分配——盈余公积补亏
年末,将利润分配各明细科目余额转入"利润分配——未分配利润"科目	借:利润分配——未分配利润 　贷:利润分配——提取法定盈余公积 　　　　　　——提取任意盈余公积 　　　　　　——应付现金股利或利润等 　　　　　　——转作股本的股利 借:利润分配——盈余公积补亏 　贷:利润分配——未分配利润

【工作任务5-14】南京公益食品公司2023年年初未分配利润为100万元,2023年实现净利润60万元,本年提取法定盈余公积6万元,提取任意盈余公积10万元,宣告发放现金股利40万元,假定不考虑其他因素。则南京公益食品公司12月末,应作会计处理如下。

(1)结转实现净利润。

借:本年利润　　　　　　　　　　　　　　　　　　　　　　　600 000

　　贷:利润分配——未分配利润　　　　　　　　　　　　　　　　600 000

(2)提取法定盈余公积和任意盈余公积。

借:利润分配——提取法定盈余公积　　　　　　　　　　　　　　60 000

	——提取任意盈余公积	100 000
贷：盈余公积——法定盈余公积		60 000
——任意盈余公积		100 000

（3）宣告发放现金股利。

借：利润分配——应付现金股利或利润	400 000
贷：应付股利	400 000

（4）将"利润分配"科目所属其他明细科目的余额结转至"未分配利润"明细科目。

借：利润分配——未分配利润	560 000
贷：利润分配——提取法定盈余公积	60 000
——提取任意盈余公积	100 000
——应付现金股利或利润	400 000

年末，南京公益食品公司"利润分配——未分配利润"账户的期末余额＝100＋60－56＝104（万元），即企业的未分配利润为 104 万元。

【学中做 5-3】2023 年 12 月 31 日，某股份有限公司股本为 10 000 万元（每股面值 1 元），资本公积（股本溢价）为 3 000 万元，盈余公积为 4 500 万元，未分配利润为 8 500 万元。经股东大会批准，该公司回购并注销本公司股票 1 000 万股，回购价格为每股 5 元。不考虑其他因素，2023 年 12 月 31 日，下列各项中，该公司所有者权益项目表述正确的有（　　）。

A. 股本为 9 000 万元　　　　　　　　B. 资本公积为 3 000 万元

C. 盈余公积为 3 500 万元　　　　　　D. 未分配利润为 8 500 万元

 做中学

一、单选题

1. 2024 年 1 月 1 日，某股份有限公司未分配利润为 100 万元，2024 年度实现净利润 400 万元，法定盈余公积的提取率为 10%。不考虑其他因素，下列关于盈余公积的账务处理正确的是（　　）。

A. 借：利润分配——提取法定盈余公积　　　　400 000
　　　贷：盈余公积　　　　　　　　　　　　　　　　400 000

B. 借：本年利润——提取法定盈余公积　　　　400 000
　　　贷：盈余公积　　　　　　　　　　　　　　　　400 000

C. 借：本年利润——提取法定盈余公积　　　　500 000
　　　贷：盈余公积　　　　　　　　　　　　　　　　500 000

D. 借：利润分配——提取法定盈余公积　　　　500 000
　　　贷：盈余公积　　　　　　　　　　　　　　　　500 000

2. 某企业 2024 年年初盈余公积为 100 万元，当年实现净利润为 200 万元。提取盈余公积 20 万元，用盈余公积转增资本 30 万元，用盈余公积向投资者分配现金股利 10 万元，2024 年年末该企业盈余公积为（　　）万元。

A. 70　　　　　　　B. 80　　　　　　　C. 90　　　　　　　D. 60

3.（2022 年）下列各项中，会导致所有者权益总额减少的是（　　）。

A. 提取法定盈余公积金　　　　　　B. 向投资者宣告分配现金股利

C. 资本公积转增资本　　　　　　　　D. 盈余公积补亏

4. 某企业年初"利润分配——未分配利润"科目借方余额 100 万元,当年实现净利润 300 万元。不考虑其他因素,该企业年末可供分配利润为( )万元。

    A. 100   B. 400   C. 300   D. 200

5. 下列各项中,企业应通过"利润分配"科目核算的是( )。

    A. 支付已宣告发放的现金股利   B. 以盈余公积转增资本

    C. 以股票溢价抵扣股票发行手续费   D. 以盈余公积弥补亏损

6. 下列各项中,会引起企业留存收益总额发生变动的是( )。

    A. 股本溢价   B. 提取任意盈余公积

    C. 接受现金资产投资   D. 盈余公积转增资本

7. 2024 年年初,某企业所有者权益总额为 5 150 万元,2024 年该企业实现净利润 200 万元,提取盈余公积 20 万元。不考虑其他因素,2024 年 12 月 31 日,该企业所有者权益总额为( )万元。

    A. 5 350   B. 5 150   C. 5 370   D. 5 330

8. 某企业年初所有者权益总额为 500 万元,当年以资本公积转增资本 50 万元,实现净利润 300 万元,提取盈余公积 30 万元,向投资者分配现金股利 70 万元。不考虑其他因素,该企业年末所有者权益为( )万元。

    A. 650   B. 730   C. 680   D. 770

二、多选题

1. 下列各项中,导致企业留存收益变动的有( )。

    A. 盈余公积转增资本   B. 用盈余公积发放现金股利

    C. 资本公积转增资本   D. 接受投资者设备投资

2. 下列各项中,引起企业留存收益总额发生增减变动的有( )。

    A. 用盈余公积发放现金股利   B. 用盈余公积弥补亏损

    C. 用盈余公积转增资本   D. 用净利润发放现金股利

3. 下列各项中,仅引起所有者权益内部结构发生变动而不影响所有者权益总额的有( )。

    A. 用盈余公积弥补亏损   B. 用盈余公积转增资本

    C. 股东大会宣告分配现金股利   D. 实际发放股票股利

4. 下列各项中,属于企业留存收益的有( )。

    A. 按规定从净利润中提取的法定盈余公积

    B. 累积未分配的利润

    C. 按股东大会决议从净利润中提取的任意盈余公积

    D. 发行股票的溢价收入

5. 下列各项中,导致企业年末可供分配利润总额发生增减变动的有( )。

    A. 本年发生净亏损   B. 支付上年宣告发放的现金股利

    C. 用盈余公积转增资本   D. 本年实现净利润

三、判断题

1. 年度终了,企业应将"本年利润"科目的本年累计余额转入"利润分配——未分配利润"科目。   ( )

2. 盈余公积是指企业按照有关规定从净利润(减弥补以前年度亏损)中提取的积累资金。公司制企业的盈余公积不包括任意盈余公积。   ( )

3. 股份有限公司注销本公司股票时,回购价格大于股票面值的差额全部计入资本公积中。 （　　）

4. 资本公积的主要用途有弥补亏损、转增资本、发放现金股利或利润等。 （　　）

5. 未分配利润是企业实现的净利润经过弥补亏损、提取盈余公积和向投资者分配利润后留存于企业的、历年结存的利润,是企业所有者权益的组成部分。 （　　）

四、业务题

1. 2024 年年初某股份有限公司股东权益共计 8 600 万元,其中,股本 5 000 万元,资本公积 1 000 万元,盈余公积 2 000 万元,未分配利润 600 万元。2024 年度该公司发生有关股东权益业务如下。

（1）2 月 1 日,经批准增发普通股股票 500 万股,每股面值 1 元,每股发行价格 4 元,按照发行收入的 3% 支付手续费和佣金。股票已全部发行完毕,所收股款存入该公司开户银行。

（2）3 月 8 日,经股东大会批准,该公司以每股 3 元价格回购本公司股票 600 万股（每股面值 1 元）,并在规定时间内注销回购的股票。

（3）2024 年度实现净利润 1 000 万元。年末,按净利润的 10% 提取法定盈余公积;经股东大会批准,按净利润的 5% 提取任意盈余公积,并宣告发放现金股利 100 万元。

根据上述资料,不考虑其他因素,写出相关会计处理。

2. D 股份有限责任公司年初未分配利润为 0,本年实现净利润 2 000 000 元,本年提取法定盈余公积 200 000 元,宣告发放现金股利 800 000 元。假定不考虑其他因素。

（1）编制结转本年利润的会计分录。

（2）编制提取盈余公积、宣告发放现金股利的会计分录。

（3）将"未分配利润"以外的利润分配明细账户余额转入未分配利润。

文档:项目五
拓展训练

任务四　其他业务智能化账务处理

财务云共享平台可以进行智能化账务处理的票据主要包括销售类、收款类、转款类、采购类、费用类、付款类、工资类和成本类八大类。但是在实务中,有些业务是无法归类到以上八类业务中的,例如,资产盘亏盘盈业务、出售固定资产业务、计提企业所得税、计提法定盈余公积、应付股利等。对于这些特殊业务需要归类到财务云共享平台的"其他"中,通过手工录入方式生成记账凭证。

此处以北京益金鑫公司的利润分配业务为例,具体讲解"手工录入"的操作全流程。

【工作任务 5-15】 期末,北京益金鑫公司会议决定,现将公司的未分配利润中的 230 000 元分配给投资者。北京益金鑫公司的录入会计将此张自制原始单据录入系统的具体操作步骤如下。

步骤 1：录入会计需要根据票据,判断其反映的业务类型,解读票据信息。

步骤 2：单击系统左侧菜单栏中的"影像管理系统",选择"影像整理"。

步骤 3：根据票据左上角的手写编号,填写系统右侧的"票据编号"信息。

步骤 4：分析票据的业务类型,单击系统右侧"票据类型"的下拉菜单,选择"其他（手工凭证）"类别。具体操作内容如图 5-1 所示。

步骤5：单击系统左侧的"特殊凭证"，选择"手工录入"。根据左侧的票据，填写右侧的记账凭证。记账凭证摘要为"分配利润"，借方会计科目选择"利润分配——应付现金股利"，借方金额填写"230 000"，贷方科目选择"应付股利"，贷方金额填写"230 000"。最后单击"保存"按钮，相应的记账凭证便生成了。其中具体分录内容如下。

借：利润分配——应付现金股利　　　　　　　　　　　　　　　230 000

　　贷：应付股利　　　　　　　　　　　　　　　　　　　　　　　230 000

具体操作内容如图5-2所示。

图5-1　"影像整理"操作内容　　　　　　　　　图5-2　"特殊凭证中心"操作内容

 做中学

1. 在财务云共享平台的"影像整理"中心，完成资产盘亏业务、资产盘盈业务、出售固定资产业务、计提企业所得税业务、计提法定盈余公积业务、应付股利业务的票据信息的录入。

2. 在财务云共享平台的"特殊凭证—手工录入"模块，完成以上票据记账凭证的手工录入工作。

任务五　股价信息查询机器人

一、情景导入

郑州越幸公司的财务部工作人员小菜近期工作尽心尽职，结合着自己的工作特点，开发出了好几个非常实用的财务机器人，工作效率大大提高。财务部主管对其非常赏识，决定让小菜开始负责企业的账务处理工作，逐渐提升其专业技能。

小菜换岗以后面临的第一个任务就是辅助企业进行投资决策。经过上一年的运行，郑州越幸公司的经营成果较好，留存收益增加了很多。企业管理层计划拿出部分资金进行投资，便给小菜安排了具体的任务，让其帮忙查询拟投资对象的实时股价信息，并汇总到一起。

小菜拿着拟投资企业信息，数了数，认为有近三十家企业的股价需要实时查询，后期还需进一步的对比分析。

"股价查询挺简单的，按照固定操作步骤登录东方财富网站就可以快速查询到，可是近三十家企业，我需要重复查好多次，还是挺麻烦的！"小菜喃喃自语道。

"小菜，想一想能不能开发一个财务机器人来完成呢？"大罗问道。

"我觉得是可以的。我也正想着发挥我的才能，开发一个股价信息查询机器人呢！这个机器人主要涉及网页信息查询，用到的活动不会太难，我先试一试。"小菜说完便立马投入机器人开发的工作中。

二、股价信息查询工作流程设计

（一）人工操作流程设计

在进行 RPA 财务机器人开发之前，需要根据特定的业务场景，先梳理清楚人工操作流程，并判断开发 RPA 财务机器人的可行性和效益性。

出纳小菜通过尝试操作东方财富网的上市公司的股价查询，总结出了股价信息查询的人工操作流程，包括 5 个步骤，具体内容如表 5-3 所示。

表 5-3　股价信息查询人工操作流程

步　骤	人　工　操　作
第一步	打开"东方财富网"
第二步	输入要查询的股票代码
第三步	单击"查行情"
第四步	获取股价信息
第五步	告知用户查询结果

（二）RPA 流程设计

小菜在财务机器人大罗的帮助和指导下，根据人工操作流程，最终也完成了股价信息查询机器人的 RPA 流程设计，具体内容如表 5-4 所示。

表 5-4　股价信息查询 RPA 流程设计

步　骤	人　工　操　作	RPA 流程
第一步	打开"东方财富网"	"打开浏览器""最大化窗口"
第二步	输入要查询的股票代码	"设置文本"
第三步	单击"查行情"	"单击"
第四步	获取股价信息	"获取文本"
第五步	告知用户查询结果	"消息框"

三、股价信息查询机器人的开发与应用

根据前面梳理出来的股票信息查询机器人 RPA 操作流程，来到 UiPath 平台，通过拖曳相应的活动，完成机器人的开发工作。具体操作内容如下。

微课：股价信息
查询机器人开发

（一）访问网络前的环境准备

1. 打开 UiPath 的扩展程序

打开 UiPath Studio 软件，在"主页"左侧单击"工具"，在 UiPath 扩展程序中单击目标程序 Chrome（谷歌），在弹出的对话框中单击"确定"按钮。

2. 打开浏览器的扩展程序

打开 Chrome 谷歌浏览器，单击右上角的"设置"，单击"扩展程序"，启动 UiPath Web Automation（UiPath 网页自动化）。

（二）股价信息查询机器人开发

1. 新建项目"股价信息查询机器人"

新建项目"股价信息查询机器人"，打开主工作流，来到设计面板，新建序列"股价信息查询机器人"。

2. 使用"打开浏览器"活动

在活动面板搜索"打开浏览器"活动，并将其拖曳到序列中。输入网址 URL 为"https://www.eastmoney.com/"（东方财富网），打开该活动的属性面板，选择浏览器类型为谷歌浏览器。操作内容如图 5-3 所示。

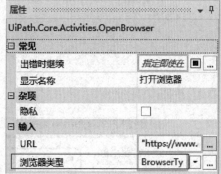

图 5-3 "打开浏览器"活动

【注意】输入的网址 URL 必须是字符串格式，即 String 数据类型，因此该网址必须放在英文状态下的引号内。

3. 使用"最大化窗口"活动

在活动面板搜索"最大化窗口"活动，拖曳到"打开浏览器"活动里的"Do"序列中。

【注意】"最大化窗口"活动可以实现将打开的网页最大化，以防后期机器人运行时查找不到需要单击的网页中的具体位置。

4. 使用"设置文本"活动

在活动面板搜索"设置文本"活动，并将其拖曳到"最大化窗口"活动的下方。单击"指出浏览器中的元素"，在网页中指出输入股票代码的输入框，输入文本为"002230"（科大讯飞）。操作内容如图 5-4 所示。

【注意】"设置文本"活动可以模拟用户在搜索框中输入要查询的股票代码。"输入信息"活动可以实现一样的功能，也是先指出屏幕中的位置，再输入需要录入的信息。二者的不同点在于：机器人运行时，"设置文本"活动是直接将信息内容整体粘贴到输入框中的；而"输入信息"活动是模拟人工操作将信息依次录入输入框中。

5. 使用"单击"活动

在活动面板搜索"单击"活动，并将其拖曳到"设置文本"活动的下方。单击此活动的"指出浏览器中的元素"，在东方财富网页中选中输入框后面的"查行情"按钮。该活动可以实现让机器人模拟用户单击"查行情"按钮。

【注意】为了确保所指位置的准确性，可以单击活动右侧的 ▤ 按钮，打开"编辑选取器"进行查看和验证，如果"选取器编辑器"左上角的"验证"显示为红色的"×"号，则可单击选取器下的"指出元素"重新拾取目标元素。

单击"设置文本"活动中输入框右边的+号,在下拉菜单中选择输入文本后拟执行的热键Enter,可以实现让机器人模拟键盘的快捷操作。实现"单击"活动的效果。

6. 使用"获取文本"活动

在活动面板搜索"获取文本"活动,并将其拖曳到"单击"活动的下方。单击"指出浏览器中的元素",然后选中网页中科大讯飞的股价作为获取文本的目标,在该活动的属性面板输出值处设置变量"股价",该变量用于接收获取到的股价信息,变量类型为"String"类型。"获取文本"活动可以实现让机器人模拟用户操作获取科大讯飞的股价信息。操作内容如图 5-5 所示。

图 5-4 "设置文本"活动　　　　图 5-5 "获取文本"活动

7. 使用"消息框"活动

在活动面板搜索"消息框"活动,并将其拖曳到"获取文本"活动的下方。在该活动的输入框中输入文本信息:"科大讯飞今日股价为"＋股价。运行文件,可以实现让机器人对自动获取到的科大讯飞股价信息向用户进行反馈。操作内容如图 5-6 所示。

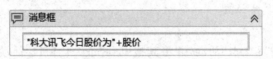

图 5-6 "消息框"活动

股价信息查询机器人的具体开发和使用方法可以参照学习视频完成。

 做中学

1. 梳理"股价信息查询机器人"RPA 操作流程。
2. 在 UiPath 平台开发财务机器人"股价信息查询机器人"。

收入、费用和利润

掌握收入的确认与计量;掌握收入、费用、利润的核算。熟悉收入确认的可变对价和合同成本;熟悉费用的内容及分类;熟悉利润的构成和企业所得税的计算。

技 能 目 标

能根据企业情况,完成收入的确认和计量;能对期间费用进行正确确认和计量;能准确地计算企业的所得税费用和利润,并进行正确核算;能运用财务共享平台实现销售智能核算;能运用 UiPath 平台进行利润计算机器人的开发。

素 养 目 标

养成良好的职业道德和优秀的职业品质;具备坚持学习,守正创新的职业素养;树立坚持准则、遵纪守法的价值观。

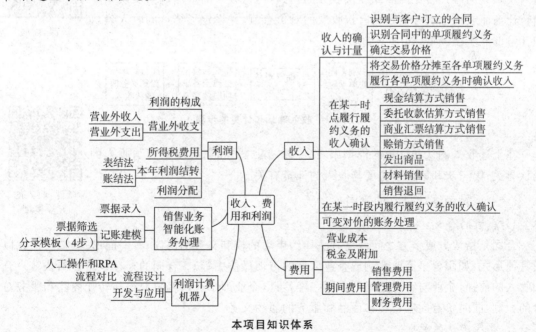

本项目知识体系

收入、费用和利润是构成企业利润表的三项会计要素。本章主要介绍收入、费用和利润的基本内容及其主要的会计处理。

任务一 收入

一、收入概述

收入有广义和狭义之分,广义收入是指企业会计期间内经济利益的总流入,包括营业收入、投资收益和营业外收入等。狭义收入是指企业在日常活动中形成的、会导致所有者权益增加的、与所有者投入资本无关的经济利益的总流入。狭义收入不包括营业外收入(即利得)。日常活动是指企业为完成其经营目标所从事的经常性活动以及与之相关的其他活动。企业为获得市场地位、竞争优势都有其所从事的主要业务、主要产品和相应的经营模式,工业企业制造并销售产品、流通企业销售商品、咨询公司提供咨询服务、软件公司为客户开发软件、建筑公司提供建筑服务、商业银行对外提供贷款等,均属于企业的日常活动。日常活动所形成的经济利益的流入应当确认为收入。另外,企业发生的与经常性活动密切相关的其他活动,如工业企业对外出售材料、利用闲置资金对外投资等所形成的经济利益流入也构成企业收入。

【注意】本项目中的"收入"不涉及企业对外出租的租金、进行债权投资收取的利息、进行股权投资取得的现金股利以及保险合同取得的保费收入等。

【自主探究】如何区分收入与利得?两者包含的内容各有哪些?

二、收入的确认与计量

按照《企业会计准则第 14 号——收入》的相关规定,企业确认收入的方式应当反映其向客户转让商品或提供服务的模式,确认收入的金额应当反映企业因转让商品或提供服务而预期有权收取的对价金额,并设定了统一的收入确认和计量的五步法模型,如图 6-1 所示。

微课:虚假收入丑闻

图 6-1 收入确认和计量的步骤

在上述收入确认和计量的模型中,第一步、第二步和第五步主要与收入的确认有关;第三步和第四步主要与收入的计量有关。

微课:收入的五步模型

(一) 识别与客户订立的合同

1. 合同的含义

合同是指双方或多方之间订立有法律约束力的权利义务的协议,有书面形式、口头形式以及其他形式(如隐含于商业惯例或企业以往的习惯做法中等)。合同的存在是企业确认客户合同收入的前提,企业与客户之间的合同一经签订,企业即享有从客户取得与转让商品和服务对价的权利,同时负有向客户转移商品和服务的履约义务。

2. 收入确认的原则

企业应当在履行了合同中的履约义务,即在客户取得相关商品控制权时确认收入。取得相关商品控制权,是指客户能够主导该商品的使用并从中获得几乎全部经济利益,也包括有能力阻止其他方主导该商品的使用并从中获得经济利益。取得商品控制权包括以下 3 个要素:

（1）客户必须拥有现时权利，能够主导该商品的使用并从中获得几乎全部经济利益。如果客户只能在未来的某一期间主导该商品的使用，并从中获益，则表明其尚未取得该商品的控制权。例如，甲购买了一批汽车，用于对外销售，如果现在甲可以对外经营销售，说明甲对这批汽车拥有控制权；如果甲要到 3 个月后才可以对外销售这批汽车，那么甲对这批汽车就不拥有现时权利。

（2）主导该商品的使用。客户有能力主导该商品的使用，即客户在其活动中有权使用该商品，或者能够允许或阻止其他方使用该商品。例如，上述案例中，乙看到甲销售汽车的生意不错，也想对外销售这批汽车，但被甲拒绝了。甲能阻止乙销售该批汽车，说明甲有能力主导汽车的使用。

（3）客户能够获得几乎全部的经济利益。商品的经济利益是指商品的潜在现金流量，既包括现金流入的增加，也包括现金流出的减少。客户可以通过使用、消耗、出售、处置、交换、抵押或持有等多种方式直接或间接地获得商品的经济利益。例如，甲可以通过销售汽车获取现金流入，说明甲获得汽车几乎全部的经济利益。

3. 收入确认的前提条件

企业与客户之间的合同同时满足下列 5 项条件的，企业应当在客户取得相关商品控制权时确认收入。

（1）合同各方已批准该合同并承诺将履行各自义务。

（2）该合同明确了合同各方与所转让商品相关的权利和义务。

（3）该合同有明确的与所转让商品相关的支付条款。

（4）该合同具有商业实质。

（5）企业因向客户转让商品而有权取得的对价很可能收回。

对上述条件进行判断时需要注意以下 3 点。

（1）合同约定的权利和义务是否具有法律约束力。

（2）合同是否具有商业实质。

（3）企业因向客户转让商品而有权取得的对价是否很可能收回。

【初级同步 6-1】甲房地产开发公司（以下简称"甲公司"）与乙公司签订合同，向其销售一栋建筑物，合同价款为 60 万元。该建筑物的成本为 30 万元，乙公司在合同开始日即取得了该建筑物的控制权。根据合同约定，乙公司在合同开始日支付了 5% 的保证金 3 万元，并就剩余 95% 的价款与甲公司签订了不附追索权的长期融资协议，如果乙公司违约，甲公司可重新拥有该建筑物，即使收回的建筑物不能涵盖所欠款项的总额，甲公司也不能向乙公司索取进一步的赔偿。

乙公司计划在该建筑物内开设一家餐馆，并计划以该餐馆产生的收益偿还甲公司的欠款，除此之外并无其他的经济来源，乙公司也未对该笔欠款设定任何担保。在该建筑物所在的地区，餐饮行业面临激烈的竞争，但乙公司缺乏餐饮行业的经营经验。

请判断甲公司应当将收到的 3 万元保证金确认为收入吗？为什么？

（二）识别合同中的单项履约义务

合同开始日，企业应当识别合同所包含的各单项履约义务，并确定各单项履约义务是在某一时段内履行，还是在某一时点履行；然后，在履行了各单项履约义务时分别确认收入。

履约义务是指合同中企业向客户转让可明确区分商品或服务的承诺。企业应当将向客户转让可明确区分商品（或者商品的组合）的承诺以及向客户转让一系列实质相同且转让模式相同的、可明确区分商品的承诺作为单项履约义务。

例如,甲公司向乙公司销售电脑并提供安装服务,该安装服务简单,除甲公司外其他供应商也可以提供此类安装服务,该合同中销售电脑和提供安装服务为两项单项履约义务。如果甲公司向乙企业销售的是电梯,那么甲公司将提供的安装电梯服务不但复杂,而且要按乙企业定制要求进行安装,该合同中销售电梯和提供电梯安装服务就是一项单项履约义务。

企业向客户销售商品时,往往约定企业需要将商品运送至客户指定的地点。通常情况下,商品控制权转移给客户之前发生的运输活动不构成单项履约义务;相反,商品控制权转移给客户之后发生的运输活动可能表明企业向客户提供了一项运输服务,企业应当考虑该项服务是否构成单项履约义务。

(三) 确定交易价格

企业应当按照分摊至各单项履约义务的交易价格计量收入。交易价格是指企业因向客户转让商品而预期有权收取的对价金额。不包括企业代第三方收取的款项(如增值税)以及企业预期将退还给客户的款项。合同条款所承诺的对价,可能是固定金额、可变金额或两者兼有。合同标价并不一定代表交易价格,在确定交易价格时,企业应当考虑可变对价、合同中存在重大融资成分、客户支付非现金对价、企业应付客户对价等因素的影响。

1. 可变对价

可变对价的表现形式主要包括折扣与折让、返利、奖励积分、业绩奖励等,或者根据一项或多项或有事项的发生而引起不同金额的对价。合同中存在可变对价的,企业应对计入交易价格的可变对价进行估计。

微课:可变对价

(1)可变对价的最佳估计数的确定。企业应当按照期望值或最可能发生金额确定可变对价的最佳估计数。期望值是按照各种可能发生的对价金额及相关概率计算确定的金额。当企业存在多个可变对价的合同,并估计可能产生多个结果时,通常采用期望值估计可变对价金额。

【工作任务 6-1】2024 年 1 月 1 日甲公司与客户签订一份合同,为客户建造一项大型生产设备,合同约定的工期为 6 个月。合同另约定如按期完工,客户支付建造费用 60 万元,每提前一天客户奖励 1 万元,每延后 1 天客户扣款 1 万元。1 月 31 日,甲公司测算的履约进度为20%,提前 1 天完工的概率为 50%、提前 2 天完工的概率为 30%、提前 3 天完工的概率为20%。甲公司 1 月应确认的收入是多少?

因为完工时间不确定导致收入金额也不确定,此合同的收入为可变对价。同时完工时间有多种可能,收入金额按期望值确定,即可变对价的最佳估计数,应按各种可能发生的对价金额及相关概率计算确定,甲公司 1 月应确定的收入金额为(610 000×50%＋620 000×30%＋630 000×20%)×20%＝123 400(元)。

【初级同步 6-2】(单选题)甲公司与乙公司签订了一项代销合同,合同总价款为 500 万元(不含增值税),根据合同约定,若甲公司完成合同约定业绩目标即可获 10 万元额外奖励,未完成则没有奖励。甲公司估计完成该项业绩目标可能性为 80%,不能完成的可能性为 20%。不考虑其他因素,甲公司应取得的可变对价最佳估计数是( )万元。

A. 0   B. 2   C. 8   D. 10

【学中做 6-1】甲企业与客户签订合同,为其建造一架大型客机。约定的价款为 300 万元,10 个月完工,交易价格为固定金额 300 万元。假如合同中约定若提前 1 个月完工,客户将额外奖励甲公司 5 万元。甲公司对合同估计工程提前一个月完工的概率为 90%。则甲企业该项业务的交易价格是多少?

（2）计入交易价格的可变对价金额的限制。企业按照期望值或最可能发生金额确定可变对价的金额之后,计入交易价格的可变对价金额还应该满足包含可变对价的交易价格不应当超过在相关不确定性消除时,累计已确认收入极可能不会发生重大转回的金额的限制条件。

企业在评估是否极可能不会发生重大转回时,应同时考虑收入转回的可能性及其比重。其中,"极可能"发生的概率应远高于"很可能"(可能性大于50%),但不要求达到"基本确定"(可能性大于95%),其目的是避免因为一些不确定性因素的发生导致之前已经确认的收入发生转回。

企业在评估收入转回金额的比重时,应同时考虑合同中包含的固定对价和可变对价,即可能发生的收入转回金额相对于合同总对价(包括固定对价和可变对价)的比重。企业应当将满足上述限制条件的可变对价的金额计入交易价格。

由于可变对价会对交易价格产生影响进而影响收入确认,因此,企业应当在每一资产负债表日,重新估计应计入交易价格的可变对价金额,包括重新评估将估计的可变对价计入交易价格是否受到限制,以如实反映报告期末存在的情况及报告期内发生的情况变化。

2. 合同中存在重大融资成分

当企业与客户签订的合同中约定的付款时间为客户就该交易提供了重大融资利益时,合同中即存在重大融资成分,如企业以延期付款或分期付款等方式向客户赊销商品等。企业在判断合同中是否存在重大融资成分时,应充分考虑以下情况与事实:一是承诺销售商品的合同对价与现销价格之间的差额;二是销售商品与客户支付价款的时间间隔;三是相关市场的现行利率。

合同中存在重大融资成分的,企业应当按照假定客户在取得商品控制权时即以现金支付的应付金额(现销价格)确定交易价格。确定的交易价格与合同对价之间的差额,应当在合同期间内采用实际利率法摊销。实际利率即销售商品的合同对价折现为商品现销价格的折现率,该折现率一经确定,后续一般不得进行调整。

【工作任务6-2】 2024年1月1日甲公司采用分期付款方式向丙企业出售大型设备一套,设备的成本700万元,合同约定价款为1000万元,分5年于每年年末等额支付200万元。若购货方在销售当日支付货款,只需要支付900万元即可。当日设备已经发出,丙企业已取得该设备的控制权。按税法规定,在合同约定的收款日期,发生有关增值税纳税义务,增值税税率为13%。甲公司销售该设备属于在某一时点履行履约义务,满足在某一时点确认收入的条件,不考虑其他因素,甲公司在2024年1月应确定的收入金额是多少?

甲公司的该项销售属于合同中存在重大融资成分的销售,企业应当按照假定客户在取得商品控制权时即以现金支付的应付金额(即现销价格)确定交易价格,即应确认的收入金额为900万元。

3. 客户支付非现金对价

客户支付非现金对价是指企业销售商品时客户按照合同约定以非现金资产结算商品销售价款。非现金对价包括实物资产、无形资产、股权、客户提供的服务等。

客户支付非现金对价的,企业应当按照非现金对价在合同开始日的公允价值确定交易价格。非现金对价的公允价值不能合理估计的,企业应当参照其承诺向客户转让商品的单独售价,间接确定交易价格。

4. 企业应付客户对价

企业存在应付客户对价的,应当将该应付客户对价冲减交易价格,但应付客户对价是为了向客户取得其他可明确区分商品的除外。应付客户对价常见的例子有货位费、合作广告安排、价格保护、优惠券和折扣、"收费服务"安排等。

企业应付客户对价是为了向客户取得其他可明确区分商品的,应当采用与本企业其他采购相一致的方式确认所购买的商品。企业应付客户对价超过向客户取得可明确区分商品公允价值的,超过金额应当冲减交易价格。向客户取得的可明确区分商品公允价值不能合理估计的,企业应当将应付客户对价全额冲减交易价格。应付客户对价冲减交易价格,应在确认相关收入与支付(或承诺支付)客户对价二者孰晚的时点冲减当期收入。

【工作任务 6-3】2024 年 2 月 15 日,南京公益食品公司与某超市签订合同,合同约定如下事项:合同期限一年;超市一年内须从南京公益食品公司至少购入商品 1 000 万元;南京公益食品公司须按照超市要求的时间和商品品种保证及时供货;南京公益食品公司在合同开始日向超市支付不可返还款 50 万元,用以补偿超市货架更新支出。1 月南京公益食品公司向超市转让商品 100 万元,应确认收入金额是多少?

南京公益食品公司支出 50 万元不可返还款,不是为了超市向公司转让可明确区分的商品或服务,也没有取得对超市货架任何相关权利的控制。该支付款项为应付客户对价,应冲减交易价格,并在确认相关商品收入时冲减当期收入。抵减收入的金额为当期收入的 5%(50÷1 000)。1 月南京公益食品公司向超市销售商品 100 万元,应抵减应付客户对价 5 万元(100×5%),确认收入金额为 95 万元(100-5)。

(四)将交易价格分摊至各单项履约义务

当合同中包含两项或多项履约义务时,企业应在合同开始日将交易价格分摊至各单项履约义务。分摊的方法是按照各单项履约义务所承诺商品的单独售价(企业向客户单独销售商品的价格)的相对比例,将交易价格分摊至各单项履约义务。通过分摊交易价格,使企业分摊至各单项履约义务的交易价格能够反映其因向客户转让已承诺的相关商品而有权收取的对价金额。企业不得因合同开始日之后单独售价的变动而重新分摊交易价格。

微课:将交易价格分摊至各单项履约义务

单独售价无法直接观察的,企业应当综合考虑其能够合理取得的全部相关信息,采用市场调整法、成本加成法、余值法等方法合理估计单独售价。市场调整法是指参考类似商品市场售价,根据本企业的成本和毛利适当调整金额从而确定单独售价;成本加成法是指企业根据商品预计成本加上合理毛利后的金额确定其单独售价;余值法是指企业根据合同交易价格减去合同中其他商品的单独售价后的余额,确定某商品单独售价的方法。

【工作任务 6-4】2023 年 11 月 1 日,南京公益食品公司与 H 公司签订合同,向 H 公司销售 A、B 两种商品,合同价款为 5 万元。A 商品的单独售价为 1.2 万元,B 商品的单独售价为 4.8 万元。合同约定 A 商品于合同开始日交付,B 商品在 1 个月后交付,但只有在两项商品全部交付后,南京公益食品公司才有权收取 5 万元的合同对价,假定 A 商品和 B 商品分别构成单项履约义务,其控制权在商品交付时转移给 H 公司,上述价格均不含增值税,增值税税率为13%,假定在商品控制权转移时发生有关增值税纳税义务,不考虑销售成本结转等其他因素。

根据上述资料,南京公益食品公司对该项合同交易价格应如何分摊?

合同价款为 50 000 元。

A 商品分摊合同价款＝12 000÷(12 000＋48 000)×50 000＝10 000(元)

B 商品分摊合同价款＝48 000÷(12 000＋48 000)×50 000＝40 000(元)

【初级同步 6-3】(单选题)甲公司与乙公司签订合同,向乙公司销售 A、B 两件产品,不含增值税的合同总价款为 10 000 元。A、B 产品不含增值税的单独售价分别为 3 000 元和 9 000 元。不考虑其他因素,按照交易价格分摊原则,A 产品应分摊的交易价格为( )元。

A. 2 500　　　　　B. 3 000　　　　　C. 7 500　　　　　D. 2 000

(五)履行各单项履约义务时确认收入

当企业将商品转移给客户,客户取得了相关商品的控制权,意味着企业履行了合同履约义务,此时,企业应确认收入。企业将商品控制权转移给客户,可能是在某一时段内(即履行履约义务的过程中)发生,可能在某一时点(即履约义务完成时)发生。企业应当根据实际情况,首先判断履约义务是否满足在某一时段内履行的条件,如不满足,则该履约义务属于在某一时点履行的履约义务。对于在某一时段内履行的履约义务,企业应当选择恰当的方法来确定履约进度;对于在某一时点履行的履约义务,企业应当综合分析商品控制权转移的迹象,判断其转移的时点。

一般而言,确认和计量任何一项合同收入应考虑以上五个步骤。但履行某些合同义务确认收入不一定都经过五个步骤,如企业按照第二步确定某项合同仅为单项履约义务时,可以从第三步直接进入第五步确认收入,不需要第四步(分摊交易价格)。

【职业素养 6-1】

康美药业造假案

康美药业是一家主要从事中药饮片、中成药、化学药剂等产品的生产和销售的上市公司,曾经是 A 股市场上首个突破千亿市值的医药企业。2018 年 10 月 16 日,网上一则题为《康美药业盘中跌停,疑似财务问题自爆:现金可疑,人参更可疑》的文章,指出康美财务涉嫌造假。随后,证监会介入、进行立案调查,发现从 2016—2018 年,康美药业股份有限公司实际控制人、董事长等通过虚开和篡改增值税发票、伪造银行单据,累计虚增货币资金 887 亿元,虚增收入 275 亿元,虚增利润 39 亿元。2021 年 11 月,法院作出判决,康美药业承担赔偿 24.59 亿元,董事长马兴田被判有期徒刑 12 年,处罚金 120 万元,并承担 100% 的赔偿连带责任,公司相关高管及责任人包括财务审计无一幸免,全部承担连带责任或被处以刑罚。

文档:职业素养"康美药业造假案"解读

思考:结合本例谈一谈自己的心得体会。

三、收入核算账户设置

为核算与客户之间的合同产生的收入及相关的成本费用,企业需要设置"主营业务收入""其他业务收入""主营业务成本""其他业务成本""合同取得成本""合同履约成本""合同资产""合同负债"等账户。

(一)主营业务收入

主营业务收入核算企业确认的销售商品、提供服务等主营业务的收入。该账户贷方登记企业主营业务活动实现的收入,借方登记期末转入"本年利润"账户的主营业务收入,结转后该账户应无余额。该账户可按主营业务的种类进行明细核算。

（二）其他业务收入

其他业务收入核算企业确认的除主营业务活动以外的其他经营活动实现的收入,包括出租固定资产、出租无形资产、出租包装物和商品、销售材料等实现的收入。该账户贷方登记企业其他业务活动实现的收入,借方登记期末转入"本年利润"账户的其他业务收入,结转后该账户应无余额。该账户可按其他业务的种类进行明细核算。

【初级同步 6-4】（多选题）下列各项中,属于工业企业"营业收入"的有（   ）。

A. 债权投资的利息收入

B. 出租无形资产的租金收入

C. 销售产品取得的收入

D. 出售无形资产的净收益

（三）主营业务成本

主营业务成本核算企业确认销售商品、提供服务等主营业务收入时应结转的成本。该账户借方登记企业应结转的主营业务成本,贷方登记期末转入"本年利润"账户的主营业务成本,结转后该账户应无余额。该账户可按主营业务的种类进行明细核算。

（四）其他业务成本

其他业务成本核算企业确认的除主营业务活动以外的其他经营活动所形成的成本,包括出租固定资产的折旧额、出租无形资产的摊销额、出租包装物的成本或摊销额、销售材料的成本等。该账户借方登记企业应结转的其他业务成本,贷方登记期末转入"本年利润"账户的其他业务成本,结转后该账户应无余额。该账户可按其他业务的种类进行明细核算。

（五）合同取得成本

合同取得成本核算企业取得合同发生的、预计能够收回的增量成本。该账户借方登记发生的合同取得成本,贷方登记摊销的合同取得成本,期末借方余额反映企业尚未结转的合同取得成本。该账户可按合同进行明细核算。

（六）合同履约成本

合同履约成本核算企业为履行当前或预期取得的合同所发生的、按照收入准则应当确认为一项资产的成本。该账户借方登记发生的合同履约成本,贷方登记摊销的合同履约成本,期末借方余额反映企业尚未结转的合同履约成本。该账户按合同分别设置"服务成本""工程施工"等明细账户进行明细核算。

（七）合同资产

合同资产核算企业已向客户转让商品而有权收取对价的权利,且该权利取决于时间流逝之外的其他因素（如履行合同中的其他履约义务）。该账户借方登记因已转让商品而有权收取的对价金额,贷方登记取得无条件收款权的金额,期末借方余额反映企业已向客户转让商品而有权收取的对价金额。该账户按合同进行明细核算。

【自主探究】合同资产与应收账款有什么不同？

（八）合同负债

合同负债核算企业已收或应收客户对价而应向客户转让商品的义务。该账户贷方登记企业在向客户转让商品之前,已经收到或已经取得无条件收取合同对价权利的金额;借方登记企业向客户转让商品时冲销的金额;期末贷方余额,反映企业在向客户转让商品之前,已经收到的合同对价或已经取得的无条件收取合同对价权利的金额。该账户按合同进行明细核算。

【自主探究】合同负债与预收账款有什么区别？

此外,企业发生减值的,还应当设置"合同履约成本减值准备""合同取得成本减值准备""合同资产减值准备"等账户进行核算。

【初级同步 6-5】(单选题)某咨询服务公司本月与客户签订为期半年的咨询服务合同,并已预收全部咨询服务费,该合同于下月开始执行。下列各项中,该公司预收咨询服务费应计入的会计账户是(　　)。

A. 合同取得成本　　　　　　　　　B. 合同负债

C. 主营业务成本　　　　　　　　　D. 主营业务收入

四、合同成本

(一)合同取得成本

企业为取得合同发生的增量成本预期能够收回的,应当作为合同取得成本确认为一项资产。但是,该资产摊销期限不超过一年的,可采用简化的处理方法,在发生时计入当期损益。这里的增量成本,是指企业不取得合同就不会发生的成本(如销售佣金等)。

企业为取得合同发生的、除预期能够收回的增量成本之外的其他支出(如无论是否取得合同均会发生的差旅费、投标费、为准备投标资料发生的相关费用等),应当在发生时计入当期损益,但明确由客户承担的除外。

企业因现有合同续约或发生合同变更需要支付的额外佣金,也属于为取得合同发生的增量成本。

【工作任务 6-5】甲管理咨询公司通过竞标取得一个新客户,服务期 5 年。该客户每年年末支付含税咨询费 318 万元。为取得和该客户的合同,甲公司发生下列支出:聘请外部律师进行尽职调查支出 4 万元;因投标发生差旅费 2 万元;销售人员佣金 8 万元。甲公司预期这些支出未来能够收回。此外,甲公司根据其年度销售目标、整体盈利情况及个人业绩等,向销售部门经理支付年度奖金 3 万元。请编制甲公司该项业务的会计分录。

甲公司向销售人员支付的佣金属于为取得合同发生的增量成本,应当将其作为合同取得成本确认为一项资产;聘请外部律师进行尽职调查发生的支出、为投标发生的差旅费,无论是否取得合同都会发生,不属于增量成本,因此,应当于发生时直接计入当期损益;向销售部门经理支付的年度奖金发放与否以及发放金额还取决于其他因素(包括公司的盈利情况和个人业绩),也不是为取得合同发生的增量成本,不能直接归属于可识别的合同。

(1) 支付相关费用。

借:合同取得成本	80 000
管理费用	60 000
销售费用	30 000
贷:银行存款	170 000

(2) 每月确认服务收入,摊销销售佣金。

$$服务收入 = 3\,180\,000 \div (1+6\%) \div 12 = 250\,000(元)$$

$$销售佣金摊销额 = 80\,000 \div 5 \div 12 = 1\,333.33(元)$$

借:应收账款	265 000
销售费用	1 333.33
贷:合同取得成本	1 333.33
主营业务收入	250 000

应交税费——应交增值税(销项税额)　　　　　　　　　　　　　　15 000

【学中做 6-2】 2024 年 1 月 1 日,A 管理咨询公司通过竞标取得一新客户,为取得与该客户的合同,A 公司发生了如下有关支出:支付聘请外部律师进行尽职调查的支出 50 000 元;制作标书等支出 2 000 元;提交标书等发生差旅费 20 000 元;销售人员的佣金 40 000 元。A 公司预期这些支出通过提供服务收取的对价能够收回。另外,A 公司根据其年度利润目标完成情况和个人的业绩等,向销售人员等发放年度奖金 10 000～50 000 元。假定上述支出均以银行存款支付,请分析 A 公司的相关支出归属,并编制会计分录。

(二) 合同履约成本

企业为履行合同可能会发生各种成本,在确认收入的同时应对这些成本进行分析,判断其是应予资本化还是费用化。属于存货、固定资产、无形资产等规范范围的,应当按照相关章节进行会计处理;对于不属于其他章节规范范围的,分以下情况处理。

(1) 对于不属于存货、固定资产、无形资产、投资性房地产等规范范围且同时满足下列条件的,应当作为合同履约成本确认为一项资产(合同履约成本),即资本化。

① 该成本与一份当前或预期取得的合同直接相关。预期取得的合同是企业能够明确识别的合同,例如,现有合同续约后的合同、尚未获得批准的特定合同等。与合同直接相关的成本包括:直接人工(如支付给为客户提供所承诺服务的人员的工资、奖金、补贴等职工薪酬)、直接材料(如为履行合同耗用的原材料、辅助材料、零配件和周转材料的摊销及租赁费等)、制造费用或类似费用(如因组织和管理生产、施工和服务等活动所发生的费用,包括管理人员的职工薪酬、劳动保护费、固定资产的折旧费和修理费、物料消耗、办公费、水电费、差旅费、邮电通信费、财产保险费、排污费、临时设施摊销费等)、明确由客户承担的成本以及仅因该合同而发生的其他成本(如支付给分包商的成本、机械使用费、设计和技术援助费、施工现场二次搬运费、检验试验费、工程定位复测费、场地清理费等)。

② 该成本增加了企业未来用于履行(或持续履行)履约义务的资源。

③ 该成本预期能够收回。

(2) 企业对于发生的下列支出,应当在其发生时将其计入当期损益,即费用化。

① 管理费用,除非这些费用明确由客户承担。

② 非正常消耗的直接材料、直接人工和制造费用(或类似费用),这些支出为履行合同发生,但未反映在合同价格中。

③ 与履约义务中已履行(包括全部履行或部分履行)部分相关的支出,即该支出与企业过去的履约活动相关。

④ 无法在尚未履行的与已履行(或已部分履行)的履约义务之间区分的相关支出。

【工作任务 6-6】 甲公司与 M 公司签订合同,甲公司为 M 公司管理客户信息的技术数据中心提供数据管理服务,合同期限为五年,每年 M 公司支付 20 万元服务费。甲公司为取得该合同支付了提交标书的差旅费 2 万元。在向 M 公司提供该项服务之前,甲公司设计并建立一个供企业内部使用并与客户的系统接口的信息技术平台,并进行相关测试。该平台不会转移至 M 公司,但将用于向 M 公司及其他客户提供服务。甲公司为建立技术平台发生如下的初始成本:设计服务 4 万元;购买硬件 12 万元;购买相关软件 9 万元;数据中心的迁移与测试 10 万元。除此之外,甲公司专门安排两名员工,负责向 M 公司提供相关服务。

根据上述资料,不考虑其他因素,甲公司对发生的相关合同成本的处理如下。

甲公司为履行合同发生的上述成本中,购买硬件 12 万元应当按固定资产的规定进行会计处理;购买相关软件 9 万元应当按无形资产的规定进行会计处理;设计服务 4 万元和数据中心的迁移与测试 10 万元不属于固定资产、无形资产等规定的范围,但这些成本与履行该合同直接相关,并增加了甲公司未来用于履行履约义务的资源,如果甲公司预期该成本可通过未来提供服务收取的对价收回,则甲公司应当将这些成本确认为一项资产(即予以资本化确认为合同履约成本)。甲公司为取得该合同支付的提交标书的差旅费 2 万元,属于为取得合同所发生的费用,而该费用无论甲公司能否取得合同都会发生,因此,应在发生时计入当期损益。甲公司专门安排的向 M 公司提供相关服务的两名员工支付的职工薪酬,虽然与向 M 公司提供服务相关,但其并未增加企业未来用于履行履约义务的资源,因此,也应当在其发生时计入当期损益。

甲公司对上述有关事项的有关账务处理如下。

借:固定资产	120 000
无形资产	90 000
合同履约成本——服务成本	140 000
管理费用	20 000
贷:银行存款	370 000

【学中做 6-3】南京公益食品公司在生产食品之外,还经营一家酒店,该酒店是南京公益食品公司自有资产。2023 年 12 月,南京公益食品公司计提与酒店经营直接相关的酒店、客房以及客房内的设备家具等折旧 150 000 元、酒店土地使用权摊销费用 10 500 元。经计算,当月确认房费、餐饮等服务含税收入 636 000 元,全部存入银行。请编制南京公益食品公司该项业务的会计分录。

五、在某一时点履行履约义务的收入确认

(一)某一时点履行履约义务收入的确认

对于在某一时点履行的履约义务,企业应当在客户取得相关商品控制权时确认收入。在判断控制权是否转移时,企业应当综合考虑下列迹象。

微课:某一时点
履行履约义务
收入的确认

(1)企业就该商品享有现时收款权利,即客户就该商品负有现时付款义务。例如,甲企业与客户签订销售商品合同,约定客户有权定价且在收到商品无误后 10 日内付款。在客户收到甲企业开具的发票、商品验收入库后,客户能够自主确定商品的销售价格或商品的使用情况,此时甲企业享有收款权利,客户负有现时付款义务。

(2)企业已将该商品的法定所有权转移给客户,即客户已拥有该商品的法定所有权。例如,房地产企业向客户销售汽车,在客户付款后取得机动车登记证书时,表明企业已将该汽车的法定所有权转移给客户。

(3)企业已将该商品实物转移给客户,即客户已占有该商品实物。客户如果已经实物占有商品,则可能表明其有能力主导该商品的使用并从中获得其几乎全部的经济利益,或者使其他企业无法获得这些利益。例如,企业与客户签订交款提货合同,在企业销售商品并送货到客户指定地点,客户验收合格并付款,表明企业已将该商品实物转移给客户,即客户已占有该商品实物。

【注意】客户占有了某项商品的实物并不意味着其就一定取得了该商品的控制权,反之亦然。

例如,采用支付手续费方式的委托代销商品业务下,虽然企业作为委托方已将商品发送给

受托方,但是受托方并未取得该商品的控制权,因此,企业不应在向受托方发货时确认销售商品的收入,而仍然应当根据控制权是否转移来判断何时确认收入,通常应当在受托方售出商品时确认销售商品收入;受托方应当在商品销售后,按合同或协议约定的方法计算确定的手续费确认收入。

(4)企业已将该商品所有权上的主要风险和报酬转移给客户,即客户已取得该商品所有权上的主要风险和报酬。例如,某房产公司向客户销售商品房办理产权转移手续后,该商品房价格上涨或下跌带来的利益或损失全部属于客户,表明客户已取得该商品房所有权上的主要风险和报酬。

(5)客户已接受该商品。企业在判断是否已经将商品的控制权转移给客户时,应当考虑客户是否已接受该商品,特别是客户的验收是否仅仅是一个形式。如果企业能够客观地确定其已经按照合同约定的标准和条件将商品的控制权转移给客户,那么客户验收可能只是一个形式,并不会影响企业判断客户取得该商品控制权的时点。例如,企业向客户销售为其定制生产的软件设备,客户收到并验收合格后办理入库手续,表明客户已接受该商品。

需要强调的是,在上述迹象中,并没有哪一个或哪几个迹象是决定性的,企业应当根据合同条款和交易实质进行分析,综合判断其是否以及何时将商品的控制权转移给客户,从而确定收入确认的时点。

(二) 某一时点履行履约义务确认收入的核算

1. 现金结算方式销售业务的核算

企业以现金结算方式对外销售商品,在客户取得相关商品控制权时点确认收入,按实际收到的款项,作会计处理如下。

借:库存现金/银行存款　[销售商品获取的价税合计金额]
　　贷:主营业务收入　[确认的商品销售收入]
　　　　应交税费——应交增值税(销项税额)　[确认的增值税额]

【工作任务 6-7】(根据 2019 年会计技能赛项国赛真题改编)2023 年 12 月 4 日,南京公益食品公司向明星工厂销售一批商品,商品的实际成本是 30 000 元,开具的增值税专用发票上注明售价为 50 000 元,增值税税额为 6 500 元;南京公益食品公司已收到明星工厂支付的货款存入银行,明星工厂已收到商品并验收入库。南京公益食品公司应作会计处理如下。

(1)确认收入。

借:银行存款　　　　　　　　　　　　　　　　　　　　　　56 500
　　贷:主营业务收入　　　　　　　　　　　　　　　　　　　　50 000
　　　　应交税费——应交增值税(销项税额)　　　　　　　　　　6 500

(2)结转销售商品成本。

借:主营业务成本　　　　　　　　　　　　　　　　　　　　　30 000
　　贷:库存商品　　　　　　　　　　　　　　　　　　　　　　30 000

【自我探究】根据学过的银行支付结算的内容,想一想一般销售业务还可能有哪些结算方式?

2. 委托收款结算方式销售业务的核算

企业以委托收款结算方式对外销售商品,在其办妥委托收款手续且客户取得相关商品控制权时点确认收入,按应收的款项,作会计处理如下。

(1)确认收入。

借:应收账款　[销售商品应收的价税合计金额]

　　贷:主营业务收入　［确认的商品销售收入］
　　　　应交税费——应交增值税（销项税额）　［确认的增值税额］

（2）实际收到款项。

借:银行存款

　　贷:应收账款

【工作任务6-8】 2023年12月4日,南京公益食品公司向鸿诚商贸公司赊销一批货物并开具增值税专用发票,发票注明不含税的售价为10 000元,增值税1 300元,该批货物的实际成本为7 800元。当日鸿诚商贸公司收到商品并验收入库,南京公益食品公司将委托收款凭证和债务证明提交开户银行并办妥托收手续。12月11日,南京公益食品公司收到银行转来的收款通知,货款全部收到,则应作会计处理如下。

（1）12月4日确认收入。

借:应收账款　　　　　　　　　　　　　　　　　　　　　11 300

　　贷:主营业务收入　　　　　　　　　　　　　　　　　　10 000

　　　　应交税费——应交增值税（销项税额）　　　　　　　1 300

同时,结转商品销售成本。

借:主营业务成本　　　　　　　　　　　　　　　　　　　　7 800

　　贷:库存商品　　　　　　　　　　　　　　　　　　　　7 800

（2）12月11日确认收款。

借:银行存款　　　　　　　　　　　　　　　　　　　　　11 300

　　贷:应收账款　　　　　　　　　　　　　　　　　　　11 300

　　【学中做6-4】 甲公司向乙公司赊销一批货物并开具增值税专用发票,发票注明不含税的售价为30 000元,增值税3 900元,该批货物的实际成本为15 000元,甲公司垫付运费2 000元。当日乙公司收到商品并验收入库,甲公司将委托收款凭证和债务证明提交开户银行并办妥托收手续。5日后,甲公司收到银行转来的收款通知,货款全部收到。请编制甲公司的相关会计分录。

　　3. 商业汇票结算方式销售业务的核算

　　企业以商业汇票结算方式对外销售商品,在收到商业汇票且客户取得相关商品控制权时点确认收入,按收到商业汇票的票面金额,作账务处理如下。

借:应收票据　［收到商业汇票的票面金额］

　　贷:主营业务收入　［确认的商品销售收入］

　　　　应交税费——应交增值税（销项税额）　［确认的增值税额］

　　【工作任务6-9】 2023年12月8日,南京公益食品公司向大明公司销售一批商品,开具的增值税专用发票上注明售价为1 000 000元,增值税税额为130 000元。南京公益食品公司收到大明公司开出的不带息银行承兑汇票一张,票面金额为1 130 000元,期限为6个月;该批商品成本为850 000元;大明公司收到商品并验收入库。南京公益食品公司应作会计处理如下。

（1）12月8日确认收入。

借:应收票据　　　　　　　　　　　　　　　　　　　　1 130 000

　　贷:主营业务收入　　　　　　　　　　　　　　　　　1 000 000

　　　　应交税费——应交增值税（销项税额）　　　　　　　130 000

（2）结转商品销售成本。

借:主营业务成本   850 000

 贷:库存商品   850 000

【学中做 6-5】甲公司向乙公司销售商品一批,开具的增值税专用发票上注明售价为40 000 元,增值税税额为 5 200 元;甲公司收到乙公司开出的不带息银行承兑汇票一张,票面金额为 45 200 元,期限为 1 个月;甲公司以银行存款支付代垫运费,增值税专用发票上注明运输费为 1 000 元,增值税税额为 90 元,所垫运费尚未收到;该批商品成本为 36 000 元;乙公司收到商品并验收入库。请编制甲公司的相关会计分录。

4. 赊销方式销售业务的核算

企业以赊销方式对外销售商品,在客户取得相关商品控制权时点确认收入。作会计处理如下。

(1) 确认应收款项。

借:应收账款 [销售商品应收的价税合计金额]

 贷:主营业务收入 [确认的商品销售收入]

   应交税费——应交增值税 [确认的销项税额]

(2) 实际收到款项。

借:银行存款

 贷:应收账款

【工作任务 6-10】2023 年 12 月 8 日,南京公益食品公司向明星工厂赊销一批商品,开具增值税专用发票、注明售价为 30 000 元、增值税税额为 3 900 元;双方约定 1 个月内支付货款,当日明星工厂收到商品并验收入库。该批商品的实际成本为 21 000 元。12 月 22 日,南京公益食品公司收到明星工厂支付的货款 33 900 元并存入银行。南京公益食品公司应作会计处理如下。

(1) 12 月 8 日发出商品,确认收入。

借:应收账款   33 900

 贷:主营业务收入   30 000

   应交税费——应交增值税(销项税额)   3 900

同时,结转商品销售成本。

借:主营业务成本   21 000

 贷:库存商品   21 000

(2) 12 月 22 日确认收款。

借:银行存款   33 900

 贷:应收账款   33 900

5. 发出商品的核算

企业按合同发出商品,合同约定客户只有在商品售出取得价款后才支付货款。企业向客户转让商品的对价未达到“很可能收回”收入确认条件。相关账务处理如下。

(1) 发出商品时,企业不应确认收入,将发出商品的成本记入“发出商品”账户。“发出商品”账户核算企业商品已发出但客户没有取得商品控制权的商品成本。

借:发出商品 [发出商品的成本]

 贷:库存商品

如已发出的商品被客户退回,应编制相反的会计分录。

借:库存商品

　　贷:发出商品

（2）收到货款或取得收取货款权利。

借:银行存款/应收账款　〔销售商品的价税合计金额〕

　　贷:主营业务收入　〔企业向客户转让商品很可能收回的对价〕

　　　　应交税费——应交增值税（销项税额）　〔确认的增值税费〕

同时结转已销商品成本。

借:主营业务成本

　　贷:发出商品

【工作任务 6-11】甲公司与乙公司均为增值税一般纳税人,2023 年 11 月 15 日,甲公司与乙公司签订委托代销合同,甲公司委托乙公司销售 A 商品 3 000 件,A 商品已经发出,每件商品成本为 80 元。合同约定乙公司应按每件 100 元对外销售,甲公司按不含增值税的销售价格的 10%向乙公司支付手续费。除非这些商品在乙公司存放期间由于乙公司的责任发生毁损或丢失,否则在 A 商品对外销售之前,乙公司没有义务向甲公司支付货款。乙公司不承担包销责任,没有售出的 A 商品须退回给甲公司,同时,甲公司也有权要求收回 A 商品或将其销售给其他的客户。至 2023 年 12 月 9 日,乙公司实际对外销售 A 商品 300 件,开出的增值税专用发票上注明的销售价款为 30 000 元,增值税税额为 3 900 元。甲公司收到乙公司开具的代销清单和代销手续费增值税专用发票(增值税税率为 6%),以及扣除代销手续费后的货款;甲公司开具相应的增值税专用发票。甲公司应编制会计分录如下。

（1）按合同约定发出商品。

借:发出商品——乙公司　　　　　　　　　　　　　　240 000

　　贷:库存商品——A 商品　　　　　　　　　　　　　　240 000

（2）甲公司收到乙公司开具代销清单。

借:应收账款　　　　　　　　　　　　　　　　　　　　33 900

　　贷:主营业务收入　　　　　　　　　　　　　　　　　30 000

　　　　应交税费——应交增值税（销项税额）　　　　　　3 900

借:主营业务成本　　　　　　　　　　　　　　　　　　24 000

　　贷:发出商品　　　　　　　　　　　　　　　　　　　24 000

借:销售费用　　　　　　　　　　　　　　　　　　　　3 000

　　应交税费——应交增值税（进项税额）　　　　　　　　180

　　贷:应收账款　　　　　　　　　　　　　　　　　　　3 180

（3）收到乙公司支付的货款。

借:银行存款　　　　　　　　　　　　　　　　　　　　30 720

　　贷:应收账款　　　　　　　　　　　　　　　　　　　30 720

【学中做 6-6】2023 年 12 月 7 日,南京公益食品公司向大洋公司销售一批商品,开具的增值税专用发票上注明售价为 20 000 元,增值税额为 2 600 元,款项尚未收到;产品的实际成本为 9 000 元。南京公益食品公司在销售时已经知道大洋公司资金周转发生困难,但为了减少存货积压,维持与大洋公司的商业合作关系,南京公益食品公司仍在将商品发往大洋公司前办妥托收手续。南京公益食品公司发出该批商品时增值税纳税义务尚未发生。请编制南京公益食品公司的会计分录。

6. 材料销售的核算

企业在日常活动中可能发生对外销售不需用的原材料、随同商品对外销售单独计价的包装物等业务。企业销售原材料、包装物等存货取得收入的确认和计量原则比照商品销售。企业销售原材料、包装物等存货确认的收入作为其他业务收入处理,结转的相关成本作为其他业务成本处理。相关账务处理如下。

(1)确认材料销售收入。

借:应收账款/银行存款

　　贷:其他业务收入

　　　　应交税费——应交增值税(销项税额)

(2)结转材料销售成本。

借:其他业务成本　　[结转的材料销售成本]

　　贷:原材料

【工作任务6-12】2023年12月8日,南京公益食品公司向星瀚公司销售一批原材料,开具的增值税专用发票上注明售价为50 000元,增值税额为6 500元;南京公益食品公司收到星瀚公司支付的款项并存入银行,该批原材料的实际成本为45 000元。星瀚公司收到原材料并验收入库。南京公益食品公司应作会计处理如下。

(1)发出商品,确认收入。

借:银行存款	56 500
贷:其他业务收入	50 000
应交税费——应交增值税(销项税额)	6 500

(2)结转材料销售成本。

借:其他业务成本	45 000
贷:原材料	45 000

7. 销售退回的核算

销售退回是指企业因售出商品在质量、规格等方面不符合销售合同规定条款的要求,客户要求企业予以退货。企业销售商品发生退货,表明企业履约义务的减少和客户商品控制权及其相关经济利益的丧失。已确认销售商品收入的售出商品发生销售退回的,除属于资产负债表日后事项的外,企业收到退回的商品时,应退回货款或冲减应收账款,并冲减主营业务收入和增值税销项税额。相关账务处理如下。

借:主营业务收入　　[冲减退货部分确认的商品销售收入]

　　应交税费——应交增值税(销项税额)　　[冲减相应的增值税费]

　　贷:银行存款/应收票据/应收账款　　[冲减退货部分的计税合计数]

收到退回商品验收入库。

借:库存商品　　[退货部分商品重新入库成本]

　　贷:主营业务成本

【工作任务6-13】(根据2019年会计技能赛项国赛真题改编)2023年11月13日,南京公益食品公司销售B商品一批,增值税专用发票上注明售价为7 000元,增值税税额910元,该批商品成本为5 800元。B商品于11月13日发出,客户于11月15日付款。该项业务属于在某一时点履行的履约义务并确认销售收入。

12月16日,该商品质量出现严重问题,客户将该批商品全部退回给南京公益食品公司。

南京公益食品公司同意退货,并于退货当日支付了退货款,并按规定向客户开具了增值税专用发票(红字)。假定不考虑其他因素,南京公益食品公司应作会计处理如下。

(1) 11 月 13 日确认收入。

借:应收账款   7 910
 贷:主营业务收入   7 000
  应交税费——应交增值税(销项税额)   910

同时结转商品销售成本。

借:主营业务成本   5 800
 贷:库存商品   5 800

(2) 11 月 15 日确认收款。

借:银行存款   7 910
 贷:应收账款   7 910

(3) 12 月 16 日全部退货。

借:主营业务收入   7 000
 应交税费——应交增值税(销项税额)   910
 贷:银行存款   7 910
借:库存商品   5 800
 贷:主营业务成本   5 800

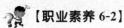
【职业素养 6-2】

数电票推广的意义

为贯彻落实中办、国办印发的《关于进一步深化税收征管改革的意见》,按照国家税务总局对发票电子化改革的部署,自 2021 年 12 月 1 日起试点推行全面数字化的电子发票(以下简称"数电票"),国家税务总局本着稳妥有序的原则,逐步扩大试点地区和纳税人范围。数电票是与纸质发票具有同等法律效力的全新发票,其不以纸质形式存在、无须介质支撑、无须申请领用。数电票将纸质发票的票面信息全面数字化,通过标签管理将多个票种集成归并为电子发票单一票种,实现全国统一赋码,系统智能赋予发票开具金额总额度,设立税务数字账户实现发票自动流转交付和数据归集。

文档:职业素养"数电票推广的意义"解读

思考:国家推广数电票的意义是什么?

六、在某一时段内履行履约义务的收入确认

(一) 某一时段内履行履约义务的收入确认

1. 在某一时段内履行履约义务的收入确认条件

对于在某一时段内履行的履约义务,相关收入应当在该履约义务履行的期间内确认。满足下列条件之一的,属于在某一时段内履行的履约义务。

(1) 客户在企业履约的同时即取得并消耗企业履约所带来的经济利益。

(2) 客户能够控制企业履约过程中在建的商品。

(3) 企业履约过程中所产出的商品具有不可替代用途,且该企业在整个合同期间内有权就累计至今已完成的履约部分收取款项。

微课:时段业务判断依据及履约进度的计算方法

2. 在某一时段内履行履约义务的收入确认方法

对于在某一时段内履行的履约义务,企业应当在该段时间内按照履约进度确认收入,履约进度不能合理确定的除外。企业应当采用恰当的方法确定履约进度,以使其如实反映企业向客户转让商品的履约情况。

(1) 产出法。产出法是指根据已转移给客户的商品对于客户的价值确定履约进度,通常可采用实际测量的完工进度、评估已实现的结果、已达到的工程进度节点、时间进度、已完工或交付的产品等产出指标确定履约进度。

【工作任务 6-14】甲公司与客户签订合同,为该客户拥有的一条铁路更换 100 根铁轨,合同价格为 10 万元(不含税价)。截至 2023 年 12 月 31 日,甲公司共更换铁轨 60 根,剩余部分预计在 2024 年 3 月 31 日之前完成。该合同仅包含一项履约义务,且该履约义务满足在某一时段内履行的条件。假定不考虑其他情况,确认该公司 2023 年 12 月的收入。

本任务中,甲公司提供的更换铁轨的服务属于在某一时段内履行的履约义务,按照已完成的工作量确定展约进度。截至 2023 年 12 月 31 日,该合同的履约进度为 60%(60÷100),甲公司应确认的收入为 6 万元(10×60%)。

产出法是直接计量已完成的产出,一般能够客观地反映履约进度。当产出法所需要的信息可能无法直接通过观察获得,或者为获得这些信息需要花费很高的成本时,可采用投入法。

(2) 投入法。投入法主要是根据企业履行履约义务的投入确定履约进度。主要包括投入的材料数量、花费的人工工时、机器工时、发生的成本和时间进度等投入指标确定恰当的履约进度,并且在确定履约进度时,应当扣除那些控制权尚未转移给客户的商品和服务。企业按照累计实际发生的成本占预计总成本的比例(即成本法)确定履约进度。

资产负债表日,企业按照合同的交易价格总额乘以履约进度扣除以前会计期间累计已确认的收入后的金额,确认当期收入。履约进度不能合理确定时,企业已经发生的成本预计能够得到补偿的,应当按照已经发生的成本金额确认收入,直到履约进度能够合理确定为止。

(二) 某一时段内履行履约义务的收入核算

履约进度利用产出法和投入法能合理确定的,当期应确认的收入=合同的交易价格总额×履约进度-以前会计期间累计已确认的收入。当履约进度不能合理确定时,企业已经发生的成本预计能够得到补偿的,应当按照已经发生的成本金额确认收入,直到履约进度能够合理确定为止。

微课:某一时段内
履行履约义务
收入的核算

【工作任务 6-15】甲公司为增值税一般纳税人,装修服务适用增值税税率为 9%。2023 年 12 月 1 日,甲公司与乙公司签订一项为期 3 个月的装修合同,合同约定装修价款为 500 000 元,增值税税额为 45 000 元,装修费用每月末按完工进度支付。2023 年 12 月 31 日,经专业测量师测量后,确定该项劳务的完工程度为 25%;乙公司按完工进度支付价款及相应的增值税款。

截至 2023 年 12 月 31 日,甲公司为完成该合同累计发生劳务成本 100 000 元(假定均为装修人员薪酬),估计还将发生劳务成本 300 000 元。该装修服务构成单项履约义务,并属于在某一时段内履行的履约义务。甲公司应作会计处理如下。

(1) 实际发生劳务成本。

借:合同履约成本　　　　　　　　　　　　　　　　　　　　　100 000
　　贷:应付职工薪酬　　　　　　　　　　　　　　　　　　　　　100 000

(2) 2023 年 12 月 31 日确认劳务收入并结转劳务成本。

2023 年 12 月 31 日确认的劳务收入＝500 000×25％－0＝125 000(元)

借:银行存款　　　　　　　　　　　　　　　　　　136 250

　　贷:主营业务收入　　　　　　　　　　　　　　　　125 000

　　　应交税费——应交增值税(销项税额)　　　　　　　11 250

借:主营业务成本　　　　　　　　　　　　　　　　　100 000

　　贷:合同履约成本　　　　　　　　　　　　　　　　100 000

接上面资料,如果 2024 年 1 月 31 日,经专业测量师测量后,确定该项劳务的完工程度为 70％;乙公司按完工进度支付价款并同时支付对应的增值税款。2024 年 1 月,为完成该合同发生劳务成本 180 000 元(假定均为装修人员薪酬),为完成该合同估计还将发生劳务成本 120 000 元。甲公司应作会计处理如下。

(1) 实际发生劳务成本。

借:合同履约成本　　　　　　　　　　　　　　　　　180 000

　　贷:应付职工薪酬　　　　　　　　　　　　　　　　180 000

(2) 2024 年 1 月 31 日确认劳务收入并结转劳务成本。

2024 年 1 月 31 日确认的劳务收入＝500 000×70％－125 000＝225 000(元)

借:银行存款　　　　　　　　　　　　　　　　　　245 250

　　贷:主营业务收入　　　　　　　　　　　　　　　　225 000

　　　应交税费——应交增值税(销项税额)　　　　　　　20 250

借:主营业务成本　　　　　　　　　　　　　　　　　180 000

　　贷:合同履约成本　　　　　　　　　　　　　　　　180 000

接上面资料,如果 2024 年 2 月 28 日,装修完工;乙公司验收合格,按完工进度支付价款并同时支付对应的增值税款。2024 年 2 月,为完成该合同发生劳务成本 120 000 元(假定均为装修人员薪酬)。甲公司应编制会计分录如下。

(1) 实际发生劳务成本 120 000 元。

借:合同履约成本　　　　　　　　　　　　　　　　　120 000

　　贷:应付职工薪酬　　　　　　　　　　　　　　　　120 000

(2) 2024 年 2 月 28 日确认劳务收入并结转劳务成本。

2024 年 2 月 28 日确认的劳务收入＝500 000－125 000－225 000＝150 000(元)

借:银行存款　　　　　　　　　　　　　　　　　　163 500

　　贷:主营业务收入　　　　　　　　　　　　　　　　150 000

　　　应交税费——应交增值税(销项税额)　　　　　　　13 500

借:主营业务成本　　　　　　　　　　　　　　　　　120 000

　　贷:合同履约成本　　　　　　　　　　　　　　　　120 000

【初级同步 6-6】(判断题)对于在某一时段内履行的履约义务,当履约进度不能合理确定时,即使企业已经发生的成本预计能够得到补偿,也不应确认收入。( )

【学中做 6-7】(根据 2018 年会计技能赛项国赛真题改编)甲公司为增值税一般纳税人,装修服务适用增值税税率为 9％。2023 年 8 月 1 日,甲公司与乙公司签订一项为期两个月的装修合同。合同约定装修价款为 500 000 元、增值税税额为 45 000 元,装修费用每月月末按完工进度支付。2023 年 8 月 31 日经专业测量师测量后,确定该项劳务的完工程度为 60％,乙公司按完工进度支付价款及相应的增值税;截至 2023 年 8 月 31 日,甲公司为完成该合同累计发生劳务成本 200 000 元(假定均为装修人员薪酬),估计还将发生劳务成本 100 000 元。请编制甲公司的会计分录。

七、可变对价

企业与客户的合同中约定的对价金额可能是固定的,也可能会因折扣、价格折让、返利、退款、奖励积分、激励措施、业绩、奖金、索赔等因素而变化,因此,根据一项或多项或有事项的发生而收取不同对价金额的合同,属于可变对价的情形。

若合同中存在可变对价,企业应当对计入交易价格的可变对价进行估计。企业应当按照期望值或最可能发生金额确定可变对价的最佳估计数。但是,企业不能在两种方法之间随意进行选择。期望值是按照各种可能发生的对价金额及相关概率计算确定的金额;最可能发生金额是一系列可能发生的对价金额中最可能发生的单一金额,即合同最可能产生的单一结果。此外,需要注意的是,企业确定可变对价金额之后,计入交易价格的可变对价金额还应满足限制条件,即包含可变对价的交易价格,应当不超过在相关不确定性消除时,累计已确认的收入极可能不会发生重大转回的金额。

对于销售时,存在现金折扣的情况,新收入准则下,具体会计处理如下。

对外销售实现收入。

借:应收账款

　　贷:主营业务收入

　　　　合同负债——现金折扣 　［估计客户最可能选择的折扣金额］

　　　　应交税费——应交增值税(销项税额)

购货方实际付款。

借:银行存款

　　合同负债——现金折扣

　　贷:应收账款

若购货方实际享受的现金折扣低于估计,则将多计提的"合同负债"结转至"主营业务收入"。

【工作任务 6-16】2023 年 12 月 19 日,南京公益食品公司销售 M 商品 3 000 件并开具增值税专用发票,每件商品的标价为 200 元(不含增值税),M 商品适用的增值税税率为 13%;每件商品的实际成本为 120 元;由于是成批销售,甲公司给予客户 10% 的商业折扣,并在销售合同中规定现金折扣条件,2/10,n/30,且计算现金折扣时不考虑增值税;当日 M 商品发出,客户收到商品并验收入库。甲公司基于对客户的了解,预计客户 10 天内付款的概率为 95%,10 天后付款的概率为 5%。2023 年 12 月 26 日,收到客户支付的货款。

(1) 确认南京公益食品公司 12 月 19 日的收入,并进行账务处理。

(2) 对 12 月 26 日收到货款进行账务处理。

甲公司从应确认的销售商品收入中扣除 10% 的商业折扣;而对于现金折扣,甲公司认为按照最可能发生金额能够更好地预测其有权获取的对价金额。因此,甲公司应确认的销售商品收入的金额 $=200 \times (1-10\%) \times 3\,000 \times (1-2\%) = 529\,200$(元);增值税销项税额 $=200 \times (1-10\%) \times 3\,000 \times 13\% = 70\,200$(元)。

(1) 12 月 19 日,确认收入并结转成本。

借:应收账款　　　　　　　　　　　　　　　　　　610 200

　　贷:主营业务收入　　　　　　　　　　　　　　　　529 200

      合同负债——现金折扣   10 800

      应交税费——应交增值税（销项税额）   70 200

借：主营业务成本   360 000

   贷：库存商品   360 000

（2）12 月 26 日，收到货款。

借：银行存款   599 400

   合同负债——现金折扣   10 800

   贷：应收账款   610 200

【初级同步 6-7】（单选题）甲公司为增值税一般纳税人。2023 年 8 月 22 日销售 C 商品 200 件，每件商品的标价为 5 万元（不含增值税），给予购货方 150 万元的商业折扣。C 商品适用的增值税税率为 13％，甲公司已开具增值税专用发票，销售商品符合收入确认条件。不考虑其他因素，甲公司 2023 年度利润表中"营业收入"项目"本期金额"栏的填列金额增加（   ）万元。

    A. 960.5   B. 850   C. 1 130   D. 1 000

【学中做 6-8】 甲公司是一家空调生产销售企业，销售空调适用的增值税税率为 13％。2023 年 6 月甲公司向零售商乙公司销售 500 台 A 型挂机空调，每台价格为 1 000 元，合同价款总计 500 000 元，每台 A 型挂机空调的成本为 700 元；乙公司收到 A 型挂机空调并验收入库。甲公司向乙公司提供价格保护，同意在未来 6 个月内，如果同款空调售价下降，则按照合同价格与最低售价之间的差额向乙公司支付差价。甲公司根据以往执行类似合同的经验，预计各种结果发生的概率如表 6-1 所示。请编制甲公司的会计分录。

表 6-1 A 型挂机空调售价下降的概率估计

未来 6 个月内的不含税降价金额/（元/台）	概率/%
0	40
200	30
400	20
600	10

做中学

单选题

1. 下列各项中，制造业企业应通过"其他业务收入"账户核算的是（   ）。

    A. 销售材料实现的收入

    B. 转让交易性金融资产取得的收益

    C. 取得与日常活动无关的政府补助

    D. 接受非关联方现金捐赠产生的利得

2. 某企业为增值税一般纳税人，增值税税率为 13％。本月销售一批原材料，价税合计为 5 650 元，该批材料成本为 4 000 元，已提存货跌价准备 1 000 元。不考虑其他因素，该企业销售材料应确认的损益为（   ）元。

    A. 2 000   B. 2 967   C. 1 100   D. 1 967

3. 公司给客户办理健身会员卡,收取一年费用,收取的年费计入(　　)。

A. 合同负债　　　　　　　　B. 其他应付款

C. 主营业务收入　　　　　　D. 其他业务收入

4. 2023 年 10 月,某企业签订一项劳务合同,合同收入为 300 万元,预计合同成本为 240 万元,合同价款在签订合同时已收取。该合同属于在某一时段内履行的履约义务,企业采用成本法确认合同履约进度,即按照累计实际发生的成本占合同预计总成本的比例确定履约进度。2023 年,该企业已为该合同发生成本 72 万元,确认收入 90 万元,截至 2024 年年底,累计发生成本 168 万元,不考虑其他因素,2024 年企业应确认该项业务的收入为(　　)万元。

文档:任务一拓展训练

A. 64　　　　　　B. 144　　　　　　C. 120　　　　　　D. 180

任务二　费　用

一、费用概述

费用有广义和狭义之分。广义的费用是指企业日常活动中发生的所有耗费;狭义的费用是指和本期营业收入相配比的耗费。本书所指的费用主要是指狭义的费用,即企业为取得营业收入进行产品销售等营业活动所发生的营业成本、税金及附加和期间费用。

【初级同步 6-8】(多选题)下列会计账户中,符合费用定义的有(　　)。

A. 管理费用　　　　　　　　B. 主营业务成本

C. 税金及附加　　　　　　　D. 营业外支出

费用应按照权责发生制确认,凡应属于本期发生的费用,不论其款项是否支付,均确认为本期费用;反之,不属于本期发生的费用,即使其款项已在本期支付,也不确认为本期费用。

二、营业成本

企业为生产产品、提供劳务等发生的可归属于产品成本、劳务成本等的费用,包括主营业务成本和其他业务成本。企业应当在确认销售商品收入、提供劳务收入等时,将已销售商品、已提供劳务的成本确认为营业成本。期末,企业应将"主营业务成本""其他业务成本"账户余额转入"本年利润"账户。相关账务处理如下。

期末结转。

借:本年利润　[期末将主营业务成本/其他业务成本等结转至本账户]

　贷:主营业务成本

　　　其他业务成本

结转后"主营业务成本""其他业务成本"账户无余额。

三、税金及附加

(一)税金及附加的概念

税金及附加是指企业经营活动应负担的相关税费,包括消费税、城市维护建设税、教育费附加、资源税、土地增值税、房产税、环境保护税、城镇土地

微课:税金及附加

使用税、车船税、印花税等。

（二）税金及附加的核算

企业应当设置"税金及附加"账户，核算企业经营活动发生的相关税费。相关账务处理如下。

（1）税金计提。

借：税金及附加 ［计提确认的应交税费金额］

　　贷：应交税费

（2）期末结转。

借：本年利润 ［期末将税金及附加账户金额结转至本账户］

　　贷：税金及附加

【注意】结转后"税金及附加"账户应无余额。

【工作任务 6-17】2023 年 12 月 30 日，南京公益食品公司取得应纳消费税的销售商品收入 1 000 000 元，该商品适用的消费税税率为 25%。南京公益食品公司应作会计处理如下。

（1）计提应缴纳的消费税额。

$$1 000 000 \times 25\% = 250 000（元）$$

借：税金及附加 　　　　　　　　　　　　　　　250 000

　　贷：应交税费——应交消费税 　　　　　　　　　　　250 000

（2）实际缴纳消费税。

借：应交税费——应交消费税 　　　　　　　　　　250 000

　　贷：银行存款 　　　　　　　　　　　　　　　　　250 000

【初级同步 6-9】（判断题）企业在建工程领用自产的应税消费品计提的消费税，应记入"税金及附加"账户核算。（　　　）

四、期间费用

（一）期间费用概述

期间费用是指企业日常活动发生的不能计入特定核算对象的成本，而应计入发生当期损益的费用。不计入特定的成本核算对象，是因为期间费用是企业为组织和管理整个经营活动所发生的费用，与可以确定特定成本核算对象的材料采购、产成品生产等没有直接关系，因而于发生时直接计入当期损益。期间费用包括销售费用、管理费用和财务费用。期间费用包含以下两种情况。

（1）企业发生的不符合或者不再符合资产确认条件的支出，应当在发生时确认为费用，计入当期损益。比如，发生的无形资产研发费用不符合资本化的确认条件。

（2）企业发生交易或者事项，导致产生一项负债又不应确认为一项资产的，应当在发生时确认为费用。比如，计提行政管理人员的工资费用。

（二）销售费用

1. 销售费用的概念

销售费用是指企业销售商品和材料、提供服务的过程中发生的各种费用，包括企业在销售商品过程中发生的保险费、包装费、展览费、广告费、商品维修费、预计产品质量保证损失、运输费、装卸费等，以及为销售本企业商品而专设的销售机构（含销售网点、售后服务网点等）的职工薪酬、业务费、折旧费等经营

微课：销售费用

费用。企业发生的与专设销售机构相关的固定资产修理费用等后续支出也属于销售费用。

销售费用是与企业销售商品活动有关的费用,但不包括销售商品本身的成本,该成本属于主营业务成本。

【学中做 6-9】(单选题)下列各项中,企业应计入销售费用的是( )。

A. 随同商品出售单独计价的包装物成本

B. 预计产品质量保证损失

C. 因产品质量原因给予客户的销售退回

D. 行政管理部门人员报销的差旅费

2. 销售费用的核算

企业应设置"销售费用"账户,核算销售费用的发生和结转情况。"销售费用"账户按销售费用的费用项目进行明细核算。相关账务处理如下。

(1)发生销售费用。

借:销售费用 [企业所发生的各项销售费用]

　　贷:银行存款等

(2)期末结转。

借:本年利润 [期末转入"本年利润"账户的销售费用]

　　贷:销售费用

【注意】结转后"销售费用"账户应无余额。

(三)管理费用

1. 管理费用的概念

管理费用是指企业为组织和管理生产经营发生的各种费用。具体包括以下内容:①企业在筹建期间内发生的开办费。②董事会和行政管理部门在企业的经营管理中发生的以及应由企业统一负担的公司经费(包括行政管理部门职工薪酬、物料消耗、低值易耗品摊销、办公费和差旅费等)、工会经费、董事会费(包括董事会成员津贴、会议费和差旅费等)、聘请中介机构费、咨询费(含顾问费)、诉讼费、业务招待费、技术转让费、研究费用等。③企业行政管理部门发生的固定资产的日常修理费用和大修费用等后续支出。④同一控制下企业合并发生的直接相关费用。

微课:管理费用

【初级同步 6-10】(单选题)下列各项中,应通过管理费用核算的是( )。

A. 预计产品质量保证损失　　　　　B. 业务招待费

C. 商品维修费　　　　　　　　　　D. 出售无形资产净损失

【自我探究】企业财务部门的办公费应该归为管理费用还是财务费用?

2. 管理费用的核算

企业应设置"管理费用"账户,核算管理费用的发生和结转情况。"管理费用"账户按管理费用的费用项目进行明细核算。商品流通企业管理费用不多的,可不设"管理费用"账户,相关核算内容可并入"销售费用"账户核算。相关账务处理如下。

(1)发生管理费用。

借:管理费用 [企业所发生的各项管理费用]

　　贷:银行存款等

(2)期末结转。

借:本年利润 [期末转入"本年利润"账户的管理费用]

　　　贷:管理费用

【注意】 结转后"管理费用"账户应无余额。

【工作任务 6-18】 南京公益食品公司 2023 年 12 月行政管理部门发生费用 150 000 元,其中行政管理人员薪酬 120 000 元,报销行政管理人员差旅费 11 000 元(假定报销人员均未预借差旅费),其他办公费、水电费 19 000 元;均用银行存款支付(不考虑增值税等因素)。南京公益食品公司应作会计处理如下。

借:管理费用　　　　　　　　　　　　　　　　　　　　　　　　 150 000
　　贷:应付职工薪酬　　　　　　　　　　　　　　　　　　　　　 120 000
　　　　银行存款　　　　　　　　　　　　　　　　　　　　　　　　30 000

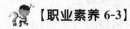 **【职业素养 6-3】**

小张的烦恼

　　小张是一家公司的会计,负责公司日常的账务处理和财务报表的编制。某日,小张发现公司有一笔 10 万元的额外支出没有在账目上体现,询问其他同事后得知这笔支出是总经理要求保密的私人费用。这 10 万元到底怎么处理,小张感到十分苦恼。

文档:职业素养
"小张的烦恼"
解读

　　思考: 请结合本例谈一谈自己的想法。

　　(四) 财务费用

　　1. 财务费用的概念

　　财务费用是指企业为筹集生产经营所需资金等而发生的筹资费用,包括利息支出(减利息收入)、汇兑损益以及相关的手续费等。

　　【初级同步 6-11】 (单选题)下列各项中,不属于"财务费用"账户核算内容的是(　　　)。

　　A. 短期借款利息支出　　　　　　　　　　B. 收取银行存款利息

　　C. 办理银行承兑汇票支付的手续费　　　　D. 财务部门发生的业务招待费

　　2. 财务费用的核算

　　企业应设置"财务费用"账户,核算财务费用的发生和结转情况。"财务费用"账户应按财务费用的费用项目进行明细核算。相关账务处理如下。

　　(1) 发生财务费用。

　　借:财务费用　[企业所发生的各项财务费用]

　　　　贷:银行存款等

　　(2) 期末结转。

　　借:本年利润　[期末转入"本年利润"账户的财务费用]

　　　　贷:财务费用

　　【注意】 结转后"财务费用"账户应无余额。

　　【工作任务 6-19】 (根据 2019 年会计技能赛项国赛真题改编)南京公益食品公司 12 月 21 日支付本月应负担的短期借款利息 30 000 元,应作会计处理如下。

借:财务费用——利息支出　　　　　　　　　　　　　　　　　　　 30 000
　　贷:银行存款　　　　　　　　　　　　　　　　　　　　　　　　30 000

　　【工作任务 6-20】 (根据 2019 年会计技能赛项国赛真题改编)12 月 30 日南京公益食品公司收到开户银行转来活期存款利息清单 1 000 元,应作会计处理如下。

借:银行存款　　　　　　　　　　　　　　　　　　　　　1 000
　　贷:财务费用——利息收入　　　　　　　　　　　　　　　　1 000

 做中学

单选题

1. 某企业生产资源税应税产品用于销售,应交资源税借记(　　)。

　　A. 管理费用　　　　B. 营业外支出　　　　C. 税金及附加　　　　D. 生产成本

2. 下列各项中,属于企业期间费用的是(　　)。

　　A. 采购材料过程中发生的合理损耗　　　　B. 计提生产车间固定资产折旧费

　　C. 宣传推广新产品支付的广告费　　　　　D. 销售商品给予客户的商业折扣

3. 下列各项中,企业对无法查明原因的现金短缺按管理规定报经批准应借记的科目是(　　)。

　　A. 管理费用　　　　B. 营业外收入　　　　C. 财务费用　　　　D. 营业外支出

4. 2023 年度,某企业"财务费用"账户核算内容如下:短期借款利息支出 90 万元,收到流动资金存款利息收入 1 万元,支付银行承兑汇票手续费 15 万元。不考虑其他因素,2023 年度该企业应计入财务费用的金额为(　　)万元。

　　A. 104　　　　　　　　　　　　　　　　B. 90

　　C. 105　　　　　　　　　　　　　　　　D. 106

文档:任务二
拓展训练

任务三　利　润

一、利润的构成

利润是指企业一定会计期间的经营成果。包括收入减去费用后的净额、直接计入当期利润的利得和损失等。

利得是指由企业非日常活动所形成的、会导致所有者权益增加的、与所有者投入资本无关的经济利益的流入。损失是指由企业非日常活动所发生的、会导致所有者权益减少的、与向所有者分配利润无关的经济利益的流出。

利润金额取决于收入和费用、直接计入当期利润的利得和损失金额的计量。表现为收入和直接计入当期利润的利得减去有关的费用和直接计入当期利润的损失后的差额。

利润通常由营业利润、利润总额和净利润三项指标来反映。

(一) 营业利润

营业利润是指营业收入减去营业成本、税金及附加、销售费用、管理费用、财务费用、资产减值损失和信用减值损失,加上其他收益、投资收益、公允价值变动损益和资产处置损益后的金额。营业利润是利润总额的主要来源。用公式表示如下:

$$营业利润 = 营业收入 - 营业成本 - 税金及附加 - 销售费用 - 管理费用 - 研发费用 - 财务费用 + 其他收益 + 投资收益(-投资损失)$$

$$+ 公允价值变动收益(-公允价值变动损失) - 信用减值损失 - 资产减值损失 + 资产处置收益(-资产处置损失)$$

营业收入是指企业经营业务所实现的收入总额,包括主营业务收入和其他业务收入。

营业成本是指企业经营业务所发生的实际成本总额,包括主营业务成本和其他业务成本。

研发费用是指企业计入管理费用的进行研究与开发过程中发生的费用化支出,以及计入管理费用的自行开发无形资产的摊销。

其他收益主要是指企业取得的与日常经营活动相关的计入营业利润的政府补助。

投资收益(或损失)是指企业以各种方式对外投资所取得的收益(或损失)。

公允价值变动收益(或损失)是指企业交易性金融资产等公允价值变动形成的应计入当期损益的利得(或损失)。

信用减值损失是指企业计提各项金融资产信用减值准备所确认的信用损失。

资产减值损失是指企业计提有关资产减值准备所形成的损失。

资产处置收益(或损失)是指企业因处置固定资产、无形资产、持有待售的非流动资产等所产生的损益。

【初级同步 6-12】(单选题)下列各项中,导致企业当期营业利润减少的是( )。

A. 经营出租非专利技术的摊销额　　　B. 对外公益性捐赠的商品成本

C. 支付税收滞纳金　　　　　　　　　D. 自然灾害导致生产线报废净损失

(二) 利润总额

$$利润总额＝营业利润＋营业外收入－营业外支出$$

(三) 净利润

净利润是企业利润总额减去所得税费用后的余额,即企业的税后利润。用公式表示如下:

$$净利润＝利润总额－所得税费用$$

式中,所得税费用是指企业确认的应从当期利润总额中扣除的所得税费用。

二、营业外收入与营业外支出

(一) 营业外收入

1. 营业外收入的概念

营业外收入是指企业确认的与其日常活动无直接关系的各项利得。营业外收入并不是企业经营资金耗费所产生的,不需要企业付出代价,实际上是经济利益的净流入,不需要与有关的费用进行配比。营业外收入主要包括非流动资产毁损报废收益、债务重组利得、罚没利得、与企业经营活动无关的政府补助、确实无法支付而按规定程序经批准后转作营业外收入的应付款项、盘盈利得、捐赠利得等。

2. 营业外收入的核算

企业应设置“营业外收入”账户,核算营业外收入的取得及结转情况。该账户贷方登记企业确认的营业外收入,借方登记期末将“营业外收入”账户余额转入“本年利润”账户的营业外收入,结转后,“营业外收入”账户无余额。“营业外收入”账户可按营业外收入项目进行明细核算。相关账务处理如下。

(1) 企业确认处置非流动资产毁损报废收益。

借:固定资产清理　[毁损报废固定资产清理的利得]

　　贷:营业外收入　[结转固定资产清理的利得]

【工作任务 6-21】南京公益食品公司将固定资产报废清理的净收益 10 000 元转作营业外收入,应作会计处理如下。

借：固定资产清理   10 000

 贷：营业外收入   10 000

（2）企业确认盘盈利得、捐赠利得等计入营业外收入。

借：库存现金/待处理财产损溢 ［核算企业取得的盘盈利得、捐赠利得等］

 贷：营业外收入 ［结转盘盈利得、捐赠利得等］

【工作任务 6-22】南京公益食品公司转销由于债权单位撤销无法清偿的应付账款 1 000 元，应作会计处理如下。

借：应付账款   1 000

 贷：营业外收入   1 000

（3）期末结转。

借：营业外收入 ［结转至"本年利润"账户］

 贷：本年利润 ［由"营业外收入"结转至本账户的金额］

【工作任务 6-23】接工作任务 6-21 和工作任务 6-22 的资料，南京公益食品公司本期营业外收入总额为 11 000 元，期末结转本年利润，应作会计处理如下。

借：营业外收入   11 000

 贷：本年利润   11 000

（二）营业外支出

1. 营业外支出的概念

营业外支出是指企业发生的与其日常活动无直接关系的各项损失，主要包括非流动资产毁损报废损失、捐赠支出、盘亏损失、非常损失、罚款支出等。

【初级同步 6-13】（单选题）下列各项中，应计入营业外支出的是（ ）。

A. 合同违约金   B. 法律诉讼费

C. 经营出租无形资产的摊销额 D. 广告宣传费

2. 营业外支出的核算

企业应设置"营业外支出"账户，核算营业外支出的发生及结转情况。该账户借方登记确认的营业外支出，贷方登记期末将"营业外支出"账户余额转入"本年利润"账户的营业外支出，结转后"营业外支出"账户无余额。"营业外支出"账户可按营业外支出项目进行明细核算。相关账务处理如下。

（1）企业确认处置非流动资产毁损报废损失。

借：营业外支出 ［毁损报废固定资产清理的损失］

 贷：固定资产清理 ［结转固定资产清理的损失］

【工作任务 6-24】南京公益食品公司的一项专利技术因被新技术所取代，公司决定将其转入报废处理。该项专利的原值为 200 000 元，寿命不确定未曾摊销，未计提减值准备，应作会计处理如下。

借：营业外支出   200 000

 贷：无形资产   200 000

（2）确认盘亏、罚款支出计入营业外支出。

借：营业外支出 ［结转企业确认的盘亏、罚款损失］

 贷：待处理财产损溢/库存现金 ［核算企业确认的盘亏、罚款损失］

【工作任务 6-25】 2023 年 12 月，南京公益食品公司用银行存款支付税款滞纳金 20 000 元，应作会计处理如下。

借：营业外支出   20 000

  贷：银行存款   20 000

（3）期末结转。

借：本年利润 ［由"营业外支出"结转至本账户的金额］

  贷：营业外支出 ［结转至"本年利润"账户］

【工作任务 6-26】 接工作任务 6-24 和工作任务 6-25 的资料，南京公益食品公司本期营业外支出总额为 220 000 元，期末结转至本年利润，应作会计处理如下。

借：本年利润   220 000

  贷：营业外支出   220 000

三、所得税费用

企业所得税是指对企业的生产经营所得和其他所得征收的一种税。企业的所得税费用包括当期所得税和递延所得税两部分。

（一）当期所得税

当期所得税是指当期应交所得税，是企业针对当期发生的交易或事项，按照税法规定计算确定的应缴纳给税务机关的所得税金额，即应交所得税。计算公式为

$$应交所得税 = 应纳税所得额 \times 适用税率$$

应纳税所得额是在企业税前会计利润（即利润总额）的基础上调整确定的，计算公式为

$$应纳税所得额 = 税前会计利润 + 纳税调整增加额 - 纳税调整减少额$$
$$= 税前会计利润 \pm 永久性差异纳税调整额 \pm 暂时性差异纳税调整额$$

纳税调整增加额主要包括企业所得税法规定允许扣除项目中，企业已计入当期费用但超过税法规定扣除标准的金额（如超过企业所得税法规定标准的职工福利费、工会经费、职工教育经费、业务招待费、公益性捐赠支出、广告费和业务宣传费等），以及企业已计入当期损失但企业所得税法规定不允许扣除项目的金额（如税款滞纳金、罚金、罚款等）。

纳税调整减少额主要包括按企业所得税法规定允许弥补的亏损和准予免税的项目，如前 5 年内未弥补亏损、国债利息收入以及符合条件的居民企业之间的股息、红利等权益性投资收益等。

【工作任务 6-27】 南京公益食品公司 2024 年度利润总额（税前会计利润）为 2 000 万元，适用的所得税税率为 25%，全年实发工资薪金为 300 万元，职工福利费 20 万元，工会经费 7 万元；经查南京公益食品公司营业外支出中有 12 万元为税收滞纳金，全年无其他纳税调整因素。计算南京公益食品公司当期应交所得税额。

（1）按企业所得税法规定，企业在计算当期应纳税所得额时发生的 300 万元工资薪金可以据实扣除。

（2）企业发生的职工福利费支出不超过工资薪金总额 14% 的部分，准予扣除。300×14%＞20，职工福利费可以据实扣除。

（3）企业拨缴的工会经费不超过工资薪金总额 2% 的部分，准予扣除。300×2%＜7，工会经费需要纳税调增 1 万元（7－300×2%）。

（4）税款滞纳金是企业所得税法规定不允许税前扣除的项目，所以12万元需要进行纳税调增。

应纳税所得额＝税前会计利润＋纳税调整增加额＝2 000＋1＋12＝2 013（万元）

当期应交所得税额＝2 013×25%＝503.25（万元）

【学中做6-10】（根据2019年会计技能赛项国赛真题改编）下列各项中，企业在计算应纳税所得额时，应在利润总额的基础上进行纳税调减的内容有（　　　）。

A. 企业支付的税收滞纳金5 000元

B. 企业投资国债取得利息收入10 000元

C. 企业从其投资的居民企业取得现金股利20 000元

D. 企业支付超过企业所得税法规定标准的工会经费2 000元

（二）递延所得税

递延所得税包括递延所得税资产和递延所得税负债。由于企业会计准则和《中华人民共和国企业所得税法》（简称《企业所得税法》）是基于不同目的、遵循不同原则分别制定的，二者在资产与负债的计量标准、收入与费用的确认原则等方面存在着一定的差异，导致企业在一定期间内按企业会计准则的要求确认的会计利润（指利润总额，下同）往往不等于按税法规定计算的应纳所得税额，由此产生纳税差异。这种差异按性质可分为永久性差异和暂时性差异。

1. 永久性差异

永久性差异是指某一会计期间，由于会计准则和税法在计算收益、费用或损失时的口径不同，所产生的会计利润与应纳税所得额之间的差异。永久性差异在本期发生，不会在以后会计期间转回。例如，某甲公司发生环保罚款支出10万元，按照企业会计准则的计量标准是可以作为税前费用进行扣除的，但依据《企业所得税法》的政策要求，罚款支出不得进行税前扣除。

2. 暂时性差异

暂时性差异是指资产负债的账面价值与其计税基础（即税法口径的价值标准）不同而产生的差异。暂时性差异在本期发生，允许在以后期间转回，且转回数与原发生数总额相等。

例如，某企业按照企业会计准则的要求对应收账款减值损失采用备抵法进行核算，计提了1万元坏账准备。坏账准备的计提会导致应收账款账面价值减少，依据税法规定，企业的资产在发生实质性损失之前预计的减值损失不允许税前扣除，则企业的应收账款账面价值减少了1万元，但计税基础不会因减值准备的提取而发生变化，应收账款的账面价值小于计税基础，产生了暂时性差异。该差异将在应收账款转销后全部转回。

（1）应纳税暂时性差异。应纳税暂时性差异是指在确定未来收回资产或清偿负债期间的应纳所得税额时，将导致产生应税金额的差异。包括资产的账面价值大于其计税基础，负债的账面价值小于其计税基础等情况。

（2）可抵扣暂时性差异。可抵扣暂时性差异是指在确定未来收回资产或清偿负债期间的应纳税所得额时，将导致产生可抵扣金额的暂时性差异。包括资产的账面价值小于其计税基础，负债的账面价值大于其计税基础等情况。

比如，前例中，企业的应收账款账面价值减少了1万元，但计税基础不发生变化；应收账款账面价值小于计税基础，形成可抵扣暂时性差异。

（3）递延所得税。递延所得税是指按照会计准则规定当期应予确认的递延所得税资产和递延所得税负债金额。

递延所得税资产是指以未来期间很可能取得用来抵扣可抵扣暂时性差异的应纳税所得额为限确认的一项资产。递延所得税负债是指根据应纳税暂时性差异计算的未来期间应付所得税的金额。

（三）所得税费用的核算

根据企业会计准则的规定，企业计算确定的当期所得税和递延所得税之和，即为应从当期利润总额中扣除的所得税费用。即

$$所得税费用＝当期所得税＋递延所得税$$

其中：

$$\begin{array}{l}递延\\所得税\end{array}=\left(\begin{array}{l}递延所得税负\\债的期末余额\end{array}-\begin{array}{l}递延所得税负\\债的期初余额\end{array}\right)-\left(\begin{array}{l}递延所得税资\\产的期末余额\end{array}-\begin{array}{l}递延所得税资\\产的期初余额\end{array}\right)$$

企业应设置"所得税费用"账户，核算企业所得税费用的确认及其结转情况。

（1）计提当期所得税。

借：所得税费用

　　贷：应交税费——应交所得税

（2）计提递延所得税资产。

借：递延所得税资产

　　贷：所得税费用

（3）计提递延所得税负债。

借：所得税费用

　　贷：递延所得税负债

（4）期末结转。

借：本年利润

　　贷：所得税费用

【注意】结转后"所得税费用"账户应无余额。

【工作任务6-28】（根据2020年初级会计职称考试不定项选择题真题改编）南京公益食品公司应纳所得税额为500万元，递延所得税负债期末、期初余额为180万元和100万元，递延所得税资产期末、期初余额为50万元和110万元，企业所得税税率为25%，计算企业的所得税费用。

所得税费用包括当期所得税费用和递延所得税费用（或减递延所得税收益）；其中，当期所得税为500万元；递延所得税负债期初余额为100万元，期末余额为180万元，当期应贷记"递延所得税负债"账户80万元（180-100）；递延所得税资产期初余额为110万元，期末余额为50万元，当期应贷记"递延所得税资产"账户60万元（110-50），企业应编制会计分录如下。

借：所得税费用　　　　　　　　　　　　　　　　　　　　　　6 400 000

　　贷：应交税费——应交所得税　　　　　　　　　　　　　　　5 000 000

　　　　递延所得税资产　　　　　　　　　　　　　　　　　　　600 000

　　　　递延所得税负债　　　　　　　　　　　　　　　　　　　800 000

所得税费用的金额即640万元。

四、本年利润

（一）本年利润的结转方法

会计期末，结转本年利润的方法有表结法和账结法两种。

1. 表结法

表结法下，各损益类账户每月月末只需结计出本月发生额和月末累计余额，不结转到"本年利润"账户，只有在年末时才将全年累计余额结转入"本年利润"账户。但每月月末要将损益类账户的本月发生额合计数填入利润表的"本月数"栏，同时将本月月末累计余额填入利润表的"本年累计数"栏，通过利润表计算反映各期的利润（或亏损）。表结法下，年中损益类账户无须结转入"本年利润"账户，从而减少了转账环节和工作量，同时并不影响利润表的编制及有关损益指标的利用。

2. 账结法

账结法下，每月月末均需编制转账凭证，将在账上结计出的各损益类账户的余额结转入"本年利润"账户。结转后"本年利润"账户的本月余额反映当月实现的利润或发生的亏损，"本年利润"账户的本年余额反映本年累计实现的利润或发生的亏损。账结法在各月均可通过"本年利润"账户提供当月及本年累计的利润（或亏损）额，但增加了转账环节和工作量。

（二）本年利润的核算

企业应设置"本年利润"账户，核算企业本年度实现的净利润（或发生的净亏损）。会计期末，企业应作账务处理如下。

1. 各项收入、利得类账户结转至"本年利润"账户

借：主营业务收入

其他业务收入

投资收益

公允价值变动损益

资产处置损益

其他收益

营业外收入

贷：本年利润

2. 各项费用、损失类账户结转至"本年利润"账户

借：本年利润

贷：主营业务成本

其他业务成本

税金及附加

销售费用

管理费用

财务费用

信用减值损失

资产减值损失

（投资收益）［投资为损失］

（资产处置损益） ［资产处置为净损失］

营业外支出

所得税费用

结转后"本年利润"账户如为贷方余额，表示当年实现的净利润；如为借方余额，表示当年发生的净亏损。

3. 结转本年利润

年度终了，企业还应将"本年利润"账户的本年累计余额转入"利润分配——未分配利润"账户。相关账务处理如下。

借：本年利润 ［结转前，本年利润余额在贷方］

　　贷：利润分配——未分配利润

如为借方余额，作相反的会计分录。结转后，"本年利润"账户应无余额。

【工作任务 6-29】南京公益食品公司采用账结法结转本年利润，截至 2023 年 11 月本年利润账户贷方余额为 6 520 000 元，12 月各损益账户余额如表 6-2 所示，所得税率为 25%，不考虑所得税纳税调整和递延所得税因素。计算并结转南京公益食品公司本年利润。

表 6-2　2023 年 12 月各损益类账户余额

科目名称	借/贷	科目余额
主营业务收入	贷	600 000
其他业务收入	贷	70 300
其他收益	贷	1 000
投资收益	贷	20 000
营业外收入	贷	220
主营业务成本	借	510 000
其他业务成本	借	3 000
税金及附加	借	7 100
销售费用	借	33 000
管理费用	借	26 000
财务费用	借	10 000
营业外支出	借	500

（1）各收入、利得类账户结转。

借：主营业务收入　　　　　　　　　　　　　　　　600 000

　　其他业务收入　　　　　　　　　　　　　　　　70 300

　　其他收益　　　　　　　　　　　　　　　　　　1 000

　　投资收益　　　　　　　　　　　　　　　　　　20 000

　　营业外收入　　　　　　　　　　　　　　　　　220

　　贷：本年利润　　　　　　　　　　　　　　　　691 520

（2）各费用、损失类账户结转。

借：本年利润　　　　　　　　　　　　　　　　　　589 600

　　贷：主营业务成本　　　　　　　　　　　　　　510 000

其他业务成本	3 000
税金及附加	7 100
销售费用	33 000
管理费用	26 000
财务费用	10 000
营业外支出	500

（3）2023 年税前会计利润＝6 520 000＋（691 520－589 600）

＝6 621 920（元）

当期应交所得税额＝6 621 920×25％＝1 655 480（元）

不考虑所得税纳税调整及递延所得税因素,确认所得税费用。

借:所得税费用   1 655 480

　贷:应交税费——应交所得税   1 655 480

将所得税费用结转至"本年利润"。

借:本年利润   1 655 480

　贷:所得税费用   1 655 480

最后将"本年利润"账户的年末余额 4 966 440 元(6 621 920－1 655 480)结转至"利润分配——未分配利润"账户。

借:本年利润   4 966 440

　贷:利润分配——未分配利润   4 966 440

五、利润的分配

年度终了,企业应将全年实现的净利润或发生的净亏损,经由"本年利润"账户结转至"利润分配"账户。设置"利润分配——未分配利润"账户进行明细核算。"利润分配"账户另设"提取法定盈余公积""提取任意盈余公积""应付现金股利或利润""盈余公积补亏"等明细账户进行分配利润的明细核算。相关账务处理详见"项目五任务三留存收益"。

 做中学

单选题

1. 下列各项中,不属于利润表中"利润总额"项目的内容的是(   )。

　　A. 确认的资产减值损失

　　B. 无法查明原因的现金溢余

　　C. 确认的所得税费用

　　D. 收到政府补助确认的其他收益

2. 下列各项中,报经批准后计入营业外支出的是(   )。

　　A. 生产车间生产工人辞退补偿金

　　B. 采购原材料途中发生的合理损耗

　　C. 台风导致库存材料盘亏净损失

　　D. 出售生产设备产生的处置净损失

3. 某企业适用的所得税税率为 25％。2023 年该企业实现利润总额 400 万元,其中国债利息收入为 20 万元,无其他纳税调整事项。该企业 2023 年利润表"净利润"项目"本期金额"

栏应填列的金额为(　　)万元。

  A. 295   B. 285   C. 300   D. 305

  4. 2023年12月,某公司发生相关税金及附加如下:城市维护建设税为3.5万元,教育费附加为1.5万元,房产税为20万元,车船税为3万元,不考虑其他因素,2023年12月利润表"税金及附加"项目本期金额为(　　)万元。

  A. 25   B. 23   C. 28   D. 5

  5. 某企业2023年度利润总额为500万元,应纳税所得额为480万元,递延所得税资产年初数为18万元,年末数为10万元,所得税税率为25%。不考虑其他因素,该企业年末确认的所得税费用金额为(　　)万元。

  A. 128   B. 125

  C. 112   D. 120

文档:任务三
拓展训练

任务四　销售业务智能化账务处理

一、票据录入

  在财务云共享平台进行票据录入操作包括票据整理、票据扫描和票据录入三大步骤。此处以北京益金鑫公司的销售类票据为例,具体讲解票据录入的操作全流程。首先是登录财务云共享平台,依次选择所属行业、企业名称、记账归属日期;接着单击系统左侧菜单栏中的"影像管理系统",选择"影像获取",在跳转的页面中选择"上传影像",即可完成票据影像上传的操作。对于销售类票据在录入系统时,企业录入会计应重点关注票据编号、票据类型、现金结算、现金金额、业务类型、往来单位、业务特征、未税金额、税率、税额、价税合计等信息。

  【工作任务6-30】北京益金鑫公司向北京杨洋有限公司销售了一批设备,并开具了一张增值税专用发票,价款为3 520 000元,增值税额为457 600元,价税合计数为3 977 600元。北京益金鑫公司的录入会计将此张销售类单据录入系统的具体操作步骤如下。

  步骤1:单击系统左侧菜单栏中的"影像管理系统",选择"影像整理"。

  步骤2:根据票据左上角的手写编号,填写系统右侧的"票据编号"信息。

  步骤3:分析票据的业务类型,单击系统右侧"票据类型"的下拉菜单,选择"销售"类别。

  步骤4:查看发票上是否有"现金"字样备注。如果有,代表现金结算,"现金结算"选择"是",并输入相应的现金金额;反之,则"现金结算"选择"否",现金金额默认为"0"。具体操作内容如图6-2所示。

  步骤5:单击系统左侧的"智能凭证中心",来到票据信息设置页面,根据增值税专用发票的票面信息进行内容的编辑。选择"业务类型"为"应税收入","往来单位"为"北京杨洋有限公司","业务特征"为"货物及劳务","未税金额"为"3 520 000","税率"为"13%",税额和价税合计则自动生成"457 600"和"3 977 600"。全部信息录入结束以后,单击"保存",相应的记账凭证便自动生成了。其中具体分录内容如下。

  借:应收账款   3 977 600

    贷:主营业务收入   3 520 000

应交税费——应交增值税(销项税额)　　　　　　　　　457 600

具体操作内容如图6-3所示。

　图6-2　"影像整理"操作内容　　　　　　　　图6-3　"智能凭证中心"操作内容

二、智能记账建模

财务云共享平台自动生成记账凭证的底层逻辑是相关业务的分录模板已提前内置在了系统中。智能记账建模总结起来可以分为两大步骤,一是进行票据筛选条件的设置;二是进行分录模板的设置。

下面以销售类票据为例,具体讲解规则模板设置的操作步骤。

1.设置规则名称

根据业务内容设置规则名称,具体为"销售商品"。

2.设置票据类型

设置票据类型的具体操作比较简单,直接根据原始票据的类型进行相应内容的勾选即可。此处的原始票据是一张增值税专用发票,因此具体操作为:单击下拉菜单,选择"增值税发票"→"增值税专用发票"。具体设置内容如图6-4所示。

3.编辑规则生效条件

规则生效条件具体包括两项:一是销售专票中的"销售方名称"应该等于"当前企业名称";二是销售专票中的"货物或应税劳务、服务名称"应该包含具体的货物名称,如下图中票据的字段"设备"。具体编辑内容如图6-5所示。

　　图6-4　规则名称及票据类型设置　　　　　　图6-5　规则生效条件设置

4.设置凭证逻辑

凭证逻辑设置是智能凭证得以生成的关键内容。销售商品的凭证逻辑设置内容具体如下:填写摘要"销售商品";借方科目输入"应收账款";"借方金额"则是从右侧字段拾取处选择"价税合计(jshj)"选项;贷方科目输入"主营业务收入";"贷方金额"同样是从右侧字段拾取处选择"金额(je)"选项;贷方科目输入"应交税费——应交增值税(销项税额)";"贷方金额"则是从右侧字段拾取处选择"税额(shuie)"选项。凭证逻辑的具体编辑内容如图6-6所示。

【注意】在操作过程中一定要注意借贷方向及对应字段信息的准确性。

图 6-6 凭证逻辑设置

 做中学

1. 在财务云共享平台的"影像整理"中心，完成"销售商品"票据信息的录入；在"智能凭证中心"，完成销售商品记账凭证的自动生成。

2. 在财务云共享平台的"财务机器人"模块，完成"销售商品业务"的规则模板和凭证逻辑设置。

任务五 利润计算机器人

一、情景导入

又到忙碌的月末了，郑州越幸公司的会计小菜又投身到了汇总企业经营成果的工作中，忙碌于查看企业的收入和费用数据，计算和分析企业的整体利润情况。

"计算和分析利润是每个月都要做的工作，而且又具有固定的操作流程，看来很有必要开发一个 RPA 机器人来提高我的工作效率了！"小菜说着便打开了 UiPath 平台，准备开发机器人。

财务机器人大罗看到了小菜的行动力，欣慰地说道："现在的小菜，已经是开发 RPA 机器人的能手了！忍不住给你点赞！"

"哈哈，能手不敢当，我还在不断地学习和成长中。只是现在我逐渐领会到简单的、重复发生的、有明确操作规则的业务真的很有必要通过开发 RPA 机器人来完成，这样工作起来省时省力，还能腾出更多的时间去做更有价值的工作！"小菜认真地说道。

"是的啊。这就是 RPA 机器人存在的价值！那在以后的工作中，我们共同成长吧！"大罗开心地说道。

二、利润计算工作流程设计

（一）人工操作流程设计

在进行 RPA 财务机器人开发之前，需要先根据特定的业务场景，梳理清楚人工操作流程，并判断开发 RPA 机器人的可行性和效益性。

出纳小菜通过专业知识的学习和操作技能的尝试，总结出了企业利润计算的人工操作流程，包括 4 个步骤，具体内容如表 6-3 所示。

表 6-3　利润计算人工操作流程

步　骤	人 工 操 作
第一步	获取企业总收入数据信息
第二步	获取企业成本费用数据信息
第三步	通过公式计算利润数据、净利润数据和净利率数据
第四步	通过弹窗告知用户利润计算结果

（二）RPA 流程设计

小菜根据人工操作流程，完成了利润计算机器人的 RPA 流程设计，具体内容如表 6-4 所示。

表 6-4　利润计算 RPA 流程设计

步　骤	人 工 操 作	RPA 流程
第一步	获取企业总收入数据信息	"输入对话框"
第二步	获取企业成本费用数据信息	"输入对话框"
第三步	通过公式计算利润数据、净利润数据和净利率数据	"分配"
第四步	通过弹窗告知用户利润计算结果	"消息框"

三、利润计算机器人的开发与应用

根据前面梳理出来的利润计算机器人 RPA 操作流程，来到 UiPath 平台，通过拖曳相应的活动，完成机器人的开发工作。具体操作内容如下。

微课：利润计算
机器人开发

1. 新建项目"利润计算机器人"

新建项目"利润计算机器人"，打开主工作流，来到设计面板，新建序列"利润计算机器人"。

2. 使用"输入对话框"活动

在活动面板搜索"输入对话框"活动，并将其拖曳到设计面板中。设置标题内容为"请输入相关数据"，设置标签内容为"请输入公司本年总收入数据"，在属性面板"输出"→"结果"框中右击创建变量"收入"来存储用户输入的结果，修改变量类型为"Double"类型。操作内容如图 6-7 所示。

3. 使用"输入对话框"活动

在活动面板搜索"输入对话框"活动，并将其拖曳到上一个"输入对话框"活动的下方。设置标题内容为"请输入相关数据"，设置标签内容为"请输入公司本年成本费用数据"，在属性面板"输出"→"结果"框中右击创建变量"费用"来存储用户输入的结果，修改变量类型为"Double"类型。

4. 使用"分配"活动

在活动面板搜索"分配"活动，并将其拖曳到第二个"输入对话框"活动的下方。设置"分配"活动，在等式的右边输入表达式"收入－费用"，在等号左边创建变量"利润"，用来存储表达式的运行结果，修改变量"利润"的变量类型为"Double"类型。

【注意】此处的表达式为"利润＝收入－费用"，因为利润、收入、费用三个变量的数据类型均为"Double"，可以直接进行加减运算。

5. 使用"分配"活动

在活动面板搜索"分配"活动,并将其拖曳到上一个"分配"活动的下方。设置"分配"活动,在等式的右边输入表达式"利润－利润＊0.25",在等号左边创建变量"净利润",用来存储表达式的运行结果,修改"净利润"的变量类型为"Double"类型。

【注意】此处的表达式为"净利润＝利润－利润＊0.25",即净利润为利润减去所得税费用的差。但是在实际的业务处理中,所得税计算工作较为复杂,此处暂时不考虑所得税计算过程中的调整额,进行简易计算。

6. 使用"分配"活动

在活动面板搜索"分配"活动,并将其拖曳到上一个"分配"活动的下方。设置"分配"活动,在等式的右边输入表达式"净利润/收入",在等号左边创建变量"净利率",用来存储表达式的运行结果,修改"净利率"的变量类型为"Double"类型。操作内容如图 6-8 所示。

图 6-7 "输入对话框"活动

图 6-8 "分配"活动

7. 使用"消息框"活动

在活动面板搜索"消息框"活动,并将其拖曳到"分配"活动的下方。消息框内输入内容为"公司经营利润分析情况如下:"＋vbcrlf＋"(1)利润总额:"＋利润.ToString＋vbcrlf＋"(2)净利润:"＋净利润.ToString＋vbcrlf＋"(3)净利率:"＋formatpercent(净利率.ToString)。其中,"vbcrlf"为换行语法,"formatpercent()"是数值类型转换函数,可以将数值转换成百分数形式。操作内容如图 6-9 所示。

图 6-9 "消息框"活动

【注意】利润、净利润、净利率都属于利润指标,目前被存储在三个变量中,需要通过"消息框"活动反馈给使用者,此处使用"消息框"活动则可以实现当运行完成及计算结果时弹出消息框,向用户反馈计算结果。

利润计算机器人的具体开发和使用方法可以参照学习视频完成。

 做中学

1. 梳理"利润计算机器人"RPA 操作流程。
2. 在 UiPath 平台开发财务机器人"利润计算机器人"。

财务报告

掌握资产负债表和利润表的编制方法;理解资产负债表、利润表及现金流量表的结构原理。熟悉财务报表编制的基本要求;熟悉所有者权益变动表的编制方法。了解资产负债表、利润表和现金流量表的作用、内容。

✒ 技 能 目 标

能根据企业实际情况完成资产负债表、利润表和现金流量表的编制。

🏭 素 养 目 标

具备求真务实、严谨细致的职业品质;深刻理解并自觉践行会计人员职业道德和社会责任;具有一定的批判性思维。

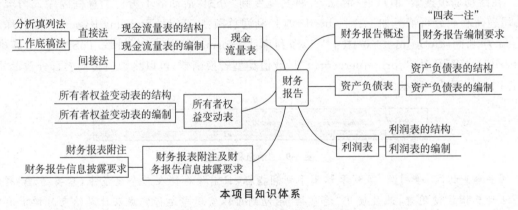

本项目知识体系

财务报告是企业财务会计的重要组成部分,也是财务会计工作的主要成果。该项目重点介绍财务报告的基本概念、编制要求、具体编制方法及财务会计信息披露要求。

🎯 任务一 财务报告概述

一、财务报告的概念和财务报表的分类

(一)财务报告的概念

财务报告是指企业对外提供的反映企业某一特定日期的财务状况和某一会计期间的经营成果、现金流量等会计信息的文件。

　　财务报告包括财务报表和其他应当在财务报告中披露的相关信息和资料。财务报表又称财务会计报表,是对企业财务状况、经营成果和现金流量的结构性表述,是财务报告的主体和核心内容,其他应当在财务报告中披露的相关信息和资料是对财务报表的补充和说明,共同构成财务报告体系。

　　(二) 财务报表的分类

　　1. 按编报时间不同分类

　　财务报表按照编报时间,分为年度财务报表和中期财务报表。其中,中期财务报表分为月报、季报和半年报。一套完整的年报至少应当包括"四表一注":资产负债表、利润表、现金流量表、所有者权益(股东权益)变动表和附注。中期财务报表至少应当包括资产负债表、利润表、现金流量表和附注。

　　2. 按编报主体不同分类

　　财务会计报表按编制主体,分为个别财务报表和合并财务报表。个别财务报表是指反映母公司所属子公司财务状况、经营成果和现金流量的财务报表。合并财务报表是指反映母公司和其全部子公司形成的企业集团整体财务状况、经营成果和现金流量的财务报表。

　　财务报表的分类如图 7-1 所示。

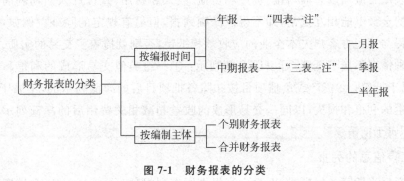

图 7-1　财务报表的分类

二、财务报告编制要求

　　财务报表应当依据国家统一会计制度要求,根据登记完整、核对无误的会计账簿记录和其他有关资料编制,做到数字真实、计算准确、内容完整、说明清楚。

　　(一) 遵照各项会计准则

　　企业应当根据实际发生的交易和事项,遵循会计基本准则和各项具体会计准则及解释的规定进行确认和计量,并在此基础上编制财务报表。

　　(二) 应以持续经营为基础

　　在编制财务报表的过程中,企业管理层应当对企业持续经营的能力进行评估,评估需要考虑的因素包括市场经营风险、企业目前或长期的盈利能力、偿债能力、财务弹性以及企业管理层改变经营政策的意向等。评估结果表明对企业持续经营能力产生严重怀疑的,应当在附注中披露导致对持续经营能力产生重大怀疑的影响因素,以及企业拟采取的改善措施。

　　(三) 权责发生制

　　除现金流量表按照收付实现制编制外,企业应当按照权责发生制编制其他财务报表。

（四）列报的一致性

企业对外提供的财务报表的项目列报应当在各个会计期间保持一致，不得随意变更。包括财务报表中的项目名称和财务报表项目的分类、排列顺序等方面都应保持一致。

在下列情况下，企业可以变更财务报表项目的列报：①会计准则要求改变财务报表项目的列报；②企业经营业务的性质发生重大变化或对企业经营影响较大的交易或事项发生后，变更财务报表项目的列报能够提供更可靠更相关的会计信息。

（五）依据重要性原则单独或汇总列报项目

重要性是指在合理预期下，如果财务报表中某项目的省略或错报会影响使用者据此作出经济决策，则该项目就具有重要性。重要性是判断财务报表项目是否单独列报的重要标准。如果某项目单个看不具有重要性，则可将其与其他项目汇总列报；如具有重要性，则应当单独列报。企业在进行项目重要性判断时，应当根据所处环境，从项目的性质和金额大小两方面予以判断。企业对于各个项目的重要性判断标准一经确定，不得随意变更。

（六）总额列报

财务报表项目应当以总额列报，资产和负债、收入和费用、直接计入当期利润的利得项目和损失项目的金额不能相互抵销，即不得以净额列报，但另有规定的除外。例如，企业对供应商的欠款不得与第三方客户欠本企业的应收款相抵销，否则就掩盖了交易的实质。

以下三种情况不属于抵销，可以以净额列示：①一组类似交易形成的利得和损失以净额列示的，不属于抵销；②资产或负债项目按扣除备抵项目后的净额列示的，不属于抵销；③非日常活动产生的利得和损失，以同一交易形成的收益扣减相关费用后的净额列示更能反映交易实质的，不属于抵销。

（七）比较信息的列报

企业在列报当期财务报表时，至少应当提供所有列报项目上一个可比会计期间的比较数据，以及与理解当期财务报表相关的说明，目的在于向报表使用者提供对比数据，提高信息在会计期间的可比性。通常情况下，企业列报的所有项目至少包括两期各报表及相关附注的比较数据。列报比较信息的要求适用于财务报表的所有组成部分。

（八）财务报表表首的列报要求

财务报表一般分为表首、正表两部分。在表首部分企业应当至少披露以下基本信息：①编报企业的名称，如企业名称在所属当期发生了变更的，还应明确标明；②对资产负债表而言，应当披露资产负债表日；对利润表、现金流量表、所有者权益变动表而言，应当披露报表涵盖的会计期间；③货币名称和单位，按照我国企业会计准则的规定，企业应当以人民币作为记账本位币列报，并标明金额单位；④财务报表是合并财务报表的，应予以标明。

（九）报告期间

根据《中华人民共和国会计法》的规定，会计年度自公历1月1日起至12月31日止。在编制年度财务报表时，可能存在年度财务报表涵盖的期间短于一年（年中开始设立的新企业等）的情况。在这种情况下，企业应当披露年度财务报表的实际涵盖期间及其短于一年的原因，并应当说明由此引起的财务报表项目与比较数据不具可比性这一事实。

乐视网财务造假案

乐视网信息技术（北京）股份有限公司于 2010 年 8 月在创业板上市。2019 年 4 月因涉嫌信披违规被证监会立案调查。该公司 2007—2016 年连续 10 年财务造假，累计虚增收入 18.7 亿元、虚增利润 17.3 亿元。除利用自有资金循环和串通"走账"虚构业务收入外，还通过伪造合同、以未实际执行框架合同或单边确认互换合同的方式继续虚增业绩。2023 年 9 月，北京金融法院作出一审判决：被告乐视网信息技术（北京）股份有限公司向原告投资者支付投资差额损失、佣金、印花税等赔偿款共计近 20.40 亿元。贾跃亭系乐视网实际控制人、董事长、总经理、第一大股东，全面负责乐视网经营管理事务。在乐视网连续十年财务造假的过程中，贾跃亭发挥了组织、决策、指挥乐视网及有关人员参与造假的作用，对于虚假陈述行为的发生存在故意，给广大投资者造成了损失。根据当时有效的《中华人民共和国证券法》第六十九条关于"发行人、上市公司的控股股东、实际控制人有过错的，应当与发行人、上市公司承担连带赔偿责任"之规定，贾跃亭应就原告投资者的损失与乐视网承担连带赔偿责任。

文档：职业素养"乐视网财务造假案"解读

思考： 请结合本例谈一谈自己对企业应履行的社会责任的思考。

任务二 资产负债表

一、资产负债表概述

资产负债表是反映企业在某一特定日期的财务状况的报表，是对企业特定日期的资产、负债和所有者权益的结构性表述。资产负债表是根据"资产＝负债＋所有者权益"这一会计等式，按照一定的分类标准和程序，把企业在一定日期的资产、负债、所有者权益各项目予以适当的分类、汇总、排列后编制而成的，是反映企业静态财务状况的一种基本报表。

二、资产负债表的结构

资产负债表的表体结构有报告式和账户式两种。

（一）报告式资产负债表

报告式资产负债表是将企业的资产、负债和所有者权益三部分及其构成项目，按照自上而下的顺序排列，资产项目列在上方，然后是负债项目，最下方是所有者权益项目。

（二）账户式资产负债表

账户式资产负债表是将资产负债表分为左右两方，资产项目列在报表的左方，负债和所有者权益项目列在报表的右方，从而使资产负债表左右两方数额平衡。我国现行会计制度规定企业的资产负债表采用账户式，具体格式见后文工作任务 7-1 中的资产负债表。

为了便于报表使用者理解、分析和评价资产负债表提供的信息，需要对资产负债表的各项目按照其特征进行合理的分类和排列。资产和负债按流动性强弱分流动资产和非流动资产、流动负债和非流动负债等大项列示，每个大项内又分为若干具体项目。所有者权益则按照其永久性递减的顺序排列，即先实收资本，后资本公积、盈余公积，最后是未分配利润。

三、资产负债表的编制

（一）资产负债表项目的填列方法

资产负债表各项目均需填列"期末余额"和"年初余额"两栏。

资产负债表的"年初余额"栏内各项数字,应根据上年年末资产负债表的"期末余额"栏内所列数字填列。如果上年度资产负债表规定的各个项目的名称和内容与本年度不相一致,应按照本年度的规定对上年年末资产负债表各项目的名称和数字进行调整,填入本表"年初余额"栏内。

微课:资产负债表
项目填列方法

资产负债表的"期末余额"栏主要有以下几种填列方法。

1. 根据总账账户余额填列

如"短期借款""资本公积"等项目,根据"短期借款""资本公积"各总账账户的余额直接填列;有些项目则需根据几个总账账户的期末余额计算填列,如"货币资金"项目,需根据"库存现金""银行存款""其他货币资金"三个总账账户的期末余额的合计数填列。

【初级同步 7-1】(单选题)下列资产负债表项目中,应根据多个总账账户期末余额合计填列的是(　　)。

A. 短期借款　　　　　B. 货币资金　　　　　C. 应付账款　　　　　D. 资本公积

2. 根据明细账账户余额计算填列

如"应付账款"项目,需要根据"应付账款"和"预付账款"两个账户所属的相关明细账户的期末贷方余额计算填列;"开发支出"项目,需要根据"研发支出"账户所属的"资本化支出"明细账户期末余额计算填列。

3. 根据总账账户和明细账账户余额分析计算填列

如"长期借款"项目,需要根据"长期借款"总账账户余额扣除"长期借款"账户所属的明细账户中将在一年内到期且企业不能自主展期的长期借款后的金额计算填列。

4. 根据有关账户余额减去其备抵账户余额后的净额填列

如"固定资产"项目,应当根据"固定资产"账户的期末余额,减去"累计折旧""固定资产减值准备"等备抵账户的期末余额,以及"固定资产清理"账户期末余额后的净额填列。

【初级同步 7-2】(单选题)12 月 31 日,某企业"固定资产"账户借方余额为 2 000 万元,"累计折旧"账户贷方余额为 600 万元,"固定资产减值准备"账户贷方余额为 400 万元,"固定资产清理"账户借方余额为 100 万元。不考虑其他因素,该企业 12 月 31 日资产负债表"固定资产"项目的期末余额为(　　)万元。

A. 1 100　　　　　B. 900　　　　　C. 1 400　　　　　D. 1 000

5. 综合运用上述填列方法分析填列

如资产负债表中的"存货"项目,需要根据"原材料""库存商品""委托加工物资""周转材料""材料采购""在途物资""发出商品""材料成本差异"等总账账户期末余额的分析汇总数,减去"存货跌价准备"账户余额后的净额填列。

（二）资产负债表项目的具体填列方法

1. 流动资产项目的填列方法

(1)"货币资金"项目。该项目反映企业各项货币资金的期末余额,应根据"库存现金""银行存款""其他货币资金"账户期末余额的合计数填列。

$$货币资金 = \frac{"库存现金"}{账户的期末余额} + \frac{"银行存款"}{账户的期末余额} + \frac{"其他货币资金"}{账户的期末余额}$$

（2）"交易性金融资产"项目。该项目反映资产负债表日企业分类为以公允价值计量且其变动计入当期损益的金融资产，以及企业持有的指定为以公允价值计量且其变动计入当期损益的金融资产的期末账面价值。该项目应根据"交易性金融资产"账户的相关明细账户期末余额分析填列。自资产负债表日起超过一年到期且预期持有超过一年的以公允价值计量且其变动计入当期损益的非流动金融资产的期末账面价值，在"其他非流动金融资产"项目反映。

（3）"应收票据"项目。该项目反映资产负债表日以摊余成本计量的，企业因销售商品、提供服务等收到的商业汇票。该项目应根据"应收票据"账户的期末余额，减去"坏账准备"账户中有关应收票据计提的坏账准备期末余额后的金额分析填列。

（4）"应收账款"项目。该项目反映资产负债表日以摊余成本计量的，企业因销售商品、提供服务等经营活动应收取的款项。该项目应根据"应收账款"和"预收账款"账户所属相关明细账户的期末借方余额合计数，减去"坏账准备"账户中有关应收账款计提的坏账准备期末余额后的金额分析填列。如"应收账款"账户所属明细科目期末有贷方余额的，应在资产负债表"预收款项"项目内填列。

$$应收账款 = \sum \frac{"应收账款"账户所属各明细}{账户期末借方余额} + \sum \frac{"预收账款"账户所属各明细}{账户期末借方余额}$$
$$- \frac{"坏账准备"账户中有关应收账款}{计提的坏账准备期末余额}$$

【学中做 7-1】甲企业 2023 年 12 月 31 日应收账款总账借方余额为 150 000 元，所属明细账借方余额合计 180 000 元，贷方明细账余额合计 30 000 元；预收账款总账贷方余额为 120 000 元，所属明细贷方余额合计 220 000 元，借方明细账余额合计 100 000 元；应收账款坏账准备账户余额为 10 000 元。请计算计入资产负债表"应收账款"项目的金额。

（5）"应收款项融资"项目。该项目反映资产负债表日以公允价值计量且其变动计入其他综合收益的应收票据和应收账款等。

（6）"预付款项"项目。该项目反映企业按照购货合同规定预付给供应单位的款项等。该项目应根据"预付账款"和"应付账款"账户所属各明细账户的期末借方余额合计数，减去"坏账准备"账户中有关预付账款计提的坏账准备期末余额后的净额填列。如"预付账款"账户所属明细账户期末为贷方余额的，应在资产负债表"应付账款"项目内填列。

（7）"其他应收款"项目。该项目反映企业除应收票据、应收账款、预付账款等经营活动以外的其他各种应收、暂付的款项。该项目应根据"应收利息""应收股利""其他应收款"账户的期末余额合计数，减去"坏账准备"账户中相关坏账准备期末余额后的金额填列。

（8）"存货"项目。该项目反映企业期末在库、在途和在加工中的各种存货的可变现净值或成本（成本与可变现净值孰低）。该项目应根据"材料采购""原材料""库存商品""周转材料""委托加工物资""发出商品""生产成本""受托代销商品"等账户的期末余额合计数，减去"受托代销商品款""存货跌价准备"账户期末余额后的净额填列。如果材料采用计划成本核算，以及库存商品采用计划成本核算或售价核算的企业，还应按加或减材料成本差异、商品进销差价后的金额填列。

$$\frac{"存货"}{项目} = \frac{"材料采购"}{账户的期末余额} + \frac{"原材料"}{账户的期末余额} + \frac{"周转材料"}{账户的期末余额} + \frac{"库存商品"}{账户的期末余额}$$

$$\begin{array}{ccccc} & \dfrac{\text{"自制半成品"}}{\text{账户的期末余额}} & + & \dfrac{\text{"委托加工物资"}}{\text{账户的期末余额}} & + & \dfrac{\text{"生产成本"}}{\text{账户的期末余额}} & + & \dfrac{\text{"发出商品"}}{\text{账户的期末余额}} \\ & & & & & & \\ + & \dfrac{\text{"委托代销商品"}}{\text{账户的期末余额}} & + & \dfrac{\text{"受托代销商品"}}{\text{账户的期末余额}} & - & \dfrac{\text{"存货跌价准备"}}{\text{账户的期末余额}} & - & \dfrac{\text{"受托代销商品款"}}{\text{账户的期末余额}} \\ & & & & & & \\ \pm & \dfrac{\text{"材料成本差异"}}{\text{账户的期末余额}} & \pm & \dfrac{\text{"商品进销差价"}}{\text{账户的期末余额}} \end{array}$$

(9)"合同资产"项目。该项目反映企业按照《企业会计准则第 14 号——收入》的相关规定,根据本企业履行履约义务与客户付款之间的关系在资产负债表中列示的合同资产。该项目应根据"合同资产"账户的相关明细账户期末余额分析填列;同一合同下的合同资产和合同负债应当以净额列示,具体分两种情况,如表 7-1 所示。

表 7-1 同一合同下的合同资产和合同负债的净额列示情况

两 种 情 况	一年以内	一年以上
净额为借方余额的	"合同资产"－"合同资产减值准备",列入"合同资产"项目	"合同资产"－"合同资产减值准备",列入"其他非流动资产"项目
净额为贷方余额的	列入"合同负债"项目	列入"其他非流动负债"项目

(10)"持有待售资产"项目。该项目反映资产负债表日划分为持有待售类别的非流动资产及划分为持有待售类别的处置组中的流动资产和非流动资产的期末账面价值。该项目应根据"持有待售资产"账户的期末余额,减去"持有待售资产减值准备"账户的期末余额后的金额填列。

(11)"一年内到期的非流动资产"项目。该项目反映企业预计自资产负债表日起一年内到期的非流动资产。该项目应根据"长期应收款""债权投资""其他债权投资"等有关账户的明细账户期末余额分析计算填列。

2. 非流动资产项目的填列方法

(1)"债权投资"项目。该项目反映资产负债表日企业以摊余成本计量的长期债权投资的期末账面价值。该项目应根据"债权投资"账户的相关明细账户期末余额,减去"债权投资减值准备"账户中相关减值准备的期末余额后的金额分析填列。自资产负债表日起一年内到期的长期债权投资的期末账面价值,在"一年内到期的非流动资产"项目反映。企业购入的以摊余成本计量的一年内到期的债权投资的期末账面价值,在"其他流动资产"项目反映。

$$\text{债权投资}=\dfrac{\text{"债权投资"账户的}}{\text{相关明细账户期末余额}}-\dfrac{\text{"债权投资减值准备"账户中}}{\text{相关减值准备的期末余额}}-\dfrac{\text{"一年内到期的长期债权投资"}}{\text{的期末账面价值}}$$

(2)"其他债权投资"项目。该项目反映资产负债表日企业分类为以公允价值计量且其变动计入其他综合收益的长期债权投资的期末账面价值。该项目应根据"其他债权投资"账户的相关明细账户期末余额分析填列。自资产负债表日起一年内到期的长期债权投资的期末账面价值,在"一年内到期的非流动资产"项目反映。企业购入的以公允价值计量且其变动计入其他综合收益的一年内到期的债权投资的期末账面价值,在"其他流动资产"项目反映。

(3)"长期应收款"项目。该项目反映企业融资租赁产生的应收款项和采用递延方式分期收款、实质上具有融资性质的销售商品等产生的应收款项。该项目应根据"长期应收款"账户的期末余额,减去相应的"未实现融资收益"账户和"坏账准备"账户所属相关明细账户期末余额后的金额填列。如"长期应收款"账户余额中包含有一年内到期的金额,则应扣除该部分金额后填列。

(4)"长期股权投资"项目。该项目反映企业资产负债表日持有的期末账面价值。该项目应根据"长期股权投资"账户的期末余额,减去"长期股权投资减值准备"账户的期末余额后的净额填列。

(5)"其他权益工具投资"项目。该项目反映资产负债表日企业指定为以公允价值计量且其变动计入其他综合收益的非交易性权益工具投资的期末账面价值。该项目应根据"其他权益工具投资"账户的期末余额填列。

(6)"投资性房地产项目"。该项目反映企业资产负债表日企业投资性房地产的期末账面价值。以公允价值模式进行后续计量的"投资性房地产"项目应根据该账户的期末余额直接填列;以成本模式进行后续计量的"投资性房地产"项目应根据"投资性房地产"账户的期末余额,减去"投资性房地产累计折旧(摊销)"和"投资性房地产减值准备"账户的期末余额后的金额填列。

(7)"固定资产"项目。该项目反映资产负债表日企业固定资产的期末账面价值和企业尚未清理完毕的固定资产清理净损益。该项目应根据"固定资产"账户的期末余额,减去"累计折旧"和"固定资产减值准备"账户的期末余额后的金额,以及"固定资产清理"账户的期末余额填列。

(8)"在建工程"项目。该项目反映资产负债表日企业尚未达到预定可使用状态的在建工程的期末账面价值和企业为在建工程准备的各种物资的期末账面价值。该项目应根据"在建工程"账户的期末余额,减去"在建工程减值准备"账户的期末余额后的金额,以及"工程物资"账户的期末余额,减去"工程物资减值准备"账户的期末余额后的金额填列。

【学中做 7-2】2023 年 12 月 31 日,乙公司"在建工程"账户借方余额为 120 万元,"在建工程减值准备"账户贷方余额为 5 万元;"工程物资"账户借方余额为 30 万元,"工程物资减值准备"账户贷方余额为 1 万元。请计算资产负债表"在建工程"项目的填列金额。

(9)"使用权资产"项目。该项目反映资产负债表日承租人持有的使用权资产的期末账面价值。该项目应根据"使用权资产"账户的期末余额,减去"使用权资产累计折旧"和"使用权资产减值准备"账户的期末余额后的金额填列。

(10)"无形资产"项目。该项目反映企业无形资产的期末可回收金额。项目应根据"无形资产"账户的期末余额,减去"累计摊销"和"无形资产减值准备"账户期末余额后的净额填列。

(11)"开发支出"项目。该项目反映企业开发无形资产过程中尚未完成的开发阶段的无形资产的价值。该项目应当根据"研发支出"账户所属的"资本化支出"明细账户期末余额填列。

(12)"长期待摊费用"项目。该项目反映企业已经发生但应由本期和以后各期负担的分摊期限在一年以上的各项费用。本项目应根据"长期待摊费用"科目的期末余额分析填列。长期待摊费用的摊销年限只剩一年或不足一年的,或预计在一年内(含一年)进行摊销的部分,不得归类为流动资产,仍在各该非流动资产项目中填列,不转入"一年内到期的非流动资产"项目。

(13)"递延所得税资产"项目。该项目反映企业确认的递延所得税资产。该项目应根据"递延所得税资产"账户的期末余额填列。

(14)"其他非流动资产"项目。该项目反映企业除上述资产以外的其他非流动资产。该项目应根据有关账户的期末余额填列。

【初级同步 7-3】(多选题)下列资产负债表项目中,属于非流动资产的有(　　)。

A. 其他应收款　　　　B. 在建工程　　　　C. 固定资产　　　　D. 开发支出

3. 流动负债项目的填列方法

(1)"短期借款"项目。该项目反映企业向银行或其他金融机构等借入的期限在一年以下(含一年)的各种借款。该项目应根据"短期借款"账户的期末余额填列。

(2)"交易性金融负债"项目。该项目反映企业资产负债表日承担的交易性金融负债,以及企业持有的直接指定为以公允价值计量且其变动计入当期损益的金融负债的期末账面价值。该项目应根据"交易性金融负债"账户的相关明细账户期末余额填列。

(3)"应付票据"项目。该项目反映资产负债表日以摊余成本计量的,企业因购买材料、商品和接受服务等开出、承兑的商业汇票。该项目应根据"应付票据"账户的期末余额填列。

【学中做 7-3】2023 年 12 月 31 日,丙公司"应付票据"账户期末余额为 300 万元,包含 120 万元的银行承兑汇票金额和 180 万元的商业承兑汇票金额。请计算丙公司资产负债表"应付票据"项目应列报的金额。

(4)"应付账款"项目。该项目反映资产负债表日以摊余成本计量的,企业因购买材料、商品和接受服务等经营活动应支付的款项。该项目应根据"应付账款"和"预付账款"账户所属的相关明细账户的期末贷方余额合计数填列。

$$应付账款 = \sum \begin{matrix} "应付账款"所属各明细 \\ 账户期末贷方余额 \end{matrix} + \sum \begin{matrix} "预付账款"账户所属各明细 \\ 账户期末贷方余额 \end{matrix}$$

(5)"预收款项"项目。该项目反映企业按照合同规定预收的款项。该项目应根据"预收账款"和"应收账款"账户所属各明细账户的期末贷方余额合计数填列。如"预收账款"账户所属明细账户期末为借方余额的,应在资产负债表"应收账款"项目内填列。

$$预收款项 = \sum \begin{matrix} "预收账款"所属各明细 \\ 账的期末贷方余额 \end{matrix} + \sum \begin{matrix} "应收账款"账户所属各明细 \\ 账户期末贷方余额 \end{matrix}$$

(6)"合同负债"项目。该项目反映企业按照《企业会计准则第 14 号——收入》的相关规定,根据本企业履行履约义务与客户付款之间的关系在资产负债表中列示的合同负债。该项目应根据"合同负债"账户的相关明细账户期末余额分析填列。

(7)"应付职工薪酬"项目。该项目反映企业应付未付的职工薪酬。该项目应根据"应付职工薪酬"账户所属各明细账户的期末贷方余额分析填列。如为借方余额以"一"号填列。

(8)"应交税费"项目。该项目反映企业按照税法规定计算应缴纳的各项税费,包括增值税、消费税、所得税、资源税、土地增值税、城市维护建设税、教育费附加、房产税、土地使用税、车船税、矿产资源补偿费等。企业代扣代缴的个人所得税也通过本项目列示。企业所缴纳的税金不需要预计应交数的,如印花税、耕地占用税、契税、车辆购置税等不在本项目列示。本项目应根据"应交税费"账户所属明细账户的期末余额分析填列。

【注意】"应交税费"账户下"应交增值税""未交增值税""待抵扣进项税""待认证进项税额"等明细账户期末借方余额,应根据情况在资产负债表中的"其他流动资产"或"其他非流动资产"项目填列。

"应交税费"账户下的"待转销项税额"账户期末贷方余额应根据情况,在资产负债表中的"其他流动负债"或"其他非流动负债"项目列示。

(9)"其他应付款"项目。该项目反映企业除应付票据、应付账款、预收账款、应付职工薪酬、应交税费等经营活动以外的其他各项应付、暂收的款项。该项目应根据"应付利息""应付股利""其他应付款"账户的期末余额合计数填列。

(10)"持有待售负债"项目。该项目反映资产负债表日处置组中与划分为持有待售类别的资产直接相关的负债的期末账面价值。该项目应根据"持有待售负债"账户的期末余额填列。

(11)"一年内到期的非流动负债"项目。该项目反映资产负债表日企业非流动负债中将于资产负债表日后一年内到期部分的金额,如一年内到期的长期借款、应付债券、长期应付款、预计负债等。该项目应根据上述相关账户所属明细账户的期末余额分析计算填列。

【初级同步7-4】(单选题)下列各项中,资产负债表日起一年内到期且企业不能自主地将清偿义务展期的长期借款应列入资产负债表中的( )项目。

A."其他非流动负债" B."长期借款"

C."一年内到期的非流动负债" D."短期借款"

4. 非流动负债项目的填列方法

(1)"长期借款"项目。该项目反映企业尚未归还的期限在一年以上(不含一年)的各项借款。该项目应根据"长期借款"账户的期末余额,扣除"长期借款"账户所属的明细账户中将在资产负债表日起一年内到期且企业不能自主地将清偿义务展期的长期借款后的金额计算填列。

(2)"应付债券"项目。该项目反映企业发行的尚未到期的各种长期债券本息。该项目应根据"应付债券"账户的期末余额分析填列。其中,优先股和永续债两个项目应根据"应付债券"相关明细账户的期末余额分析填列。

(3)"租赁负债"项目。该项目反映资产负债表日承租人企业尚未支付的租赁付款额的期末账面价值。该项目应根据"租赁负债"账户的期末余额填列。自资产负债表日起一年内到期应予以清偿的租赁负债的期末账面价值,在"一年内到期的非流动负债"项目反映。

(4)"长期应付款"项目。该项目应根据"长期应付款"账户的期末余额,减去相关的"未确认融资费用"账户的期末余额后的金额,以及"专项应付款"账户的期末余额填列。

(5)"预计负债"项目。该项目反映企业根据或有事项等相关准则确认的各项预计负债,包括对外提供担保、未决诉讼、产品质量保证、重组义务以及固定资产和矿区权益弃置义务等产生的预计负债。该项目应根据"预计负债"账户的期末余额填列。

(6)"递延收益"项目。该项目反映尚待确认的收入或收益。如企业收到的应在以后期间确认收入的政府补助款项。该项目应根据"递延收益"账户的期末余额填列。

【注意】该项目中摊销期限只剩一年或不足一年的,或预计在一年内(含一年)进行摊销的部分,不得归类为流动负债,仍在该项目中填列,不转入"一年内到期的非流动负债"项目。

(7)"递延所得税负债"项目。该项目反映企业根据所得税准则确认的应纳税暂时性差异产生的所得税负债。该项目应根据"递延所得税负债"账户的期末余额填列。

(8)"其他非流动负债"项目。该项目反映企业除以上非流动负债以外的其他非流动负债。包括长期待转销项税额、预收租金、已收或应收客户对价而应向客户转让商品的长期义务等。该项目根据有关账户期末余额分析计算填列。

5. 所有者权益项目的填列方法

(1)"实收资本(或股本)"项目。该项目反映企业各投资者实际投入的资本(或股本)总额。该项目应根据"实收资本(或股本)"账户的期末余额填列。

(2)"其他权益工具"项目。该项目反映资产负债表日企业发行在外的除普通股以外分类为权益工具的金融工具的期末账面价值,并下设"优先股"和"永续债"两个项目,分别反映企业发行的分类为权益工具的优先股和永续债的账面价值。

(3)"资本公积"项目。该项目反映企业资本公积的期末余额。该项目应根据"资本公积"

账户的期末余额填列。

（4）"库存股"项目。该项目反映股份有限公司持有尚未转让或注销的本公司股份额。该项目应根据库存股账户的余额填列。

（5）"其他综合收益"项目。该项目反映企业按规定未在损益中确定的各项利得和损失扣除所得税影响后的净额。该项目应根据"其他综合收益"账户的期末余额填列。

（6）"专项储备"项目。该项目反映高危行业企业按国家规定提取的安全生产费的期末账面价值。该项目应根据"专项储备"账户的期末余额填列。

（7）"盈余公积"项目。该项目反映企业盈余公积的期末余额。该项目应根据"盈余公积"账户的期末余额填列。

（8）"未分配利润"项目。该项目反映企业尚未分配的利润。该项目应根据"本年利润"账户和"利润分配——未分配利润"明细账户的期末余额计算填列。未弥补的亏损在该项目内以"－"号填列。

（三）资产负债表编制实例

文档：会计分录和
试算平衡表

【工作任务7-1】南京公益食品公司为增值税一般纳税人，适用的增值税税率为13％，所得税税率为25％，假定其存货按照实际成本进行核算。根据南京公益食品公司发生的相关经济业务，编制南京公益食品公司2023年资产负债表。南京公益食品公司2023年相关会计分录和试算平衡表见二维码链接内容。

南京公益食品公司根据试算平衡表编制2023年12月31日的资产负债表，如表7-2所示。

表7-2 资产负债表

编制单位：南京公益食品公司　　　　2023年12月31日　　　　会企01表 单位：元

资　产	期末余额	年初余额	负债和所有者权益（或股东权益）	期末余额	年初余额
流动资产：			流动负债：		
货币资金	16 598 500	14 213 000	短期借款	500 000	3 000 000
交易性金融资产	1 050 000		交易性金融负债		
衍生金融资产			衍生金融负债		
应收票据	460 000	2 460 000	应付票据	1 000 000	2 000 000
应收账款	2 281 000	3 991 000	应付账款	9 548 000	9 548 000
应收款项融资			预收款项		
预付款项	1 000 000	1 000 000	合同负债		
其他应收款	3 050 000	3 050 000	应付职工薪酬	1 100 000	1 100 000
存货	25 450 000	25 800 000	应交税费	366 000	366 000
合同资产			其他应付款	500 000	500 000
持有待售资产			持有待售负债		
一年内到期的非流动资产			一年内到期的非流动负债		
流动资产合计	49 889 500	50 514 000	其他流动负债		
非流动资产：			流动负债合计	13 014 000	16 514 000

资　　产	期末余额	年初余额	负债和所有者权益 （或股东权益）	期末余额	年初余额
债权投资			**非流动负债：**		
其他债权投资			长期借款	10 000 000	6 000 000
长期应收款			应付债券		
长期股权投资	2 500 000	2 500 000	其中：优先股		
其他权益工具投资			永续债		
其他非流动金融资产			租赁负债		
投资性房地产			长期应付款		
固定资产	20 700 000	8 000 000	负债和所有者权益		
在建工程	5 000 000	15 000 000	预计负债		
生产性生物资产			递延收益		
油气资产			递延所得税负债	12 500	
使用权资产			其他非流动负债		
无形资产	7 400 000	8 000 000	非流动负债合计	10 012 500	6 000 000
开发支出			负债合计	23 026 500	22 514 000
商誉			**所有者权益：**		
长期待摊费用			实收资本（或股本）	60 000 000	60 000 000
递延所得税资产	75 000		其他权益工具		
其他非流动资产			其中：优先股		
非流动资产合计	35 675 000	33 500 000	永续债		
			资本公积		
			减：库存股		
			其他综合收益		
			专项储备		
			盈余公积	1 103 800	1 000 000
			未分配利润	1 434 200	500 000
			所有者权益合计	62 538 000	61 500 000
资产总计	85 564 500	84 014 000	负债和所有者权益合计	85 564 500	84 014 000

做中学

一、单选题

1. 2023 年 12 月 31 日，甲企业"预收账款"总账账户贷方余额为 15 万元，其明细账户余额如下："预收账款——乙企业"账户贷方余额为 25 万元，"预收账款——丙企业"账户借方余额为 10 万元。不考虑其他因素，甲企业年末资产负债表中"预收款项"项目的期末余额为（　　）万元。

　　A. 10　　　　　　　　B. 15　　　　　　　　C. 5　　　　　　　　D. 25

2. 某企业为增值税一般纳税人。2023 年 12 月 1 日，"应交税费"账户所属各明细账户余额为 0，当月购入材料取得的增值税专用发票注明的增值税税额为 78 000 元，销售商品开具的增值税专用发票注明的增值税税额为 72 800 元，计提房产税 8 000 元、车船税 2 800 元。不考虑其他因素,该企业 2023 年 12 月 31 日资产负债表"应交税费"项目期末余额为(　　)元。

  A. 72 800   B. 10 800   C. 5 200   D. 5 600

  3. 宏兴公司 2023 年 12 月 31 日生产成本借方余额为 500 万元,库存商品借方余额为 300 万元,材料成本差异贷方余额为 20 万元,存货跌价准备贷方余额为 10 万元,工程物资借方余额为 200 万元。甲公司资产负债表中"存货"项目金额为(　　)万元。

  A. 970   B. 770   C. 780   D. 790

二、多选题

  1. 下列各项中,导致企业资产负债表"存货"项目期末余额发生变动的有(　　)。

    A. 计提存货跌价准备

    B. 用银行存款购入的修理用备件(备品备件)

    C. 已经发出但不符合收入确认条件的商品

    D. 收到受托代销的商品

  2. 下列各项中,属于资产负债表中"流动负债"项目的有(　　)。

    A. 赊购材料应支付的货款

    B. 本期从银行借入的三年期借款

    C. 销售应税消费品应缴纳的消费税

    D. 收取客户的购货订金

文档:任务二
拓展训练

任务三 利 润 表

一、利润表概述

  利润表又称损益表,是反映企业在一定会计期间的经营成果的报表。利润表在会计凭证、会计账簿等会计资料的基础上,通过对一定会计期间的收入、费用、利润(或亏损)的金额和构成进行反映,进一步确认企业一定会计期间的经营成果,有助于使用者分析判断企业净利润的质量及其风险,评价企业经营管理效率,有助于使用者预测企业净利润的持续性,从而作出正确的决策。

二、利润表的结构

  利润表的表体结构有单步式和多步式两种。单步式利润表是将当期所有的收入列在一起,所有的费用列在一起,然后将两者相减得出当期净损益。

  我国企业的利润表采用多步式格式,即通过对当期的收入、费用、支出项目按性质加以归类,按利润形成的主要环节列示一些中间性利润指标,分步计算当期净损益,以便财务报表使用者理解企业经营成果的不同来源。

  利润表主要由表首、表体两部分组成。表首部分应列明报表名称、编制单位名称、编制日期、报表编号和计量单位;表体部分是利润表的主体,列示了形成经营成果的各个项目和计算过程。利润表表体部分的基本结构主要根据"收入-费用=利润"平衡公式,按照各具体项目的性质和功能作为分类标准,依次将某一会计期间的收入、费用和利润的具体项目予以适当的排列编制而成。具体格式见后文工作任务 7-2 中的利润表。

三、利润表的编制

利润表中一般应单独列报的项目主要有营业利润、利润总额、净利润、其他综合收益的税后净额、综合收益总额和每股收益等。利润表各项目需填列"上期金额"和"本期金额"两栏。

（一）"上期金额"栏填列

利润表中各项目的"上期金额"栏内各项数据,应根据上年该期利润表的"本期金额"栏内所列数据填列。

（二）"本期金额"栏填列

利润表中各项目"本期金额"栏反映本期的实际发生数,各项数字除"基本每股收益"和"稀释每股收益"项目外,应当按照相关账户的发生额分析填列。其填列方法有以下两种。

1. 根据有关损益类账户的本期发生额直接或者加计填列

（1）"营业收入"项目。该项目反映企业经营主要业务和其他业务所确认的收入总额。该项目应根据"主营业务收入"和"其他业务收入"账户的发生额分析填列。

（2）"营业成本"项目。该项目反映企业经营主要业务和其他业务所发生的成本总额。该项目应根据"主营业务成本"和"其他业务成本"账户的发生额分析填列。

（3）"税金及附加"项目。该项目反映企业经营业务应负担的消费税、城市维护建设税、教育费附加、资源税、土地增值税、房产税、车船税、城镇土地使用税、印花税、环境保护税等相关税费。该项目应根据"税金及附加"账户的发生额分析填列。

（4）"销售费用"项目。该项目反映企业在销售商品过程中发生的包装费、广告费等费用和为销售本企业商品而专设的销售机构的职工薪酬、业务费等经营费用。该项目应根据"销售费用"账户的发生额分析填列。

（5）"管理费用"项目。该项目反映企业为组织和管理生产经营发生的管理费用。该项目应根据"管理费用"账户的发生额分析填列。其中研发费用应单独列入"研发费用"项目。

（6）"研发费用"项目。该项目反映企业研究与开发过程中发生的费用化支出,以及计入管理费用的自行开发无形资产的摊销。该项目应根据"管理费用"账户下的"研发费用"明细账户的发生额以及"管理费用"账户下的"无形资产摊销"明细账户的发生额分析填列。

（7）"财务费用"项目。该项目反映企业为筹集生产经营所需资金等而发生的筹资费用。该项目应根据"财务费用"账户的相关明细账户发生额分析填列。其中"利息费用"项目,反映企业为筹集生产经营所需资金等而发生的应予费用化的利息支出,应根据"财务费用"账户的相关明细账户的发生额分析填列。"利息收入"项目,反映企业应冲减财务费用的利息收入,应根据"财务费用"账户的相关明细账户的发生额分析填列。

（8）"其他收益"项目。该项目反映计入其他收益的政府补助,以及其他与日常活动相关且计入其他收益的项目。该项目应根据"其他收益"账户的发生额分析填列。企业作为个人所得税的扣缴义务人,根据《中华人民共和国个人所得税法》收到的扣缴税款手续费,应作为其他与日常活动相关的收益在该项目中填列。

（9）"投资收益"项目。该项目反映企业以各种方式对外投资所取得的收益。该项目应根据"投资收益"账户的发生额分析填列。如为投资损失,该项目以"－"号填列。

（10）"净敞口套期收益"项目。该项目反映净敞口套期下被套期项目累计公允价值变动转入当期损益的金额或现金流量套期储备转入当期损益的金额。该项目应根据"净敞口套期损益"账户的发生额分析填列。如为套期损失,该项目以"－"号填列。

（11）"公允价值变动收益"项目。该项目反映企业应当计入当期损益的资产或负债公允价值变动收益。该项目应根据"公允价值变动损益"账户的发生额分析填列,如为净损失,该项目以"－"号填列。

（12）"资产减值损失"项目。该项目反映企业有关资产发生的减值损失。该项目应根据"资产减值损失"账户的发生额分析填列。

（13）"信用减值损失"项目。该项目反映企业按要求计提的各项金融工具减值准备所确认的预期信用损失。该项目应根据"信用减值损失"账户的发生额分析填列。

（14）"资产处置收益"项目。该项目反映企业出售划分为持有待售的非流动资产（金融工具、长期股权投资和投资性房地产除外）或处置组（子公司和业务除外）时确认的处置利得或损失,以及处置未划分为持有待售的固定资产、在建工程、生产性生物资产及无形资产而产生的处置利得或损失。债务重组中因处置非流动资产（金融工具、长期股权投资和投资性房地产除外）产生的利得或损失和非货币性资产交换中换出非流动资产（金融工具、长期股权投资和投资性房地产除外）产生的利得或损失也包括在该项目内。该项目应根据"资产处置损益"账户的发生额分析填列。如为处置损失,该项目以"－"号填列。

（15）"营业外收入"项目。该项目反映企业发生的除营业利润以外的收益,主要包括债务重组得利、非流动资产毁损报废收益、与企业日常活动无关的政府补助、盘盈利得、捐赠利得（企业接受股东或股东的子公司直接或间接的捐赠,经济实质属于股东对企业的资本性投入的除外）等。该项目应根据"营业外收入"账户的发生额分析填列。

（16）"营业外支出"项目。该项目反映企业发生的除营业利润以外的支出,主要包括债务重组损失、公益性捐赠支出、非常损失、盘亏损失、非流动资产毁损报废损失等。该项目应根据"营业外支出"账户的发生额分析填列。

（17）"所得税费用"项目。该项目反映企业根据所得税准则确认的应从当期利润总额中扣除的所得税费用。该项目应根据"所得税费用"账户的发生额分析填列。

2. 根据表内数字计算填列

该类项目包括"营业利润""利润总额""净利润"等。

（1）"营业利润"项目。该项目反映企业实现的营业利润。该项目应根据利润表中的项目关系计算填列。如为亏损,该项目以"－"号填列。

【初级同步 7-5】（单选题）星瀚公司 2023 年实现营业收入 600 万元,发生营业成本 400 万元,管理费用 20 万元,税金及附加 5 万元,营业外支出 10 万元。不考虑其他因素,该企业 2023 年的营业利润为（　　）万元。

A. 200　　　　　　B. 165　　　　　　C. 190　　　　　　D. 175

（2）"利润总额"项目。该项目反映企业实现的利润总额。该项目应根据利润表中的项目关系计算填列。如为亏损,该项目以"－"号填列。

（3）"净利润"项目。该项目反映企业实现的净利润。该项目应根据利润表中的项目关系计算填列。如为亏损,该项目以"－"号填列。

（4）"其他综合收益的税后净额"项目。该项目反映企业根据企业会计准则规定未在损益中确认的各项利得和损失扣除所得税影响后的净额。该项目应根据所属（一）、（二）两个大项目的金额合计填列。

其中,"(一)不能重分类进损益的其他综合收益"项目,根据"其他综合收益"账户相关明细账户的发生额分析填列。

"(二)将能重分类进损益的其他综合收益"项目,根据所属各项目的金额合计填列。其所属各项目,根据"其他综合收益"账户相关明细账户的发生额分析填列。

(5)"综合收益总额"项目。该项目反映企业净利润与其他综合收益(税后净额)的合计金额。该项目应根据"净利润"与"其他综合收益的税后净额"的金额合计填列。

(6)"每股收益"项目。该项目包括基本每股收益和稀释每股收益两项指标,按照《企业会计准则第34号——每股收益》的规定计算填列。

基本每股收益 = 归属于普通股股东的当期净利润 ÷ 发行在外普通股的加权平均数

$$发行在外普通股加权平均数 = 期初发行在外普通股股数 + 当期新发行普通股股数 \times 已发行时间 \div 报告期时间 - 当期回购普通股股数 \times 已回购时间 \div 报告期时间$$

(三)利润表编制实例

【工作任务7-2】接工作任务7-1的资料,南京公益食品公司编制2023年12月利润表,如表7-3所示。

表7-3 利润表

编制单位:南京公益食品公司 2023年度

会企02表 单位:元

项　　目	本期金额	上期金额
一、营业收入	9 000 000	(略)
减:营业成本	6 000 000	
税金及附加	91 000	
销售费用	200 000	
管理费用	950 000	
研发费用		
财务费用	125 000	
其中:利息费用	125 000	
利息收入		
加:其他收益		
投资收益(损失以"－"号填列)		
其中:对联营企业和合营企业的投资收益		
以摊余成本计量的金融资产终止确认收益(损失以"－"号填列)		
净敞口套期收益(损失以"－"号填列)		
公允价值变动收益(损失以"－"号填列)	50 000	
资产减值损失(损失以"－"号填列)	－300 000	
信用减值损失(损失以"－"号填列)		
资产处置收益(损失以"－"号填列)		
二、营业利润(损失以"－"号填列)	1 384 000	
加:营业外收入		

续表

项　　目	本期金额	上期金额
减:营业外支出		
三、利润总额(亏损总额以"-"号填列)	1 384 000	
减:所得税费用	346 000	
四、净利润(净亏损以"-"号填列)	1 038 000	
(一)持续经营净利润(净亏损以"-"号填列)	1 038 000	
(二)终止经营净利润(净亏损以"-"号填列)		
五、其他综合收益的税后净额		
(一)不能重分类进损益的其他综合收益		
1. 重新计量设定受益计划变动额		
2. 权益法下不能转损益的其他综合收益		
3. 其他权益工具投资公允价值变动		
4. 企业自身信用风险公允价值变动		
(二)将重分类进损益的其他综合收益		
1. 权益法下可转损益的其他综合收益		
2. 其他债权投资公允价值变动		
3. 金融资产重分类计入其他综合收益的金额		
4. 其他债权投资信用减值准备		
5. 现金流量套期储备		
6. 外币财务报表折算差额		
六、综合收益总额	1 038 000	
七、每股收益		
(一)基本每股收益		
(二)稀释每股收益		

做中学

甲公司为增值税一般纳税人,适用的增值税税率为 13%,2023 年 1—11 月损益类账户如表 7-4 所示。

表 7-4　损益类账户发生额汇总表
2023 年 1—11 月
金额单位:万元

名　　称	借　方	名　　称	贷　方
主营业务成本	2 250	主营业务收入	2 400
税金及附加	125	其他业务收入	500
销售费用	200	投资收益	30
管理费用	100	营业外收入	65
财务费用	20		
合　　计	2 695	合　　计	2 995

2023 年 12 月甲公司发生的有关业务的资料如下。

（1）6 日，向乙公司销售 M 商品一批，增值税专用发票注明的价款为 150 万元，增值税税额为 19.5 万元，为乙公司代垫运杂费 2 万元，全部款项已办妥托收手续。该批商品成本为 100 万元，商品已经发出。

（2）15 日，向丙公司销售 H 商品一批，该批商品的标价为 33 万元，因丙公司为长期客户，甲公司给予丙公司 3 万元的商业折扣，并向丙公司开具增值税专用发票，其上注明的价款为 30 万元，增值税税额为 3.9 万元，该批商品的成本为 25 万元，货款尚未收到。

（3）20 日，收到丁公司退回商品一批。该批商品系上月所售，质量有瑕疵，不含增值税的售价为 60 万元，实际成本为 50 万元，增值税专用发票已开具并交付丁公司。该批商品未确认收入，也未收取货款。经核查，甲公司同意退货，已办妥退货手续，并向丁公司开具了红字增值税专用发票。

（4）31 日，"应收账款"账户余额为 183 万元（"坏账准备"账户期初余额为零）。当日采用预期信用损失法，应计提坏账准备 8 万元。本月共发生财务费用 5.6 万元，销售费用 10 万元，管理费用 12 万元。

根据上述资料，假定所有收入均符合确认条件，不考虑其他因素，计算甲公司 2023 年的利润总额（答案中的金额单位用万元表示）。

文档:任务三拓展训练

任务四　现金流量表

一、现金流量表概述

现金流量表是指反映企业在一定会计期间现金和现金等价物流入和流出的报表。现金流量表是以收付实现制为基础的，反映企业经济业务所引起的现金流入和流出情况。

【职业素养 7-2】

现金流是企业的生命线

现金流管理是现代企业理财活动的一项重要职能，建立完善的现金流量管理体系，是确保企业的生存与发展、提高企业市场竞争力的重要保障。

某知名儿童早教机构凭借其创始人出色的教学理念和系统的教学方法实践，历经近半个世纪的发展，在全球累计 30 多个国家和地区开设了儿童早教中心，仅在中国就开设了近 600 家儿童早教中心，覆盖近 200 个城市，拥有逾百万中国会员。就是这样一家规模庞大的企业，在 2022 年突然发出公告，自 2020 年以来公司已经进行多轮融资以维持经营。最近在引入新资本的过程中，因外部环境不断恶化，新资方对今后的运营失去信心，导致引资失败，企业的现金流断裂，无法维持正常经营，在深圳、杭州、重庆等地的多家门店一时之间纷纷停业、宣告破产。

文档:职业素养"现金流是企业的生命线"解读

思考：谈一谈你对现金流重要性的认识。

1. 现金的概念

现金流量表是以现金作为编制基础的。这里的现金是指广义的现金，包括现金和现金等价物。按现行会计准则的规定，现金及现金等价物包括库存现金、银行存款、其他货币资金和现金等价物。

微课:现金流量表编制基础

【初级同步7-6】（多选题）下列各项中，影响企业现金流量表中"现金及现金等价物净增加额"项目金额变化的有（　　）。

A. 以货币资金购买2个月内到期的国债

B. 以银行存款支付职工工资、奖金、津贴

C. 将库存现金存入银行

D. 收到出租资产的租金

2. 现金流量表的作用

现金流量表的作用如下：一是通过现金流量表提供的企业现金流量的信息，可以对企业整体财务状况作出客观评价；二是通过现金流量表，可以对企业的支付能力、偿债能力和对外部资金的需求情况作出正确的判断；三是通过现金流量表，可以方便不同的报表使用者评估报告期内与现金有关或无关的投资和筹资活动；四是通过现金流量表，可以预测企业未来的发展情况等。

二、现金流量表的结构

我国企业现金流量表包括基本报表和补充资料两部分。现金流量表的基本结构根据"现金流入量－现金流出量＝现金净流量"公式设计。现金流量包括现金流入量、现金流出量、现金净流量。其中基本报表的内容按照企业经营业务的性质分为经营活动产生的现金流量、投资活动产生的现金流量和筹资活动产生的现金流量三部分。

微课：现金流量表的结构与填列方法

现金流量表的基本原理是以权责发生制为基础提供的会计核算资料为依据，按照收付实现制基础进行调整计算，以反映现金流量增减变动及其结果，即将以权责发生制为基础编制的资产负债表和利润表资料按照收付实现制基础调整计算编制现金流量表。

【注意】企业持有除记账本位币外的以外币为计量单位的资产负债及往来款项的，还应列示汇率变动对现金及现金等价物的影响。

1. 经营活动产生的现金流量

经营活动是指企业投资活动和筹资活动以外的所有交易和事项。经营活动产生的现金流量主要包括销售商品或提供劳务、购买商品或接受劳务、支付职工薪酬和缴纳税费等流入和流出的现金和现金等价物。

经营活动产生的现金流入量的项目主要有销售商品、提供劳务收到的现金，收到的税费返还，收到的其他与经营活动有关的现金。

经营活动产生的现金流出量的项目主要有购买商品、提供劳务支付的现金，支付给职工以及为职工支付的现金，支付的各种税费，支付的其他与经营活动有关的现金。

2. 投资活动产生的现金流量

投资活动是指企业长期资产的购建和不包括在现金等价物范围内的投资及其处置活动。长期资产是指固定资产、无形资产、在建工程、其他资产等持有期限在一年或一个营业周期以上的资产。这里所讲的投资活动，既包括实物资产投资，也包括金融资产投资。因此，投资活动产生的现金流量主要包括购建固定资产、处置子公司及其他营业单位等流入和流出的现金和现金等价物等。

投资活动产生的现金流入项目主要有：收回投资收到的现金，取得投资收益收到的现金，处置固定资产、无形资产和其他长期资产收回的现金净额，处置子公司及其他营业单位收到的

现金净额,收到其他与投资活动有关的现金。

投资活动产生的现金流出项目主要有:购建固定资产、无形资产和其他长期资产支付的现金,投资支付的现金,取得子公司及其他营业单位支付的现金净额,支付的其他与投资活动有关的现金。

3. 筹资活动产生的现金流量

筹资活动是指导致企业资本及债务规模和构成情况发生变化的活动,包括吸收投资、发行股票、分配利润、发行债券、偿还债务等流入和流出的现金和现金等价物。需要说明的是,偿付应付账款、应付票据等商业应付款等属于经营活动,不属于筹资活动。

筹资活动产生的现金流入项目主要有:吸收投资收到的现金,取得借款收到的现金,收到其他与筹资活动有关的现金。

筹资活动产生的现金流出项目主要有:偿还债务支付的现金,分配股利、利润或偿付利息支付的现金,支付的其他与筹资活动有关的现金。

此外,企业非日常经营活动和不经常发生的特殊项目,包括:保险赔款、捐赠、自然灾害损失等,应将其相应的现金流量归并于相关类别的现金流量中。比如,与存货有关的保险赔款归并于经营活动产生的现金流量,与固定资产有关的保险赔款归并于投资活动产生的现金流量等。

4. 汇率变动对现金及现金等价物的影响

编制现金流量表时,应当将企业外币现金流量以及境外子公司的现金流量折算成记账本位币。

汇率变动对现金及现金等价物的影响是指由于将外币折合成本位币所使用的汇率不同对现金及现金等价物的影响额。在将外币折合成记账本位币时,采用的是业务发生日的汇率或按照系统、合理的方法确定的汇率,而现金流量表中"现金及现金等价物净增加额"项目中外币净增加额是按照资产负债表日的汇率折算的,这就形成了差额。

5. 现金及现金等价物净增加额

现金及现金等价物净增加额项目反映企业某一期间所有活动产生的现金及现金等价物净增加额,即经营活动产生的现金流量净额、投资活动产生的现金流量净额、筹资活动产生的现金流量净额以及汇率变动对现金及现金等价物的影响之和。

6. 期末现金及现金等价物余额

期末现金及现金等价物余额项目是指企业当期产生的现金及现金等价物加上期初现金及现金等价物余额,反映企业期末所拥有的现金及现金等价物。

三、现金流量表的编制

现金流量表的编制方法主要有直接法和间接法。在直接法下,一般是以利润表中的营业收入为起算点,调节与经营活动有关的项目的增减变动,然后计算出经营活动产生的现金流量;在间接法下,将净利润调节为经营活动现金流量,实际上就是将按权责发生制原则确定的净利润调整为现金净流入,并剔除投资活动和筹资活动对现金流量的影响。按照我国现行会计准则规定,企业应当采用直接法列示经营活动产生的现金流量。

（一）直接法

采用直接法编制现金流量表时,可以具体采用分析填列法、工作底稿法、T形账户法等。其中,分析填列法可以分为逐笔分析填列法和期末分析填列法。

1. 分析填列法

分析填列法是指直接根据资产负债表、利润表和有关账户的记录,经过分析计算现金流量各项目的金额,并据以编制现金流量表的一种方法。

(1) 经营活动产生的现金流量。

① "销售商品、提供劳务收到的现金"项目。该项目反映企业本期销售商品、提供劳务收到的现金,以及前期销售商品、提供劳务本期收到的现金(包括销售收入和应向购买者收取的增值税销项税额)和本期预收的款项,减去本期销售本期退回商品和前期销售本期退回商品支付的现金。企业销售材料和代购代销业务收到的现金也在该项目反映。该项目可以根据"库存现金""银行存款""应收账款""应收票据""预收账款""主营业务收入""其他业务收入"等账户的记录分析填列。通常可以采用下列公式计算。

$$
\begin{aligned}
\text{销售商品、提供} \atop \text{劳务收到的现金} =& \text{主营业} \atop \text{务收入} + \text{其他业} \atop \text{务收入} + \left(\text{应交税费(应交} \atop \text{增值税——销项税额)}\right) + \left(\text{应收账款} \atop \text{期初数} - \text{应收账款} \atop \text{期末数}\right) \\
&+ \left(\text{应收票据} \atop \text{期初数} - \text{应收票据} \atop \text{期末数}\right) + \left(\text{预收账款} \atop \text{期末数} - \text{预收账款} \atop \text{期初数}\right) \pm \text{特殊调} \atop \text{整事项}
\end{aligned}
$$

特殊调整事项的处理原则是:如果借方为应收账款、应收票据、预收账款等,贷方不是"收入及销项税额",则加上;如果贷方为应收账款、应收票据、预收账款等,借方不是"现金类",则减去。

② "收到的税费返还"项目。该项目反映企业收到返还的各种税费,如收到的所得税、增值税、消费税、关税和教育费附加返还等。该项目可以根据"库存现金""银行存款""税金及附加""营业外收入"等账户的记录分析填列。

③ "收到其他与经营活动有关的现金"项目。该项目反映企业除了上述各项目外,收到的其他与经营活动有关的现金流入,如经营租赁收到的租金等,金额较大的应当单独列示。该项目可以根据"库存现金""银行存款""营业外收入"等账户的记录分析填列。

【注意】企业实际收到的政府补助,无论是与资产相关还是与收益相关,均在"收到其他与经营活动有关的现金"项目填列。

④ "购买商品、接受劳务支付的现金"项目。该项目反映企业本期购买商品、接受劳务实际支付的现金(包括增值税进项税额),以及本期支付前期购买商品、接受劳务的未付款项和本期预付款项,减去本期发生的购货退回收到的现金。企业购买材料和代购代销业务支付的现金也在该项目反映。该项目可以根据"库存现金""银行存款""应付账款""应付票据""营业成本""预付款项"等账户的记录分析填列。通常可以采用下列公式计算。

$$
\begin{aligned}
\text{购买商品、接收} \atop \text{劳务支付的现金} =& \text{营业} \atop \text{成本} + \left(\text{应交税费(应交} \atop \text{增值税——进项税)}\right) + \left(\text{应付账款} \atop \text{期初余额} - \text{应付账款} \atop \text{期末余额}\right) \\
&+ \left(\text{应付票据} \atop \text{期初余额} - \text{应付票据} \atop \text{期末余额}\right) + \left(\text{预付账款} \atop \text{期末余额} - \text{预付账款} \atop \text{期初余额}\right) \\
&+ \left(\text{存货期} \atop \text{末余额} - \text{存货期} \atop \text{初余额}\right) \pm \text{特殊调} \atop \text{整业务}
\end{aligned}
$$

特殊调整业务主要包括:债务重组引起的应付项目减少;非经营活动引起的存货增减;应付项目内部结转;购货退回收到的现金。

⑤ "支付给职工以及为职工支付的现金"项目。该项目反映企业本期实际支付给职工的工资、奖金、各种津贴和补贴等职工薪酬(包括代扣代缴的职工个人所得税)。

支付给离退休人员的各项费用,包括支付的统筹退休金以及未参加统筹的退休人员的费用,在"支付的其他与经营活动有关的现金"项目中反映。

企业为职工支付的养老、失业等社会保险基金、补充养老保险、住房公积金、支付给职工的住房困难补助,以及企业支付给职工或为职工支付的其他福利费用等,应按职工的工作性质和服务对象,分别在本项目和在"购建固定资产、无形资产和其他长期资产所支付的现金"项目中反映。该项目可以根据"应付职工薪酬""库存现金""银行存款"等账户的记录分析填列。

【注意】支付在建工程人员的职工薪酬应在"购建固定资产、无形资产和其他长期资产所支付的现金"项目中反映。

⑥ "支付的各项税费"项目。该项目反映企业按规定支付的各种税费,包括本期发生并支付的税费以及本期支付以前各期发生的税费和预交的税金,包括所得税、增值税、消费税、印花税、房产税、土地增值税、车船税、教育费附加等,不包括计入固定资产价值、实际支付的耕地占用税等,也不包括本期退回的增值税、所得税,本期退回的增值税、所得税在"收到的税费返还"项目反映。该项目可以根据"应交税费""库存现金""银行存款"等账户的记录分析填列。

⑦ "支付其他与经营活动有关的现金"项目。该项目反映企业除上述各项目外,支付的其他与经营活动有关的现金流出,如经营租赁支付的租金、支付的差旅费、业务招待费、保险费、罚款支出等,金额较大的应当单独列示。该项目可以根据"库存现金""银行存款"等有关账户的记录分析填列。

【初级同步 7-7】(单选题)下列各项中,属于企业经营活动中产生的现金流量的是( )。

A. 收到的税费返还款
B. 取得借款收到的现金
C. 分配股利支付的现金
D. 取得投资收益收到的现金

(2)投资活动产生的现金流量。

① "收回投资收到的现金"项目。该项目反映企业出售、转让或到期收回除现金等价物以外的对其他企业的权益工具、债务工具和合营中的权益。收回债务工具实现的投资收益、处置子公司及其他营业单位收到的现金净额不包括在本项目内。该项目可以根据"债权投资""其他债权投资""其他权益工具投资""长期股权投资""库存现金""银行存款"等账户的分录分析填列。

② "取得投资收益收到的现金"项目。该项目反映企业除现金等价物以外的对其他企业的权益工具、债务工具和合营中的权益投资分回的现金股利和利息等,不包括股票股利。该项目可以根据"库存现金""银行存款""投资收益"等账户的记录分析填列。

③ "处置固定资产、无形资产和其他长期资产收回的现金净额"项目。该项目反映企业出售、报废固定资产、无形资产和其他长期资产所取得的现金(包括因资产毁损而收到的保险赔偿收入),减去为处置这些资产而支付的有关费用后的净额。该项目可以根据"库存现金""银行存款""固定资产清理"等账户的记录分析填列。

④ "处置子公司及其他营业单位收到的现金净额"项目。该项目反映企业处置子公司及其他营业单位所取得的现金,减去相关处置费用以及子公司及其他营业单位持有的现金和现金等价物后的净额。该项目可以根据"库存现金""银行存款""长期股权投资"等账户的记录分析填列。

⑤ "收到其他与投资活动有关的现金"项目。该项目反映企业除上述①至④项目外收到的其他与投资活动有关的现金流入或流出,金额较大的应当单独列示。该项目可以根据"库存

现金""银行存款""应收股利""应收利息"等账户的记录分析填列。

⑥"购建固定资产、无形资产和其他长期资产支付的现金"项目。该项目反映企业购买、建造固定资产、取得无形资产和其他长期资产所支付的现金(含增值税款等),以及用现金支付的应由在建工程和无形资产负担的职工薪酬,不包括为构建固定资产而发生的借款利息资本化的部分,以及融资租入固定资产支付的租赁费。企业支付的借款利息和融资租入固定资产支付的租赁费,在筹资活动产生的现金流量中反映。该项目可以根据"固定资产""在建工程""无形资产""库存现金""银行存款"等账户的记录分析填列。

⑦"投资支付的现金"项目。该项目反映企业取得除现金等价物以外的对其他企业的权益工具、债务工具和合营中的权益所支付的现金以及支付的佣金、手续费等附加费用,但取得子公司及其他营业单位支付的现金净额除外。该项目可以根据"债权投资""其他债权投资""其他权益工具投资""长期股权投资""库存现金""银行存款"等账户的记录分析填列。

⑧"取得子公司及其他营业单位支付的现金净额"项目。该项目反映企业购买子公司及其他营业单位购买出价中以现金支付的部分,减去子公司及其他营业单位持有的现金和现金等价物后的净额。该项目可以根据"长期股权投资""库存现金""银行存款"等账户的记录分析填列。

⑨"支付其他与投资活动有关的现金"项目。该项目反映企业除上述⑥至⑧项目外,支付的其他与投资活动有关的现金流出,金额较大的应当单独列示。该项目可以根据"应收股利""应收利息""库存现金""银行存款"等账户的记录分析填列。

【初级同步7-8】(多选题)制造企业发生的下列现金收支中,属于投资活动产生的现金流量的有(   )。

A. 吸收投资收到的现金　　　　B. 支付的债券利息

C. 转让债券投资收到的现金　　D. 收到的现金股利

(3) 筹资活动产生的现金流量。

①"吸收投资收到的现金"项目。该项目反映企业以发行股票、债券等方式筹集资金时实际收到的款项,减去直接支付给金融企业的佣金、手续费、宣传费、咨询费、印刷费等发行费用后的净额。该项目可以根据"实收资本(或股本)""库存现金""银行存款"等账户的记录分析填列。

②"取得借款收到的现金"项目。该项目反映企业举借各种短期、长期借款而收到的现金。该项目可以根据"短期借款""长期借款""库存现金""银行存款"等账户的记录分析填列。

③"收到其他与筹资活动有关的现金"项目,反映企业除上述①和②项目外,收到的其他与筹资活动有关的现金流入,金额较大的应当单独列示。该项目可以根据"库存现金""银行存款""营业外收入"等账户的记录分析填列。

④"偿还债务支付的现金"项目。该项目反映企业以现金偿还债务的本金,包括偿还金融企业的借款本金、偿还债券本金等。企业偿还的借款利息、债券利息,在"分配股利、利润或偿付利息所支付的现金"项目反映,不包括在本项目内。该项目可以根据"短期借款""长期借款""应付债券""库存现金""银行存款"等账户的记录分析填列。

⑤"分配股利、利润或偿付利息所支付的现金"项目。该项目反映企业实际支付的现金股利、支付给其他投资单位的利润或用现金支付的借款利息、债券利息。该项目可以根据"应付股利""应付利息""财务费用""长期借款""库存现金""银行存款"等账户的记录分析填列。

⑥"支付其他与筹资活动有关的现金"项目。该项目反映企业除上述④和⑤项目外,支付

的其他与筹资活动有关的现金流出,如捐赠现金支出、融资租入固定资产支付的租赁费等。其他现金流出,价值较大的,应单列项目反映。本项目可以根据"营业外支出""长期应付款""库存现金""银行存款"等账户的记录分析填列。

(4)汇率变动对现金及现金等价物的影响。

"汇率变动对现金及现金等价物的影响"项目,反映下列项目之间的差额。

① 企业外币现金流量折算为记账本位币时,采用现金流量发生日的即期汇率或近似的汇率折算的金额(编制合并现金流量表时折算境外子公司的现金流量应当比照处理)。

② 企业外币现金及现金等价物净增加额按年末汇率折算的金额填列。

2.工作底稿法

采用工作底稿法编制现金流量表,是指通过一个特定的表格,以资产负债表和利润表数据为基础,分别对每一项目进行分析并编制调整分录,进而编制现金流量表的一种方法。这个特定的表格称为工作底稿,简化的工作底稿格式如表7-5所示。

表 7-5 工作底稿

项 目	期初数	调整分录		期末数
		借方	贷方	
一、资产负债表项目				
货币资金				
以公允价值计量且其变动计入当期损益的金融资产				
……				
二、利润表项目				
主营业务收入				
主营业务成本				
……				
三、现金流量表项目				
(一)经营活动产生的现金流量				
……				
调整分录借贷合计				

采用工作底稿法编制现金流量表的具体步骤如下。

(1)将资产负债表的期初数和期末数分别过入工作底稿的"期初数"栏和"期末数"栏,将同期的利润表资料过入工作底稿。

(2)对当期业务进行分析并编制调整分录。编制调整分录时要以利润表项目为基础,从"营业收入"开始,结合资产负债表项目逐一进行分析。有关现金和现金等价物的事项,要根据具体情况分别记入"经营活动产生的现金流量""投资活动产生的现金流量""筹资活动产生的现金流量"等有关项目。

文档:调整分录

(3)将调整分录逐笔过入工作底稿相应部分。

(4)核对工作底稿,各项目的借贷合计数应相等。资产负债表中各项目期初数额加减"调整分录"栏中的借贷金额后的金额应等于期末金额。

（5）根据工作底稿中的现金流量表项目编制正式的现金流量表。

【工作任务7-3】接工作任务7-1和工作任务7-2的资料，采用工作底稿法编制南京公益食品公司的现金流量表。其调整分录和调整分录过入工作底稿见二维码链接内容。

文档：调整分录过入工作底稿

根据工作底稿中的现金流量表项目部分编制正式的现金流表，如表7-6所示。

表7-6　现金流量表（简表）　　　　　　　　　会企03表

编制单位：南京公益食品公司　　　　　　　　　　　　　　金额单位：万元

项　　目	本期金额	上期金额
一、经营活动产生的现金流量：		
销售商品、提供劳务收到的现金	13 880 000	
收到的税费返还		
收到其他与经营活动有关的现金		
经营活动现金流入小计	13 880 000	
购买商品、接受劳务支付的现金	3 260 000	
支付给职工以及为职工支付的现金	3 000 000	
支付的各项税费	1 409 500	
支付的其他与经营活动有关的现金	200 000	
经营活动现金流出小计	7 869 500	
经营活动产生的现金流量净额	6 010 500	
二、投资活动产生的现金流量：		
收回投资收到的现金		
取得投资收益收到的现金		
处置固定资产、无形资产和其他长期资产收回的现金净额		
处置子公司及其他营业单位收到的现金净额		
收到其他与投资活动有关的现金		
投资活动现金流入小计		
购建固定资产、无形资产和其他长期资产支付的现金	2 000 000	
投资支付的现金	1 000 000	
取得子公司及其他营业单位支付的现金净额		
支付其他与投资活动有关的现金		
投资活动现金流出小计	3 000 000	
投资活动产生的现金流量净额	−3 000 000	
三、筹资活动产生的现金流量：		
吸收投资收到的现金		
取得借款收到的现金	10 000 000	
收到其他与筹资活动有关的现金		
筹资活动现金流入小计	10 000 000	

续表

项　　　目	本期金额	上期金额
偿还债务支付的现金	8 500 000	
分配股利、利润或偿付利息支付的现金	2 125 000	
支付其他与筹资活动有关的现金		
筹资活动现金流出小计	10 625 000	
筹资活动产生的现金流量净额	－625 000	
四、汇率变动对现金及现金等价物的影响		
五、现金及现金等价物净增加额	2 385 500	
加：期初现金及现金等价物余额	14 213 000	
六、期末现金及现金等价物余额	16 598 500	

编制现金流量表补充资料,见二维码链接内容。

（二）间接法

采用间接法反映企业经营活动现金流量情况,可通过编制现金流量表补充资料完成。除现金流量表反映的信息外,企业还应该在附注中披露将净利润调节为经营活动的现金流量,以及不涉及现金收支的重大投资和筹资活动、现金及现金等价物净变动情况等信息,也就是要求按间接法编制现金流量表的补充资料。

文档:现金流量表
补充资料

任务五　所有者权益变动表

文档:任务四
拓展训练

一、所有者权益变动表概述

所有者权益变动表是指反映企业在一定会计期间所有者权益构成及增减变化情况的报表。它是对资产负债表的补充及对所有者权益增减变动情况的进一步说明。

在所有者权益变动表上,企业至少应当单独列示反映下列信息的项目。

（1）综合收益总额。

（2）会计政策变更和差错更正的累积影响金额。

（3）所有者投入资本和向所有者分配利润等。

（4）提取的盈余公积。

（5）实收资本(或股本)、其他权益工具、资本公积、其他综合收益、专项储备、盈余公积、未分配利润的期初和期末余额及其调整情况。

二、所有者权益变动表的结构

所有者权益变动表结构为纵横交叉的矩阵式结构。

（一）纵向结构

所有者权益变动表的纵向结构按所有者权益增减变动时间及内容分为"上年年末余额"

"本年年初余额""本年增减变动金额""本年年末余额"四栏。

上年年末余额＋会计政策变更、前期差错更正及其他变动＝本年年初余额

本年年初余额＋本年增减变动金额＝本年年末余额

其中,本年增减变动金额按照所有者权益增减变动的交易或事项列示,即

$$\frac{本年增减}{变动金额}=\frac{综合收}{益总额}\pm\frac{所有者投入}{和减少资本}\pm\frac{利润}{分配}\pm\frac{所有者权益}{内部结转}$$

(二) 横向结构

所有者权益变动表的横向结构采用比较式结构,分为"本年金额"和"上年金额"两栏,每栏的具体结构按照所有者权益构成内容逐项列示,即

$$\frac{实收资本}{(或股本)}+\frac{其他权}{益工具}+\frac{资本}{公积}-库存股+\frac{其他综}{合收益}+\frac{未分配}{利润}=\frac{所有者}{权益合计}$$

纵横填列结果归结到本年年末所有者权益合计数,保持所有者权益变动表的表内填列数额的平衡。

所有者权益变动表以矩阵式结构列报,一方面,列示导致所有者权益变动的交易或事项,即所有者权益变动的来源,对一定时期所有者权益的变动情况进行全面反映;另一方面,按照实收资本、其他权益工具、资本公积、库存股、其他综合收益、盈余公积、未分配利润等所有者权益各组成部分及其总额列示交易或事项对所有者权益各部分的影响。

所有者权益变动表的具体格式如表 7-7 所示。

三、所有者权益变动表的编制

(一)"上年金额"栏填列

所有者权益变动表"上年金额"栏内各项数字,应根据上年度所有者权益变动表"本年金额"栏内所列数字填列。上年度所有者权益变动表规定的各个项目的名称和内容同本年度不一致的,应对上年度所有者权益变动表各项目的名称和数字按照本年度的相关规定进行调整,填入所有者权益变动表的"上年金额"栏内。

(二)"本年金额"栏填列

所有者权益变动表"本年金额"栏内各项目金额一般应根据资产负债表所有者权益项目金额或"实收资本(或股本)""其他权益工具""资本公积""库存股""其他综合收益""专项储备""盈余公积""利润分配""以前年度损益调整"等账户及其明细账户的发生额分析填列。

1. "上年年末余额"项目

"上年年末余额"项目反映企业上年资产负债表中实收资本(或股本)、其他权益工具、资本公积、库存股、其他综合收益、专项储备、盈余公积、未分配利润的年末余额。

2. "会计政策变更"项目和"前期差错更正"项目

"会计政策变更"项目和"前期差错更正"项目分别反映企业采用追溯调整法处理的会计政策变更的累积影响金额和企业采用追溯重述法处理的会计差错更正的累积影响金额。

3. "本年增减变动金额"项目

"本年增减变动金额"项目反映所有者权益各项目本年增减变动的金额。

表 7-7　所有者权益变动表（简表）

单位：万元

项目	本年金额										上年金额									
	实收资本（或股本）	其他权益工具			资本公积	减：库存股	其他综合收益	专项储备	盈余公积	未分配利润	所有者权益合计	实收资本（或股本）	其他权益工具			资本公积	减：库存股	其他综合收益	专项储备	盈余公积	未分配利润	所有者权益合计
		优先股	永续股	其他									优先股	永续股	其他							
一、上年年末余额																						
加：会计政策变更																						
前期差错更正																						
其他																						
二、本年年初余额																						
三、本年增减变动金额（减少以"－"号填列）																						
（一）综合收益总额																						
（二）所有者投入和减少资本																						
1.所有者投入的普通股																						
2.其他权益工具持有者投入资本																						
3.股份支付计入所有者权益的金额																						
4.其他																						
（三）利润分配																						
1.提取盈余公积																						
2.对所有者（或股东）的分配																						
3.其他																						
（四）所有者权益内部结转																						
1.资本公积转增资本（或股本）																						
2.盈余公积转增资本（或股本）																						

续表

项目	本年金额											上年金额										
	实收资本（或股本）	其他权益工具			资本公积	减：库存股	其他综合收益	专项储备	盈余公积	未分配利润	所有者权益合计	实收资本（或股本）	其他权益工具			资本公积	减：库存股	其他综合收益	专项储备	盈余公积	未分配利润	所有者权益合计
		优先股	永续股	其他									优先股	永续股	其他							
3. 盈余公积弥补亏损																						
4. 设定受益计划变动额结转留存收益																						
5. 其他综合收益结转留存收益																						
6. 其他																						
四、本年年末余额																						

（1）"综合收益总额"项目。"综合收益总额"项目反映净利润和其他综合收益扣除所得税影响后的净额相加后的合计金额。

（2）"所有者投入和减少资本"项目。"所有者投入和减少资本"项目反映企业当年所有者投入的资本和减少的资本。该项目内容包括：①"所有者投入的普通股"项目，其反映企业接受投资者投入形成的实收资本（或股本）和资本溢价或股本溢价。②"其他权益工具持有者投入资本"项目，其反映企业发行的除普通股以外分类为权益工具的金融工具的持有者投入资本的金额。③"股份支付计入所有者权益的金额"项目，其反映企业处于等待期中的权益结算的股份支付当年计入资本公积的金额。

（3）"利润分配"项目。"利润分配"项目反映企业当年的利润分配金额。

（4）"所有者权益内部结转"项目。"所有者权益内部结转"项目反映企业构成所有者权益的组成部分之间当年的增减变动情况。该项目内容包括：①"资本公积转增资本（或股本）"项目，其反映企业当年以资本公积转增资本或股本的金额。②"盈余公积转增资本（或股本）"项目，其反映企业当年以盈余公积转增资本或股本的金额。③"盈余公积弥补亏损"项目，其反映企业当年以盈余公积弥补亏损的金额。④"设定受益计划变动额结转留存收益"项目，其反映企业因重新计量设定受益计划净负债或净资产所产生的变动计入其他综合收益，结转至留存收益的金额。⑤"其他综合收益结转留存收益"项目，其主要反映：第一，企业指定为以公允价值计量且其变动计入其他综合收益的非交易性权益工具投资终止确认时，之前计入其他综合收益的累计利得或损失从其他综合收益中转入留存收益的金额；第二，企业指定为以公允价值计量且其变动计入当期损益的金融负债终止确认时，之前由企业自身信用风险变动引起而计入其他综合收益的累计利得或损失从其他综合收益中转入留存收益的金额等。

【初级同步 7-9】（多选题）下列各项中，在企业所有者权益变动表中单独列示反映的信息有（　　）。

A. 所有者投入资本

B. 会计差错更正的累积影响金额

C. 向所有者分配利润

D. 会计政策变更的累积影响金额

任务六　财务报表附注及财务报告信息披露要求

一、财务报表附注

财务报表附注是为了方便报表使用者理解财务报表的内容而对财务报表的编制基础、编制依据、编制原则和方法及主要项目等所做的解释。它有助于报表使用者更好地了解财务报表。

（一）财务报表附注的主要作用

财务报表附注的主要作用如下：①附注的编制和披露，是对资产负债表、利润表、现金流量表和所有者权益变动表列示项目含义的补充说明，以帮助财务报表使用者更准确地把握其含义。例如，通过阅读附注中披露的固定资产折旧政策的说明，使用者可以掌握报告企业与其他企业在固定资产折旧政策上的异同，以便进行更准确的比较。②附注提供了对资产负债表、利润表、现金流量表和所有者权益变动表中未列示项目的详细或明细说明。例如,通过阅读附注中披露的存货增减变动情况,财务报表使用者可以了解资产负债表中未单列的存货分类信息。③通过附注与资产负债表、利润表、现金流量表和所有者权益变动表列示项目的相互参照关系,以及对未能在财务报表中列示项目的说明,可以使财务报表使用者全面了解企业的财务状况、经营成果和现金流量以及所有者权益的情况。

(二)财务报表附注的主要内容

财务报表附注是财务报表的重要组成部分。根据企业会计准则的规定,企业应当按照如下顺序编制披露附注的主要内容。

1. 企业的基本情况

(1)企业名称、注册地、组织形式和总部地址。

(2)企业的业务性质和主要经营活动。

(3)母公司以及集团最终母公司的名称。

(4)财务报告的批准报出者和财务报告的批准报出日。

2. 财务报表的编制基础

企业应当根据会计准则的规定判断企业是否持续经营,并披露财务报表是否是以持续经营为基础编制的。

3. 遵循企业会计准则的声明

企业应当声明编制的财务报表符合企业会计准则的要求,真实、完整地反映了企业的财务状况、经营成果和现金流量等有关信息,以此明确企业编制财务报表所依据的制度基础。如果企业编制的财务报表只是部分地遵循了企业会计准则,附注中不得做出这种表述。

4. 重要会计政策和会计估计

企业的经济业务可以有多种会计处理方法,像存货的计价、固定资产的折旧均有多种方法可供选择。企业发生某项经济业务时,必须从允许的会计处理方法中选择适合本企业特点的会计政策,不同的会计处理方法可能极大地影响企业的财务状况和经营成果,进而编制出不同的财务报表。因此为了便于报表使用者理解,有必要对这些会计政策加以披露。

企业应当披露采用的重要会计政策和会计估计,不重要的会计政策和会计估计可以不披露。在披露重要会计政策和会计估计时,企业应当披露重要会计政策的确定依据和财务报表项目的计量基础,以及会计估计中所采用的关键假设和不确定因素。

5. 会计政策和会计估计变更以及差错更正的说明

企业应当按照会计政策、会计估计变更和差错更正会计准则的规定,披露会计政策和会计估计变更以及差错更正的有关情况。

6. 报表重要项目的说明

企业对报表重要项目的说明,应当按照资产负债表、利润表、现金流量表、所有者权益变动表及其项目列示的顺序,采用文字和数字描述相结合的方式进行披露。报表重要项目的明细金额合计应当与报表项目金额相衔接,主要包括以下重要项目:应收款项、存货、长期股权投资、投资性房地产、固定资产、无形资产、职工薪酬、应交税费、短期借款和长期借款、应付债券、长期应付款、营业收入、公允价值变动收益、投资收益、资产减值损失、营业外收入、营业外支出、所得税费用、其他综合收益、政府补助、借款费用。

7. 或有事项和承诺事项、资产负债表日后非调整事项、关联方关系及其交易等需要说明的事项

与或有事项和承诺事项、资产负债表日后非调整事项、关联方关系及其交易等需要说明的事项,具体的披露要求须遵循相关准则的规定。

8. 有助于财务报表使用者评价企业管理资本的目标、政策及程序的信息

资本管理受行业监管部门监管要求的金融等行业企业,除遵循相关监管要求外,还应当按照相关准则的规定,在财务报表附注中披露有助于财务报表使用者评价企业管理资本的目标、政策及程序的信息。

二、财务报告信息披露要求

财务报告信息披露又称会计信息披露,是指企业对外发布有关其财务状况、经营成果、现金流量等财务信息的过程。按照我国会计准则的规定,披露主要是指会计报表附注的披露。广义的信息披露除财务信息外,还包括非财务信息。信息披露是公司治理的决定性因素,是保护投资者合法权益的基本手段和制度安排,也是会计决策有用性目标所决定的内在必然要求。就上市公司而言,信息披露也是企业的法定义务和责任。

财务报告信息披露的基本要求又称财务报告信息披露的基本质量。企业应当真实、准确、完整、及时地披露信息,不得有虚假记载、误导性陈述或者重大遗漏,信息披露应当同时向所有投资者公开披露信息。

真实是指上市公司及相关信息披露义务人披露的信息应当以客观事实或者具有事实基础的判断和意见为依据,如实反映客观情况,不得有虚假记载和不实陈述。虚假记载,是指企业在披露信息时,将不存在的事实在信息披露文件中予以记载的行为。

准确是指上市公司及相关信息披露义务人披露的信息应当使用明确、贴切的语言和简明扼要、通俗易懂的文字,不得含有任何宣传、广告、恭维或者夸大等性质的词句,不得有误导性陈述。公司披露预测性信息及其他涉及公司未来经营和财务状况等信息时,应当合理、谨慎、客观。误导性陈述是指在信息披露文件中或者通过媒体,作出使投资人对其投资行为发生错误判断并产生重大影响的陈述。

完整是指上市公司及相关信息披露义务人披露的信息应当内容完整、文件齐备,格式符合规定要求,不得有重大遗漏。信息披露完整性是公司信息提供给使用者的完整程度,不得忽略、隐瞒重要信息,要让信息使用者了解公司治理结构、财务状况、经营成果、现金流量、经营风险及风险程度等。重大遗漏是指信息披露义务人在信息披露文件中,未将应当记载的事项完全或者部分予以记载。不正当披露是指信息披露义务人未在适当期限内或者未以法定方式公开披露应当披露的信息。

企业披露信息应当忠实、勤勉地履行职责,保证披露信息的真实、准确、完整、及时、公平。勤勉尽责是指企业应当本着对投资者等利害关系者、对国家、对社会、对职业高度负责的精神,应当爱岗敬业,勤勉高效,严谨细致,认真履行会计职责,保证会计信息披露工作的质量。

企业应当在附注中对"遵循了企业会计准则"作出声明。同时,企业不应以在附注中披露代替对交易和事项的确认和计量,即企业采用的不恰当的会计政策,不得通过在附注中披露等其他形式予以更正,企业应当对交易和事项进行正确的确认和计量。此外,如果按照各项会计准则规定披露的信息不足以让报表使用者了解特定交易或事项对企业财务状况、经营成果和现金流量的影响时,企业还应当披露其他的必要信息。

参 考 文 献

[1] 中华人民共和国财政部.企业会计准则[M].北京:经济科学出版社,2023.

[2] 财政部会计资格评价中心.初级会计实务[M].北京:经济科学出版社,2023.

[3] 全国税务师职业资格考试教材编写组.财务与会计[M].北京:中国税务出版社,2023.

[4] 中国注册会计师协会.会计[M].北京:中国财政经济出版社,2023.

[5] 解媚霞,张英,申屠新飞.财务会计实务[M].5版.北京:高等教育出版社,2022.

[6] 王宗江,张洪波.财务会计[M].7版.北京:高等教育出版社,2023.

[7] 曹玉敏,陈祥碧,王珠强.财务会计实务[M].北京:高等教育出版社,2021.

[8] 戴德明,林刚.财务会计学[M].10版.北京:中国人民大学出版社,2018.

[9] 郑蓉.财务会计[M].北京:机械工业出版社,2023.

[10] 牛秀粉,赵素娟.RPA财务机器人应用与开发[M].北京:高等教育出版社,2023.

[11] 北京东大正保科技有限公司.财务共享服务实务[M].北京:高等教育出版社,2021.

[12] 谢国珍,李传双.财务会计[M].北京:高等教育出版社,2023.